L'HOMME

AVANT L'HISTOIRE

Paris. — Imprimerie de E. MARTINET, rue Mignon, 2.

L'HOMME
AVANT L'HISTOIRE

ÉTUDIÉ

D'APRÈS LES MONUMENTS ET LES COSTUMES

RETROUVÉS DANS LES DIFFÉRENTS PAYS DE L'EUROPE

SUIVI

D'UNE DESCRIPTION COMPARÉE DES MŒURS DES SAUVAGES MODERNES

PAR

Sir JOHN LUBBOCK F. R. S.

Vice-président de la Société linnéenne,
Membre de la Société géologique et de la Société zoologique,
Président de la Société ethnologique.

Traduit de l'anglais par M. Ed. BARBIER

AVEC 156 FIGURES INTERCALÉES DANS LE TEXTE

PARIS

GERMER BAILLIÈRE, LIBRAIRE-ÉDITEUR

Rue de l'École-de-Médecine, 17.

Londres	New-York
Hipp. Baillière, 319, Regent street.	Baillière brothers, 440, Broadway.

MADRID, C. BAILLY-BAILLIÈRE, PLAZA DEL PRINCIPE ALFONSO, 16.

1867

PRÉFACE DU TRADUCTEUR

L'étude de la haute antiquité trop longtemps négligée a reçu dernièrement en Angleterre une vive impulsion. Sir John Lubbock, un des savants les plus populaires de ce pays, a publié, dans le courant des trois ou quatre dernières années, une série d'articles sur l'archéologie antéhistorique, fort remarqués à l'époque de leur publication.

Se décidant enfin à publier ces articles en volume, il entreprit de nombreux voyages pour visiter non-seulement tous les grands musées du continent, mais pour continuer ses recherches, soit au Danemark, soit dans la vallée de la Somme, dans la Dordogne et dans les habitations lacustres de la Suisse. Le volume dont nous publions aujourd'hui la traduction est le résultat de ces recherches, entreprises par un homme qui passe, à juste titre, pour un des plus savants archéologues et un des plus éminents géologues de l'Europe. L'auteur a cherché autant que possible à poser les bases de l'archéologie antéhistorique et à éclaircir, si je peux m'exprimer ainsi, l'état social de l'homme dans les temps primitifs. Aussi étudie-t-il tout particulièrement les tumuli, les tourbières, les kjökkenmöddings ou amas coquilliers du Danemark, les habitations lacustres de la Suisse, les cavernes à ossements.

5 décembre 1866.

EXPLICATION DES FIGURES

1. Hache celtique de cuivre? de Waterford. — Cette hache a 6 pouces de longueur, 3 3/4 de largeur, à l'extrémité la plus large, et 1 7/8 à l'extrémité la plus étroite, qui a environ 1/16 de pouce d'épaisseur. (*Catalogue de l'Académie royale irlandaise*, p. 363.)

2. Hache à côtes, ou Paalstave d'Irlande. — Les côtés en sont peu développés. (*Cat. de l'Académie royale irlandaise*, p. 373.)

3. Hache celtique creuse d'Irlande. — Un tiers de grandeur naturelle. (*Cat. de l'Académie royale irlandaise*, p. 385.)

4-6. Les trois principaux types de haches celtiques et la façon probable de les attacher au manche. (*Cat. de l'Académie royale irlandaise*, p. 367.)

7. Hache celtique de cuivre? d'Irlande. — Moitié de grandeur naturelle. (*Cat. de l'Académie royale irlandaise*, p. 363.)

8. Moitié d'un moule à hache celtique d'Irlande. — Ce moule est d'ardoise ; il a 6 pouces 3/4 de long, 4 pouces de large, et présente à la surface des trous qui servaient à l'ajuster à l'autre moitié. (*Cat. de l'Académie royale irlandaise*, p. 91.)

9. Hache celtique ornée d'Irlande. — Cette hache a 8 pouces 1/2 de longueur, 4 pouces de largeur à l'extrémité coupante, et un demi-pouce d'épaisseur. (*Cat. de l'Académie royale irlandaise*, p. 365.)

10. Hache celtique simple du Danemark. — Un tiers de grandeur naturelle. (*Nordiske Oldsager i det Kong. Mus. i Kjöbenhavn*, n° 178.)

11. Hache celtique, ornée du Danemark. — Un tiers de grandeur naturelle. (*Nordiske Oldsager i det Kong. Mus. i Kjöbenhavn*, n° 179.)

12. Hache celtique creuse du Danemark. — Un tiers de grandeur naturelle. (*Nordiske Oldsager i det Kong. Mus. i Kjöbenhavn*, n° 195.)

13. Épée de fer, trouvée dans un cimetière à Brighthampton, Oxfordshire. — Un huitième de grandeur naturelle. (*Archæologia*, vol. XXXVIII, pl. 2, fig. 1.)

14. Épée d'Irlande. — Cette épée a 23 pouces 1/2 de longueur et 1 pouce 5/8 au centre de la lame. (*Cat. de l'Académie royale irlandaise*, p. 444.)

15. Épée de Suède. — Un quart de grandeur naturelle. (*Nilsson's Scandinaviska Nordens Ur-invanare*, pl. 1, fig. 7.)

16. Épée de Suisse. — Un cinquième de grandeur naturelle. (*Musée du colonel Schawb.*)

17. Épée trouvée à Concise, lac de Neufchâtel. — Un quart de grandeur naturelle. (*Musée du colonel Schwab.*)

18. Épée de Scandinavie. (*Atlas for Nordisk Oldkyndighed*, pl. IV, fig. 42.)

19. Épée de Danemark, trouvée dans le tumulus de Treenhoi (*Afb. af. Danske Oldsager og Mindes-mærker*, H. 5.)

20. Épée du Danemark. — Un sixième de grandeur naturelle. (*Nordiske Oldsager i det Kong. Mus. i Kjöbenhavn.* n° 121.)

21. Épée du Danemark. — Un sixième de grandeur naturelle. (*Ibid.*, n° 123.)

22. Poignée d'épée du Danemark. — Un quart de grandeur naturelle. (*Ibid.*, n° 128.)

23. Poignée d'épée du Danemark — Un quart de grandeur naturelle. (*Nordiske Oldsager i det Kong. Mus. i Kjöbenhavn*, n° 127.)

24. Lame d'une dague de bronze d'Irlande. — Elle a 10 pouces 3/4 de long et 2 pouces 3/4 de large. Les quatre rivets qui servaient à l'attacher au manche sont encore *in situ*. (*Cat. de l'Académie royale irlandaise*, p. 448.)

25. Dague de bronze d'Irlande. — Deux tiers de grandeur naturelle. (*Ibid.*, p. 458.)

26. Lame d'une dague de bronze d'Irlande. — Un tiers de grandeur naturelle. (*Ibid.*, p. 463.)

27. Tête de lance en bronze d'Irlande. — Elle a 11 pouces 1/4 de long et 1 pouce 1/2 de large. (*Ibid.*, p. 499.)

28. Tête de lance de bronze d'Irlande. — Elle a 13 pouces 7/8 de long et 2 pouces 1/4 de large. (*Ibid.*, p. 496.)

29. Couteau de bronze du Danemark. — Moitié de grandeur naturelle. (*Nordiske Oldsager i det Kong. Mus. i Kjöbenhavn*, n° 167.)

30. Couteau de bronze du Danemark. — Un tiers de grandeur naturelle. (*Ibid.*, n° 169.)

31. Couteau de bronze du Danemark. — Un tiers de grandeur naturelle. (*Ibid.*, n° 166.)

32. Couteau de bronze, trouvé dans le village lacustre d'Estavayer, sur le lac de Neufchâtel. — Moitié de grandeur naturelle. (Keller, *Mitth. der Antiq. Ges. in Zurich*, Bd. XIII, Abth, 2, H. 3. pl. v, fig. 19.)

33. Couteau de bronze, trouvé dans le village lacustre d'Estavayer, sur le lac de Neufchâtel. — Moitié de grandeur naturelle. (Id., *ibid.*)

34. Couteau-rasoir du Danemark. — Moitié de grandeur naturelle. (*Nordiske Oldsager i det. Kong. Mus. i Kjöbenhavn*, n° 173.)

35. Couteau-rasoir du Danemark. — Moitié de grandeur naturelle. (*Ibid.*, n° 172.)

36. Couteau-rasoir du Danemark. — Moitié de grandeur naturelle. (*Ibid.*, n° 171.)

37. Couteau-rasoir du Danemark. — Moitié de grandeur naturelle. (*Ibid.*, n° 175.)

38. Petit couteau de bronze du Danemark, dans un étui de cuir. — Deux tiers de grandeur naturelle. (*Ibid.*, n° 164.)

39. Couteau de bronze. — Grandeur naturelle. (*Ibid.*, n° 170.)

40. Bracelet de bronze, trouvé à Cortaillod, lac de Neufchâtel. — Un tiers de grandeur naturelle. (Troyon, *Habitations lacustres*, pl. xi, fig. 28.)

41. Bracelet de bronze, trouvé à Cortaillod, lac de Neufchâtel, — Un tiers de grandeur naturelle. (Id., *ibid*, pl. XI, fig. 18.)

42-45. Épingles à cheveux de bronze, trouvées dans les lacs suisses. — Moitié de grandeur naturelle. (Keller, *l. cit.*, Zweiter Bericht, pl. III.)

46. Poinçon de bronze des lacs suisses. — Grandeur naturelle. (Id., *ibid.*, pl. III.)

47. Aiguille de bronze. — Grandeur naturelle. (Id., *ibid.*, pl. III.)

48. Bouton de bronze. — Moitié de grandeur naturelle. (Keller, *l. cit.*, Zweiter Bericht, pl. III.)

49. Torque d'or, consistant en une simple bande d'or tordue ; les deux extrémités s'élargissent et se fixent l'une dans l'autre. — Ce bijou a 5 pouces 1/2 de diamètre : il a été trouvé auprès de Clonmacnoise, en Irlande. (*Cat. de l'Académie royale irlandaise*, p. 74.)

50. Fibule d'or. — Moitié de grandeur naturelle. Les extrémités en sont profondes et coniques. (*Ibid.*, p. 56.)

51. Anneau cylindrique d'or massif uni ; les extrémités sont ornées. — Moitié de grandeur naturelle. (*Ibid.*, p. 52.)

52. Fibule d'or. — Au tiers de grandeur naturelle. Les surfaces extérieures des coupes sont décorées de ciselures circulaires entourant une partie centrale ciselée. Il y a aussi un élégant dessin à l'endroit où la tige rejoint les coupes. Cette fibule a 8 pouces 3/8 de longueur, et pèse 33 onces : c'est la plus lourde qui existe. (*Ibid.*, p. 60.)

53. Bonnet de laine. — Un tiers de grandeur naturelle.

54. Autre bonnet de laine, *id*.

55. Petit peigne, *id*.

56. Bonnet de laine, *id*.

57. Chemise de laine, *id*.

58. Châle de laine, *id*.

59. Paire de guêtres, *id*.

Ces sept objets ont été trouvés dans un tumulus danois avec l'épée de bronze, fig. 19. (*Afb. af Danske Oldsager og Mindes-mærker. Madsen,* II. 5.)

60. Fort de Staigue. Comté de Kerry. — D'après un modèle dans la collection de l'Académie royale irlandaise.

61. Noyau de silex dont on a détaché des éclats de silex (Jutland). — Moitié de grandeur naturelle. (Dans ma collection.)

62-64. Trois vues d'un éclat de silex trouvé dans un kjökkenmödding à Fannerup dans le Jutland. — Moitié de grandeur naturelle. *a* représente le cône de percussion indiqué aussi par la partie ombrée dans la figure 68. (Dans ma collection.)

65. Éclat en forme de pointe de flèche (Irlande). — Cet éclat est disposé à l'extrémité la plus épaisse comme s'il était destiné à être emmanché. (*Cat. de l'Académie royale irlandaise,* p. 72.)

66-68. Éclats trouvés dans un amas coquillier danois. — Grandeur naturelle. (Dans ma collection.)

69. Petit éclat de silex du Danemark. — Grandeur naturelle. (Dans ma collection.)

70. Section d'éclats. — *a*, est la section d'un simple éclat triangulaire ; *b*, celle d'un large éclat plat enlevé sur l'angle d'où le plus petit éclat *a* a été précédemment enlevé. En conséquence la section à quatre côtés.

71. Hache celtique ou hachette de pierre. — Cette hache a 5 pouces 3/4 de long et 2 pouces de large. (*Cat. de l'Académie royale irlandaise,* p. 41.)

72. Hache celtique ou hachette de pierre. — Grandeur naturelle. Trouvée dans la rivière Shannon. C'est une des plus petites qu'on ait encore trouvé en Irlande. (*Cat. de l'Académie royale irlandaise,* p. 45.)

73. Hache celtique avec un manche de bois. — Trouvée dans le comté de Monaghan. (*Ibid.*, p. 46.)

74. Racloir pour préparer les peaux trouvé à Bourdeilles dans le sud de la France. — Grandeur naturelle. Trouvée par moi.

75. Le même, côté inférieur.

76-78. Racloir pour préparer les peaux employé par les Esquimaux modernes du bassin polaire près du détroit de Behring. — Grandeur naturelle. Ce racloir était fixé à un manche d'ivoire fossile. (Dans la collection de M. H. Christy.)

79. Doloire de silex trouvée dans l'amas coquillier de Meilgaard (Jutland). — Grandeur naturelle. Surface supérieure. (Dans ma collection.)

80. La même, surface inférieure.

81. La même, vue de côté.

82. Doloire moderne de la Nouvelle-Zélande. — Grandeur naturelle. Surface supérieure. (Au British Muséum.)

83. La même, surface inférieure.

84. La même, vue de côté. — La doloire de la Nouvelle-Zélande est polie en partie ; il n'en est pas de même de la doloire danoise, parce que la cassure du silex offre naturellement une surface unie. La projectien *a*, dans la figure 81, est accidentelle et produite par quelque défaut dans le silex. Les doloires danoises ont ordinairement le côté inférieur aussi plat que celui de la figure 83.

85. Ciseau creux du Danemark.

86. Tête de lance du Danemark.

87. Dague de silex. — Moitié de grandeur naturelle. Ce magnifique spécimen a été trouvé dans un grand tumulus avec une seconde dague imparfaite, un grossier noyau de silex, un couteau imparfait en forme de croissant, un ou deux éclats, deux bouts d'ambre et quelques morceaux de poterie (Danemark). (Dans ma collection.)

88. Seconde forme de dague de silex. (Provenant aussi du Danemark.)

89. Outil ovale. (*Cat. de l'Académie royale irlandaise*, p. 94.)

90. Pointe de flèche triangulaire de silex. — Grandeur naturelle. (*Ibid.*, p. 19.)

91. Pointe de flèche dentelée de silex. — Grandeur naturelle. (*Ibid.*, p. 20.)

92. Pointe de flèche barbelée de silex. — Grandeur naturelle. (*Ibid.*, p. 22.)

93. Pointe de flèche forme de feuille de silex. — Grandeur naturelle. — Cette forme indique le passage de la pointe de flèche à la pointe de lance. (*Ibid.*, p. 22.)

94. Épingle ou poinçon d'os (Écosse). — Grandeur naturelle.

95. Harpon d'os. — Grandeur naturelle. (*Afb. of. Danske Old og Mindes-mærker*, 5 Heft.)

96. Tumulus de l'âge de pierre à Röddinge (Danemark). — Il contient deux salles. (*Nordiske Oldsager i det Kong. Mus. i kjöbenhavn*, pl. IV.)

97. Plan superficiel du même. (*Ibid.*)

98. Section du même. (*Ibid.*)

99. Cromlech (Danemark). (*Ibid.*, pl. I.)

100. Tumulus. (*Ibid.*, pl. II.)

101. Plan d'une salle sépulcrale dans un large tumulus de l'île de Möen. (*Ann. for Nordiske Old Kyndighed*, 1858, p. 204).

102. Crâne brachycéphalique trouvé dans le tumulus précédent. — Un quart de grandeur naturelle.

103. Le même vu de côté. — Je dois ces deux dessins à l'obligeance de mon ami M. Busk.

104. Intérieur de la salle sépulcrale dans le tumulus auprès de West Kennet dans le Wiltshire.

105. Racloir de silex trouvé dans ce tumulus. — 2/3 de grandeur naturelle.

106. Racloir de silex trouvé dans ce tumulus. — 2/3 de grandeur naturelle.

107. Éclat de silex trouvé dans ce tumulus. — 2/3 de grandeur naturelle.

108. Instrument de silex trouvé dans ce tumulus. — 2/3 de grandeur naturelle.

109. Fragment de poterie trouvé dans ce tumulus. — 2/3 de grandeur naturelle.

110. Fragment de poterie trouvé dans ce tumulus. — Grandeur naturelle.

111, 112, 113. Fragments de poterie trouvés dans ce tumulus. — 2/3 des grandeurs naturelles.

114. Fragment de poterie. — Grandeur naturelle. (*Archæologia*, vol. XXXVIII, p. 405.)

115. Urne trouvée dans le tumulus de Flaxdale. — L'original a 14 pouces de hauteur. (*Bateman's Ten years' Diggings in Celtic and saxon Gravehills*, p. 280.)

116, 117. Vases trouvés à Arbor Low (Derbyshire). (*Ibid.*, p. 283.)

118. Coupe à boire trouvée à Green Low. (*Ibid.*, p. 286.)

119. Crannoge dans le lac Ardakillin, auprès de Stokestown, comté de Roscommon. — Il est construit en pierre ; les pilotis sont de chêne. La ligne supérieure montre l'ancien niveau le plus élevé de l'eau ; la seconde, le niveau des crues ordinaires en hiver ; la troisième, le niveau en été. (*Cat. de l'Académie royale irlandaise*, p. 226.)

120. Hache de serpentine (Suisse). — Grandeur naturelle : trouvée à Wangen, lac de Constance. (Dans ma collection.)

121. Molette de tisserand. — Grandeur naturelle. Trouvée à Wangen, lac de Constance. (Dans ma collection.)

122. Ciseau? d'os. — Grandeur naturelle. Trouvé à Wangen, lac de Constance. (Dans ma collection.)

123. Morceau d'étoffe. — Grandeur naturelle. De Robenhausen. (Dans ma collection.)

124. Épingle de bronze.— Grandeur naturelle. Trouvée dans un amas de coquilles auprès d'Elgin, et actuellement dans le musée de cette ville.

125. Poinçon de silex (Danemark). — Grandeur naturelle. (D'après Worsæ.)

126. Tête de lance? (Danemark). — Grandeur naturelle. (D'après Worsæ.)

127. Tête de lance ? (Danemark). — Grandeur naturelle. (D'après Worsæ.)

128. Tête de lance ? (Danemark). — Grandeur naturelle. (D'après Worsæ.)

129. Hache grossière de silex (Danemark). — Grandeur naturelle. (D'après Worsæ.)

130. Instrument plat de pierre. Usage incertain. — Grandeur naturelle. Trouvé dans la caverne de la Madelaine.

131. Instrument de pierre, ressemblant jusqu'à un certain point à ceux qui caractérisent les graviers diluviens. — Grandeur naturelle. Trouvé à Moustier.

132. Le même, vu de l'autre côté.

133. Le même, vu de côté.

134. Poignard fait avec la corne d'un renne. De la caverne à Laugerie.

135. Tête de lance grossière de silex. Trouvée dans le gravier diluvien à Hoxne. — Moitié de grandeur naturelle. (D'après Frere. *Archæologia*, 1800, pl. XIV.)

136. Le même, vu de côté.

137. Autre spécimen. (D'après Frere. *Archæolgoia*, 1800, pl. XV.)

138. Le même, vu de côté.

139. Section prise à travers la vallée de la Somme à Abbeville. (D'après Prestwich.) — La longueur est réduite à un tiers.

140. Section à Saint-Acheul, près d'Amiens.

141. Section prise dans une carrière, auprès de la station de Joinville.

142. Diagramme illustrant le dépôt du loess et du gravier.

143. Le crâne d'Engis, vu d'en haut.

144. Le même, vu de front. (*Huxley's Man's place in nature*, p. 126.)

145. Le crâne de Neanderthal, vu de côté. — Moitié de grandeur naturelle.)

146. Le même, vu de côté. — Grandeur naturelle.

147. Le même, vu d'en haut. — Grandeur naturelle. (*Huxley's Man's place in nature*, p. 139.)

148. Boomerang australien. — 1/6e de grandeur naturelle.

149. Massue australienne. — 1/5e de grandeur naturelle.

150. Patoo-patoo de la Nouvelle-Zélande. — 1/4 de grandeur naturelle.

151. Hache de pierre emmanchée de bois. — 1/4 de grandeur naturelle.

152. Hameçon de la mer du Sud. — Moitié de grandeur naturelle.

Les mesures indiquées dans l'ouvrage sont, soit en *ells* ou *alen* (mesure danoise), soit en *yards, pieds* et *pouces* (mesures anglaises).

L'ell $= 0^m,6277$.

Le yard $= 0^m,9144$.

Le pied $= 0^m,3047$.

Le pouce $= 0^m,0254$.

L'HOMME AVANT L'HISTOIRE

CHAPITRE PREMIER

DE L'EMPLOI DU BRONZE DANS L'ANTIQUITÉ.

Division de l'archéologie antéhistorique en quatre périodes. — Découverte des métaux. — Cuivre. — Étain. — Fer. — Allusions faites au bronze par d'anciens écrivains. — Dépôts de l'âge de fer. — Tiefenau. — Nydam. — Thorsbjerg. — Dépôts de l'âge de bronze. — Les armes de bronze et de fer ne se trouvent jamais ensemble. — Objets caractéristiques à l'âge de bronze. — Haches celtiques (Celtes) de bronze. — Mode d'emmanchement. — Épées de bronze. — Dagues, têtes de lance, flèches, hameçons, faucilles de bronze. — Couteaux de bronze. — Couteaux-rasoirs. — Bracelets de bronze. — Épingles de bronze. — Ornements d'or. — Caractères de l'ornementation. — Tumulus de Treenhoi. — Habillements pendant l'âge de bronze. — Vêtements d'un chef pendant l'âge de bronze. — Mode de sépulture.

L'homme habite l'Europe depuis une époque si reculée, que ni l'histoire ni la tradition ne jettent la moindre lumière sur son origine ou sur son mode de vie. Dans ces circonstances, beaucoup ont pensé qu'un voile cache le passé au présent, voile que le temps ne pourrait probablement qu'épaissir sans jamais le déchirer. Aussi, les restes de l'antiquité sont-ils appréciés comme des monuments d'habileté et de persévérance; mais jamais on n'a supposé qu'on pût les regarder comme des pages d'histoire ancienne : ce sont, disait-on, d'intéressantes vignettes, ce ne sont pas des peintures. Quelques écrivains nous ont affirmé que, pour employer les mots de Palgrave : « Il nous faut l'abandonner, ce passé silencieux; que ce soit faits ou chronologie, doctrine ou mythologie; que ce soit en Europe, en Asie, en Afrique ou en Amérique; à Thèbes ou à Palenque; sur la côte de Lycie ou dans la plaine de Salisbury : ce qui est perdu, est perdu ; ce qui est passé, est passé à jamais. » Si d'autres, pleins d'espérance, ont essayé de reconstruire l'histoire du passé, ils n'ont que trop souvent permis à l'imagination de se mettre à la

1

place des recherches sérieuses, et ils ont employé la plume du romancier bien plus que celle du philosophe.

Pendant ces dernières années, cependant, une nouvelle branche de connaissances s'est formée ; une nouvelle science est, pour ainsi dire, née au milieu de nous. Cette science s'occupe de temps et d'événements bien plus anciens qu'aucun de ceux dont s'était encore occupé l'archéologue. Le géologue ne compte ni par jours ni par années ; les six mille ans qui, tout dernièrement encore, représentaient la somme totale de l'âge du monde, ne sont pour lui qu'une unité de temps dans la longue succession des époques passées. Nos connaissances géologiques sont certainement encore très-incomplètes ; sur bien des points il nous faudra sans doute changer d'opinions ; mais, en somme, les conclusions que la géologie indique sont aussi définies que celles de la zoologie, de la chimie ou des autres sciences exactes. Pourquoi les méthodes d'examen, qui ont si bien réussi pour la géologie, ne seraient-elles pas appliquées à jeter quelque lumière sur l'histoire de l'homme antéhistorique ? L'archéologie forme, en un mot, le lien entre la géologie et l'histoire. Il est vrai que nous pouvons, à l'inspection des ossements et des dents des animaux, nous faire une idée de leurs habitudes et de leur mode de vie ; tandis que, dans l'état actuel de nos connaissances, nous ne pourrions pas toujours distinguer le squelette d'un sauvage de celui d'un philosophe. Mais, d'un autre côté, les animaux disparus ne laissent après eux que leurs ossements et leurs dents, tandis que pour étudier les hommes du passé, il nous reste leurs ouvrages : les maisons qu'ils habitaient, les tombeaux où ils enfermaient leurs morts, les fortifications qu'ils construisaient, les temples où ils priaient, les instruments dont ils se servaient, les ornements qu'ils portaient.

Dans le but d'étudier avec soin les restes qui nous sont parvenus, on pourrait diviser l'archéologie antéhistorique en quatre grandes époques.

Premièrement, celle du diluvium ; époque pendant laquelle l'homme se partageait l'Europe avec le Mammouth, l'Ours des

cavernes, le *Rhinoceros tichorhinus* et autres animaux disparus.
Nous pourrions appeler cette époque, l'époque « palæolithique ».

Secondement, l'âge des pierres polies, époque caractérisée par
de belles armes, par des instruments faits de silex et d'autres
sortes de pierres, mais pendant laquelle les hommes ne connaissaient aucun métal, si ce n'est l'or, qui paraît avoir été quelquefois employé en ornements. Nous pourrions appeler cette
époque, l'époque « néolithique ».

Troisièmement, l'âge de bronze, pendant lequel ce métal a été
employé à la fabrication des armes et des instruments tranchants
de toutes sortes.

Quatrièmement, l'âge de fer, pendant lequel ce métal a remplacé le bronze dans la fabrication des armes, des haches, des
couteaux, etc. Le bronze est encore, cependant, communément
employé pour les ornements, et aussi pour les *poignées* d'épée
et autres armes, mais jamais pour la lame. On continua toutefois de se servir des armes de pierre pendant l'âge de bronze et
même pendant l'âge de fer. Aussi la seule présence de quelques
instruments de pierre n'est-elle pas une preuve suffisante qu'une
« trouvaille », quelle qu'elle soit, appartienne à l'âge de pierre.

Afin d'empêcher les méprises, je constaterai ici, une fois pour
toutes, que je n'applique cette classification qu'à l'Europe,
quoique très-probablement elle pourrait s'appliquer aux parties
avoisinantes de l'Asie et de l'Afrique. Quant aux autres contrées
civilisées, la Chine et le Japon par exemple, nous ne savons encore
rien de leur archéologie antéhistorique. Il est évident aussi que
quelques peuples, tels que les naturels de l'île de Feu et ceux des
îles d'Andaman, en sont encore à présent à l'âge de pierre.

Mais, même avec ces restrictions, la classification ci-dessus
n'a pas été généralement adoptée. Il y a encore quelques archéologues qui croient que les armes et les instruments de pierre, de
bronze et de fer, ont été employés simultanément.

Abandonnant la considération de l'âge de pierre pour les chapitres suivants, je m'efforcerai, dans ce chapitre, de prouver que,

en Europe, les armes et les instruments de bronze caractérisent une époque particulière, et appartiennent à un temps antérieur à la découverte du fer, ou tout au moins à son emploi usuel. Nous pouvons, à l'appui de cette opinion, invoquer d'abord le témoignage des plus anciens écrivains, puis le témoignage des objets eux-mêmes.

En un mot, les armes de bronze, les épées et les haches principalement, sont, non-seulement par leur forme, mais aussi par leur ornementation, très-semblables dans toute l'Europe; et diffèrent beaucoup des armes de fer. Et, quoique bien souvent on ait retrouvé des amas considérables d'armes, à peine pourrait-on citer un seul cas dans lequel on ait trouvé réunis des armes de bronze et de fer.

Par exemple, à Nidau, dans le lac de Bienne, le colonel Schwab a trouvé plus de deux mille objets de métal sur le site d'un ancien village lacustre : presque tous étaient de bronze ; on a trouvé seulement trois fragments de fer, et très-probablement ces fragments sont modernes. Au contraire, à Tiefenau, auprès de Berne, où l'on a découvert un grand nombre d'armes de fer, comprenant au moins cent épées, on n'a pas trouvé une seule arme de bronze.

Il est probable que l'or a été le métal qui, le premier, ait été remarqué par l'homme. On trouve l'or dans bien des rivières, et sa brillante couleur devait certainement attirer l'attention des plus grossiers sauvages, toujours passionnés pour les ornements personnels. L'argent ne paraît avoir été découvert que longtemps après l'or ; très-probablement même, le cuivre et l'étain ont été découverts d'abord, car on trouve rarement l'argent, si jamais on le trouve (1), dans les tumuli de l'âge de bronze. Mais, quoi qu'il en soit, le cuivre semble avoir été le premier métal réellement utile à l'homme. La raison en est, peut-être, que les minerais de cuivre abondent dans bien des pays et se fondent sans difficulté, et que le cuivre natif se rencontre fréquemment et peut immédiatement recevoir une forme, tandis que le fer ne

(1) *Horæ ferales,* page 60.

se présente jamais que sous la forme de minerais. Ainsi, par exemple, les Indiens de l'Amérique du Nord se procuraient le cuivre dans les mines situées près du lac Supérieur et dans quelques autres, et le martelaient immédiatement pour en faire des haches, des bracelets et autres objets.

L'étain attira aussi l'attention à une période très-reculée, à cause probablement du poids considérable de son minerai. Quand les métaux étaient très-rares, il devait nécessairement arriver que, pour compléter une quantité requise, on ajoutait de l'étain au cuivre, ou *vice versâ*. On dut remarquer que les propriétés de l'alliage étaient tout à fait différentes de celles de chaque métal pris séparément, et quelques expériences durent être suffisantes pour déterminer les proportions les plus avantageuses, qui sont environ 9 parties de cuivre pour 1 partie d'étain. On n'a encore trouvé en Europe aucun instrument, aucune arme d'étain, et ceux de cuivre sont extrêmement rares, d'où l'on a tiré la conclusion que l'on connaissait, en dehors de l'Europe, l'avantage de la combinaison des deux métaux avant qu'aucun d'eux fût connu dans cette partie du monde. La plupart des « haches de cuivre », etc., contiennent une petite proportion d'étain, et les quelques exceptions indiquent probablement plutôt un manque temporaire qu'une ignorance totale de ce métal.

Les minerais de fer, quoique bien plus abondants, attirent beaucoup moins l'attention que ceux de cuivre ou d'étain. En outre, quoique plus facilement réduits peut-être, le métal est beaucoup plus difficile à travailler que le bronze. Ce précieux alliage se fond très-facilement ; aussi toutes les armes, tous les instruments faits de bronze dans l'antiquité, étaient-ils coulés dans des moules de sable ou de pierre. L'art de couler le fer est resté inconnu jusqu'à une période comparativement récente.

Les premiers poëtes attribuent souvent au fer l'épithète πολύκμητος, et l'adjectif σιδήρεος s'emploie métaphoriquement pour impliquer la plus grande inflexibilité.

Cependant, bien que ces faits tendent à expliquer cette improbabilité, qui se présente à priori, qu'une substance composée et comparativement dispendieuse, telle que le bronze, ait été employée généralement avant un métal aussi commun que le fer, nous devons, bien entendu, chercher autre part des preuves de ce fait.

Hésiode, qui vivait, croit-on, environ 900 ans avant Jésus-Christ, et qui est le plus ancien auteur européen dont les ouvrages nous soient parvenus, affirme positivement que le fer a été découvert après le cuivre et l'étain. En parlant de ceux qui étaient les anciens, pour son époque, il dit qu'ils employaient le bronze et non pas le fer :

> τοῖς δ' ἦν χάλκεα μὲν τεύχεα. χάλκεοι δέ τε οἶκοι
> χαλκῷ δ' εἰργάζοντο; μελας δ' οὐχ ἔσκε σίδηρος.

Les poëmes d'Hésiode, aussi bien que ceux d'Homère, prouvent que le fer, il y a près de trois mille ans, était connu et apprécié à sa juste valeur. Il est vrai que, comme le dit le docteur Smith dans son *Dictionnaire des antiquités grecques et romaines*, le bronze, « dans l'*Iliade* et dans l'*Odyssée*, est toujours la matière première des armes, des instruments, des vases de toutes sortes ; le fer n'est cité que beaucoup plus rarement. » Tout en admettant ce qu'on vient de lire comme strictement correct, il faut se rappeler, cependant, que chez les Grecs le mot *fer* (σίδηρος) était employé, même au temps d'Homère, comme synonyme d'épée, et qu'ils paraissent avoir aussi connu l'acier sous le nom d'ἀδάμας et peut-être aussi de κύανος, au temps même d'Hésiode. Nous pouvons donc dire que la guerre de Troie a eu lieu dans l'époque de transition de l'âge de bronze à l'âge de fer.

Lucrèce mentionne distinctement les trois âges. Il dit :

> Arma antiqua, manus, ungues, dentesque fuerunt
> Et lapides, et item sylvarum fragmina rami,
> Posterius ferri vis est, ærisque reperta,
> Sed prior æris erat, quam ferri cognitus usus (1).

(1) Vers 1282.

Pour en arriver à des temps plus modernes, Eccard (1) en 1750, et Goguet en 1758 (2), indiquent clairement les trois derniers âges (3). La même idée se retrouve dans l'*Histoire de la Cornouailles*, par Borlase. Sir Richard Colt Hoare exprime aussi l'opinion que les instruments de fer, « dénotent une période beaucoup plus récente » que ceux de bronze ; mais c'est M. Thomsen, le fondateur du grand musée de Copenhague, qui, le premier, a appliqué ces observations comme la base d'une chronologie scientifique.

Il est fort difficile à présent d'assigner une date à l'introduction du fer dans le nord de l'Europe ; il est néanmoins probable que l'emploi de ce métal s'est rapidement répandu en Europe. Non-seulement il semble probable, à priori, qu'une découverte aussi importante devait se propager avec rapidité, mais il est aussi évident que la même organisation commerciale, qui avait déjà transporté l'étain de la Cornouailles sur tout notre continent, devait également faciliter la propagation du fer aussitôt que ce métal bien plus utile eut été découvert. Quoi qu'il en soit, quand les armées de Rome mirent en contact la civilisation du Sud avec celle du Nord, elles trouvèrent que la valeur du fer était déjà bien connue à leurs nouveaux ennemis ; l'excellente qualité des armes de ces peuples indiquait des progrès considérables dans l'art métallurgique. Il n'y a pas lieu de penser que les armes de bronze fussent encore, à cette époque, en usage dans le Nord, car, s'il en avait été ainsi, les écrivains romains en eussent certainement parlé. La description que nous fait Tacite des armes calédoniennes nous prouve que les épées de bronze n'étaient plus en usage en Écosse au temps où il écrivait. On pourrait, d'ailleurs, citer bien des cas dans lesquels des quantités considérables d'armes, appartenant à la période romaine, ont été

---

(1) Eccard, *De origine et moribus Germanorum.*

(2) Goguet, *De l'origine des lois, des arts et des sciences.* Voy. chap. IV et la Préface.

(3) Voyez Rhind, dans *Arch. ins. Journ.*, vol. XIII.

retrouvées, et où toutes les armes, tous les instruments étaient
de fer. Ce raisonnement est, par sa nature même, susceptible de
longs développements, aussi ne puis-je ici entrer dans tous les
détails, mais je veux toutefois citer quelques exemples.

Il y a quelques années, M. Jahn découvrit à Tiefenau, auprès
de Berne, un vieux champ de bataille et le décrivit. On y trouva
un grand nombre d'objets de fer, tels que des fragments de
chariots, des mors, des roues, des morceaux de cottes de mailles
et des armes de différentes sortes, comprenant plus de cent épées
à deux mains. Tous ces objets étaient de fer ; mais on retrouva
avec ces objets plusieurs *fibulæ* de bronze et plusieurs pièces de
monnaie, dont environ trente de bronze, frappées à Marseille,
et représentant une tête d'Apollon d'un côté et un taureau de
l'autre, très-bons spécimens de l'art grec. Les autres pièces
de monnaie, frappées aussi à Marseille, étaient d'argent. Ces
pièces de monnaie, l'absence de toute trace romaine, indiquent
suffisamment l'antiquité de ces restes intéressants.

Quelques trouvailles très-intéressantes d'objets appartenant
à l'âge de fer ont été faites dans les tourbières du Sleswig, et
décrites par M. Engelhardt, curateur du musée de Flensbourg.
Une de ces trouvailles, dans la tourbière de Nydam, comprend
des vêtements, des sandales, des broches, des pincés, des colliers,
des casques, des boucliers, des bossettes de boucliers, des cui-
rasses, des cottes de mailles, des boucles, des ceinturons, des
fourreaux d'épée, 80 épées, 500 lances, 30 haches, 40 poinçons, 160 flèches, 80 couteaux, différents objets de harnache-
ment, des râteaux de bois, des maillets, des vases, des roues, des
poteries, des pièces de monnaie. Sans une seule exception, toutes
les armes, tous les instruments tranchants sont de fer, quoique
les broches et autres objets semblables soient de bronze (1).

(1) Voyez Lubbock, dans le *Nat. Hist. Rev.*, n° d'octobre 1863, et Stephens,
dans le *Gent. Mag.*, décembre 1863. — Sur l'une des flèches se trouvent quelques caractères runiques. J'ai eu le plaisir de visiter cet endroit intéressant
avec M. Engelhardt, en 1862.

Dans l'été de 1862, M. Engelhardt trouva dans le même champ un vaisseau, ou plutôt un grand bateau à fond plat, de 70 pieds de long, de 3 pieds de profondeur au milieu, et de 8 ou 9 pieds de largeur. Les côtés de ce bateau sont formés de planches de chêne se recouvrant l'une l'autre et assemblées au moyen de chevilles de fer. Sur le côté intérieur de chaque planche se trouvent plusieurs saillies, qui ne sont pas des morceaux de bois rapportés, mais qui ont été laissées quand la planche a été façonnée. Dans chacune de ces saillies, il y a deux petits trous à travers lesquels passaient des cordes faites avec de l'écorce intérieure d'arbres ; ces cordes étaient destinées à fixer les côtés du bateau sur les membrures. Les tolletières consistent en une sorte de corne de bois, sous laquelle se trouve un orifice, de telle sorte qu'une corde attachée à la corne, et passant par l'orifice, laisse un espace assez considérable pour le libre mouvement de la rame. Il paraît y avoir eu sur ce bateau cinquante paires de rames ; on en a déjà découvert seize. Le fond du bateau était recouvert d'une natte. Je visitai cet endroit une semaine environ après que ce bateau avait été découvert, mais je ne pus le voir aussi bien que je l'aurais voulu, car on l'avait démonté, et les planches, etc., étaient couvertes de paille et de tourbe, pour les faire sécher lentement. M. Engelhardt espère que, de cette façon, quelques-unes des parties tout au moins conserveront leur forme. Le chargement du bateau consistait en haches de fer, une hache creuse avec son manche, des épées, des lances, des couteaux, des broches, des pierres à aiguiser, des vases de bois, et, chose assez singulière, deux balais de bouleau, et beaucoup d'autres petits objets. On n'a retrouvé encore que ce qui restait dans le bateau, et comme, en s'enfonçant, il s'est presque retourné sur le côté, il y a tout lieu de croire que bien d'autres objets récompenseront les nouvelles recherches que M. Engelhardt se propose de faire. Il est évident qu'on a fait couler exprès ce bateau, car on a percé dans le fond un trou carré d'environ 6 pouces de diamètre : il est probable que dans quelque moment de panique ou de danger, les objets contenus dans ce bateau ont été ainsi cachés par leur propriétaire, qui n'a jamais pu les recouvrer. A des époques mêmes récentes, pendant des troubles, comme par exemple au commencement de ce siècle et en 1848, beaucoup d'armes, d'ornements, d'ustensiles, etc., ont été si bien cachés dans des lacs et dans des tourbières, qu'on n'a jamais pu les retrouver. Un intérêt considérable s'attache à ce vaisseau et à son contenu, car nous pouvons fixer presque exactement leur date. Le bateau a été trouvé, comme je l'ai déjà dit, à quelques mètres de l'endroit où les découvertes précédentes de Nydam ont été faites; or, comme toutes les armes et tous les ornements correspondent exactement, il n'y a pas lieu de douter qu'ils appartiennent à la même époque. Or, la collection précédente comprenait près de cinquante pièces de monnaie romaines portant différentes dates depuis 67 après Jésus-Christ jusqu'en 217; nous ne croyons pas être loin de la vérité en assignant ces restes au III° siècle.

Une découverte presque semblable a été faite à Thorsbjerg, dans le même voisinage; mais, dans ce cas, à cause de quelque différence chimique dans la constitution de la tourbe, le fer a presque entièrement disparu. On pourra assez naturellement se demander pourquoi je cite ce cas comme un exemple de l'âge de fer ? La réponse me semble conclusive. Toutes les épées, toutes les têtes de lance, toutes les haches, ont disparu, tandis que les poignées de bronze ou de bois sont parfaitement conservées; et comme les ornements et autres objets de bronze sont en bon état, il est évident que les épées, etc., n'étaient pas de ce métal : il est donc raisonnable de conclure qu'elles étaient de fer, d'autant plus que tous ces objets ressemblent beaucoup à ceux trouvés à Nydam, et que les pièces de monnaie, qui sont presque aussi nombreuses que celles trouvées à ce dernier endroit, vont de 60 A. D. à 197; on peut donc regarder ces deux amas comme contemporains.

Non-seulement on ne trouve aucune arme de bronze dans ces dépôts, mais la forme des armes et leur ornementation diffèrent de celles de l'âge de bronze. Ces armes ressemblent beaucoup, dans quelques cas, aux armes romaines ; d'autres fois, elles sont toutes différentes, et représentent évidemment l'art septentrional.

Ces découvertes, et d'autres semblables, prouvent que l'usage des armes de bronze avait cessé dans le Nord avant, et probablement longtemps avant le commencement de notre ère. La facilité avec laquelle se travaille le bronze le faisait encore employer pour les broches et les ornements ; mais il avait été entièrement remplacé par le fer pour la fabrication des épées, des lances, des haches et des instruments semblables. Souvent on a trouvé des épées de fer avec des poignées et des fourreaux de bronze, mais c'est à peine s'il existe un exemple du contraire.

Réciproquement, de même qu'on ne trouve jamais d'armes de bronze dans les grands dépôts de l'âge de fer, de même aussi on ne trouve pas d'armes de fer dans ces cas où, comme par exemple à Nidau, sur le lac de Bienne, et à Estavayer, sur le lac de Neufchâtel, on a découvert de grands amas d'outils et d'armes de bronze.

Pour conclure : quoique les découvertes d'armes de bronze et de fer aient été très-nombreuses, on pourrait à peine cependant citer un seul cas dans lequel des épées, des haches, des dagues ou autres armes, faites de ces deux différents métaux, aient été trouvées réunies. Les pièces de monnaie, la poterie, ou d'autres restes d'origine romaine, n'accompagnent jamais non plus les armes de bronze. On appréciera mieux la valeur de ce témoignage après avoir lu l'extrait suivant des Essais de M. Wright sur l'archéologie (1).

« Tous les sites de villes romaines détruites que je connais, présentent au chercheur une collection nombreuse d'objets, s'étendant pendant une période qui finit abruptement avec ce

---

(1) *Essays on Archæology*, page 105.

que nous appelons la fin de l'époque romaine ; les circonstances dans lesquelles ces objets sont trouvés ne peuvent laisser aucun doute que ce fut alors la période de destruction. Autrement nous trouverions aussi des objets qui nous rappelleraient des époques subséquentes. Je ne parlerai que d'une classe d'objets que l'on trouve ordinairement en nombre considérable, les pièces de monnaie. Elles représentent invariablement une série plus ou moins complète de monnaies romaines, finissant au plus tard avec les empereurs qui ont régné dans la première moitié du ve siècle. Il n'en est pas ainsi dans les villes romaines qui ont continué à exister après cette époque, car alors, au contraire, nous trouvons des restes qui nous rappellent les habitants posté- rieurs, tels que les Saxons. Je dois me contenter de vous citer un seul exemple, celui de Richborough, dans le comté de Kent. La ville de Rutupiæ semble s'être rendue aux Saxons, et a continué d'exister jusqu'à ce que les habitants, voyant la mer se retirer par degrés, aient été s'établir à Sandwich. Or, les monnaies trouvées à Richborough ne finissent pas avec celles des empe- reurs romains ; nous trouvons d'abord, au contraire, une grande quantité de ces singulières petites pièces de monnaie, que l'on connaît ordinairement sous le nom de *minimi*, mauvaises imita- tions des monnaies romaines, et qui appartiennent à l'époque qui suivit immédiatement la période romaine et précéda celle des monnaies saxonnes. »

Nous pouvons donc supposer comme prouvé, même en prenant M. Wright comme autorité, que, si toutes ces armes de bronze étaient réellement d'origine romaine, on en aurait trouvé beau- coup, de temps en temps, au milieu d'autres restes romains. Cependant M. Wright n'a pas pu me citer un seul cas, même douteux, de cette espèce (1).

(1) Dans le *Caledonia Romana* de Stuart, 2e édition, pl. V, se trouve repro- duite une épée qui affecte la forme d'une feuille, trouvée, dit-on, dans ou près la station romaine d'Ardoch. On ne donne pas cependant de détails sur cette découverte.

Je puis ajouter aussi que les Romains employaient le mot *ferrum*, soit avec la signification de « fer », soit avec celle « d'épée », ce qui prouve que leurs épées étaient faites avec ce métal. En outre, il est un fait à remarquer, c'est que les armes de bronze sont plus particulièrement nombreuses dans les pays où les armées romaines n'ont jamais pénétré, tels, par exemple, que l'Irlande et le Danemark.

On ne pourrait pas non plus attribuer les armes de bronze à une période subséquente. On a examiné, et dans ce pays, et sur le continent, quantité de tombeaux saxons, et nous savons que les épées, les lances, les couteaux et les autres armes de cette époque étaient de fer. En outre, si les instruments et les armes de bronze appartenaient à une période plus récente que la période romaine, on en aurait certainement, je crois, trouvé bien des spécimens dans les villes détruites, avec les poteries et les monnaies de cette époque. La similitude des armes trouvées dans des parties de l'Europe très-éloignées les unes des autres implique en outre des relations beaucoup plus considérables que celles qui existaient après l'époque romaine. En somme donc, tous les témoignages semblent prouver que l'emploi des armes de bronze caractérise une phase particulière de l'histoire de la civilisation européenne, phase antérieure à la découverte, ou tout au moins à l'emploi général du fer pour les instruments tranchants. Les objets les plus communs, et peut-être les plus caractéristiques appartenant à l'âge de bronze, sont ce qu'on a appelé les haches celtiques (fig. 1 à 12), objets probablement employés comme ciseaux, houes, haches de guerre, et autres usages. Des instruments semblables, mais de fer, au lieu de bronze, sont encore employés en Sibérie et dans quelques parties de l'Afrique (1). Les collections irlandaises en possèdent plus de deux mille, sur lesquels le grand musée appartenant à l'Académie royale irlandaise à Dublin en contenait en 1860 six cent quatre-vingt-huit.

(1) *Horæ ferales*, page 77.

Aucune de ces haches celtiques n'a été coulée dans le même moule. Leur grandeur varie d'un pouce à un pied de longueur,

FIG. 1.   FIG. 2.

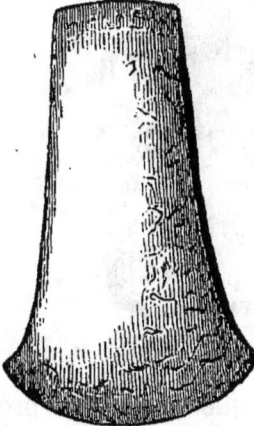 

FIG. 3.

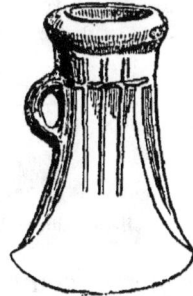

Hache celtique de cuivre   Hache celtique à côtes   Hache celtique creuse
de Waterford.   d'Irlande.   d'Irlande.

et l'on peut les diviser en trois classes principales (fig. 4–6), selon la manière dont elles étaient emmanchées ; nous devons nous rappeler, cependant, qu'il y avait bien des formes intermédiaires.

FIG. 4.   FIG. 5.   FIG. 6.

 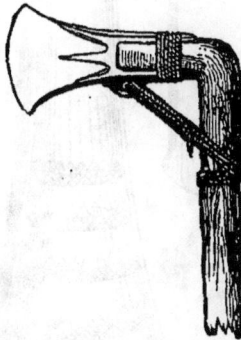 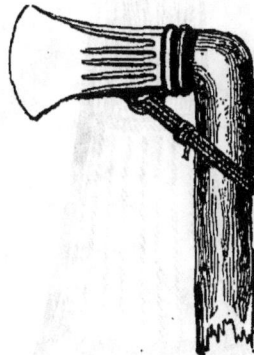

Les trois différents types de haches celtiques et la façon probable de les attacher au manche.

La première classe (fig. 1, 4, 7, 9, 10 et 11) a la forme la plus simple, et quelques antiquaires, comme par exemple Sir W. R. Wilde (1), les considèrent comme les plus anciennes, parce qu'elles

(1) Plus de 100 dans le musée d'Édimbourg, 350 à Copenhague.

sont évidemment faites sur le type des vieilles haches celtiques

FIG. 7.

Hache celtique de cuivre? d'Irlande.

FIG. 8.

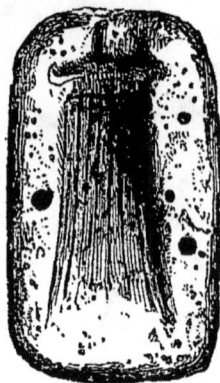

Moule à hache celtique d'Irlande.

de pierre (comp. fig. 7 et 72), parce que quelques-unes (près de trente, par exemple, au musée de Dublin) sont de cuivre rouge

FIG. 9.

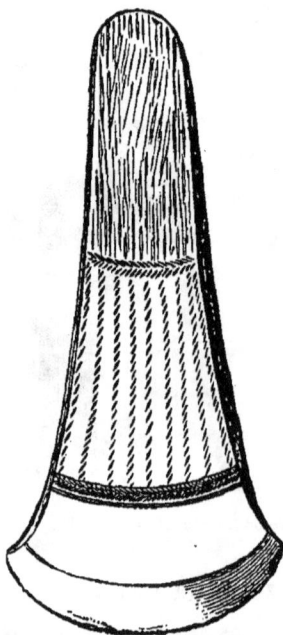

Hache celtique ornée d'Irlande.

FIG. 10. FIG. 11.

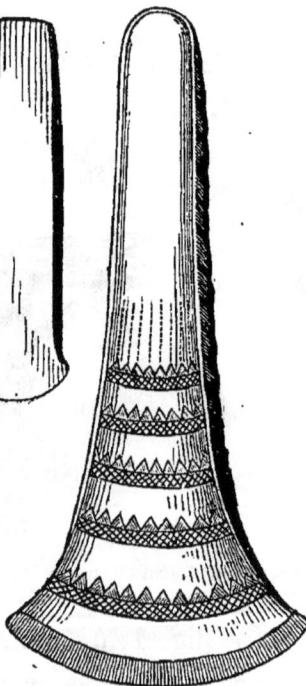

Haches celtiques danoises.

FIG. 12.

presque sans alliage, et sont à peu près les seuls instruments anciens, de quelque sorte que ce soit, faits avec ce métal, et enfin parce que celles de cuivre, au moins, sont toujours dépourvues

ÉPÉES DE BRONZE.

FIG. 13.   FIG. 14.   FIG. 15.   FIG. 16.   FIG. 17.   FIG. 18.

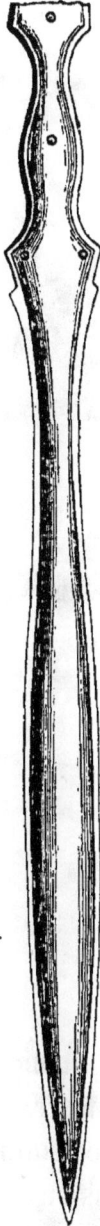

Irlande.

Ancienne épée de
fer trouvée dans
un tombeau saxon
en Angleterre.

Suisse.

Suède.

Lac
de Neufchâtel.

Scandinavie.

d'ornements. D'un autre côté, la simplicité de forme qu'affectent
les haches de cuivre, simplicité qui se retrouve dans les haches

des autres pays, aussi bien que dans celles d'Irlande, peut avoir sa raison d'être dans la grande difficulté qu'il y a à couler le

Fig. 19. Fig. 20. Fig. 21. Fig. 22. Fig. 23.

Poignées d'épées du Danemark.

Épées du Danemark.

cuivre; de sorte que les fondeurs, quand ils employaient ce métal, devaient naturellement s'en tenir aux formes les plus simples. Il est presque certain que ces simples haches celtiques étaient fixées au manche comme nous l'avons indiqué plus haut (fig. 4).

Il est évident cependant qu'à chaque coup, la hache devait tendre à fendre le manche dans lequel elle était placée. Pour

obvier à cet inconvénient, on plaça une sorte de côte vers le
centre de la hache, et l'on agença le manche de façon que bois
et métal se renforçassent l'un l'autre (fig. 2 et 5). On connaît
cette seconde forme de haches celtiques sous le nom de *paalstab*,

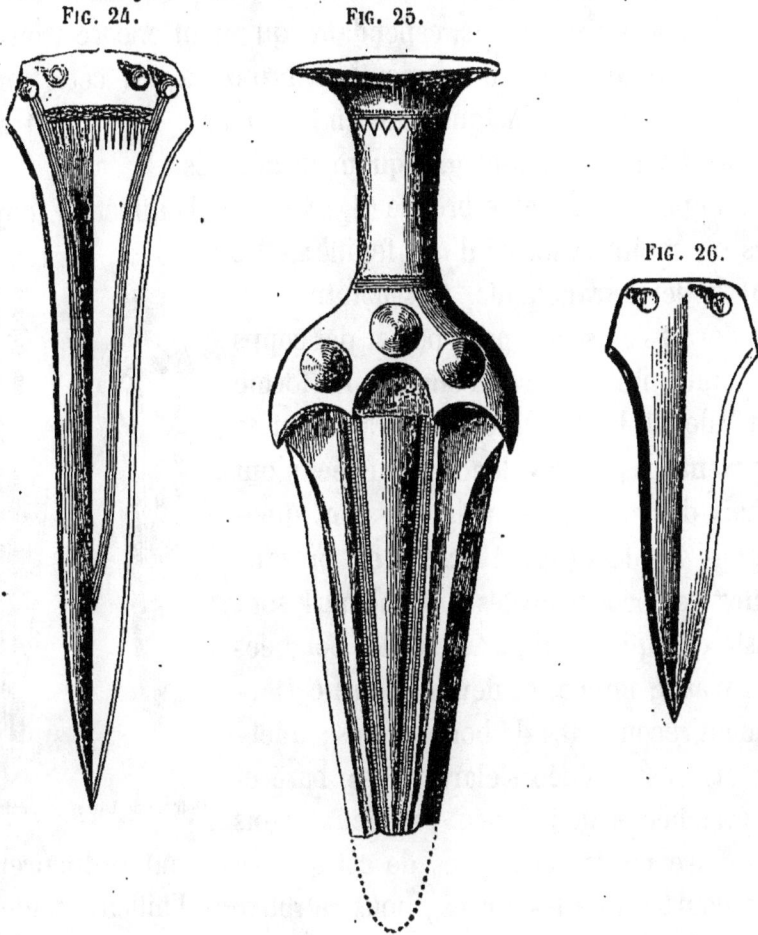

FIG. 24.   FIG. 25.

FIG. 26.

Dagues de bronze irlandaises.

ou *paalstave;* souvent il y a une petite ouverture sur le côté, ouverture dont l'usage supposé est indiqué dans la figure.

Un progrès encore plus sensible consista (fig. 3, 6, 12) à
changer la position du manche et du métal, c'est-à-dire à évider
la hache à un bout et à y insérer le manche. Les haches celtiques
sont ordinairement tout unies, mais quelquefois aussi ornées de

côtes, de points ou de lignes, comme dans les figures 3, 6, 8, 11
et 12. La présence de moules (fig. 8) prouve qu'elles ont été
fabriquées dans les pays où on les trouve. Il est difficile de comprendre pourquoi ces haches n'étaient jamais faites comme les
nôtres, c'est-à-dire avec un trou transversal, qui laisse passer le
manche. Je ne sache pas, cependant, qu'on ait encore trouvé en
Grande-Bretagne un instrument de bronze ayant cette forme ;
on en a rencontré quelques-uns en Danemark, où ils sont d'une
grande beauté et très-magnifiquement décorés.

Les épées de l'âge de bronze (fig. 14-23) (1) affectent toujours
plus ou moins la forme d'une feuille ; elles
sont à deux tranchants, très-pointues, et
l'on devait s'en servir pour porter des coups
de pointe plutôt que de coupant. La forme
générale et la condition du tranchant le
prouvent jusqu'à l'évidence. Ces épées n'ont
jamais de garde ; les poignées sont quelquefois solides (fig. 17-23), et presque
toutes les épées trouvées au Danemark sont
ainsi ; quelquefois (fig. 14-16) les poignées
sont plates, minces et devaient être certainement recouvertes de bois ou d'os ; quelquefois aussi l'épée s'élargit à sa base et
est attachée à la poignée par deux, trois

FIG. 27.   FIG. 28.

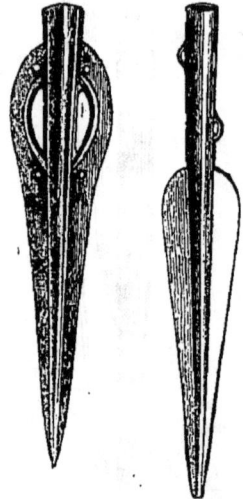

Pointes de lances irlandaises.

ou quatre rivets. Les épées de cette espèce sont ordinairement
plus courtes que les autres ; nous retrouvons d'ailleurs toutes les
formes intermédiaires entre la vraie épée et la dague (fig. 24,
25, 26) : le musée de Dublin possède près de trois cents épées
de ces différentes espèces. Les poignées des épées de bronze sont
très-courtes et n'auraient que difficilement convenu à des mains
aussi grandes que les nôtres : c'est là un argument que mettent

(1) La figure 13 représente une ancienne épée de fer ; nous l'avons insérée
pour montrer la différence de forme.

toujours en avant ceux qui attribuent à un peuple d'origine asia-
tique l'introduction du bronze en Europe.

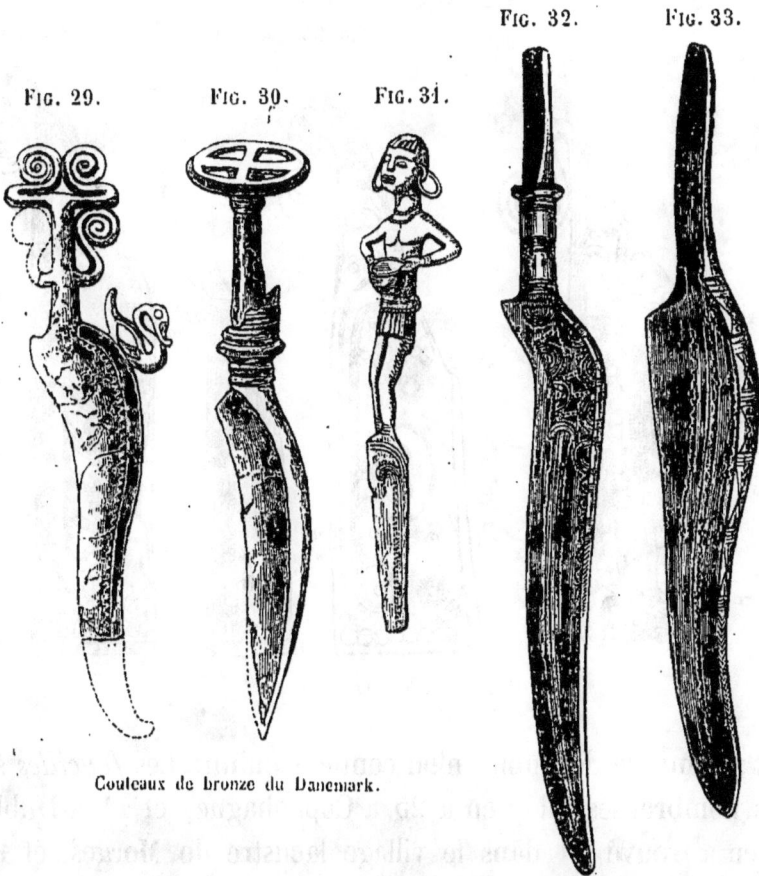

FIG. 29. FIG. 30. FIG. 31. FIG. 32. FIG. 33.

Couteaux de bronze du Danemark.

Couteaux de bronze de la Suisse.

Une autre classe d'objets de bronze sont les pointes de *lance*
(fig. 27, 28), de *javeline* et de *flèches* : le musée de Dublin en possède 276. Ces différents objets varient en longueur de 2 pieds 1/2
à 1 pouce ; leur forme est très-variée. Mais il n'est pas nécessaire
de les décrire en détail, car ces armes sont restées les mêmes
dans tous les temps, chez tous les peuples et quel que soit le
métal employé pour leur fabrication. Les flèches de bronze cependant ne sont pas très-communes dans l'Europe septentrionale,
probablement parce que le silex était de beaucoup meilleur marché et remplissait le même but.

On a trouvé à Nidau, dans le lac de Bienne, plus de cent *hameçons* de bronze, mais ils paraissent être rares partout autre

FIG. 35.   FIG. 36.   FIG. 37.

FIG. 34.

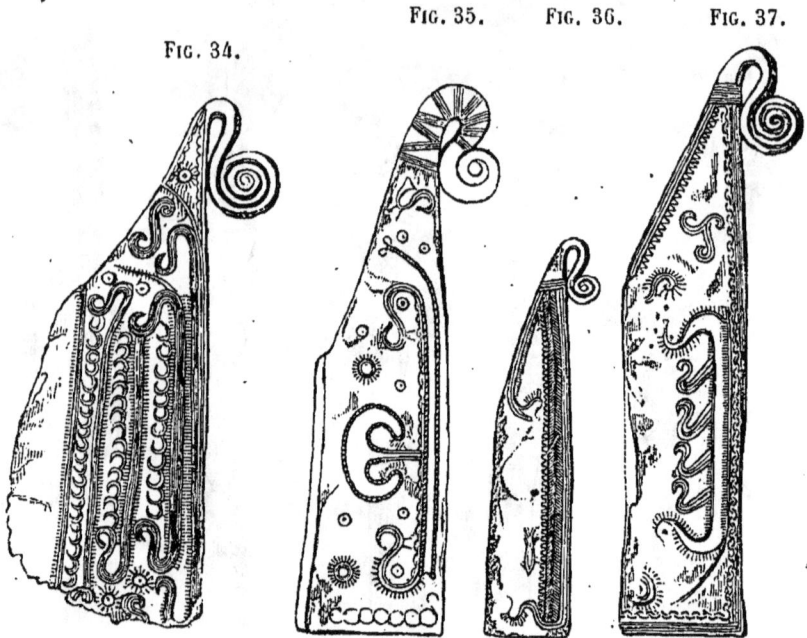

Couteaux-rasoirs du Danemark.

part ; le musée de Dublin n'en contient qu'un. Les *faucilles* sont plus nombreuses : il y en a 25 à Copenhague, et 11 à Dublin ; on en a trouvé 11 dans le village lacustre de Morges, et 18 à Nidau. Ces faucilles ont environ 6 pouces de longueur ; elles sont plates d'un côté et bombées de l'autre ; elles sont toujours faites de façon à être tenues de la main droite.

On trouve fréquemment des *couteaux* de bronze (fig. 29-33) dans les tumuli danois, et dans les ruines des habitations lacustres de la Suisse : 20, par exemple, à Morges, 26 à Estavayer et une centaine à Nidau. En Irlande, ils semblent très-rares ; le musée de Dublin n'en contient pas un seul. Ils sont ordinairement fixés à des manches d'os, de corne, ou de bois, et la lame est toujours plus ou moins courbe, tandis que celle des couteaux de fer, au contraire, est ordinairement droite.

Les petits *couteaux-rasoirs* de bronze suisses (fig. 34-37) ont,

il est vrai, des lames droites, mais ils ont un caractère tout différent de celui des couteaux de fer. Les ornements qui couvrent
ces couteaux de bronze me font penser qu'ils appartiennent à
une époque avancée de l'âge de bronze, ou même, dans quelques
cas, au commencement de l'âge de fer. Le musée de Flensbourg
póssède un couteau-rasoir trouvé, dit-on, au milieu de nombreux
objets de fer.

Les bijoux de l'âge de bronze consistent principalement en
bracelets (fig. 40 et 41), en épingles (fig. 42), et en anneaux. Les
bracelets sont, soit de simples spirales, soit des anneaux ouverts
d'un côté, décorés par cet ensemble de lignes droites et courbes
qui dénotent si particulièrement l'âge de bronze.

FIG. 38.

FIG. 39.

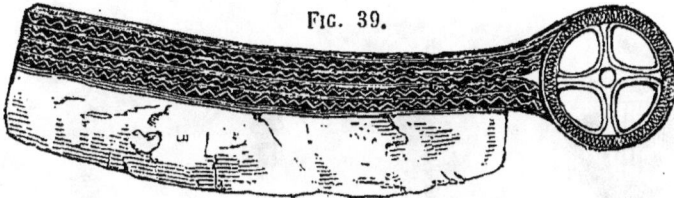

Petits couteaux du Danemark.

Un grand nombre d'épingles de bronze ont été trouvées en
Suisse : 57, par exemple, à Morges, 239 à Estavayer, et 600 à
Nidau. On les trouve très-souvent aussi dans les tombeaux, où,
comme l'a fait remarquer Sir R. C. Hoare, on les employait pour
fixer le linceul qui enveloppait les ossements. Quoique très-communes, les broches de bronze se trouvent généralement au milieu
d'objets de fer, et l'on pourrait presque affirmer qu'elles étaient
inconnues pendant l'âge de bronze, de simples épingles étant
alors employées à leur place. Cependant la plupart de ces épingles trouvées dans les lacs suisses semblent avoir été des épingles

à cheveux. Quelques-unes ont un pied de longueur; on en a même trouvé deux, auprès de Berne, longues de 2 pieds 9 pouces. Beaucoup de ces épingles ont de grosses têtes, sphériques et

FIG. 40.

FIG. 41.

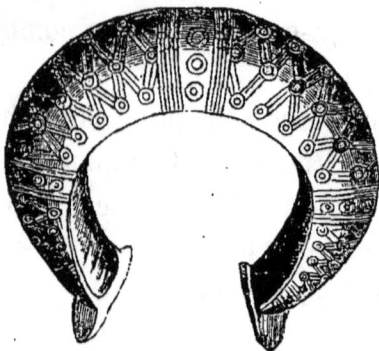 

Bracelets (Suisse).

creuses, comme A et B, fig. 42; les autres varient si considérablement, qu'il est impossible d'en donner une description générale. On ne saurait douter que ces épingles appartiennent à l'âge

A   B   C   D

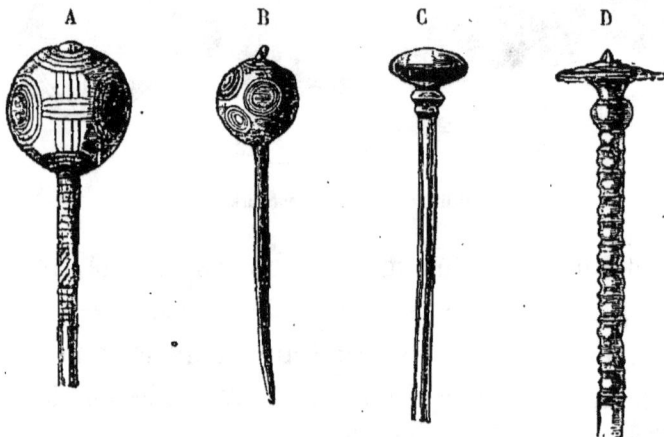

FIG. 42. — Épingles à cheveux de bronze (Suisse).

de bronze; mais il semble tout aussi certain qu'elles ont continué à être employées longtemps après l'introduction du fer. La figure 124 représente une de ces épingles de bronze plus récentes. Les figures 43-48 représentent quelques autres petits objets de bronze, y compris deux aiguilles trouvées au lac de Neufchâtel. Les marteaux de bronze sont très-rares; il est probable qu'on se servait de pierres en guise de marteau. Les gouges sont plus communes. On a trouvé des petites scies en Allemagne et en Danemark, mais pas encore dans la Grande-Bretagne. On a dé-

FIG. 43.   FIG. 44.   FIG. 45.   FIG. 46.

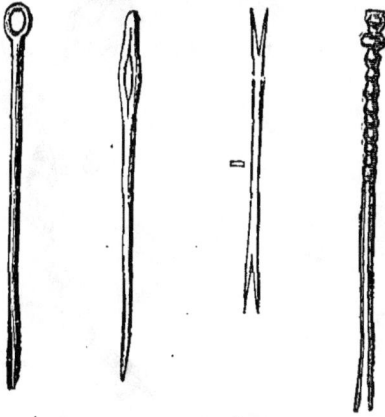

FIG. 47

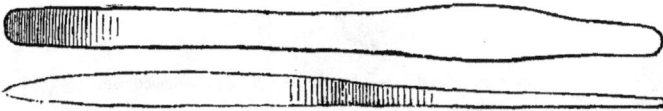

FIG. 48.

Petits objets de bronze (Suisse).

couvert aussi des boutons en Suisse et en Scandinavie, mais en petite quantité (1).

Les figures 49-52 représentent des bijoux d'or irlandais. Jusqu'à présent rien n'indique l'époque à laquelle ils appartiennent, mais il est probable que ce sont des objets assez récents.

L'ornementation des objets de bronze a un caractère particulier et en même temps uniforme : elle consiste en de simples dessins géométriques et est formée par des combinaisons de spirales, de cercles et de lignes en zigzag ; on trouve rarement des dessins

(1) On trouvera de plus amples informations sur les objets de bronze suisses dans le chapitre sur les habitations lacustres de la Suisse.

de plantes ou d'animaux. Les quelques exceptions à cette règle sont peut-être même plus apparentes que réelles. Ainsi, on n'en

FIG. 49.

Torque d'or (Irlande). — Trouvée auprès de Clonmacnoise.

FIG. 50.

FIG. 51.

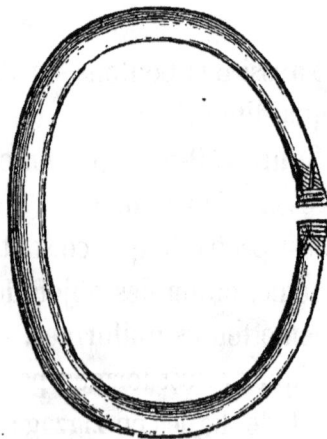

Ornements d'or (Irlande).

pourrait citer que deux exemples dans le catalogue du musée de Copenhague : l'un est une grossière figure de cygne (fig. 29),

l'autre celle d'un homme (fig. 31). Cette dernière figure forme
le manche d'un couteau dont la lame paraît être droite, type
caractéristique de l'âge de fer, et qui se trouve rarement pendant
l'âge de bronze. Pour l'un de ces deux exemples, on peut donc
donner des raisons indépendantes pour l'attribuer à la période de
transition, ou tout au moins à la fin de l'âge de bronze. On trouve,

FIG. 52.

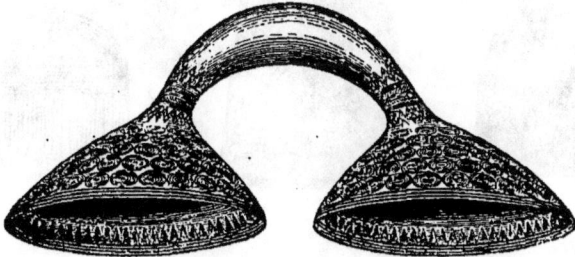

Ornements d'or (Irlande).

il est vrai, sur les couteaux-rasoirs ordinairement, quelquefois
aussi sur d'autres, un dessin destiné probablement à représenter
un vaisseau (fig. 34-37). En admettant que tel soit le cas, en
admettant que ces objets appartiennent à l'âge de bronze, ils ne
serviront qu'à prouver combien peu de progrès avait fait jusqu'alors l'art de représenter les objets naturels.

Il était difficile de croire que nous saurions jamais comment
s'habillaient les hommes de l'âge de bronze. Si l'on considère la
nature périssable des matériaux qui servent nécessairement à
fabriquer les vêtements, il est étonnant qu'un seul de ces fragments soit parvenu jusqu'à nous. Les peaux des animaux, sans
aucun doute, devaient être très-employées comme vêtements,
comme elles l'ont été d'ailleurs à toutes les époques de l'histoire
de l'homme. On a trouvé aussi bien des traces de tissus de toile
dans les tumuli anglais de l'âge de bronze et dans les lacs suisses.
La figure 123 représente un morceau de tissu trouvé à Robenhausen, en Suisse; ce morceau d'étoffe appartient probablement
à l'âge de pierre. Un seul fragment de cette espèce jette, bien
entendu, beaucoup de lumière sur les manufactures, si toutefois

nous pouvons employer ce mot, de l'époque à laquelle il appartient ; mais nous n'avons pas heureusement à nous contenter de connaissances aussi imparfaites, car nous possédons tous les vêtements d'un chef qui vivait pendant l'âge de bronze.

FIG. 53.

FIG. 54.

FIG. 55.

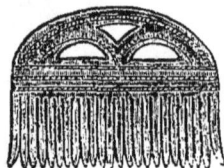

Bonnets de laine.

Peigne.

FIG. 56.

Manteau de laine.

Dans une ferme occupée par M. Dahls, auprès de Ribe, dans le Jutland, se trouvent quatre tumuli connus sous les noms de grand Kongehoi, petit Kongehoi, Guldhoi et Treenhoi. Ce dernier fut examiné en 1861 par MM. Worsaæ et Herbst. Ce tumulus,

formé de terre sablonneuse, a 50 *ells* de diamètre et 6 de hauteur. Près du centre, on a trouvé trois cercueils de bois : deux
de grandeur naturelle; le troisième était évidemment un cercueil d'enfant. Le cercueil qui nous occupe plus particulièrement avait environ 9 pieds 8 pouces de longueur et 2 pieds
2 pouces de largeur, mesuré à l'extérieur; l'intérieur avait
7 pieds 1/2 de long, sur 1 pied 8 pouces de large. Il était
recouvert d'un couvercle mobile de la même grandeur. Le contenu était très-particulier et très-intéressant. Tandis que, comme
on s'y attend naturellement, on ne trouve dans les anciens tombeaux que les os et les dents, toutes les parties molles ayant
depuis longtemps disparu, quelquefois, et c'était précisément le
cas dans ce tombeau, l'inverse arrive. Grâce à la présence de
l'eau, peut-être aussi parce que cette eau était fortement impré-
gnée de fer, les parties molles du corps s'étaient changées en
une substance noire et graisseuse ; les os, à l'exception de quelques fragments, n'étaient plus qu'une sorte de poudre bleue.

Le cerveau, chose singulière, semblait être la partie qui avait
subi le moins de changement. Quand on ouvrit le cercueil, on le
trouva à l'une des extrémités, où, sans aucun doute, la tête avait
reposé, et il était encore couvert par un épais bonnet hémisphé-
rique de laine, ayant à peu près 6 pouces de hauteur (fig. 53).
L'extérieur de ce bonnet est couvert de fils courts, se terminant
tous par un petit nœud, ce qui donne à ce bonnet un aspect très-
singulier.

Le corps avait été enveloppé dans un grossier manteau de
laine (fig. 56) presque semi-circulaire, échancré autour du cou.
Ce manteau a à peu près 3 pieds 8 pouces de long, et est large
en proportion. A l'intérieur pendent encore un grand nombre de
fils de laine courts, ce qui lui donne quelque peu l'apparence
de la peluche.

Sur le côté droit du cadavre se trouvait une boîte recouverte
d'un couvercle de même diamètre. Cette boîte avait 7 pouces 1/2
de diamètre et 6 pouces 1/4 de haut; les différentes pièces de

cette boîte étaient liées les unes aux autres par des morceaux
d'osier ou d'écorce. Dans cette boîte s'en trouvait une plus petite
sans couvercle, et dans celle-ci trois objets : un bonnet de 7 pouces
de haut, de laine tissée (fig. 54); un petit peigne de 3 pouces de
long et de 2 pouces 1/2 de haut (fig. 55), et un petit couteau-
rasoir tout simple.

Après que le manteau et la boîte d'écorce eurent été enlevés,
on trouva deux châles de laine, l'un d'eux couvrant les pieds,
l'autre placé un peu plus haut. Ces châles sont presque carrés,

FIG. 57.   FIG. 58.

Chemise de laine.   Châle de laine.

ayant un peu moins de 5 pieds de long, sur 3 pieds 9 pouces de
large ; ils sont ornés d'une longue frange (fig. 58). A l'endroit où
le corps reposait était une chemise (fig. 57), aussi d'une étoffe de
laine, échancrée pour le cou. Elle s'attachait autour de la ceinture, au moyen d'une longue bande d'étoffe de laine qui faisait
deux fois le tour du corps et pendait par devant. Au côté gauche
du cadavre se trouvait une épée de bronze (fig. 19) dans un four-
reau de bois. Cette épée a 2 pieds 3 pouces de longueur et a une
simple poignée solide.

Aux pieds du cadavre étaient deux morceaux d'étoffe de laine, ayant environ 14 pouces 1/2 de long et 3 pouces 1/2 de large (fig. 59), dont l'emploi ne paraît pas bien indiqué, quoiqu'on puisse supposer que ce sont des restes de grandes guêtres. A l'extrémité du cercueil, on a trouvé des traces de cuir, très-probablement les restes de bottes. Quelques cheveux noirs adhéraient encore au bonnet de laine, où la tête avait reposé, et l'on pouvait reconnaître la forme du cerveau. Enfin, cet ancien guerrier, avant d'être placé dans la tombe, avait été enveloppé dans une peau de bœuf.

Les deux autres cercueils ne furent pas examinés par des personnes compétentes, et les renseignements qu'ils auraient pu nous fournir furent ainsi perdus pour nous. Les objets les plus indestructibles qu'ils contenaient furent cependant conservés : ils consistaient en une épée, une broche, un couteau, un poinçon à

FIG. 59.

deux pointes, une pince, un grand double bouton, le tout de bronze ; un petit bouton double d'étain et une pointe de javeline de silex.

Le cercueil d'enfant ne contenait qu'une boule d'ambre et un petit bracelet de bronze, simple anneau de métal.

Il ne peut donc y avoir aucun doute que ce tumulus intéressant appartenait à l'âge de bronze, et je suis porté à lui attribuer une date assez récente dans cet âge, à cause du couteau et du couteau-rasoir, qui, tous deux, affectent la forme que, pour des raisons déjà constatées, je pense devoir appartenir à la fin de l'âge de bronze et au commencement de l'âge de fer. Les broches de bronze se trouvent rarement aussi pendant l'âge de bronze et sont communes pendant l'âge de fer. L'épée, en outre, a la forme de celles auxquelles le professeur Nilsson attribue une date comparativement récente.

Enfin, le mode de sépulture, quoiqu'on puisse citer bien d'autres cas semblables, est tout au moins très-extraordinaire. Dans l'âge de fer, les cadavres sont ordinairement couchés, mais pendant l'âge de bronze, à quelques exceptions près, on brûlait généralement les morts ou on les enterrait assis. Au Danemark, l'incinération des cadavres semble avoir été presque universelle; en Angleterre, j'ai établi la statistique de cent tombeaux dans lesquels on a trouvé des objets de bronze, 37 indiqués par M. Bateman, et 63 par Sir R. C. Hoare. La table suivante montre la manière dont le cadavre a été traité :

	Assis.	Brûlés.	Couchés.	Incertains.
Bateman............	15	10	5	7
Hoare.............	4	49	2	8
	19	59	7	15

On peut en conclure que, pendant cette période, le cadavre était quelquefois, quoique rarement, couché sur le dos; que plus fréquemment il était enterré assis, dans une petite chambre formée par de grosses pierres, mais que la coutume la plus ordinaire était de brûler les corps, et de réunir les cendres et les fragments d'os dans ou sous une urne.

Nous entrerons d'ailleurs dans plus de détails sur les coutumes des funérailles anciennes dans un chapitre subséquent.

CHAPITRE II

DE L'AGE DE BRONZE.

Il y a quatre théories principales sur l'âge de bronze. Selon quelques archéologues, la découverte ou l'introduction du bronze n'a pas été accompagnée par d'autres changements soudains dans la condition des hommes, mais n'a été que le résultat et la preuve d'un développement graduel et pacifique. Les uns attribuent les armes et les instruments de bronze trouvés dans le nord de l'Europe, soit aux armées romaines, soit aux marchands phéniciens; tandis que les autres pensent que les hommes de l'âge de pierre ont été remplacés par un peuple nouveau et plus civilisé, de race indo-européenne, venant de l'Orient. Ce peuple, apportant avec lui la connaissance du bronze, aurait conquis l'Europe, dépossédé et en quelques endroits entièrement détruit les premiers possesseurs du sol.

Mais il n'est pas nécessaire de supposer que l'introduction du bronze ait été accomplie partout de la même manière. Le docteur Keller (1) et Sir W. R. Wilde (2), par exemple, peuvent être

(1) *Mittheil. der Antiquär. Gesellsch. in Zurich*, Bd. XIV, H. 6.
(2) Wilde, *loc. cit.*, p. 360.

parfaitement dans le vrai quand ils affirment que, en Suisse et
en Irlande, la population primitive, si l'on peut s'exprimer ainsi,
n'appartenait pas à une race différente de celle qui plus tard a
employé le bronze.

Bien qu'il soit évident que l'emploi séparé du cuivre et de
l'étain ait dû précéder la découverte du bronze, il est à remarquer cependant qu'on n'a pas encore trouvé en Europe un seul
instrument d'étain, et que ceux de cuivre sont excessivement
rares. On a supposé que la Hongrie et l'Irlande font exception à
cette règle. La situation géographique de la Hongrie dispense de
toute explication; quant à l'Irlande, il peut être utile d'examiner
si réellement elle forme une exception. Le grand musée de
Dublin possède 725 haches celtiques et ciseaux, 282 épées et
dagues, 276 lances, javelines et pointes de flèches, et cependant
sur ces 1283 armes, il n'y a que 30 haches celtiques et une lame
d'épée qui soient, *dit-on*, de cuivre pur (1). Je souligne « dit-on »,
parce que ces spécimens n'ont pas été analysés, mais on les suppose de cuivre « à cause seulement des propriétés physiques et de
la couleur ostensible du métal ». M. Mallet a même analysé une
de ces haches celtiques, et il a prouvé qu'elle contenait une faible
quantité d'étain. Il est possible que pour quelques-uns des usages
auxquels on employait les haches celtiques, le cuivre ait été
presque aussi avantageux que le bronze; dans tous les cas, il a
pu se faire que quelquefois, manquant d'étain, on ait dû se contenter de fabriquer quelques instruments avec du cuivre pur.

Si l'on considère ces faits, il est impossible de trouver en Irlande
la preuve d'un âge de cuivre, et personne n'a jamais prétendu
y avoir trouvé, ou quelque autre part que ce soit en Europe, la
trace d'un emploi séparé de l'étain (2).

Sir W. R. Wilde admet lui-même « qu'il est remarquable

(1) Le docteur Wilde considère même, en se basant sur d'excellentes raisons,
qu'un de ces spécimens est américain.

(2) On employait quelquefois l'étain pour des objets d'ornementation, mais
cet usage, bien entendu, n'affecte en rien notre raisonnement.

qu'on ait trouvé si peu d'instruments antiques de cuivre, car la découverte et l'emploi de ce métal ont dû nécessairement précéder la manufacture du bronze ». Il pense cependant que « l'on peut expliquer ce fait, soit en supposant qu'un espace de temps très-court s'est écoulé entre la découverte des moyens de fondre et de travailler les minerais de cuivre, la découverte de l'étain, et la manufacture subséquente du bronze; soit en admettant comme probable que presque tous les objets de cuivre ont été refondus et convertis en bronze, l'alliage d'étain les rendant plus durs, plus coupants et plus précieux » (1).

Il y a cependant un puissant argument contre cette théorie d'un développement graduel et indépendant des connaissances métallurgiques dans différents pays : c'est le fait constaté en quelques mots par M. Wright, et qu'il est utile peut-être de répéter ici, que partout où l'on a trouvé des épées ou des haches celtiques de bronze, « que ce soit en Irlande, à l'extrémité ouest de l'Europe, en Écosse, en Scandinavie, en Allemagne, ou plus à l'orient encore dans les pays slaves, ces armes n'ont pas seulement un caractère similaire, elles sont absolument identiques ». On peut expliquer d'une manière satisfaisante la grande ressemblance qui existe entre les instruments de pierre trouvés dans les différentes parties du monde, par la similitude de la matière employée et la simplicité des formes. Or, si nous comparons les haches celtiques, les épées, les couteaux, les dagues, trouvés dans toute l'Europe, nous remarquerons une similitude telle, qu'il semblerait presque qu'ils ont tous été fabriqués par le même ouvrier : comparez, par exemple, les figures 1, 3 et 9, qui représentent des haches celtiques irlandaises, avec les figures 10, 12 et 11, qui représentent des spécimens danois; les trois épées, figures 14, 15 et 16, qui viennent respectivement d'Irlande, de Suède et de Suisse; et les deux figures 17 et 18, la première représentant une épée suisse, la seconde une épée de Scandinavie. Il eût été facile de multiplier

_____
(1) Wilde, loc. cit , p. 357.

les exemples de cette similitude, et l'on peut, sans trop s'avancer, affirmer que cette ressemblance n'est pas le résultat d'un accident. Il faut admettre, d'un autre côté, que chaque pays présente quelques particularités de détail. Ni les formes, ni les ornements ne sont exactement semblables. Au Danemark, dans le Mecklembourg, les ornements en spirale sont les plus communs; plus au sud, des cercles et des lignes les remplacent. Les épées danoises ont ordinairement des poignées solides et richement décorées, comme dans les figures 17-23; les épées trouvées dans la Grande-Bretagne, au contraire, se terminent par une plaque recouverte de bois ou d'os. Les têtes de lance anglaises portent fréquemment un anneau à côté du trou où s'emmanchait le bois de la lance, comme dans la figure 27; on ne trouve jamais cet anneau dans les spécimens danois.

La découverte de moules en Irlande, en Écosse, en Angleterre, en Suisse, au Danemark et dans bien d'autres pays, prouve que l'art de couler le bronze était connu et pratiqué presque partout. Il semble donc très-probable que la connaissance des métaux est une de ces grandes découvertes que l'Europe doit à l'Orient, et que l'usage du cuivre ne s'est répandu sur notre continent qu'après qu'il avait été reconnu que, par l'addition d'une petite quantité d'étain, on le rendait plus dur et plus précieux.

J'ai déjà, dans le premier chapitre, donné les raisons qui, à mon point de vue, prouvent que les armes de bronze ne sont pas d'origine romaine. Je pourrais résumer ces raisons comme il suit :

1° On n'a jamais trouvé des armes de bronze avec des poteries romaines ou d'autres restes de la période romaine.

2° L'ornementation n'a pas le caractère romain.

3° Les épées de bronze n'ont pas la forme des épées employées par les soldats romains.

4° Le mot latin « *ferrum* » était employé comme synonyme d'épée, ce qui prouve que les Romains employaient toujours des épées de fer.

5° Les instruments de bronze se trouvent en nombre considérable dans quelques pays, comme, par exemple, le Danemark et
l'Irlande, où les armées romaines n'ont jamais pénétré.

En outre, le bronze employé par les Romains contenait ordinairement une grande proportion de plomb, métal qui n'entre
jamais dans l'alliage employé pendant l'âge de bronze.

Mon ami M. Wright rapporte trois cas dans lesquels on dit
avoir trouvé des épées de bronze au milieu de restes romains.
J'ai déjà fait allusion (page 12) à l'un de ces cas. Quant aux deux
autres, il a malheureusement négligé d'indiquer les localités, et
je n'ai pu par conséquent vérifier ce qu'il avance. Mais, en supposant même qu'il n'y ait aucune méprise, que les faits soient
tels qu'il les suppose, cela ne prouverait rien. Les épées de
bronze sont de belles et excellentes armes, qui ont certainement
dû être conservées comme curiosités, employées même quelquefois, longtemps après que le fer les avait remplacées dans
l'usage général. M. Wright attache beaucoup d'importance au
fait qu'on a ordinairement trouvé les armes de bronze auprès des
stations et des routes romaines. Cela sans doute est vrai, tout au
moins en Angleterre; mais nous devons nous rappeler que
l'Angleterre tout entière est coupée par de nombreuses voies
romaines, et que beaucoup d'entre elles, d'ailleurs, étaient de
vieilles voies de communication, longtemps avant que César
débarquât dans ce pays. M. Wright me semble cependant trop
oublier que les armes de bronze sont très-communes en Irlande
et en Danemark, pays où il n'y a pas une seule route romaine.

Mais M. Wright ne voit rien en Grande-Bretagne qu'on puisse
attribuer à une période antéromaine. Il attribue, comme nous
l'avons vu, les armes et les instruments de bronze aux Romains
eux-mêmes, les armes de pierre aux Bretons leurs contemporains. Ainsi, ayant remarqué que les instruments de silex sont
plus communs près de Bridlington que près de Leeds, il dit (1) :

_____

(1) *Lecture sur les antiquités de Leeds*, p. 19.

« Si ces instruments de pierre appartiennent à une période
antérieure à l'invasion romaine, et avant que les métaux aient
été extraits du sol, pourquoi ne les trouve-t-on pas aussi fréquemment dans le voisinage de Leeds que dans celui de Bridlington ? »

La raison me semble évidente. Bridlington se trouve dans un
pays crayeux ; le silex y est par conséquent abondant, tandis
qu'auprès de Leeds on n'en trouve pas *in situ*. Mais si nous
attribuons à la période romaine, non-seulement les instruments
de bronze, mais encore ceux de pierre, nous demanderons à
M. Wright quels sont les instruments dont se servaient les
anciens Bretons avant l'arrivée de César ? Il serait plus raisonnable de nier immédiatement l'existence des anciens Bretons que
de les priver, pour ainsi dire, de tous les moyens d'obtenir leur
nourriture ; d'ailleurs, il nous est impossible d'oublier que ces soi-
disant barbares fabriquaient des chariots de guerre, frappaient
de la monnaie, et étaient assez forts pour opposer une résistance
formidable aux forces mêmes de Rome et au génie de César.

Leurs armes d'ailleurs étaient de fer et non pas de bronze. En
somme, on peut, je crois, conclure que le bronze n'a pas été
découvert dans l'Europe septentrionale, et qu'il n'y a pas été
introduit par les Romains. Examinons donc les arguments de
ceux qui attribuent la civilisation de l'âge de bronze à l'influence
du commerce phénicien. Cette théorie a été récemment défendue
avec beaucoup d'habileté par le professeur Nilsson (1). Sir George
Cornewall Lewis (2), d'un autre côté, tout en admettant que le
comté de Cornouailles était, dans l'antiquité, la grande source de
l'étain, a essayé de prouver que ce métal parvenait « aux nations
habitant à l'est de la Méditerranée par la route de terre, à travers la
Gaule, et que les vaisseaux phéniciens le chargeaient à l'embouchure du Rhône, sans avoir besoin d'aller jusqu'en Bretagne ».

Selon lui, donc, les récits des anciens voyages sont pour la

---

(1) *Skandinaviska Nordens Ur-invanare*. Af. S. Nilsson. Stockholm, 1862.

(2) *Examen historique de l'astronomie chez les anciens*, par le R. H. Sir George
Cornewall Lewis, 1862.

plupart fabuleux ou tout au moins exagérés ; mais il ne remarque pas assez que tout ce que nous savons de ces anciens voyages nous vient d'ennemis ou de poëtes ; et il n'est pas besoin de chercher plus loin que l'ouvrage de Sir George Cornewall Lewis lui-même, pour voir combien les auteurs souffrent de ce mode de traitement (1).

Prenez, par exemple, Himilcon, qui fut envoyé, à l'époque de la plus grande prospérité de Carthage, pour reconnaître les côtes nord-ouest de l'Europe. Ses écrits ne sont malheureusement pas parvenus jusqu'à nous ; tout ce que nous savons de ce voyage, nous l'apprenons par un poëme géographique d'Avienus, les « *Ora maritima* », que Sir Cornewall Lewis résume en ces termes : « Le rapport d'Himilcon que le voyage de Gades jusqu'aux îles d'Étain, c'est-à-dire le comté de Cornouailles, occupait au moins quatre mois, et que la navigation dans ces mers éloignées était interrompue à chaque instant par le calme de l'air, par l'abondance des plantes marines, par des monstres affreux, fables que tous les anciens marins racontaient sur les mers inconnues, ne devait pas être bien attrayant pour les négociants des colonies carthaginoises. » Ce raisonnement n'est pas tout à fait satisfaisant : car si Himilcon fit réellement ce voyage, de pareils voyages étaient donc possibles ; si, d'un autre côté, il ne le fit pas, si son rapport n'était qu'un tissu de fables, il y a tout lieu de croire que les rusés marchands de Carthage auraient reconnu l'imposture, et seraient parvenus à savoir la vérité, sinon par Himilcon lui-même, tout au moins par quelques-uns de ceux qui l'accompagnaient.

Mais passons ; nous examinerons les quatre « fables » dont parle tout particulièrement Sir George Cornewall Lewis. Il n'est pas nécessaire de parler du « calme de l'air » ; ce serait être injuste envers Sir C. Lewis que de supposer qu'il attachât beaucoup de poids à cette objection. Ce peut être une invention, mais ce n'est

(1) Dans le long chapitre qu'il consacre à la chronologie et aux hiéroglyphes égyptiens, il ne cite pas une seule fois le nom du docteur Young.

pas une improbabilité. Le temps employé par une expédition d'exploration n'est pas non plus l'indice du temps qu'exigera un voyage commercial. Je n'attacherai pas non plus beaucoup d'importance aux paroles d'Himilcon, que ses vaisseaux étaient arrêtés dans leur course par les monstres marins. Ce qu'Avienus dit réellement, comme Sir C. Lewis l'admet dans un autre passage, c'est que, au milieu d'un calme, alors que ses vaisseaux étaient arrêtés « ils furent entourés par des monstres marins » (1). On pourrait plaider honnêtement que les baleines étaient probablement beaucoup plus nombreuses sur nos côtes dans l'antiquité qu'elles ne le sont à présent, les grands mammifères de la mer, aussi bien que ceux de la terre, ayant reculé devant le pouvoir irrésistible de l'homme. Mais il n'est pas nécessaire de mettre cette hypothèse en avant. Les monstres marins ont de tout temps vivement ému l'imagination humaine, et un poëte ne manquerait pas d'y faire allusion, quand il décrit les dangers qui entourent ceux qui, « montés sur des vaisseaux, vont affronter les périls des mers inconnues ».

Le troisième point auquel Sir Cornewall Lewis fait allusion, loin de jeter un doute sur la véracité d'Himilcon, paraît être plutôt un argument en sa faveur. Ses vaisseaux, dit-il, ou plutôt Avienus le dit pour lui, étaient « entourés par des plantes marines ». Où était-il quand cela arriva? Tout ce que nous pouvons répondre à cette question, c'est que, en quittant les colonnes d'Hercule, il entra dans l'océan Atlantique, et nous savons que quelques jours de route dans cette direction devaient l'amener à la « *mare di Sargasso* », mer qui a reçu ce nom à cause même de la quantité de plantes marines qu'on y rencontre. Sir C. Lewis dit : « L'idée que les vaisseaux ne pouvaient pénétrer dans les mers éloignées, soit à cause de leurs nombreux écueils, soit à cause des obstacles qu'y présentait l'état boueux ou semi-fluide de l'eau, est une idée qu'on retrouve souvent chez les anciens. » Il est parfaite-

(1) Voyez l'APPENDICE.

ment vrai que beaucoup d'écrivains anciens, tels, par exemple,
qu'Hérodote, Platon, Scylax, Aristote même, parlent de difficultés de cette sorte; mais pas un seul d'entre eux ne fait allusion
aux plantes marines comme obstacles à la navigation, et l'on ne
peut considérer comme un accident, que le seul voyageur qui
s'en occupe soit exactement celui qui prit une route telle, que,
s'il l'avait poursuivie pendant quelques jours, elle l'aurait
amené à l'endroit même connu encore aujourd'hui sous le nom
de « mer des plantes marines » (1).

Pythéas est un autre écrivain ancien, que Sir C. Lewis, s'appuyant sur l'autorité de Polybe et de Strabon, n'hésite pas à flétrir
du nom d'imposteur. Polybe met en doute les voyages de Pythéas,
parce que Pythéas était pauvre; mais les grands voyageurs, les
grands explorateurs de notre époque, n'appartiennent pas ordinairement non plus à des familles opulentes. Strabon semble avoir
des préventions contre Pythéas, parce qu'il prétendait avoir visité
des pays qui, selon les théories de Strabon, devaient être inha-
bités. Il faut, d'ailleurs, se rappeler que les premiers voyageurs
dans le Nord ont dû voir, et à leur retour ont dû raconter bien
des choses que les habitants des bords enchanteurs de la Méditerranée devaient regarder comme impossibles ou incompréhensibles.
Sir C. Lewis cite principalement quatre assertions incroyables de
Pythéas. Tout d'abord il l'accuse d'avoir raconté que si « l'on
plaçait du fer non travaillé avec une pièce d'argent, sur le bord
du cratère du volcan de l'île de Lipari, on retrouvait le lendemain,
à la même place, une épée, ou tout autre article dont on avait
besoin ». Ceci prouve tout simplement que le mythe de Valand,
Wielant, Weland, ou, dans notre dialecte populaire, Wayland
Smith, était accrédité aux îles Lipari au temps de Pythéas (2).
D'ailleurs ce mythe n'est qu'une explication quelque peu modifiée

(1) La croyance à l'Atlantide a peut-être pour origine cette mer de plantes
marines, qui suggère si naturellement l'idée d'une terre disparue, et n'est-ce
pas là une explication aussi naturelle que toutes les autres qu'on en a données ?

(2) Voyez, sur cet intéressant sujet, Wright, *Archœol.*, vol. XXXII, p. 315.

de ce qui a lieu quand un peuple ignorant, vivant à côté d'une race plus civilisée, attribue la supériorité de cette dernière à la magie, et, tout en désirant profiter de la science des magiciens, craint de se trouver en contact avec eux.

Ainsi, par exemple, « quand les Veddahs de Ceylan avaient besoin de flèches, ils apportaient pendant la nuit de la viande qu'ils suspendaient dans la boutique du forgeron, et plaçaient à côté une feuille taillée sur le modèle qu'ils voulaient donner à leurs flèches; si le forgeron faisait ces flèches d'après ce modèle, ils lui envoyaient d'autre viande » (1). Si nous avions appris ce mode d'échange de la bouche des Veddahs eux-mêmes, il est probable qu'ils lui auraient donné la forme du vieux mythe européen. D'ailleurs les métallurgistes de l'antiquité, afin de conserver leur monopole, avaient évidemment grand intérêt à encourager la superstition.

Sir Cornewal Lewis accuse, en second lieu, Pythéas d'avoir prétendu que la mer, autour des îles de Lipari, était en ébullition. Mais nous ne savons pas quels sont, à ce sujet, les termes exacts qu'a employés Pythéas; aussi ne pouvons-nous guère prononcer un jugement, car il se peut qu'il ait rapporté dans ce cas, non ce qu'il avait vu, mais ce qu'il avait entendu dire. Nous devons nous rappeler, en outre, qu'il y a eu des éruptions volcaniques sous-marines dans la Méditerranée, et que les îles de Lipari, situées entre l'Etna et le Vésuve, se trouvent au centre même d'une active région

---

(1) Knox, *Relation historique de l'île de Ceylan*, Londres, 1681. Cité dans les *Transactions de la Société ethnologique*, vol. II, p. 285, N. S. Voyez aussi *Ceylan*, par Sir J. E. Tennent, vol. I, p. 593. — La forme belge du mythe, telle qu'elle est racontée par Schmerling (*Ossements fossiles*, vol. I, p. 43), se rapproche encore davantage du récit de Knox. En parlant des cavernes situées près de Liége, il dit : « Ces ouvertures sont connues des habitants de l'endroit sous le nom de *trous des Sottais*. Ils prétendent que jadis ces grottes servaient d'habitation à une espèce humaine d'une très-petite taille, sottais, nains, pygmées, qui y vivaient de leur industrie, et restauraient tout ce qu'on déposait près des ouvertures, à condition que *l'on y ajoutât des vivres*. En très-peu de temps ces effets étaient réparés et remis à la même place. »

volcanique. Ces deux montagnes, qui, pendant les deux mille dernières années, ont été plus ou moins fréquemment en éruption, semblent avoir eu une longue période de repos ; pendant ce temps, les îles Lipari servaient d'issue aux gaz. Il me semble donc très-probable que ce récit fait par Pythéas n'est que l'expression véridique de ce qui se passa sous ses yeux.

Une troisième difficulté est l'assertion de Pythéas, qu'il vit autour de l'île de Thulé une substance qui n'était ni de la terre, ni de l'air, ni de l'eau, mais une substance ressemblant aux *Medusæ* ou poissons gélatine (πνευμόνι θαλασσίῳ ἐοικὼς), qu'on ne pouvait traverser ni à pied ni en bateau. Le professeur Nilsson regarde ce passage, qui a complétement déconcerté les commentateurs méridionaux, comme la preuve évidente de la véracité de Pythéas. Quand la mer gèle dans le Nord, la glace ne se forme pas comme dans un étang ou dans un lac : il se produit d'abord de petits morceaux de glace, et, aussitôt que les pêcheurs s'en aperçoivent, ils se hâtent de regagner la terre, craignant d'être pris dans la glace, qui pendant quelque temps est trop épaisse pour permettre à leurs bateaux d'avancer, et cependant trop faible pour supporter le poids d'un homme. Le capitaine Lyon fait une description toute semblable : « Nous nous trouvâmes, dit-il, au milieu de glace toute nouvelle, dans cet état qu'on appelle boue, qui, par son aspect et sa consistance, ressemble à une excellente chose, la glace au citron. Puis nous trouvâmes des petits morceaux ronds, ayant un pied environ de diamètre et ressemblant aux écailles de poissons gigantesques (1). » Richardson mentionne tout particulièrement aussi « les plaques circulaires de glace ayant un diamètre de 6 ou 8 pouces (2). » Ces disques de glace, agités par les vagues, suggérèrent au professeur Nilsson lui-même, quand il les vit pour la première fois, l'idée d'une foule de méduses ; et si un Méridional, qui n'a jamais assisté à un tel phénomène, retourne chez lui et désire le décrire à ses compatriotes, il

<hr>

(1) *Lyon's Journal*, p. 84.
(2) *Arctic Expedition*, vol. II, p. 97.

lui serait difficile de trouver une comparaison plus fidèle et plus ingénieuse. Dans tous les cas, elle n'est pas plus exagérée que celle d'Hérodote, qui, voulant décrire un orage de neige, le comparait à une chute de plumes.

« Enfin, dit Sir C. Lewis, Pythéas affirme qu'en revenant de son grand voyage au Nord, dans lequel, pour la première fois, il a visité l'île éloignée de Thulé, il avait navigué le long de la côte entière de l'Océan, entre Gadeira et le Tanaïs, c'est-à-dire depuis Cadix, autour de l'Espagne, de la Gaule, de l'Allemagne et de la Scythie, jusqu'à la rivière Don, que les anciens considéraient comme la limite entre l'Europe et l'Asie. Cette assertion nous fournit une nouvelle preuve de la mendacité de Pythéas, puisqu'elle est fondée sur la croyance reçue dans son temps, que l'Europe ne se prolongeait pas au nord, et que l'Océan baignait au nord les côtes de la Scythie et de l'Inde. » Pythéas, cependant, ne mérite réellement pas d'être ainsi accusé ; le passage sur lequel s'appuie Sir C. Lewis affirme seulement qu'*après* son retour du Nord (ἐπανελθὼν ἐνθένδε), il voyagea le long des côtes entières de l'Europe, de Cadix jusqu'au Don. Ceci, se rapportant évidemment à un second voyage, est une assertion toute différente, et que je ne vois pas lieu de mettre en doute.

Selon Géminus, Pythéas s'avança si loin au nord, que les nuits n'avaient plus que deux ou trois heures, et il ajoute que les barbares le conduisirent voir l'endroit où le soleil dort. Ces deux assertions semblent indiquer que Dönnäs fut le point le plus septentrional de son voyage. Dans cette ville, la nuit la plus courte a deux heures ; mais derrière la ville se trouve une montagne dont le sommet est le point le plus méridional d'où l'on puisse voir le soleil à minuit. Les habitants y conduisirent le professeur Nilsson en 1816 pour lui montrer l'endroit où le soleil se repose, tout comme ils semblent y avoir conduit Pythéas dans le même but, il y a plus de deux mille ans. Je me contenterai d'ajouter que Pythéas n'était pas un simple voyageur ; c'était un astronome distingué, qui, à l'aide du gnomon seul, semble avoir estimé la latitude de Marseille à 43° 17' 8", calcul qui ne diffère que de quelques secondes du résultat obtenu par les astronomes modernes, cette latitude étant 43° 17' 52".

Je me suis étendu quelque peu sur cette partie de mon sujet, car, si nous nous montrons désireux de rendre tous les honneurs possibles à nos voyageurs modernes, à Livingstone et à Galton, à Speke et à Grant, nous ne devrions pas oublier ceux qui leur ont montré le chemin. La mémoire des grands hommes est un legs précieux qu'il nous faut conserver, et une des parties les plus admirables de l'ouvrage du professeur Nilsson sur l'âge de bronze, est le chapitre dans lequel il défend la mémoire de Pythéas des accusations qu'on dirige injustement contre lui.

Mais, alors même que Sir Cornewall Lewis eût gagné sa cause, s'il était parvenu à nous prouver que ces deux expéditions n'ont jamais été faites, il resterait encore des preuves écrasantes d'un commerce important et étendu, à une époque bien plus reculée encore que celle où vivaient Pythéas et Himilcon. Les preuves de ce commerce ont été admirablement présentées par le docteur Smith, de Camborne (1), et je dois renvoyer à son ouvrage ceux de mes lecteurs qui désirent de plus amples détails à ce sujet. Quant à présent, je dois me contenter de rappeler quelques faits bien connus, qui cependant me suffiront.

Nous savons que Marseille a été fondée par les Grecs Phocéens 600 ans avant J. C.; on suppose que Carthage a été bâtie par les Phéniciens environ 800 ans avant J. C.; selon Pline et Strabon, Utique avait été fondée 300 ans plus tôt encore, et enfin Velleius Paterculus et Pomponius Mela affirment que la ville de Gades (Cadix) fut fondée par les Tyriens peu d'années après la chute de Troie. En présence de semblables faits, toute improbabilité à priori du voyage de Pythéas en Norvége doit disparaître. La distance qui sépare Cadix de la Phénicie est de plus de 2000 milles, et est plus grande que la distance entre Cadix et

(1) *The Cassiterides*, par George Smith, LL. D.

la Norvége. Ainsi donc, si Pythéas a fait tout ce qu'on lui attribue, il n'a pas, après tout, fait des voyages plus longs que n'en avaient fait, plus de mille ans auparavant, des centaines de ses compatriotes.

Les dates données ci-dessus ne doivent pas, bien entendu, être regardées comme parfaitement exactes ; mais il n'y a pas lieu cependant de douter de leur exactitude générale. Non-seulement les ouvrages d'Hésiode et d'Homère, écrits certainement 800 ans avant J. C. et probablement même plus tôt, prouvent que les peuples qui habitaient les côtes orientales de la Méditerranée avaient, à cette époque, une haute civilisation et un commerce considérable ; mais encore nous trouvons dans le récit biblique des preuves précieuses des mêmes faits. Au quatrième chapitre de la *Genèse*, il est fait mention de l'airain à une époque qui, selon la chronologie la plus généralement adoptée, serait 3875 ans avant J. C. ; mais ces dates sont tellement incertaines, que je ne voudrais pas m'appuyer sur ce passage isolé. Tout lecteur du livre de l'*Exode* comprendra certainement la haute civilisation qui régnait en Egypte au temps de Joseph. Puis, quand Salomon se prépare à construire le temple de Jérusalem, il envoie demander au roi de Tyr des cèdres du Liban, car, « tu sais, dit-il, qu'il n'y a personne entre nous qui sache couper le bois comme les Sidoniens » (*Rois*, I, v, 6). Un peu plus loin nous lisons (*Rois*, I, vii, 13, 14) que « le roi Salomon avait fait venir de Tyr Hiram, qui était fils d'une femme veuve de la tribu de Nephthali, dont le père était Tyrien, qui travaillait en cuivre. Cet homme était fort expert, intelligent et savant pour faire toutes sortes d'ouvrages d'airain ». Il est évident que le mot hébreu traduit ici, comme dans tant d'autres passages, par « airain », aurait dû être traduit par « bronze ». Le bronze était le métal commun dans l'antiquité, et l'alliage de cuivre et de zinc n'était pas encore connu.

Or, le bronze, que les témoignages indépendants d'Homère et du livre des *Rois* nous représentent comme si abondant dans

l'Orient, il y a trois mille ans, était composé de cuivre et d'é-
tain, dans la proportion de 9 parties de cuivre pour 1 d'étain.
La question à résoudre est donc celle-ci : D'où venaient ces
métaux ?

On trouve le cuivre dans tant de pays, qu'on ne peut se faire
aucune opinion définie quant aux lieux où les Phéniciens allaient
chercher leurs approvisionnements. Nous avons tout lieu d'espérer, cependant, que nous arriverons à le savoir, car les impuretés
qui se trouvent dans le cuivre varient selon le pays d'où on l'a
tiré ; or, le docteur Fellenberg a publié plus de cent analyses de
bronzes antiques, analyses qui ont déjà jeté quelque lumière sur
cette partie de notre sujet. Quant à l'étain, le cas est tout différent ; presque tout l'étain maintenant employé provient du comté
de Cornouailles ou de l'île de Banca, située entre Sumatra et
Bornéo, bien qu'on trouve des minerais de ce métal dans
d'autres pays, en Saxe et auprès de Nertchinsk, en Sibérie, par
exemple. On a supposé que l'étain était, à une certaine époque,
très-commun en Espagne ; mais, comme le docteur Smith le fait
observer, « le caractère le plus remarquable de l'exploitation
des mines d'étain est la persistance de ces mines. Partout où les
souvenirs authentiques de l'histoire nous indiquent une grande
production de ces minerais, cette production existe encore. A
Banca, dit-on, les filons sont inépuisables ; la Cornouailles en produit encore une quantité aussi considérable que jamais ». Voici
le résultat d'une enquête faite par les ingénieurs du gouvernement à l'École des mines de Madrid : « Je ne sache pas que l'Espagne ait jamais produit une grande quantité d'étain. Le gouvernement ne possède aucune mine de ce métal. La quantité
produite à présent est très-minime : ce sont des ouvriers sans
travail qui cherchent l'étain dans quelques-unes des rivières qui
avoisinent les collines granitiques de la Galicie et de la Zamora.
Je ne crois pas qu'il y ait une seule mine d'étain en Espagne. »

A moins donc que les anciens n'aient tiré l'étain de pays que
nous ne connaissons pas, il semble prouvé, et Sir Cornewall

Lewis lui-même l'admet, que l'étain phénicien provenait principalement, sinon entièrement, du comté de Cornouailles, et que
par conséquent, même à cette antique période, un commerce
considérable était organisé, reliant des pays fort éloignés les uns
des autres. Sir Cornewall Lewis, cependant, pense que l'étain
était « transporté à travers la Gaule jusqu'à Massilia, et importé
de là en Grèce et en Italie ». Sans aucun doute, dans des temps
comparativement récents, la plus grande partie du commerce
suivait cette route; mais les Phéniciens étaient dans la plénitude
de leur puissance 1200 ans avant J. C., et Massilia ne fut
bâtie que 600 ans avant J. C. En outre, Strabon nous affirme
que dans l'antiquité, les Phéniciens faisaient le commerce de
l'étain par Cadix, qui, comme nous l'avons dit plus haut, est
plus près de la Cornouailles que de Tyr ou de Sidon.

Nous avons donc le droit de conclure qu'entre 1500 et 1200
avant J. C., les Phéniciens naviguèrent sur l'Atlantique, et
découvrirent les mines de l'Espagne et de la Grande-Bretagne;
et quand on considère qu'ils connaissaient admirablement la
côte méridionale de l'Angleterre, on peut, je crois, supposer,
sans crainte de se tromper, qu'ils ont poussé leurs explorations
encore plus loin, à la recherche de pays aussi riches que le nôtre.
En outre, nous devons nous rappeler qu'ils ne pouvaient trouver
l'ambre, substance si estimée dans l'antiquité, que sur les côtes
de la mer du Nord.

M. Morlot pense avoir trouvé des traces des Phéniciens jusqu'en Amérique, et le professeur Nilsson a essayé de prouver,
comme je l'ai déjà dit, qu'ils avaient établi des comptoirs jusque
sur les côtes septentrionales de la Norvége. M. Morlot se fonde
sur quelques antiquités, et particulièrement sur des verroteries
qu'il a trouvées dans des tumuli américains. M. Franks, cependant, incline à penser que ces verroteries sont d'origine véni-
tienne. On peut réduire à sept les arguments du professeur
Nilsson, c'est-à-dire : la petitesse des poignées d'épée, des bracelets, etc.; le caractère de l'ornementation des instruments de

bronze, et les dessins trouvés dans les tumuli de l'âge de bronze; le culte de Baal; certaines méthodes particulières pour récolter et pour pêcher, et l'emploi de chars de guerre.

Les instruments, les ornements de bronze, paraissent certainement avoir appartenu à une race ayant des mains plus petites que celles des peuples européens de notre époque; les ornements qui les décorent sont aussi particuliers, et ont, dans l'opinion du professeur Nilsson, une signification symbolique. Quoique les grandes pierres, dans les tumuli de l'âge de bronze, soient très-rarement décorées ou même taillées, il y a cependant quelques exceptions : ainsi, par exemple, le monument remarquable de Kivik, près de Christianstad. Le professeur Nilsson, se fondant sur le caractère général des dessins qui décorent ce monument, n'hésite pas à assigner ce tumulus à l'âge de bronze, et sur deux des pierres sont représentés des hommes, qui ont certainement l'air de Phéniciens ou d'Égyptiens.

Sur une autre pierre est représenté un obélisque que le professeur Nilsson regarde comme symbolique du dieu Soleil; dans une ancienne ruine à Malte, ruine caractérisée par des décorations de l'âge de bronze, on a découvert un obélisque quelque peu semblable; et c'est là certainement une coïncidence remarquable. Nous savons aussi que dans bien des pays, Baal, dieu des Phéniciens, était adoré sous la forme d'une pierre conique.

Ce n'est certainement pas le seul cas dans lequel le professeur Nilsson trouve des traces du culte de Baal en Scandinavie; car il nous affirme que la fête de Baal, ou Balder, était encore célébrée, il n'y a pas cinquante ans, la nuit qui précède le solstice d'été, en Scanie et dans toute la Norvége, presque jusqu'aux îles de Loffoden. On faisait sur une colline ou sur une montagne un grand feu de bois, et le peuple du voisinage se rassemblait, comme les anciens prophètes de Baal, pour aller danser autour de ce feu, en criant et en chantant. Ce feu de la nuit qui précède le solstice d'été a même conservé dans quelques endroits le nom ancien de « Baldersbal » ou feu Balder. Leopold von Buch a, il y a long-

temps, fait la remarque que cette coutume ne pouvait pas avoir
son origine dans un pays où, au solstice d'été, le soleil ne quitte
jamais l'horizon, et où, par conséquent, on ne pouvait voir que
la fumée. Une coutume semblable a, jusque tout récemment,
été observée dans quelques parties de la Grande-Bretagne. Baal
a donné son nom à bien des localités scandinaves, comme, par
exemple, la Baltique, le grand et le petit Belt, Belteberga, Bales-
haugen, etc.

Les dessins d'ornements qui caractérisent l'âge de bronze
sont, selon le professeur Nilsson, plutôt sémitiques qu'indo-européens. Il attache beaucoup d'importance à deux vases curieux,
dont l'un a été trouvé en Norvége et l'autre dans le Mecklembourg, et qui certainement ressemblent beaucoup aux vases
fabriqués pour le temple de Salomon, tels qu'ils sont décrits dans
le livre des *Rois*. Enfin, il croit que l'usage des chars de guerre,
la coutume de moissonner en coupant le blé tout auprès de l'épi,
et une certaine manière de pêcher, sont autant de preuves de
relations fréquentes avec les Phéniciens.

Le professeur Nilsson est une si grande autorité, ses travaux
comme archéologue ont tant contribué à asseoir la science sur
une base solide, que ses opinions méritent la considération la
plus sérieuse. On ne peut guère les juger d'ailleurs par le court
extrait que nous venons d'en donner, car beaucoup de ses arguments doivent être étudiés dans tous leurs détails, avant qu'on
puisse les apprécier à leur juste valeur. Selon moi, cependant,
tout ce qu'on peut impartialement déduire des faits qu'il avance,
en leur donnant même toute la signification qu'il leur attribue,
c'est que les Phéniciens ont laissé des traces de leur séjour en
Norvége. Il faudrait d'autres preuves avant qu'il soit possible
de leur attribuer l'introduction du bronze dans ce pays. Quant à
la petitesse des mains, nous devons nous rappeler que les Hin-
dous partagent cette particularité avec les Égyptiens ; on peut
donc tout aussi bien attribuer la civilisation de l'âge de bronze
aux Indo-Européens qu'aux Phéniciens.

Il y a en outre deux graves objections à faire à la théorie défendue avec tant de talent par le professeur Nilsson. La première est le caractère de l'ornementation des armes et des instruments de bronze. Cette ornementation consiste toujours en dessins géométriques, et il est bien rare qu'on trouve un seul spécimen orné de figures, de plantes, ou d'animaux, tandis que sur les boucliers, etc., décrits par Homère, aussi bien que dans les décorations du temple de Salomon, animaux et plantes sont constamment représentés. La seconde objection, c'est que les Phéniciens connaissaient parfaitement le fer. Les guerriers d'Homère sont déjà pourvus d'armes de fer, et les outils employés pour préparer les matériaux du temple de Salomon étaient aussi faits avec ce métal. Il est remarquable qu'on ait trouvé en Cornouailles si peu de traces d'un commerce ancien, et nous devons regretter que nos musées ne possèdent que quelques spécimens de l'art phénicien. Quand nos musées seront plus complets sous ce rapport, il y a tout lieu d'espérer que nous pourrons arriver à des conclusions plus exactes sur le sujet qui nous occupe.

La forme de la tête eût été aussi très-instructive ; mais grâce à la malheureuse habitude de brûler les cadavres, habitude générale à cette époque, nous n'avons jusqu'à présent que bien peu de crânes de l'âge de bronze. En résumé, nous devons admettre que nous n'avons pas encore les témoignages suffisants pour nous permettre de prononcer une opinion définie quant à l'origine de la civilisation de l'âge de bronze.

Il est évident qu'une population qui avait acquis une habileté si remarquable dans la métallurgie et les manufactures, qui montrait tant de goût pour orner les vivants et tant de respect pour les morts, devait avoir quelques idées architecturales et religieuses, bien que nous n'ayons pas encore pu prouver qu'ils possédassent des pièces de monnaie ou un alphabet. Jusqu'à présent, cependant, leur architecture nous est presque inconnue. Sans aucun doute, quelques-uns des nombreux camps, des fortifications, des cercles de pierres, etc., qui existent encore, doivent appartenir à cette période, mais la difficulté est de les indiquer. Les seuls restes d'habitations que nous puissions avec quelque certitude attribuer à l'âge de bronze, sont les villages lacustres, que nous décrirons dans un chapitre subséquent. Une grande proportion des anciennes fortifications, telles, par exemple, que le fort de Staigue (fig. 60), appartiennent presque sans aucun doute à une période beaucoup plus récente.

FIG. 60.

Fort de Staigue (Kerry).

Quant à moi, je pense qu'Abury et Stonehenge, les deux plus grands monuments de leur espèce, non-seulement en Angleterre, mais en Europe, appartiennent à cette période. L'*explication historique*, si je puis employer une telle expression, de Stonehenge, est qu'il fut élevé par Aurelius Ambrosius, vers l'an 460, à la mémoire de chefs bretons assassinés traîtreusement par Hengist et les Saxons. Giraldus Cambrensis, écrivant à la fin du XIIᵉ siècle, dit : « Il y avait anciennement en Irlande un monument de pierres digne d'admiration, appelé la Danse des géants, parce que des géants, venus des parties les plus éloignées de l'Afrique, les avaient apportées en Irlande. Il les avaient miraculeusement dressées, aidés par leur habileté autant que par leur courage, dans les plaines de Kildare, non loin du château de Naas, où l'on peut encore en voir aujourd'hui. Il est étonnant que tant de pierres si grandes aient pu être réunies dans un seul endroit, et l'on se demande par quel artifice elles ont pu être dressées, d'autant plus que d'autres pierres tout aussi grandes sont placées sur celles qui sont debout, comme si elles étaient suspendues en l'air. Aurelius Ambrosius, roi des Bretons, ordonna à Merlin (selon l'histoire anglaise) de transporter ces pierres d'Irlande en Bretagne par des moyens surnaturels. Et afin de préserver un monument fameux d'une indigne trahison, il les fit dresser dans leur ordre primitif à l'endroit même où la fleur de la nation bretonne tomba sous le couteau des Saxons, qui, sous prétexte de paix, l'avaient attirée dans cet endroit(1). »

Ce récit est certainement fabuleux. En outre, le nom même de Stonehenge me semble un fort argument contre ceux qui lui attribuent une origine si récente. On pense généralement que ce mot signifie « pierres pendantes », comme le suggéra il y a bien longtemps Wace, un poëte anglo-normand qui dit :

> Stanhengues ont nom en anglois, ·
> Pieres pandues en françois (2).

Mais il est sans contredit plus naturel de faire dériver la dernière syllabe du mot anglo-saxon « *ing* », un champ : ainsi, par exemple, nous avons Keston, anciennement Kyst-staning, le champ des cercueils de pierre. Quoi de plus naturel pour une race nouvelle que, trouvant cette ruine magnifique dans la plaine de Salisbury, et ne pouvant rien apprendre sur son origine, elle l'appelle simplement le *Champ des pierres*. D'un autre côté, il serait fort extraordinaire qu'elle lui eût donné ce nom, si elle avait pu savoir en l'honneur de qui ce monument avait été élevé. Le plan de Stonehenge est suffisant aussi pour que nous repoussions les arguments de ceux qui l'attribuent à une période postromaine. On a souvent prétendu que si Stonehenge avait existé au temps de César, les anciens écrivains en parleraient. Hecatæus, cependant, fait allusion à un magnifique temple circu-

---

(1) Giraldus, *Topogr. d'Irlande.*
(2) Wright, *Wanderings of an Antiquary*, p. 301.

laire, dans l'île des Hyperboréens, et beaucoup d'archéologues affirment que ces mots se rapportent à Stonehenge. Mais pourquoi ce temple aurait-il été décrit, si, comme nous le supposons, à cette époque déjà il était en ruines, beaucoup plus parfait certainement alors qu'il ne l'est aujourd'hui, mais cependant en ruines? La muraille calédonienne était une fortification très-importante, construite par les Romains eux-mêmes, et cependant, comme nous l'affirme le docteur Wilson, un seul historien romain fait une légère allusion à son érection.

Il est évident que Stonehenge a été à une certaine époque un lieu de grande sainteté. Un simple coup d'œil sur la carte d'état-major prouvera que nombre de tumuli existent tout autour : dans un rayon de trois milles il y en a environ trois cents, tandis qu'il y en a fort peu dans le reste du pays. Si donc nous pouvions déterminer la date de ces tumuli, nous serions justifié, je crois, à attribuer la même date au grand temple lui-même. Sir Richard Colt Hoare a examiné un grand nombre de ces tumuli, 151 surtout, qui n'avaient jamais été ouverts. Ces tumuli avaient presque tous servi à des inhumations par incinération, comme cela se pratiquait ordinairement pendant l'âge de bronze. Deux seulement contenaient des armes de fer, et dans ces deux cas c'étaient des inhumations secondaires ; c'est-à-dire que les possesseurs des armes de fer n'étaient pas les occupants primitifs des tumuli. Trente-neuf autres de ces tumuli contenaient des objets de bronze, et l'un d'eux, dans lequel on trouva une pointe de lance et une épingle de bronze, se rattachait plus clairement au temple en ce qu'il contenait des fragments non-seulement de pierres Sarcen, mais aussi des pierres bleues qui forment le cercle intérieur de Stonehenge. Or, selon sir Richard Colt Hoare, ces pierres ne se trouvent pas dans le Wiltshire. Dans ces circonstances nous devons certainement assigner l'âge de bronze comme l'époque de l'érection de Stonehenge.

Abury est beaucoup moins connu que Stonehenge, et cependant, quoique construit plus grossièrement, ce doit avoir été

un temple bien plus considérable. Selon Aubrey, Abury était à
Stonehenge ce qu'une cathédrale est à une église de paroisse. Ce
temple consistait en un fossé circulaire et en un remblai enfermant
un espace de 28 acres et demie; à l'intérieur était un cercle de
grandes pierres, et à l'intérieur de ce cercle deux cercles plus
petits formés par une double rangée de pierres semblables, placées
debout l'une auprès de l'autre. Du remblai extérieur partaient
deux longues avenues sinueuses : l'une de ces avenues allait dans
la direction de Beckhampton ; l'autre dans celle de Kennet, où
elle se terminait par un autre double cercle. Stukeley suppose que
l'idée qui a présidé à la construction de ce temple est celle d'un
serpent enroulé au milieu; le cercle de Kennet représentant la
tête, et l'avenue de Beckhampton la queue. A moitié chemin
entre ces deux avenues se trouvait la colline de Silbury, la colline
artificielle la plus considérable de la Grande-Bretagne, car elle
ne mesure pas moins de 170 pieds de hauteur. La position de
cette colline semble indiquer qu'elle faisait partie du plan général;
bien qu'elle ait été deux fois examinée, on n'a trouvé aucune
tombe primitive dans cette colline. En somme, Abury semble
avoir été la plus belle ruine mégalithique de l'Europe. Mais,
malheureusement pour nous, le joli petit village d'Abury, comme
quelque beau parasite, a crû aux dépens et au milieu de l'ancien
temple, et sur six cent cinquante grandes pierres, vingt à peine
restent encore debout.

M. Fergusson, dans un article fort intéressant (1), a essayé de
prouver que Stonehenge et Abury appartiennent à une période
plus récente que l'occupation romaine. J'ai déjà répliqué à
quelques-uns de ses arguments en discutant l'âge de Stonehenge.
Un de ces arguments cependant se rapporte particulièrement à
Abury. « La voie romaine, dit-il, allant de Bath à Marlborough,
passe sous la colline de Silbury, puis fait un coude soudain pour
tourner autour, ce qu'aucune voie romaine, au moins en Grande-

---

(1) *Quarterly Review*, juillet 1860, p. 209.

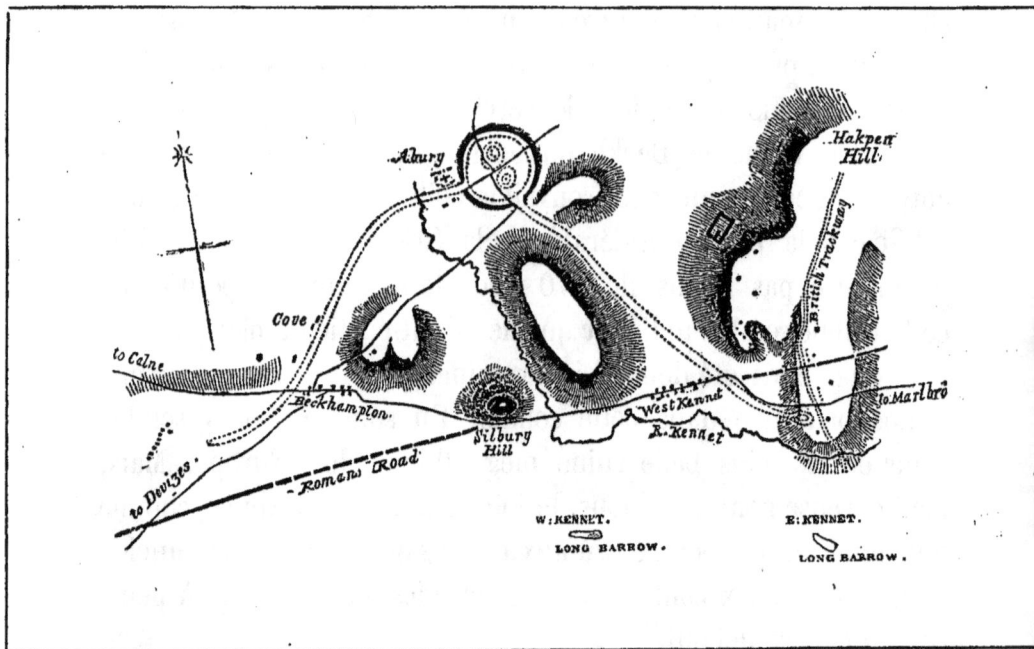

Plan d'Abury, d'après un mémoire du docteur Thurnam, sur un long tumulus situé à West Kennet. (*Archæologia*, vol. XXXVIII, p. 406.)

Bretagne, ne fait jamais..... Une personne debout sur la colline d'Oldborough, et jetant les yeux sur cette voie si parfaitement droite, comprend immédiatement qu'elle se dirige vers le centre même de la colline de Silbury. Il est vrai qu'elle a pu diverger avant de l'atteindre, mais rien n'est moins vraisemblable. Il eût été tout aussi facile à l'ingénieur romain de porter la voie 100 mètres à droite. C'eût été d'ailleurs une direction préférable, en se plaçant au point de vue romain, pour aller directement à Marlborough, endroit vers lequel tend la voie; puis, en outre, si l'ingénieur avait adopté cette direction, la voie se serait mieux raccordée avec un tronçon qui se trouve de l'autre côté du village de Kennet. Mais l'ingénieur ne tint aucun compte de tout cela, si la colline existait à cette époque, et la voie se dirige droit vers le centre, on dirait dans le but de faire un coude pour l'éviter, chose qui répugnait autant à un ingénieur romain que le vide, dit-on, répugne à la nature. Si l'on examine avec soin toutes ces circonstances, on en arrivera à la conclusion inévitable que Silbury Hill est placée exactement sur la voie romaine, et que par conséquent cette colline a dû être élevée subséquemment à l'occupation du pays par les Romains. »

Étonné de cet argument, mais convaincu cependant qu'il devait y avoir quelque erreur, j'examinai la carte d'état-major, et trouvai, à ma grande surprise, que la voie romaine tout entière y était indiquée, mais qu'au lieu de passer sous la colline, elle en faisait le tour. Non content de cette autorité, je décidai le professeur Tyndall à venir visiter la localité avec moi, et nous pûmes nous convaincre que la carte indiquait la véritable position de la voie. L'impression qui nous resta de l'étude que nous fîmes de la localité, fut que l'ingénieur romain avait pris Silbury Hill comme un but, ne faisant tourner la route qu'au moment de l'atteindre. La carte prouvera en outre que non-seulement cette route romaine, mais plusieurs autres, dans la même partie de l'Angleterre, sont moins droites que ces voies ne le sont ordinairement.

M. Fergusson admet, dans le passage que nous venons de citer,
que les parties de la route, des deux côtés de Silbury Hill, ne
forment pas une ligne droite, de telle sorte que, comme il le dit
lui-même, il devait y avoir un coude quelque part. En somme
donc, me rangeant à l'avis du vieux Stukeley, je crois que la
voie romaine inclinait brusquement au sud pour éviter la colline
de Silbury, et que « cela prouve que Silbury Hill est plus ancienne
que la voie (1). »

Il est impossible de dire de combien elle est plus ancienne.
Stukeley pense que la colline fut élevée en 1859 avant J. C.,
année de la mort de Sarah, femme d'Abraham. Il est plus sage
de confesser notre ignorance que de perdre un temps précieux à
faire des suppositions oiseuses. Cependant, comme les pierres de
Stonehenge sont grossièrement taillées et que celles d'Abury ne
le sont pas, il paraît raisonnable de conclure avec Sir R. C. Hoare
et d'autres archéologues distingués, qu'Abury est le plus ancien
des deux monuments; et ceux qui sont disposés à penser avec
moi que Stonehenge appartient à la dernière période de l'âge de
bronze, seront peut-être aussi prêts à admettre qu'Abury appartient au commencement, ou tout au moins à la première partie
de cette période, car, quoique ce ne soit pas impossible, il est
fort douteux qu'un ouvrage aussi considérable ait pu être entrepris pendant l'âge de pierre (2).

On n'a encore aucune explication satisfaisante à donner, soit
sur l'âge, soit sur l'origine des grandes enceintes de pierres. La
plupart des antiquaires croient qu'elles ont, dans le principe, servi

---

(1) M. Blandford, qui dirigea les fouilles à Silbury, en 1849, adopta aussi les
mêmes conclusions.

(2) Il est impossible de parler d'Abury sans faire remarquer combien il est
à regretter qu'un si magnifique monument national ait été détruit dans le but
misérable de faire un profit de quelques francs. A mesure que la population
augmente, à mesure que la terre acquiert plus de valeur, ces anciens monuments sont de plus en plus exposés à la mutilation ou à la destruction. Nous
ne pouvons les abriter dans nos musées, et même, s'il était possible de le faire,
ce ne serait pas à désirer; mais ne serait-il pas à souhaiter que le gouverne-

de temples ; quelques-uns cependant sont disposés à les regarder comme des tribunaux ou des arènes pour la lutte. M. George Petrie a appelé l'attention du docteur Wilson (1) sur plusieurs occasions où, dans des temps comparativement modernes, les cercles de pierres d'Orkney ont été ainsi employés. En 1349, William de Saint-Michaël reçut une assignation à comparaître devant un tribunal assemblé « *apud stantes lapides de Rane en le Garniach,* » pour avoir à répondre à l'accusation portée contre lui de détenir illégalement certains biens ecclésiastiques ; et, en 1380, Alexandre, lord de Regality de Badenoch, et fils de Robert II, tint une cour « *apud le standand stanys de la Rathe de Kyngucy Estir* », pour examiner les droits de l'évêque de Moray sur certaines terres. En 1438 même, nous trouvons la notice que « John off Erwyne et Will Bernardson ont juré sur les pierres pendantes, devant notre seigneur le comte d'Orkney et les gentilshommes du pays ». Cet usage, comparativement récent, des cercles de pierres justifie-t-il la conclusion que c'était là leur destination originaire ? Sur cette question, les opinions diffèrent. On a trouvé dans des pays bien divers des constructions mégalithiques semblables à celles qu'on attribue ordinairement, mais inconsidérément, aux druides. M. Maurice (2) a été le premier, je crois, qui ait fait remarquer qu'il y a, dans quelques parties de l'Inde, différents monuments de pierre, qui « rappellent fortement ces monuments mystérieux, solitaires ou groupés, dont l'origine est inconnue, si longtemps une énigme et un charme pour les antiquaires, monuments qui abondent dans notre pays natal, et qu'on

ment choisit quelque archéologue compétent, pour lui confier le poste de conservateur des antiquités nationales ? Ses devoirs seraient de préserver, autant que possible, de la destruction, les tombeaux de nos ancêtres et les autres restes intéressants du passé ; de faire reproduire par la gravure ceux qui ne l'ont pas encore été, et d'indiquer de temps en temps leur condition. Moyennant une somme insignifiante, le gouvernement danois a acheté pour la nation un grand nombre de tumuli, et a ainsi conservé bien des monuments nationaux qui eussent autrement été détruits.

(1) *Pre-historic Annals of Scotland*, 2ᵉ édit., vol. I, p. 164.

(2) *India antiqua.*

trouve çà et là dans toutes les parties de l'Europe et de l'Asie occidentale. »

M. Fergusson va plus loin, et il avance, avec beaucoup de pénétration, « que l'architecture bouddhiste de l'Inde, dans la période comprise entre le IIIe siècle avant J. C. et le VIIe après J. C., est essentiellement tumulaire, circulaire et extérieure, possédant ainsi les trois grands caractères de tous les soi-disant restes druidiques. » Ces ressemblances sont en effet trop grandes pour qu'elles soient accidentelles, et les différences indiquent non pas tant une différence de style qu'une différence de civilisation. Ainsi, les tumuli de l'Inde, bien que quelquefois de terre, sont « ordinairement composés de moellons bruts à l'intérieur, et ont une surface extérieure de pierre taillée ou de briques; anciennement, ils étaient presque toujours entourés par un cercle de pierres droites, quoique plus récemment ce cercle ait été attaché à l'édifice comme un ornement, au lieu de constituer une construction indépendante. A Sanchee, l'exemple le plus célèbre que l'on trouve dans l'Inde, le cercle consiste en pierres droites grossièrement équarries, reliées au sommet par une architrave, exactement comme à Stonehenge; la seule différence est l'insertion de trois balustrades de pierre entre chaque pierre droite, raffinement architectural qu'on pouvait à peine attendre des Celtes. » Les cercles de pierres semblent donc, dans l'Inde, avoir ordinairement entouré les tumuli; mais il n'en est pas toujours ainsi, et il y en a quelques-uns « qui apparemment n'entourent rien ». Ordinairement aussi ces pierres sont couvertes de sculptures; mais il y a des exceptions, à Amravati, par exemple, où l'on trouve de nombreux petits cercles de pierres grossières, non taillées, parfaitement semblables à ceux de l'Angleterre, mais plus petits.

Les grandes pierres de Stonehenge sont, comme nous le savons, grossièrement taillées, et il y a un dolmen très-remarquable auprès de Confolens, dans la Charente, dans lequel la pierre supérieure, au lieu d'être supportée par de grossiers blocs de pierre, repose sur quatre légères colonnes (1). Arrivée à cet état,

(1) *Statistique monumentale de la Charente.*

l'architecture druidique, dans l'Europe occidentale, fut remplacée par un style entièrement différent, tandis que dans l'Inde,
au contraire, elle suivit son développement naturel ; aussi faut-il
un œil exercé pour découvrir dans les grossiers dolmens, dans les
cercles de pierres et les tumuli, les prototypes de l'architecture si
ornée des bouddhistes.

Il est un fait très-remarquable, c'est que même à notre époque,
quelques-unes des tribus habitant les pays montagneux de l'Inde
continuent à élever des dolmens et d'autres combinaisons de pierres
gigantesques, quelquefois en rangées, quelquefois en cercles ; mais
dans tous les cas ressemblant beaucoup à ceux qu'on trouve dans
l'Europe occidentale. Chez les Khasias (1), « les cérémonies des
funérailles sont les seules qui aient quelque importance ; elles
sont faites avec beaucoup de pompe et nécessitent de grandes
dépenses ; ils érigent comme monuments des pierres grossières,
soit seules, soit en rangées, soit en cercles, soit supportées les unes
par les autres, comme celles de Stonehenge, avec lesquelles elles
rivalisent en dimension. »

Ceux qui croient que l'usage du métal a été introduit en Europe
par une race d'origine indo-européenne trouveront dans ces faits
intéressants la confirmation de leur opinion ; mais, d'un autre
côté, le professeur Nilsson peut en appeler aux passages de l'Ancien
Testament, qui prouvent que de semblables coutumes existaient,
sinon chez les Phéniciens, tout au moins chez leurs voisins. Ainsi,
nous lisons dans la *Genèse* (xxxi) que « Jacob prit une pierre et
la dressa pour monument » ; et dans le verset 51 : « Laban dit à
Jacob : Regarde ce monceau de pierres, vois le monument que
j'ai dressé entre moi et toi. Ce monceau et ce monument seront
témoins que je ne passerai point ce monceau de pierres pour aller
à toi ; et qu'aussi tu ne passeras point ce monceau et ce monument
pour me venir faire du mal. » Au mont Sinaï, Moïse dressa douze
pierres (2). Puis encore, quand les enfants d'Israël eurent traversé

(1) *Himalayan Journal* du docteur Hooker, vol. II, p. 276.
(2) *Ex.*, xxiv, 4.

le Jourdain, Josué prit douze pierres et les dressa à Gilgal ; « et
il parla aux enfants d'Israël et il leur dit : Quand vos enfants inter-
rogeront à l'avenir leurs pères et leur diront : Que veulent dire
ces pierres? vous l'apprendrez à vos enfants en leur disant : Israël
a passé ce Jourdain à sec (1). » Dans le Moab, de Saulcy a observé
de grossières avenues de pierres et d'autres monuments qu'il
compare aux dolmens celtiques ; et Stanley a vu, à quelques milles
au nord de Tyr, un cercle de pierres grossières debout.

Des restes plus ou moins semblables se trouvent, en outre, dans
différentes parties du monde. Ainsi, en Algérie, MM. H. Christy
et L. Féraud (2) ont récemment examiné un grand nombre de
dolmens, de cercles de pierres et d'autres restes antiques, ressemblant beaucoup à ceux que, dans l'Europe septentrionale, nous
avons l'habitude d'attribuer aux druides. On les trouve en nombre
considérable, car, en trois jours, dans le voisinage de Constantine,
MM. Christy et Féraud en ont vu plus de mille. Ils ont ouvert quatorze cromlechs, et tous, comme ils s'y attendaient, étaient des
tombeaux. Le cadavre y avait été déposé dans une position assise,
accompagné quelquefois d'anneaux de cuivre ou de fer, de silex
travaillés et de fragments de poteries ; dans un cas même, ils ont
trouvé une monnaie à l'effigie de Faustine, qui vivait dans le
second siècle de l'ère chrétienne.

Les voyageurs arctiques mentionnent aussi des cercles de
pierres et des rangées de pierres chez les Esquimaux ; il paraît,
cependant, que ces cercles de pierres sont très-petits et forment
simplement la partie inférieure de leurs habitations.

Ainsi donc il est évident que des monuments semblables ont
été élevés dans des pays bien différents et à des époques bien différentes aussi, presque toujours, cependant, pour honorer la
mémoire de quelque homme distingué, ou pour rappeler le souvenir de quelque grand événement.

(1) *Josué*, IV, 21, 22.
(2) *Recueil des notices et mémoires de la Société archéologique de la province
de Constantine*, 1863, p. 214.

CHAPITRE III

DE L'EMPLOI DE LA PIERRE DANS L'ANTIQUITÉ.

Grande abondance des instruments de pierre. — La pierre a encore été employée après la découverte des métaux. — Matériaux choisis de préférence pour la fabrication des instruments de pierre. — Cassure du silex. — Hachettes de pierre. — Racloirs. — Éclats de silex. — Petites haches des amas de coquilles. — Ciseaux. — Têtes de lance. — Dagues. — Pierres de fronde. — Têtes de flèche. — Fabrication des instruments de silex. — Instruments d'os. — Amas côtiers danois. — Amas de silex.

Nous avons consacré les chapitres précédents à l'étude de l'âge de bronze. Nous devons nous occuper maintenant des époques plus reculées encore, alors que vivaient des hommes plus grossiers ; époque à laquelle, pour d'excellentes raisons, les archéologues ont donné le nom d'âge de pierre.

Si par le nom d'âge de pierre nous voulons seulement indiquer l'époque pendant laquelle les métaux étaient inconnus, il faudra naturellement, comme nous l'avons déjà dit, la séparer entre deux grandes divisions.

1° La période du diluvium, que je propose d'appeler l'époque archéolithique.

2° L'époque néolithique, ou âge de pierre plus récent, époque que nous allons examiner actuellement, et pendant laquelle les instruments de pierre sont plus habilement faits, d'une forme plus variée et souvent polis.

La quantité considérable d'instruments de pierre qui se trouvent dans toutes les parties du monde est en elle-même une preuve suffisante du rôle important qu'ils ont joué dans l'antiquité. M. Herbst a bien voulu me communiquer la liste suivante

.du nombre d'instruments de pierre et d'os qui se trouvent au musée de Copenhague :

Haches et coins de silex........................	1070
Ciseaux larges...............................	285
— — creux...........................	270
— étroits	365
— — creux	33
Poignards.................................	250
Têtes de lance.............................	656
Pointes de flèche...	171
Instruments en forme de demi-lune.............	205
Haches et haches-marteaux percés.............	746
Éclats de silex	300
Divers	489
	4840

Instruments grossiers de pierre, trouvés dans les kjökkenmöddings...........................	3678
Instruments d'os............................	171
— trouvés dans les kjökkenmöddings..	109
	8798

Si l'on comptait les spécimens en double, ou les spécimens brisés, M. Herbst pense que le total s'élèverait à 11 000 ou 12 000. Il a eu aussi la bonté d'estimer, sur ma demande, le nombre des instruments qui se trouvent dans les musées de province et les galeries particulières, et en somme il croit pouvoir affirmer que les musées danois contiennent 30 000 instruments de pierre, auquel nombre il faut ajouter les riches collections de Flensbourg et de Kiel, et les nombreux spécimens dont les archéologues danois ont généreusement enrichi les musées des autres pays : de telle sorte qu'à peine y a-t-il un seul musée important en Europe qui ne possède quelques instruments de pierre provenant du Danemark.

Le musée de l'Académie royale irlandaise comprend près de 700 éclats de silex, 512 celtes, plus de 400 têtes de flèche et 50 têtes de lance, outre 75 « racloirs » et de nombreux autres objets de pierre, tels que pierres de fronde, marteaux, pierres à aiguiser, meules, pierres à écraser le grain, etc. On estime aussi que le musée de Stockholm possède 15 000 ou 16 000 spécimens.

Et cependant l'existence même d'un âge de pierre est ou a été dernièrement niée par quelques archéologues éminents. Ainsi M. Wright, le savant secrétaire de la Société ethnologique, tout en admettant « qu'il a pu y avoir une époque pendant laquelle la société était dans un état si barbare, que les bâtons ou les pierres étaient les seuls instruments que l'homme sût se procurer », doute que « l'antiquaire ait encore pu prouver l'existence d'une semblable époque ». Et quoique les chiffres ci-dessus cités soient suffisants pour prouver que pendant une certaine époque on employait la pierre à la fabrication de nombreux instruments que nous faisons actuellement de métal, ce n'est pas là cependant une explication conclusive à donner à M. Wright, explication que d'ailleurs il ne repousserait pas entièrement. En outre, on ne peut mettre en doute que, dans les temps reculés, la pierre et le métal ont été employés en même temps, la première par les pauvres, le second par les riches.

Si nous considérons les difficultés qui devaient accompagner dans ces temps reculés les travaux des mines, les outils grossiers dont les hommes avaient à se servir, l'ignorance des méthodes ingénieuses qui facilitent si considérablement les opérations des mineurs modernes, et enfin les difficultés de transport, soit par terre, soit par eau, il est facile de comprendre que les instruments de bronze aient dû être fort dispendieux.

En outre, s'ajoutent à cette probabilité à priori de nombreuses preuves que la pierre et le bronze ont été employés en même temps. Ainsi, M. Bateman a examiné trente-sept tumuli contenant des objets de bronze, et, dans vingt-neuf d'entre eux, on a aussi trouvé des instruments de pierre. Au temps de la découverte de l'Amérique, les Mexicains, quoique connaissant parfaitement le bronze, employaient encore des éclats d'obsidienne, pour en faire des couteaux et des rasoirs, et, après l'introduction même du fer, on employait encore la pierre à divers usages.

Il nous semble cependant y avoir assez de preuves pour nous permettre d'affirmer, non-seulement qu'il y a eu une époque « pendant laquelle la société était dans un état si barbare, que les bâtons ou les pierres » (auxquels il nous faut ajouter les cornes et les os) « étaient les seuls instruments que l'homme sût se procurer », mais encore que l'antiquaire a trouvé des preuves suffisantes pour démontrer l'existence de cette époque. Partie, tout au moins, de ces preuves se trouvera dans les pages suivantes ; et, quoiqu'il soitvrai que beaucoup d'entre elles se soient produites depuis que notre savant compatriote a publié l'ouvrage dont je viens de citer un passage, il a cependant, tout récemment encore, dans une conférence à Leeds, exprimé les mêmes opinions.

Ce que nous savons sur cette époque provient surtout de quatre sources, que je me propose d'examiner dans les quatre chapitres suivants, c'est-à-dire : les tumuli, anciennes collines artificielles servant aux sépultures ; les habitations lacustres de la Suisse ; les kjökkenmöddings, ou amas de coquilles du Danemark, et les cavernes à ossements. Il y a, en outre, d'autres ruines fort intéressantes, telles, par exemple, que les anciennes fortifications, les « châteaux » et les « camps », qui surmontent un si grand nombre de nos collines, et les grandes lignes de digues, telles que le Wansdyke, qui relient tant de collines, là toutefois où elles ont été épargnées par la charrue. Il y a encore les soi-disant cercles druidiques et les vestiges d'anciennes habitations ; les « cercles de huttes », les « Cloghauns », les « Weems », les « maisons de Pictes », etc. La plupart de ces restes semblent toutefois appartenir à une époque plus récente ; dans tous les cas, dans l'état actuel de nos connaissances, nous ne pouvons indiquer ceux qui appartiennent véritablement à l'âge de pierre.

Quant aux matériaux, on peut dire que toutes les sortes de pierres, pourvu qu'elles fussent assez dures et assez résistantes, ont été employées à la fabrication des instruments. La magnifique collection de celtes de Dublin a surtout été étudiée au point de vue minéralogique par le Rév. S. Haughton, et Wilde indique ainsi les résultats obtenus (1).

« Le type des meilleures qualités de roches convenant à la fabrication des haches celtiques, dans la série extrême felspathique des roches-trapp, est le pétrosilex d'un vert bleuâtre ou grisâtre, excepté quand la surface a été travaillée ; la composition moyenne de ces roches est de 25 parties de quartz et de 75 de felspar. Les caractères physiques sont : l'absence de dureté et l'existence d'une cassure conchoïdale en éclats presque aussi aigus que ceux du silex... A l'extrémité amphibolique des roches-trapp, nous trouvons le basalte, qui servait aussi à la fabrication des haches celtiques ; le basalte est dur, lourd, les variétés siliceuses ont une cassure en éclats, mais il ne donne jamais un coupant aussi parfait que le précédent..... Entre ces deux roches, nous trouvons toutes les variétés de felstone, d'ardoise et de phorphyre rayé d'amphibole, qui ont servi à faire la plus grande partie de ces instruments. »

En somme, cependant, le silex paraît avoir été la pierre le plus communément employée en Europe, et il a eu sur notre civilisation une influence beaucoup plus grande qu'on ne le croit généralement. Les sauvages recherchent le silex à cause de sa dureté et de son mode de cassure, qui est telle que, avec un peu d'habileté, on peut donner à un bon morceau de silex quelque forme que l'on désire. Si l'on frappe avec un marteau arrondi la surface plate d'un silex, on produit une cassure conoïdale dont la grandeur dépend en grande partie de la forme du marteau. La surface de cassure se propage à travers le silex dans une direction divergente, et embrasse ainsi un cône dont l'apex se trouve au point frappé par le marteau, et qui peut ensuite être enlevé par éclats de la masse. On peut souvent trouver des cônes de silex formés de cette façon, dans les tas de cailloux destinés à réparer les routes, et bien souvent, sans doute, on les a pris pour des moules de coquillages fossiles.

(1) *Catalogue de l'Académie royale irlandaise*, p. 72.

Si au lieu de frapper sur une surface plate on porte le coup à
l'angle d'un silex, plus ou moins carré, la cassure est d'abord
semi-conoïdale, ou tout au moins affecte cette forme, mais après
s'être un peu propagée dans la même direction, elle devient

FIG. 62.   FIG. 63.   FIG. 64.

FIG. 61.

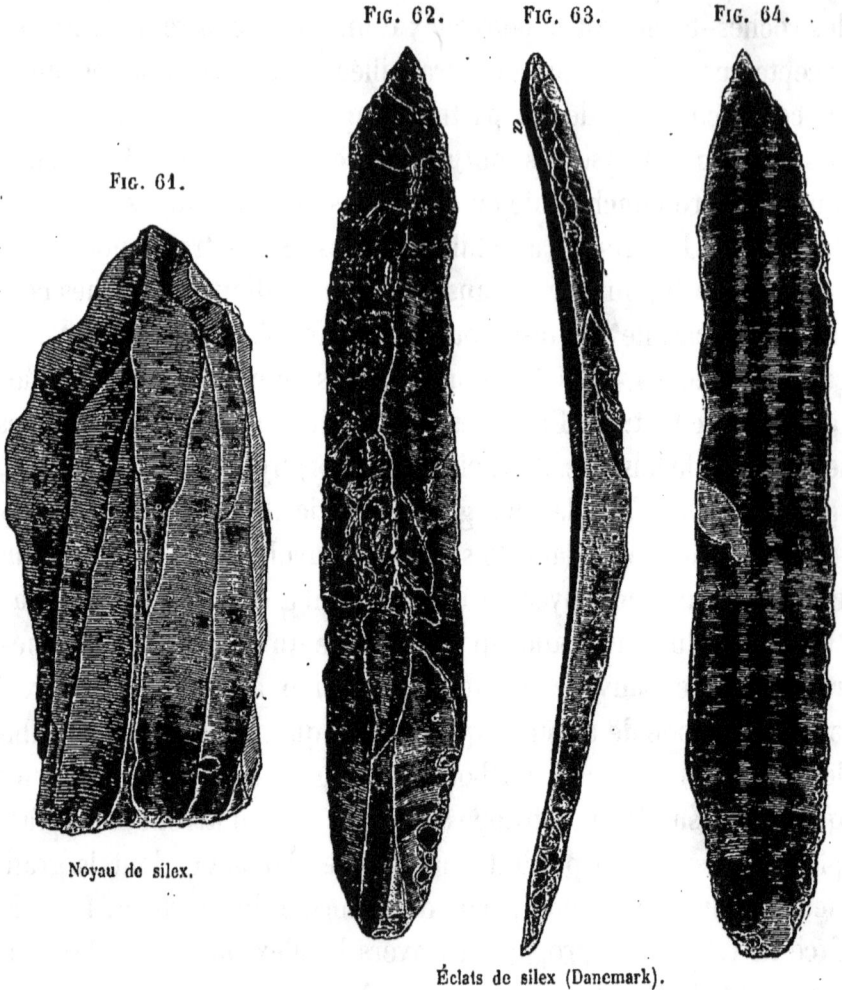

Noyau de silex.

Éclats de silex (Danemark).

plate et l'on peut la continuer de près de 10 pouces, formant
ainsi un éclat ressemblant à une lame (fig. 62–69), avec une section transversale triangulaire (fig. 70). La conséquence en est
qu'un éclat parfait de silex présente toujours une petite bulbe,
ou projection (fig. 63 *a*) au gros bout, du côté plat; on a appelé
cette projection la bulbe, ou cône de percussion. Après avoir

ainsi enlevé par éclats les quatre angles primitifs d'un bloc carré, on peut traiter de la même manière les huit nouveaux angles, et ainsi de suite. La figure 61 représente des blocs ou « noyaux, » sur lesquels on a ainsi enlevé des éclats. Les figures 62-64 repré-

FIG. 65.

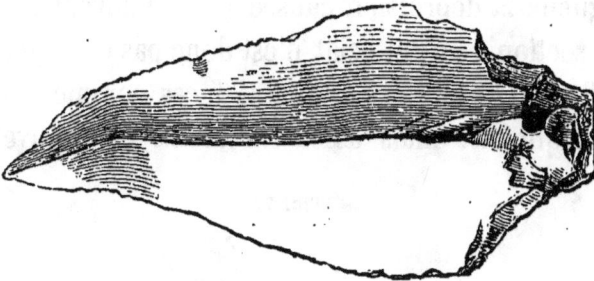

Éclat de silex en forme de tête de flèche (Irlande).

FIG. 66.

FIG. 67.

FIG. 68.

FIG. 69.

Éclats de silex (Danemark).

sentent un éclat très-grand, trouvé à Fannerup dans le Jutland, moitié de grandeur naturelle. La bulbe est représentée en *a* figures 63 et 64 ; cet éclat a été appointi à une de ses extrémités. La figure 65 représente un éclat affectant la forme de pointe de flèche, trouvé en Irlande, le gros bout a été enlevé, probablement pour pouvoir l'adapter à un manche ou à une tige.

Les figures 66-69, représentent de petits éclats danois; on trouve des éclats semblables dans tous les pays où les anciens habitants pouvaient se procurer du silex ou de l'obsidienne. Nous voyons dans la figure 66, qu'on avait déjà enlevé un autre éclat sur le même bloc. Les figures 67 et 68 représentent des éclats dont la pointe a été brisée, mais on peut remarquer sur toute leur longueur la dépression causée par l'enlèvement d'un autre éclat. La section d'un tel éclat n'est donc pas triangulaire comme dans la figure 70 *a*, mais à quatre faces comme dans la figure 70 *b*. Quelquefois, mais assez rarement, on trouve des éclats

Fig. 70.

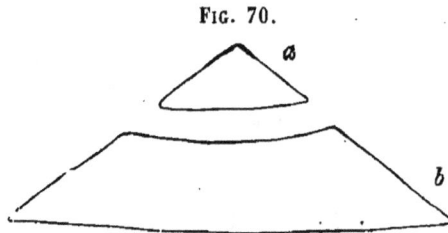

Sections d'éclats.

fort larges et faits de telle façon qu'ils comprennent la section comprise par deux éclats enlevés précédemment, tel par exemple que celui représenté par la figure 69. Dans ce cas la section est pentagonale; la surface inférieure plate reste toujours la même, mais le côté supérieur porte quatre facettes.

Il peut sembler très-facile de faire de semblables éclats, cependant quelques expériences convaincront quiconque voudra essayer qu'il faut une certaine habileté et qu'il faut choisir le silex avec beaucoup de soin. Il est donc évident que ces éclats de silex, quelque grossiers qu'ils puissent paraître, sont toujours l'ouvrage de l'homme. Pour faire un éclat il faut tenir fermement le silex, puis exercer une force considérable, soit par la pression, soit par la percussion; les coups doivent être répétés trois ou quatre fois, mais au moins trois fois, et portés dans certaines directions, quelque peu différentes, avec une certaine force définie, conditions qui ne pourraient se présenter que fort rarement dans la nature ; aussi, quelque simples que puissent paraître ces éclats, à quiconque ne les a pas étudiés avec soin, un éclat de silex est, pour l'antiquaire, une preuve aussi certaine de la présence de l'homme, que l'étaient pour Robinson Crusoé les traces de pas empreintes dans le sable.

A peine est-il nécessaire d'ajouter que les éclats ont de chaque

FIG. 71.

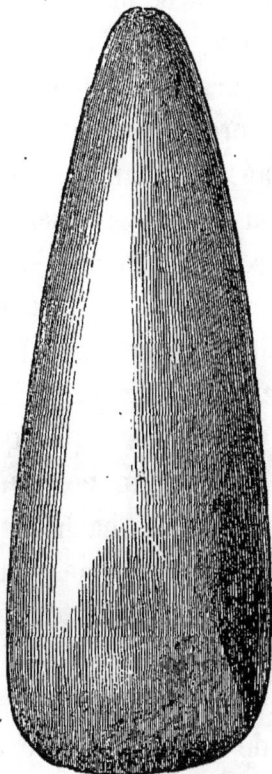

FIG. 72.

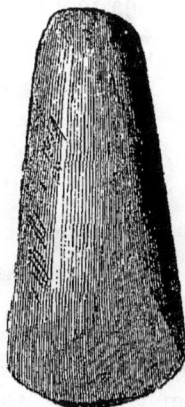

Haches de pierre (Irlande).

côté un bord très-coupant, aussi pouvait-on s'en servir immédiatement comme couteaux ; quelques archéologues leur ont même donné ce nom, mais je pense qu'il vaut mieux les appeler simplement éclats et réserver le nom de couteau aux instruments fabriqués plus spécialement pour couper.

Un grand nombre de ces éclats n'étaient certainement pas destinés à servir comme couteaux, mais plutôt comme scies, comme poinçons, ou comme pointes de flèches. Actuellement même, beaucoup de sauvages emploient de cette façon le silex ou le pétrosilex; et les Mexicains, au temps de Cortez, se servaient pour les mêmes usages de fragments d'obsidienne.

Après les éclats de silex, les haches, les coins et les haches celtiques sont les instruments qui présentent peut-être le plus d'importance. Les plus grands et les plus beaux spécimens se trouvent au Danemark. Je possède une hache, faite de magnifique silex blanc,

FIG. 73.

Hache celtique de pierre avec son manche.

qui a 13 pouces de long, 1 pouce 1/2 d'épaisseur et 3 pouces 1/2 de largeur. Les haches de Seeland ont très-souvent, le plus ordinairement même, des côtés perpendiculaires; dans le Jutland les côtés sont obliques, et l'on retrouve cette dernière forme dans presque tous les autres pays du nord-ouest de l'Europe. En Suisse, cependant, les haches, qui sont beaucoup plus petites que celles du Danemark, ont des côtés perpendiculaires (fig. 120). Les figures 71 et 72 représentent des formes, qui, quoique rares dans le Seeland, sont communes dans les autres parties de l'Europe. Les haches trouvées au Danemark sont quelquefois polies, mais presque aussi souvent rugueuses. Dans les autres parties du nord-ouest de l'Europe, au contraire, les haches ont ordinairement une surface plus ou moins polie. Il est évident qu'elles étaient pourvues de manches de bois, la preuve en est, dans beaucoup de spécimens, des endroits plus polis, ce qui a été produit par la friction du manche. Presque toujours le manche a depuis longtemps disparu, on en a cependant retrouvé quelques-uns. La figure 73 représente une hachette de pierre, trouvée il y a quelques années dans le comté de Monaghan; le manche est de pin et a 13 pouces 1/2 de longueur. On a fréquemment trouvé dans les lacs suisses des manches de corne. Pour nous, qui sommes accoutumés à l'usage des métaux, il nous semble difficile de croire qu'on ait jamais pu se servir de semblables outils; nous savons, cependant, que bien des sauvages, aujourd'hui même, n'en ont pas de meilleurs, et qu'avec de telles haches, en s'aidant ordinairement du feu, ils coupent de grands arbres et les creusent pour en faire des canots. La forme des entailles, sur les pilotis employés dans les habitations lacustres de l'âge de pierre en Suisse, prouve clairement que ces pilotis ont été façonnés avec des haches de pierre ; on a en outre retrouvé, dans les tourbières du Danemark, plusieurs arbres portant les marques de haches de pierre et du feu et, dans un ou deux cas, des haches celtiques de pierre auprès de ces arbres.

Les haches de pierre servaient d'armes de guerre, c'est non-seulement une probabilité à priori, mais ce qui le prouve aussi, c'est qu'on les trouve fréquemment dans les tombeaux des chefs, à côté de dagues de bronze. Vers l'an 1809 un fermier détruisit, dans le Kirkcudbrightshire, un large amas de pierres que la tradition populaire assignait comme tombeau à un certain roi Aldus M' Galdus. « Quand le tas de pierres eut été enlevé, les ouvriers trouvèrent un cercueil de pierre, très-grossièrement fait, et, le couvercle de ce cercueil enlevé, on trouva le squelette d'un homme d'une taille extraordinaire. Les os étaient dans un tel état de décomposition que les côtes et les vertèbres tombèrent en poussière quand on essaya de les soulever. Les autres ossements étaient un peu moins décomposés, et l'on découvrit qu'un des bras avait presque été séparé du tronc par un coup de hache, de pierre certainement, car un morceau de cette hache s'était brisé et était resté emboîté dans l'os. Cette hache était de diorite, substance qui ne se trouve pas dans cette partie de l'Écosse. Dans le cercueil se trouvait aussi une balle de silex ayant environ trois pouces de diamètre, parfaitement ronde et admirablement polie, une pointe de flèche, aussi de silex, mais pas un morceau de métal (1). »

---

(1) *New statist. Acc. Kirkcudbrightshire*, vol. IV, p. 332. Cité par Wilson, dans les *Prehist. Ann. of Scotland*, 2ᵉ édit., vol. I, p. 187.

Il existe une autre classe de hachettes de pierre, celles percées d'un trou pour recevoir le manche. Par la nature même du silex,

FIG. 74.

FIG. 75.

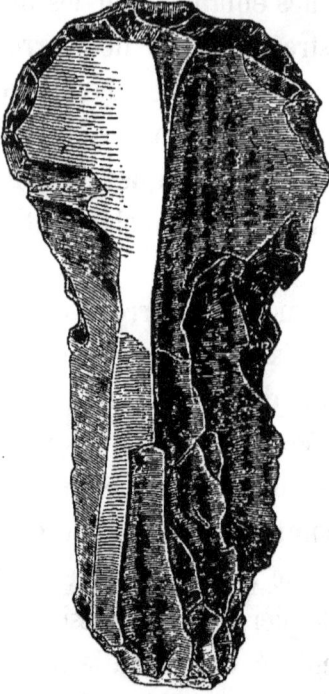
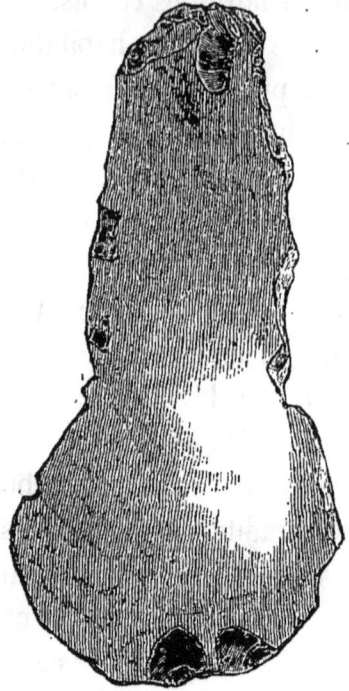

Racloirs.

FIG. 76.

FIG. 77.

FIG. 78.

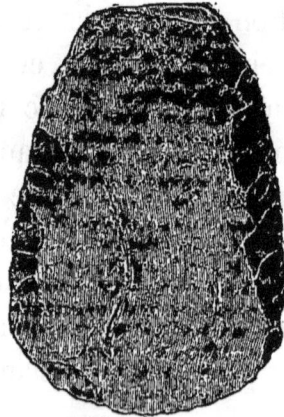

Racloir esquimau.

il est difficile qu'elles soient faites avec ce minéral; aussi sont-elles excessivement rares. Il y a cependant deux de ces hachettes

au musée de Copenhague, pour lesquelles l'ouvrier a ingénieusement tiré parti d'un trou naturel dans le morceau de silex qu'il

FIG. 79.   FIG. 80.   FIG. 81.

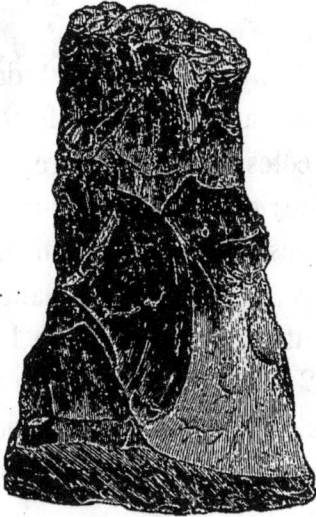 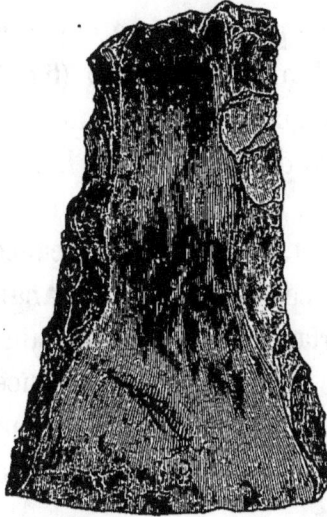 

Hache danoise.

FIG. 82.   FIG. 83.   FIG. 84.

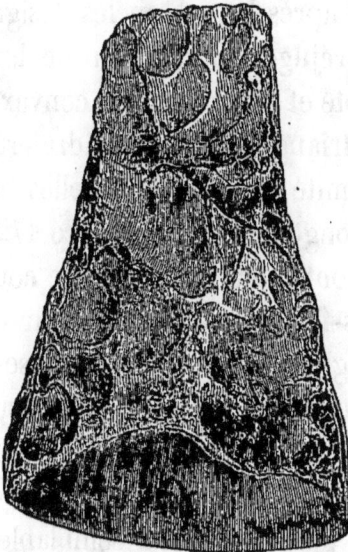  

Hache de la Nouvelle-Zélande.

employait. Il est fort douteux que cette classe d'instruments
appartienne véritablement à l'âge de pierre. Ces haches percées

se trouvent ordinairement dans les tombeaux de la période de l'âge de bronze, et il est très-probable que ce mode d'emmanchement était fort rarement employé, s'il l'était jamais, avant que la découverte du métal ne rendît ce procédé beaucoup plus facile qu'il ne pouvait l'être auparavant.

Les soi-disant « racloirs » (fig. 74, 75, 105, 106) sont des pierres oblongues arrondies à une extrémité amenée à cette forme par une série de petits coups. L'un des côtés est plat, l'autre, ou côté extérieur, est plus ou moins convexe; quelquefois ils ont un manche court, ce qui les fait beaucoup ressembler à une cuiller. On a trouvé ces instruments en Angleterre, en France, au Danemark, en Irlande, en Suisse et dans d'autres pays. Ils ont de 1 à 4 pouces de longueur et de 1 pouce 1/2 à 2 pouces de largeur. Les figures 76-78 représentent un racloir esquimau moderne. Ces spécimens modernes ont une forme *identique* avec celle des anciens.

J'ai donné aux petites « haches » triangulaires (fig. 79-81), qui se trouvent surtout dans les kjökkenmöddings et les dépôts sur les côtes, le nom de haches, d'après lequel on les désigne ordinairement, mais sans vouloir préjuger la question de leur usage. Ces haches sont plates d'un côté et plus ou moins convexes de l'autre; elles sont grossièrement triangulaires ou quadrangulaires, et le côté coupant est l'extrémité la plus large; elles ont de 2 pouces 1/2 à 5 pouces 1/2 de longueur, et de 1 pouce 1/2 à 2 pouces 1/2 de largeur. Elles ne sont jamais polies et le coupant, quoique pas très-aigu, est très-fort, formé qu'il est par un plan joignant le côté plat par un angle très-obtus. Le professeur Steenstrup ne croit pas que ces instruments curieux et particuliers aient été destinés à servir de haches; selon lui c'étaient plutôt des poids pour les lignes à pêcher, et, à l'appui de cette proposition, il cite quelques objets de pierre, *presque* semblables, que les Esquimaux emploient pour cet usage. Le soi-disant côté aigu n'a, toujours selon lui, jamais pu être employé à trancher, et il n'y voit que le résultat de la forme la plus utile aux pêcheurs.

Il appelle aussi l'attention sur les facettes polies, qui se voient à leur surface, ce qu'il regarde comme une preuve de ce qu'il avance.

Il faut certainement admettre que beaucoup de ces « haches » n'ont jamais pu servir à trancher, mais on peut regarder celles-là comme des spécimens imparfaits. Il est vrai que les deux surfaces constituant le coupant forment, en se rencontrant, un angle très-obtus, mais il faut se rappeler aussi que, si cette forme nuit au tranchant, elle ajoute beaucoup à la force. En outre, cet angle est presque exactement le même que celui que nous trouvons dans les haches employées par les habitants de la Nouvelle-Zélande et des indigènes des îles de la mer du Sud. Les figures 82-84 représentent une hache moderne, apportée de la Nouvelle-Zélande, par le Rév. R. Taylor, et déposée au British Museum ; elle ressemble beaucoup aux haches types des kjökkenmöddings.

Le coupant, il est vrai, est poli, mais après tout il n'est pas plus uni que la cassure naturelle du silex. La projection qui se trouve sous les spécimens danois (fig. 81 *a*) est accidentelle et due à quelque particularité dans le silex. Cette surface est ordinairement aussi plate dans les spécimens danois que dans ceux de la Nouvelle-Zélande.

Les *ciseaux* ressemblent aux haches danoises par leurs côtés perpendiculaires, mais ils sont plus étroits et presque toujours polis. Un grand nombre de ces outils sont légèrement creusés d'un côté comme dans la figure 85.

Il existe un curieux instrument plat, semi-circulaire, commun au Danemark, mais qu'on a très-rarement trouvé en Grande-Bretagne. Le bord convexe était certainement fixé à un manche de bois, car dans

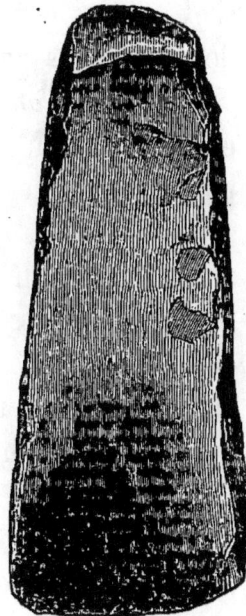

Fig. 85.

Ciseau creux.

beaucoup de spécimens les marques de ce manche sont encore visibles. L'autre bord, qui est droit ou concave, est ordinairement pourvu d'un certain nombre de dents, ce qui le fait ressembler à une scie. Dans quelques cas ce côté est tellement usé que l'instrument affecte la forme d'un croissant. Ce côté est souvent tout à fait poli, évidemment par une friction continue contre une substance molle. Je dis une substance molle, parce que la partie polie se retrouve des deux côtés de l'instrument, et même entre les dents de la scie, ce qui n'arriverait pas s'il avait été employé sur une substance dure. Il est probable que ces instruments semi-circulaires étaient fixés dans des manches de bois et employés au nettoyage des peaux. Les femmes Esquimaux se servent d'instruments semblables en guise de couteaux et leur donnent le nom d'*ooloos*. Peut-être serait-il bon de désigner sous ce terme les anciens spécimens danois?

Les soi-disant « poinçons » sont de grossiers morceaux de silex, ou des éclats appointis à un endroit par un grand nombre de petits coups (fig. 125). Ils sont assez forts sans être très-pointus.

Les *têtes de lance* (fig. 86) varient beaucoup et comme grandeur et comme forme; quelques-unes se distinguent à peine des pointes de flèches, d'autres sont beaucoup plus grandes. Les unes sont si grossières qu'il est probable qu'elles sont inachevées, les autres, au contraire, sont des spécimens merveilleux de l'art antique. J'en possède une qui a 12 pouces de long sur 1 pouce 1/2 de large et qui est admirablement travaillée. On la trouva avec cinq autres dans un grand tumulus de l'île de Moen.

Les *dagues* (fig. 87) sont aussi des merveilles d'habileté dans l'art de travailler le silex. Leur forme est si parfaitement identique avec celle des dagues de métal que quelques antiquaires pensent qu'elles sont des copies de dagues de bronze et qu'elles n'appartiennent pas à l'âge de pierre. Les endroits où on les a trouvées ne confirment cependant pas cette hypothèse. Il y a une autre arme de silex (fig. 88), commune au Danemark, ayant un manche comme les dagues, mais au lieu d'une lame, elle se termine

en pointe et suggère l'idée que si la pointe d'une dague avait
été accidentellement brisée, le reste de l'arme eût pu être trans-
formé en poignard. Il faut remarquer dans ces deux classes d'objets les côtés du manche qui sont très-curieux.

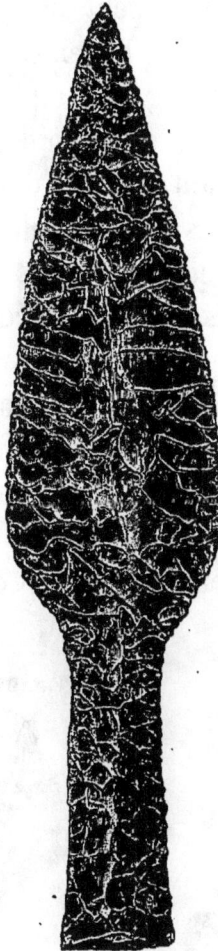

FIG. 87.

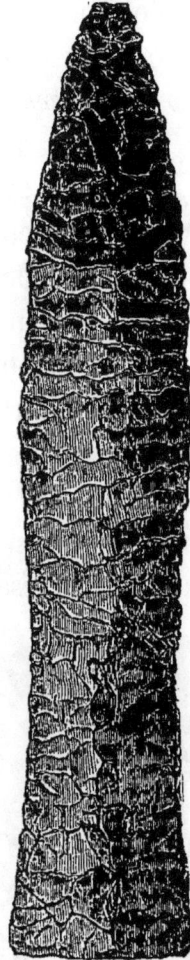

FIG. 88.

FIG. 86.

Tête de lance.　　　Dague.　　　Dague (dont la pointe est cassée).

Les *pierres de fronde* sont de deux sortes. Les premières sont
simplement de grossiers morceaux de silex réduits par quelques
coups de marteau à une grosseur et à une forme convenables.
N'étaient les endroits où on les trouve, on pourrait croire que ce
sont des fragments naturels. Le professeur Steenstrup est disposé

à penser que ces morceaux de silex étaient employés en guise de poids pour faire enfoncer les filets ; mais le fait, qu'on en a trouvé un nombre considérable dans les tourbières, semble prouver qu'ils servaient de pierres de fronde, car on ne pourrait expliquer autrement leur présence dans ces localités. L'autre espèce de pierres de fronde consiste en petits disques de silex ronds et aplatis ; quelques-unes sont admirablement faites.

Les *outils de pierre ovale* (fig. 89), ou les « Tilhuggersteens »

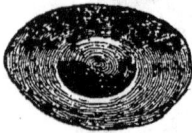

FIG. 89.

Outil ovale.

des antiquaires du Nord, sont des pierres ovales, ou affectant la forme d'un œuf, plus ou moins échancrées sur une surface ou même sur les deux. Nous ne savons pas exactement ce à quoi elles servaient. Quelques antiquaires supposent qu'on les tenait entre le pouce et le doigt et qu'on s'en servait comme de marteau. Si toutefois on s'en procure une certaine quantité, on remarque que la dépression varie beaucoup en profondeur et que quelquefois la pierre est entièrement percée, ce qui confirme l'hypothèse de ceux qui pensent que ces

FIG. 93.

FIG. 90.

FIG. 92.

FIG. 91.

Têtes de flèche.

instruments étaient des pierres à filets ou de petites têtes de marteau.

D'autres pierres, dont le grand axe est entouré par une rainure, paraissent évidemment avoir servi comme poids pour faire enfoncer les filets.

Sir W. R. Wilde divise les *pointes de flèche* en cinq variétés :
1° *triangulaires* (fig. 90) ; ces pointes de flèche ont souvent
une entaille de chaque côté, entaille destinée à recevoir la corde
qui les attachait à la tige ; 2° celles qui sont creusées ou *évidées*
à la base, comme dans la figure 91 ; 3° les pointes de flèche à
tige, qui portent une saillie destinée à s'enfoncer dans la tige ;
4° celles où les côtés se prolongent comme dans la figure 92 ; et
enfin la pointe de flèche en forme de feuille, dont un magnifique
spécimen est représenté dans la figure 93. Les vraies pointes de
flèche ont ordinairement environ 1 pouce de longueur ; plus
grandes, ce sont des javelines et enfin des têtes de lance. Il y a
plusieurs autres espèces d'instruments de silex, tels que marteaux,
scies, harpons, etc., mais, si nous omettons actuellement les types
du diluvium, nous avons passé en revue les formes principales.

Quelques vieux écrivains espagnols, en parlant du Mexique,
décrivent les moyens qu'employaient les Aztecs pour se procurer
leurs éclats d'obsidienne. Torquemada (1), dont les récits sont
confirmés par ceux de Hernandez, dit (j'emprunte cette citation
au livre de M. Tylor sur Anahuac) : « Ils avaient et ont encore
des ouvriers qui font des couteaux avec une certaine pierre noire
ou silex (obsidienne) ; c'est une chose étonnante qu'ils aient
jamais pensé à faire des couteaux avec cette pierre, et l'habileté
qu'ils déployaient pour cette fabrication est digne de tous éloges.
Voici la manière dont ils s'y prennent, s'il est possible, toutefois,
de l'expliquer par des mots. Un de ces ouvriers indiens s'assied à
terre et prend un morceau de cette pierre noire, qui ressemble au
jais, et qui est aussi dure que le silex ; on pourrait appeler cette
pierre, une pierre précieuse, car elle est plus belle et plus brillante que l'albâtre ou le jaspe, si bien, qu'on en fait des tablettes
et des miroirs. Le morceau qu'ils prennent a environ huit pouces
de long ou un peu plus, et est à peu près aussi gros que la jambe
d'un homme et cylindrique ; ils ont un bâton gros comme la

_____

(1) Torquemada, *Monarquia Indiana*. Séville, 1615.

hampe d'une lance, et d'un mètre et demi à peu près de longueur, à l'extrémité duquel ils attachent avec soin un autre morceau de bois de huit pouces de long, pour augmenter le poids de
cette partie; puis ils tiennent la pierre entre leurs pieds nus, où
elle se trouve fixée comme dans des tenailles ou dans un étau.
Ils prennent alors le bâton (qui est poli à l'extrémité) à deux
mains et le fixent contre le bord de la pierre (*y ponenlo avesar
con el canto de la frente de la piedra*); ils appuient l'autre extrémité du bâton contre leur poitrine et, par la force de la pression,
parviennent à détacher un couteau pointu et à deux tranchants, et aussi facilement que s'ils en taillaient un dans un
navet avec un couteau bien aiguisé, ou que s'ils en faisaient un
de fer dans une forge. Puis ils l'aiguisent sur une pierre, et enfin
sur une pierre à aiguiser, pour lui donner un fil très-aigu; et en
très-peu de temps ces ouvriers parviennent à faire plus de vingt
couteaux de la sorte. Ces couteaux affectent à peu près la même
forme que les lancettes de nos chirurgiens, si ce n'est qu'ils sont
bombés au milieu, et qu'ils sont légèrement et gracieusement
recourbés à l'extrémité. »

Ainsi il paraît que les éclats d'obsidienne s'obtenaient non pas par
percussion mais par une forte pression. Selon Sir E. Belcher (1),
les Esquimaux emploient le même procédé pour fabriquer leurs
instruments de pétrosilex. « Choisissant, dit-il, une pièce de bois
dans laquelle ils ont creusé une cavité ayant la forme d'une cuiller, ils placent sur cette cavité le morceau de pierre qu'ils travaillent, puis ils pressent verticalement sur les bords, tantôt d'un
côté, tantôt de l'autre, jusqu'à ce qu'à force d'enlever de petits
éclats ils soient parvenus à donner à la pierre la forme d'une
pointe de lance ou de flèche, ayant deux tranchants dentelés. »
Le lieutenant Beckwith dit que les Indiens de l'Amérique du Nord
emploient à peu près les mêmes procédés (2).

---

(1) *Trans. of the Ethnological Society.* New Ser., vol. I, p. 138.
(2) *Report of Explorations and Surveys of the Pacific Railroad,* 1865, vol. II, p. 43.

Outre qu'ils servaient à faire des manches pour les haches de
pierre, les os et les cornes des animaux étaient aussi fort employés à la fabrication de différents instruments plus simples;
les bois de cerf surtout paraissent avoir été préféré à cause de
leur dureté. L'objet d'os le plus commun est l'épingle ou le
poinçon (fig. 94); quelques outils affectant la forme d'un

FIG. 94.

Poinçon d'os (Écosse).

ciseau oblong (fig. 122), et dont il n'est pas facile de déterminer
l'emploi, sont presque aussi nombreux. On trouve quelquefois
des côtes fendues, appointies à une extrémité, que quelques
archéologues regardent comme des moules à faire le filet, tandis
que d'autres pensent qu'elles étaient employées à la fabrication
de la poterie. On trouve aussi des harpons, des têtes de flèche,
et des pointes de lance d'os; les hommes de cette époque
semblent avoir souvent porté des dents percées en guise d'amu-
lettes.

Les instruments de pierre que nous venons de décrire se trouvent fréquemment à la surface du sol ou sont mis à découvert
dans les opérations agricoles. Les objets trouvés ainsi séparément
ont, comparativement, peu de valeur scientifique; ce n'est que
quand on les trouve réunis en quantité considérable et surtout
quand ils sont accompagnés d'autres restes, qu'ils servent à jeter
une vive lumière sur les coutumes et les manières de ces temps
reculés. Comme je l'ai déjà fait remarquer, les tumuli, les habitations lacustres, les amas de coquilles, sont surtout précieux
sous ce rapport, mais je dois aussi dire quelques mots sur les
« amas côtiers » des antiquaires danois. « Les amas côtiers »
sont des quantités de grossiers instruments de silex qui se trouvent
en nombre considérable le long de la vieille ligne des côtes. Les

antiquaires danois ont donné à ces amas le nom de « Kystfunden »
ce qui, traduit mot à mot, voudrait dire « trouvailles sur les côtes »
ou « amas côtiers. » Le soulèvement du terrain, qui,
depuis l'âge de pierre, s'est produit au Jutland, fait
que quelques-uns de ces dépôts se trouvent maintenant hors de la portée des vagues, et, comme la côte
est très-plate, ce léger soulèvement a suffi pour les
éloigner assez considérablement du bord de la mer.
D'autres au contraire sont à un niveau inférieur ; un,
par exemple, auprès de la station du chemin de fer à
Korsoer, n'est découvert qu'à la marée basse ; d'autres
enfin sont toujours recouverts par la mer. On pourrait
probablement diviser ces amas en différentes classes.
Ainsi celui d'Anholt était évidemment une fabrique
d'instruments de silex, le grand nombre des éclats, la
présence de plus de soixante « noyaux » de silex, le
prouvent surabondamment. Ceux au contraire qui,
même actuellement, se trouvent sous l'eau, doivent
dans ces temps reculés avoir été dans la même position, et, comme il n'y a pas de traces d'habitations
lacustres au Danemark, il est très-naturel de supposer
que c'étaient là les endroits où les pêcheurs avaient
l'habitude de tirer leurs filets. On choisit encore
actuellement des endroits particuliers pour cette opération, et il est évident qu'il devait s'y perdre beaucoup d'objets grossiers, employés à la pêche et surtout les pierres servant de poids pour faire enfoncer
les filets. Les objets découverts sont exactement ceux
que, dans ces circonstances, on devait s'attendre à
trouver. Ce sont des fragments irréguliers de silex,
des poids à filets ou pierres de fronde, des éclats, des
racloirs, des poinçons et des haches.

Ces six différentes classes d'objets se retrouvent
dans la plupart, sinon dans tous les amas côtiers, quoiqu'en
proportions différentes. Pour donner une idée de la quantité de

Fig. 95.

Ancien harpon
d'os
(Danemark).

ces objets, je puis mentionner que le professeur Steenstrup et moi, nous avons, recueilli, en une heure environ, à Froëlund, auprès de Korsoer, 141 éclats, 84 poids, 5 haches, 1 racloir et environ 150 morceaux de silex; tandis que sur un amas semblable, auprès d'Aarhuus, dans le Jutland, j'ai ramassé seul, en deux heures et demie, 76 poids, 40 éclats, 39 racloirs, 17 poinçons et un nombre considérable de fragments de silex.

La mer est ordinairement calme dans les fjords abrités et peu profonds du Danemark, souvent même une couche de sable s'est accumulée sur ces amas et les a garantis. Il en était ainsi dans les deux amas que je viens de citer; l'un fut découvert en faisant des travaux de desséchement, l'autre en construisant le chemin de fer. Quelquefois un changement de direction dans les courants enlève la couche de sable, et laisse apparaître les instruments de silex, qui, souvent aussi, sont restés exposés à l'air depuis qu'ils ont été déposés dans ces endroits; dans ce dernier cas les silex blancs sont si nombreux qu'ils attirent l'attention à une distance considérable.

Il va sans dire que sur des côtes telles que celles de l'Angleterre, de semblables amas seraient bientôt réduits en gravier. Il faut se rappeler en outre que sur nos côtes méridionales et orientales, même depuis les temps historiques, la mer a beaucoup gagné sur la terre. Des amas d'instruments de silex, ressemblant beaucoup aux « amas côtiers » danois, ne sont cependant pas tout à fait inconnus dans notre pays. M. Shelley a trouvé, il y a quelques années, dans un champ auprès de Reigate, un grand nombre d'éclats de silex ainsi que quelques flèches et des « noyaux » de silex; mais je ne sache pas qu'on y ait trouvé d'autres instruments de silex.

M. T. F. Jamieson indique, dans le *Journal d'Aberdeen*, (octobre 1863), un endroit sur les bords de l'Ythan, au-dessous d'Ellon, où, en quelques minutes, il a rempli « ses poches d'éclats de silex, de têtes de flèche inachevées, de blocs de silex, dont on avait enlevé des éclats, et de différents autres articles de coutellerie antique ». On a trouvé d'immenses quantités de hachettes grossières, de « noyaux », d'éclats, de têtes de lance, etc., dans d'autres endroits tels, par exemple, que Bridlington, Pont le Voy, Spiennes, près de Mons, Pressigny le Grand, etc. Il y a tout lieu de croire que l'attention ayant été appelée sur ces dépôts de silex, on fera autre part de semblables découvertes.

CHAPITRE IV

TUMULI.

Dans toute l'Europe, nous pourrions même dire dans le monde tout entier, partout où ils n'ont pas été détruits par la charrue ou le marteau, nous trouvons des monuments des temps anté-historiques, camps, fortifications, digues, temples, tumuli, etc.; beaucoup d'entre eux nous étonnent par leur grandeur, tous excitent notre intérêt par l'antiquité qu'ils nous rappellent et le mystère qui les entoure. Il y en a certainement quelques-uns, tels par exemple que la muraille romaine en Angleterre, le Dannevirke, le tumulus de la reine Thyra au Danemark, dont la date et l'origine nous sont connues, mais de beaucoup le plus grand nombre, tels que le Wansdyke, le « temple » de Carnac en Bretagne, les tumuli qu'on suppose être ceux de Thor, d'Odin et de Freya à Upsala, et les grands tumuli auprès de Drogheda, sont certainement antéhistoriques. Les uns, sans aucun doute, appartiennent à l'âge de bronze, les autres à l'âge de pierre, mais il arrive très-rarement que nous puissions avec

quelque certitude les attribuer à une période plutôt qu'à une
autre. Il en est surtout ainsi pour les anciens tertres et pour
les temples ou cercles mégalithiques; les tertres tumulaires contiennent souvent des objets qui nous permettent de nous faire
quelque idée de leur antiquité relative. Ces anciens tombeaux
sont excessivement nombreux; les figures 96 à 100 en représentent quelques-uns que l'on peut considérer comme types.

Fig. 96.

Tumulus danois.

En Angleterre, on peut en voir sur presque toutes les collines.
Dans les Orcades seules, on estime que plus de deux mille existent encore; au Danemark ils sont encore plus abondants; on
en trouve dans toute l'Europe, des côtes de l'Atlantique jusqu'aux montagnes de l'Oural; ils couvrent les grandes steppes de
l'Asie depuis les frontières de la Russie jusqu'à l'océan Pacifique,
et des plaines de la Sibérie jusqu'à celles de l'Indoustan; en
Amérique on les compte par milliers et par dizaines de mille; ils
se trouvent aussi en Afrique où les pyramides elles-mêmes représentent le plus admirable développement de la même idée; si
bien que le monde entier est parsemé de ces tombeaux. Les

menhirs, les dolmens, et les cistvaens (fig. 99), sont actuellement
regardés comme des tombeaux, et leur grand nombre est en lui-
même une preuve de leur antiquité, car l'immense travail nécessaire à la construction d'un tumulus implique qu'on ne les élevait qu'en l'honneur des chefs et des grands hommes. Beaucoup
sont petits, mais quelques-uns sont très-considérables; Silbury
Hill, le plus grand qui soit en Angleterre, a 170 pieds de haut;

FIG. 97.

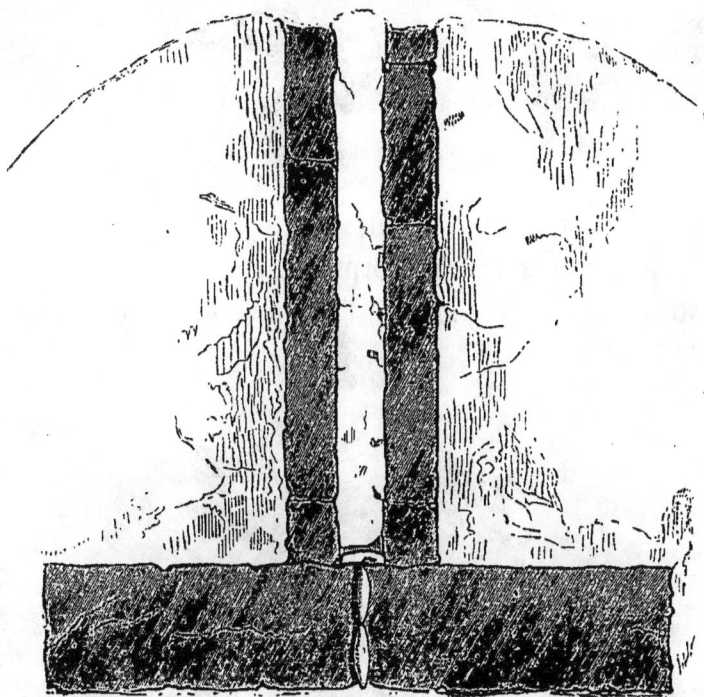

Plan du précédent.

bien que ce soit certainement une colline artificielle, il n'est
pas prouvé, cependant, qu'elle ait été élevée en l'honneur d'un
mort.

M. Bateman dans la préface de son second ouvrage (1), *Dix
ans de fouilles dans les collines sépulcrales celtiques et saxonnes,*

(1) *Ten Years' Diggings in the Celtic and Saxon Gravehills.*

a recueilli les allusions les plus anciennes faites aux cérémonies funèbres; il prouve que « l'élévation d'une colline » a prévalu dans les temps les plus reculés dont l'histoire ait conservé le sou-

FIG. 98.

Cercle de pierres sépulcrales.

venir. Hacan et toute sa famille furent lapidés et brûlés, « après quoi Israël éleva sur leur corps un grand monceau de pierres qui dura jusqu'à ce jour. Et l'Éternel revint de l'ardeur de sa

FIG. 99.

Dolmen danois.

colère ». De même le roi d'Aï fut enseveli sous un grand amas de pierres.

Selon Diodore, Sémiramis, veuve de Ninus, fit enterrer son mari dans l'enceinte du palais, et élever sur sa tombe une haute colline de terre. Quelques tumuli de la Grèce étaient des antiquités, même au temps d'Homère, et ce poëte les appelle les tombeaux des héros. Pausanias rapporte qu'on rassembla des pierres et qu'on les entassa sur le tombeau de Laïus, père d'OEdipe.

FIG. 100.

Cercle de pierres sépulcrales.

Pendant la guerre de Troie, on éleva sur les tombeaux de Tydeus et de Lycus deux collines de terre. « Le tertre tumulaire d'Hector était composé de pierres et de terre. Achille éleva sur les restes de son ami Patrocle un tumulus de plus de 100 pieds de diamètre. La colline que Xénophon supposait devoir contenir les restes d'Alyattes, père de Crésus, roi de Lydie, était faite de pierres et de terre, et avait plus d'un quart de lieue de circonférence. A une époque plus récente, Alexandre le Grand fit élever sur les restes de son ami Héphestion, un tumulus qui lui coûta 1200 talents, somme énorme, même pour un conquérant comme Alexandre, puisqu'elle équivaut à 5 812 500 francs (1), » Virgile nous dit que Dercennus, roi du Latium, fut enterré sous une colline de terre; et selon les plus anciens historiens, dont les récits ont été confirmés par les recherches des archéologues, l'élévation de collines sur les tombeaux, se pratiquait anciennement chez les Scythes, les Grecs, les Étrusques, les Germains et d'autres peuples. On peut grossièrement évaluer le degré d'estime que l'on avait pour le mort par la grandeur du tumulus;

(1) *Ten Years' Diggings in the Celtic and Saxon Gravehills*, p. v.

les montagnards écossais (1) disent encore en manière de compli-
ment : *Curri mi clach er do cuirn*, c'est-à-dire : j'ajouterai une
pierre au tas qui recouvrira votre tombeau.

Ce que Schoolcraft dit des Indiens de l'Amérique du Nord
peut s'appliquer à bien des tribus sauvages. « Rien n'est trop
précieux parmi les objets que possède le mort, pour qu'on
ne le dépose pas dans son tombeau. Les vêtements, les armes,
les ornements et les outils les plus précieux, sont enfouis dans le
tombeau, qui est toujours placé dans la position la plus pittoresque, au sommet de quelque haute colline ou sur une douce
éminence dans une vallée retirée. » Les Indiens de l'Amérique du
nord ont gardé, dit-on, jusque pendant ces dernières années,
des sentiments d'amitié pour les Français, parce qu'au temps
de leur suprématie ils eurent au moins le grand mérite de ne
jamais profaner les tombeaux.

Quelques-uns des plus vieux tumuli de la Scandinavie sont de
grands monticules contenant un passage formé par d'immenses
blocs de pierre, s'ouvrant presque toujours vers le sud ou l'est,
jamais vers le nord, et conduisant à une grande salle centrale
autour de laquelle sont assis les cadavres. A Goldhavn, par
exemple, on ouvrit en 1830 un tombeau de cette espèce (si toutefois on peut leur donner le nom de tombeau); on y trouva de
nombreux squelettes, assis sur un rebord peu élevé attenant au
mur; auprès de chaque squelette se trouvaient les armes et les
bijoux du mort. Or, les maisons qu'habitent les peuples des régions arctiques, les « maisons d'hiver » des Esquimaux et des
Groenlandais, les « Yurts » des Sibériens, ressemblent beaucoup
à ces « Ganggraben » ou « tombeau à passage. » Le « Yurt »
des Sibériens, par exemple, tel que nous le décrit Erman, consiste en une salle centrale, enfoncée quelque peu dans le sol, les
côtés, en l'absence de grosses pierres, sont faits de bois, puis ils
empilent de la terre sur le toit et sur les côtés, ce qui fait ressem-

---

(1) Wilson, *Pre-historic Annals of Scotland*, vol. I, p. 86, 2ᵉ édition.

bler ces habitations à un monticule. L'ouverture est toujours
tournée vers le sud, quelquefois en guise de croisée ils ménagent
un petit trou dans la direction de l'est. Au lieu de verre, ils ferment ce trou avec un morceau de glace d'un pied d'épaisseur
et qu'ils remplacent quatre ou cinq fois pendant l'hiver. Le
foyer est en face de l'entrée ; tout autour de la chambre, contre
le mur, « est une espèce de banc d'environ six pieds de large
et élevé au-dessus du sol; c'est sur ce banc que les habitants
dorment pendant la nuit et qu'ils s'asseyent le jour pour travailler ».

Le capitaine Cook nous fait une description presque semblable
des habitations d'hiver des Tschutski, à l'extrémité nord-est de
l'Asie. Ces habitations, dit-il (1), « ressemblent exactement à une
cave voûtée ; le plancher se trouve un peu au-dessous du sol en-
vironnant. Celle que je visitai était ovale, elle avait environ
20 pieds de long et à peu près 12 pieds de haut. Les murs
étaient faits de bois et de côtes de baleine parfaitement agencés,
le tout était relié par des matériaux plus petits de la même espèce.
Sur ces murs ils placent de forte herbe grossière, puis recouvrent
le tout de terre; si bien qu'à l'extérieur la maison ressemble à
une petite butte, supportée par un mur de pierre de 3 ou
4 pieds de haut, qui l'entoure de trois côtés. »

Ces habitations paraissent donc ressembler beaucoup aux
« Ganggraben » et il est fort possible qu'on ait souvent pris des
ruines d'habitations semblables pour des tumuli, car on a examiné
quelques-uns de ces monticules qui contenaient des outils brisés,
de la poterie, des cendres, etc., mais aucun ossement humain;
en un mot, de nombreuses indications de la vie, mais pas de
traces de la mort. Nous savons, aussi, que bien des tribus sauvages ont une répugnance superstitieuse à se servir de quoi que ce
soit ayant appartenu à une personne décédée; quelquefois même
cette répugnance s'étend jusqu'à sa maison qui est abandonnée ou

---

(1) *Voyage to the Pacific Ocean*, vol. II, p. 450. — Voyez aussi vol. III, p. 374.

qui devient son tombeau. Les Indiens des bords de l'Amazone
enterrent leurs morts sous leurs maisons, sans toutefois abandonner ces dernières.

Dans ces circonstances on peut accepter comme probable l'hypothèse proposée par le professeur Nilsson, le vénérable archéologue suédois, que ces « Ganggraben » sont une copie, un développement, ou une adaptation des habitations; que les anciens
habitants de la Scandinavie, incapables d'imaginer un futur
entièrement différent du présent, ou un monde dissemblable à
celui dans lequel nous vivons, prouvaient leur respect et leur
affection pour les morts, en enterrant avec eux ce qu'ils avaient
de plus précieux sur cette terre; auprès des femmes ils mettaient
des bijoux, auprès des guerriers des armes. Ils enterraient la
maison avec son possesseur et le tombeau était littéralement la
demeure du mort. Quand un grand homme mourait, on le plaçait
sur son siége favori, on étalait devant lui de quoi boire et de quoi
manger, on plaçait ses armes à son côté, on fermait sa maison et
on recouvrait l'entrée avec de la terre, pour la rouvrir cependant
quelquefois, quand sa femme ou ses enfants allaient le rejoindre
dans la terre des Esprits.

On a trouvé en Scandinavie beaucoup de crânes dans des tumuli de cette espèce; ces crânes sont arrondis, aux sourcils lourds
et épais, et tendent à justifier l'opinion de beaucoup d'archéologues, que les habitants antéceltiques de la Scandinavie, et peut-
être de l'Europe entière, étaient d'origine touranienne, et ressemblaient beaucoup aux Lapons modernes. Les tumuli « à salles »
de la Grande-Bretagne ressemblent, sous beaucoup de rapports,
aux « Ganggraben » de la Scandinavie, les archéologues pensent
aussi que ce sont les plus anciens tumuli de notre pays; mais au
lieu de crânes arrondis, aux sourcils lourds et épais, comme dans
les tumuli mégalithiques scandinaves, les occupants des tumuli
à salles d'Angleterre sont caractérisés (autant toutefois que
nous pouvons tirer une déduction des quelques preuves en notre
possession) par des crânes longs et étroits, auxquels le docteur

Wilson donne le nom de « kumbecéphaliques », ou crânes en forme de bateau. D'ailleurs, outre qu'il est difficile de supposer que tous ces grands tumuli mégalithiques sont plus anciens que des tertres beaucoup plus petits et beaucoup plus simples, nous devons nous rappeler que dans le grand tertre tumulaire de New-Grange, en Irlande, les pierres portent des dessins d'ornements, semblables à ceux qui caractérisent plus particulièrement l'âge de bronze ; ces pierres avaient été évidemment décorées avant d'être placées à l'endroit qu'elles occupent aujourd'hui, car, dans quelques cas, partie du dessin est cachée par la pierre voisine. Je renvoie ceux de mes lecteurs qui désirent étudier avec plus de détails la question de ces tumuli à salles, et des crânes kumbecéphaliques, à l'excellent ouvrage du docteur Wilson : *Annales antéhistoriques de l'Écosse* (1) ; mais je dois ajouter que je partage l'avis des savants auteurs des *Crania britannica*, qui pensent que les preuves fournies par le docteur Wilson sont loin d'être conclusives (2).

Il se peut que la rareté comparative des tumuli à salles dans l'Europe occidentale ait pour cause la plus grande douceur du climat, qui ne nécessitait pas l'usage des habitations souterraines pendant l'hiver ; il se peut aussi que ce soit une indication d'une différence de race. De plus amples recherches éclairciront probablement cette question. En attendant, il faut se rappeler, que ce qu'on a appelé les « Maisons des Pictes » sont abondantes dans le nord de la Grande-Bretagne. Ces habitations curieuses « se distinguent à peine des grands tumuli ; mais si l'on creuse le tertre, on s'aperçoit que ce tertre recouvre une série de grandes salles, construites ordinairement avec des pierres d'une grosseur considérable, et convergeant toutes vers un centre où l'on semble avoir ménagé une ouverture pour la lumière et la ventilation. Ces habitations diffèrent peu des habitations souterraines,

---

1) Deuxième édition, vol. 1, p. 249.

(2) *Crania britannica*, part. 2, 5.

si ce n'est qu'elles sont construites à la surface du sol et qu'elles
ont été recouvertes d'un tertre artificiel » (1).

Selon M. Bateman, qui a dressé la statistique de fouilles systé-
matiques, dans plus de quatre cents tumuli, fouilles faites la plupart du temps en sa présence, et dont l'opinion est par conséquent très-précieuse, « le plan fondamental des tumuli anglais, à
l'exception de quelques tumuli à salles ou à galeries, dans le
Berkshire, dans le Wiltshire, en Irlande, etc., tels que New-
Grange, la caverne de Wayland-Smith, Uleybury et quelques
autres, ainsi que les tumuli infiniment plus récents de la période
saxonne, est presque toujours le même ; le principal caractère de
ces tertres tumulaires est qu'ils recouvrent, soit une grossière
voûte de pierre, soit une salle ou un caisson de pierre, autrement appelé un Kistvaen, bâti avec plus ou moins de soin ; quelquefois aussi un tombeau creusé plus ou moins au-dessous de la
surface naturelle du sol, revêtu s'il était nécessaire de dalles de
pierres, dans lequel on déposait le corps en son entier, ou après
l'avoir réduit en cendres (2). »

On a pensé que le soin qui présidait à l'enterrement des morts,
la coutume de placer auprès du cadavre divers objets, prouve
que ces peuples croyaient à l'immortalité de l'âme et à une existence matérielle après la mort.

« Il semble prouvé, dit le docteur Wilson (3), par le dépôt
constant auprès du cadavre, non-seulement d'armes, d'outils, de
bijoux, mais aussi de vases qui contenaient sans doute des aliments et des breuvages, que les anciens Bretons croyaient à une
existence future, et avaient quelques idées de jugement, de châ-
timents ou de récompenses. Mais cela prouve en même temps que
les idées qu'ils se faisaient à ce sujet étaient fort grossières et
toutes matérialistes. »

(1) Wilson, *loc. cit.*, vol. I, p. 116.
(2) Bateman, *Ten years Diggings*, p. 111.
(3) Vol. I, p. 498.

Mais loin qu'il soit prouvé que le cadavre était toujours accompagné de ce que nous appelons les choses nécessaires à la vie, on pourrait dire que c'est là l'exception et non la règle. Ainsi, Sir R. Colt Hoare, dans le premier volume de son grand ouvrage sur les antiquités du Wiltshire, décrit 250 tumuli, et sur ce nombre, 18 seulement contenaient des instruments de pierre, 31 des instruments d'os, 67 des instruments de bronze et 11 des instruments de fer; il est vrai qu'on retrouva des poteries dans 107 de ces tombeaux, mais, dans plus de 60, ces poteries n'étaient que des urnes funéraires destinées à contenir les cendres des morts et non pas des aliments. Je dois ajouter cependant que, quant aux instruments de pierre, Sir R. C. Hoare paraît avoir négligé les armes et les outils grossiers. Je m'appuierai donc principalement sur M. Bateman, l'homme peut-être le plus expérimenté et le plus soigneux en matière de fouilles dans les tumuli.

Un grand nombre des tombeaux qu'il décrit avaient déjà été ouverts, mais il en examina 297 auxquels on n'avait jamais touché, et quoiqu'il enregistre avec soin le plus petit fragment d'éclat de silex, il se trouve que 100 de ces tombeaux ne contenaient aucune espèce d'instruments, soit de pierre, soit de métal, et que 40 seulement contenaient des vases à aliments. En outre, de peur qu'on ne puisse supposer que ces tombeaux mal pourvus étaient ceux de gens pauvres ou d'ennemis, nous n'en parlerons pas. Nous pouvons, cependant, affirmer que ces tumuli, qui nécessitaient pour leur construction beaucoup de travail et de dépenses, n'étaient élevés qu'en l'honneur des riches et des grands, quoiqu'ils aient pu servir et qu'ils aient, sans doute, servi plus tard de tombeaux pour les pauvres. Mais il est toujours facile de découvrir la sépulture primitive; car bien qu'on puisse citer quelques cas où l'occupant original a été ignominieusement jeté hors de son tombeau, pour faire place à un successeur, ces cas sont fort rares, et l'on peut ordinairement les découvrir; les sépultures secondaires, au contraire, sont ordinairement placées, soit au-dessus de la première, soit sur les côtés du tumulus. Le même

sentiment qui portait nos ancêtres à enterrer leurs morts, de préférence dans un tumulus déjà existant, les empêchait ordinairement de violer une sépulture ancienne.

Dans les tableaux suivants je me suis occupé seulement de sépultures primitives ; la première colonne contient le nom du tumulus, les neuf colonnes suivantes indiquent la disposition du
cadavre et les objets qui l'accompagnent, et enfin la dernière est
réservée aux observations spéciales. Sur 139 sépultures, 105 seulement contiennent des outils ou des armes, et 35 seulement des
vases destinés aux aliments. En outre, si nous examinons la nature
des objets placés près du cadavre, nous serons loin de trouver un
assortiment complet d'outils ou de bijoux. Il n'y a pas lieu peut-
être de s'étonner de la rareté du bronze ; mais pour des hommes
aussi habiles que nos ancêtres, ce devait être chose facile que de
faire une grossière tête de flèche, ou un éclat de silex. Et cependant quelques cadavres ne sont accompagnés que d'une seule tête
de flèche, d'autres d'un petit éclat de silex, d'autres enfin d'un
seul racloir.

SÉPULTURES PRIMITIVES.

BATEMAN. — VESTIGES DES ANTIQUITÉS DU DERBYSHIRE.

	CADAVRE.				OBJETS DE					CIST.	OBSERVATIONS.
	ASSIS.	BRÛLÉ.	ÉTENDU.	POSITION INCERTAINE.	PIERRE.	OS.	BRONZE.	FER.	POTERIE.		
1 Gib Hill	...	—	...	.....	Pointe de flèche et hache celtique.					.....	Large tumulus, haut de 18 pieds. Fibula de fer auprès de la surface.
2 Middleton Moor	...	...	—		Outil circulaire.			Tête de flèche.		.....	Deux squelettes.
3 Lark's Low	...	...	...							Cist.	
4 Bee Low	...	...				Épingle.			Fragments.	Cist.	
5 Liff's	—	..			2 têtes de flèche, 2 ciseaux, 2 têtes de lance, 2 couteaux, etc.	Marteau de corne.			Coupe à encens.	Cist.	Trois morceaux d'ocre rouge.
6 Brassington Moor	...				Tête de lance et deux outils circulaires.				Fragments.	Cist.	
7 Elk Low	...				Tête de lance et trois autres outils					Cist.	Polissoir de grès. Ossements humains brûlés.
8 Cross Low	...				Morceau d'une hache celtique et d'un éclat de silex.				Urne funéraire.	Cist.	Ossements de deux enfants et une dent de cheval.
9 Sliper Low	...								Coupe à boire.	Cist.	Enfant.
10 Cross Low	...								Coupe à boire.	Cist.	Ossements humains calcinés et squelette d'un enfant. Ce tumulus n'a qu'environ 18 pouces de hauteur.
11 Green Low	—	...			Dague, 3 têtes de flèche, etc.	Trois outils.			Coupe à boire.	Cist.	Restes d'un enfant. Morceau de pyrite de fer.
12 Sheldon	—	...			Éclats de silex.				Urne funéraire.	.....	
13 Arbor Low	—	...			Outil demi-circulaire.	Épingle.			Deux urnes.	Cist.	Morceau sphérique de pyrites de fer.
14 New Inns	—							Dague.		Cist.	
15 The Low	—									Cist.	Tertre très-petit et très-bas.
16 Net Low	...	—			2 outils grossiers.			Dague et 2 épingles.		.....	Deux ornements faits avec du charbon de Kimmeridge, des fragments de silex calciné.
17 Wetton	—	...			Un outil.				Urne.	Cist.	Ossements humains calcinés.
18 Bostorn	—	...			Deux outils grossiers.					Cist.	
19 Harthill Moor	...								Morceaux.	Cist.	Petit tertre.

	CADAVRE.				OBJETS DE					CIST.	OBSERVATIONS.
	ASSIS.	BRÛLÉ.	ÉTENDU.	POSITION INCERTAINE.	PIERRE.	OS.	BRONZE.	FER.	POTERIE.		
20 Castern					Tête de lance					Cist.	
21 Moot Low					Six outils grossiers		Boîte, etc.	Couteaux			Boules de verre, aiguille d'argent.
22 Gratton Hill										Cist.	Dents de cheval.
23 Bassett Wood									Fragments	Cist.	Tertre considérable.
24 Ilam										Cist.	Squelette d'un chien. Grand tertre.
25 Ilam							Épingle		Fragments	Cist.	Tête d'un taureau. Grand tertre.
26 Ilam										Cist.	Petit tertre.
27 Welton					Instrument grossier	Marteau et lance?				Cist.	
28 Lid Low									Urne	Cist.	
29 Casterne					Petit outil				Coupe à boire	Cist.	
30 Buxton					Deux outils		Dague			Cist.	Squelette très-grand.
31 Cow Low						Épingle					Os humains calcinés. Dents de cheval. Probablement une femme.
32 Dowe Low					Outil de silex		Dague				Deux squelettes.
33 Slip Low					Deux têtes de flèche					Cist.	
34 Narrow Dale Hill									Urne funéraire		Petit morceau de silex calciné.
35 Middleton					Tête de flèche et outil circulaire					Cist.	
36 Flaxdale									Urne funéraire	Cist.	Plusieurs morceaux de silex.
37 Bruncliff								Couteau	Vase		Ossements d'animaux calcinés.
38 Monyash					Partie d'un couteau					Cist.	
39 Gotam					Tête de lance		Épingle			Cist.	

DIX ANS DE FOUILLES.

	CADAVRE.				OBJETS DE					CIST.	OBSERVATIONS.
	ASSIS.	BRÛLÉ.	ÉTENDU.	POSITION INCERTAINE.	PIERRE.	OS.	BRONZE.	FER.	POTERIE.		
1 Parcelly Hay					Trois éclats de silex					Cist.	Os d'animaux. Débris d'une coupe à boire.
2 Middleton Moor						Boules				Cist.	Dent de vache. Collier de jais et d'os. Évidemment une femme avec un enfant.
3 Sharpe Low									Vase	Cist.	
4 Dovedale										Cist.	Tumulus ayant environ 2 pieds de haut. Fragments de poterie trouvés dans le tertre.
5 Ecton					Tête de lance		Épingle			Cist.	Squelette d'un enfant non calciné.
6 Shuttlestone					Silex circulaire			Hache celte et dague		Cist.	Boule de jais.
7 Booth Low					Éclats						Tumulus ayant 8 pieds de haut.
8 Low Bent					Trois têtes de lance, etc.	Morceau oval de corne de cerf					Secondaire...
9 —										Cist.	Secondaire... Le premier à la surface du sol,
10 —										Cist.	Boule de jais. les deux derniers au-dessous.
11 Dowel					Deux silex, dont l'un est une tête de flèche				Coupe à boire	Cist.	Bouton de jais.
12 End Low					Tête de lance		Dague			Cist.	
13 Moneystones					Tête de lance						
14 —					Tête de lance						Éclats de silex.
15 Blake Low									Coupe à boire		Femme avec le squelette d'un enfant. Corne de cerf.
16 —									Deux vases	Cist.	En outre le squelette d'un enfant.
17 Rusden Low					Un outil brisé				Coupe à boire	Cist.	Femme avec le squelette d'un enfant.
18 Borthor Low					Tête de flèche					Cist.	
19 Over Haddon										Cist.	
20 —					Un ou deux grossiers instruments						Un homme et deux femmes. Beaucoup d'ornements de jais.
21 —											
22 Vincent Knoll										Cist.	En outre un second squelette grêle. Grande dent de quelque animal. Noyau d'une corne de vache. Grand tertre.
23 Chelmorton								Couteau			Saxon.
24 Nether Low					Dague et tête de lance					Cist.	
25 Hurdlow							Épingles et boîte	Plusieurs objets		Cist.	Saxon.
26 Minning Low									Morceaux de 3 vases (faits au tour)		
27 —					Quelques bons silex	Outil	Dague				Une pièce de monnaie de cuivre, du Bas-Empire.
28 Ballidon Moor					Un seul silex grossier					Cist.	
29 Hill Head					Outil mince		Poinçon			Cist.	Le tombeau contenait trois squelettes; outre des ossements d'animaux.
30 Vincent Knoll					Outil bien fait, etc.					Cist.	
31 Brushfield										Cist.	
32 Taddington								Épée, etc.			
33 Stakor							Deux morceaux				Probablement sépulture récente. Petit tertre.
34 Hob Hurst's House									Coupe à boire	Cist.	Ou salle funéraire.
35 Bole Hill					Outil grossier						Dans le gravier.
36 Foremark							Épingle				
37 —								Morceau			
38 —											
39 —											Peut-être Saxon.
40 —											
41 Smerrill					Éclat et couteau					Cist.	Primitif, mais pas unique. Femme.
42 —					Dague, lance, etc.	Règle à filets			Coupe à boire	Cist.	
43 Chelmorton								Couteaux		Cist.	

	CADAVRE.				OBJETS DE					CIST.	OBSERVATIONS.
	ASSIS.	BRULÉ.	ÉTENDU.	POSITION INCERTAINE.	PIERRE.	OS.	BRONZE.	FER.	POTERIE.		
44 Haddon Field.	...	—	...	...	Tête de flèche, etc.	Règle à mailles.	Poinçon.	...	Coupe à boire.	......	
45 Throwley.	...	—	...	...	Tête de flèche.					......	
46 Mare Hill.	...	—	...	—	Tête de lance.					Cist.	Deux squelettes. Fragment de poterie.
47 Deepdale.	...	—	...	...	Tête de flèche.		Dague.			Cist.	
48 Mouse Low.	...	—	...	...	Tête de lance et quatre flèches	Deux instruments.			Coupe à boire.	Cist.	
49 Thorncliff.	...	...	...	—	Un outil soigné.		Dague.			......	
50 Stanton.	...	—	...	...	Quelques outils grossiers.					Cist.	Deux squelettes. Fragment de poterie.
51 Ribden Low.	...	—	...	...	Plusieurs outils	Plusieurs instruments.				Cist.	
52 Throwley.	...	—	—	...	Deux silex appointis	Instrument grossier.	Epingle.		Coupe à encens.	Cist.	En outre des os calcinés.
53 Lomberlow.	...	—	...	...	Tête de lance.					Cist.	
54 Gateham.	...	—	...	...	Outil en éclats.				Urne funéraire.	......	
55 Bunster.	...	—	...	...	Tête de flèche.					......	
56 Grublow.	...	—	...	...	Deux têtes de flèche					......	En outre des ossements humains calcinés.
57 Throwley.	...	—	...	—	Tête de lance et hache de basalte.	Plusieurs instruments.	Poinçon.		Urne fun. droite	......	
58 Blore.	...	—	...	...	Tête de flèche.	Epingle.	Morceaux.			......	Quelques instruments de silex trouvés dans la terre au-dessus du tombeau.
59 Wetton.	...	...	...	...	Deux instruments pointus.	Epingle.				Cist.	Partie d'un vase.
60 Warslow.	...	...	...	—	Trois instruments					......	Deux squelettes de jeunes gens.
61 —	...	...	...	...	Tête de lance et instrument oval					......	
62 Scrip Low.	...	...	...	...	Instrument brisé.					......	Entouré de grès. Deux petits morceaux de poterie.
63 Lady Low.	...	...	...	...			Dague.			......	
64 Ecton Hill.	...	—	...	...	Silex arrondi.					......	Entouré de six autres squelettes assis, accompagnés de trois silex grossiers.
65 Castern.	...	—	...	...	Plusieurs instruments		Armilla.			......	Ossements humains calcinés.
66 Elkstone.	...	—	...	...	Quelques instruments.		Poinçon.			......	
67 —	...	...	...	...						Cist.	Le cist n'est pas entièrement creusé. Le tumulus n'a qu'un pied de haut.
68 Calton Moor.	...	—	...	...						......	Tête de flèche, etc., trouvée dans le tumulus.
69 Ecton Hill.	...	—	...	...	Deux instruments					......	
70 Cold Eaton.	...	...	—	...		Deux peignes		Fragments.		Cist.	Vingt-huit objets convexes d'os, ressemblant à des moules à bouton.
71 Wyaston.	...	...	...	...				Boules.		......	Dame saxonne. Anneau et boucles d'oreilles d'argent, broche et collier d'ambre, porcelaine et verre. Les dents seules restent.
72 Pickering.	...	...	—	...	Tête de flèche.				Vase.	......	
73 Saintoft.	...	...	...	...		Epingle.			Coupe à encens.	Cist.	
74 Cawthorn Camps.	...	...	—	...	Tête de lance		Dague.			Cist.	Deux squelettes.
75 —	...	...	...	...					Vase.	......	
76 Gindle Top.	...	...	...	...	Deux instruments				Urne funéraire.	......	
77 Pickering.	...	...	...	...	Plusieurs instruments.				Coupe à boire avec manche.	......	
78 —	...	...	...	...	Plusieurs instruments, y compris une tête de lance.				Vase épais.	Cist.	En outre le squelette d'un enfant.
79 —	...	...	...	...	Deux têtes de lance, une autre à extrémité arrondie.				Vase.	Cist.	
80 —	...	...	...	...	Tête de lance.				Vase.	......	Fragments d'une urne.
81 —	...	...	...	...	Tête de lance.				Vase.	Cist.	
82 —	...	...	...	...					Vase.	Cist.	
83 —	...	...	...	...	Lance et tête de flèche.					Cist.	
84 —	...	...	...	...	Tête de lance.				Vase.	......	Mâchoire d'un mouton.
85 —	...	...	...	...	Ciseau et tête de lance.					Cist.	
86 —	...	...	...	...	Lance, tête de flèche et instrument circulaire.					Cist.	
87 —	...	...	...	...	Deux instruments insignifiants.					......	
88 —	...	...	...	...	Tête de lance et de flèche. Marteau.				Coupe à encens.	Cist.	Tête d'un bouc.
89 —	...	...	...	...	Deux lances et un outil à extrémité arrondie.					......	
90 —	...	...	...	...	Tête de lance, etc.				Coupe à encens.	......	
91 —	...	...	...	...	Tête de flèche et outils grossiers.				Urne funéraire.	Cist.	
92 —	...	...	...	...	Instrument coupant.	Burin.	Dague.			......	Deux petites balles de pierre.
93 —	...	—	...	...	Trois silex grossiers				Vase.	Cist.	
94 —	...	...	...	...	Vingt et un instruments.				Vase.	Cist.	
95 —	...	...	...	...	Quatre instruments.					Cist.	
96 Allerston Warren.	...	—	...	...	Cinq silex.				Vase.	......	
97 Pickering.	...	...	...	...	Couteau.				Coupe à encens.	......	
98 —	...	...	...	...	Tête de lance				Vase.	Cist.	
99 Allerston Warren.	...	...	...	...					Coupe à encens.	......	
100 Gib Hill.	...	—	...	...	Instrument arrondi.				Vase très-joli.	Cist.	N'était pas dans le principe tertre tumulaire.
101 Benty Grange.	...	...	...	...				Plus. objets		......	Saxon. La chev. seule reste. Coupe à boire de cuir.
102 Cronkstone.	...	—	...	...	Instrument circulaire.					Cist.	En outre des ossements calcinés qui semblent avoir été déposés en même temps.

Ainsi donc il semble prouvé que ces anciens peuples n'avaient en aucune façon le désir de déposer auprès de chaque cadavre un assortiment complet de leurs instruments. Le tombeau situé sur la colline de Cronkstone, par exemple, contenait le squelette d'un homme avec lequel on avait enterré les os calcinés de quelqu'un, probablement un esclave ou une femme, sacrifié sur son tombeau, et cependant on n'a trouvé auprès du squelette qu'un seul « instrument circulaire », sans doute un racloir de silex ou une pierre de fronde. Le tertre connu sous le nom de « Cow Low » ne contenait aussi qu'une épingle d'os. Les parents désolés qui élevèrent un si magnifique tumulus, n'auraient certainement pas envoyé leur défunte sœur dans un nouveau monde avec une seule épingle d'os, s'ils avaient pensé que les objets ensevelis avec elle pouvaient lui être de quelque utilité. Le grand tumulus à Arbor Low ne contenait qu'une épingle d'os, un morceau de pyrite de fer, un instrument de silex et deux vases. Il serait facile de multiplier les citations; et il est, je crois, suffisamment prouvé qu'on ne peut sérieusement regarder les objets trouvés dans les tombeaux comme le témoignage d'une croyance définie à une existence future, ou comme destinés à l'usage des morts dans le nouveau monde qu'ils allaient habiter. En outre, une spécialité remarquable dans chaque cas nous porterait à penser que la présence de ces grossiers instruments, loin d'être le résultat d'une croyance nationale, ne sont simplement que des preuves touchantes d'affection individuelle.

Dans quelques endroits, au lieu des armes elles-mêmes, on a découvert de petits modèles d'armes. On trouve quelquefois, dans les tombeaux modernes des Esquimaux, de petits modèles de kajaks, de lances, etc.; on a observé dans les tombes égyptiennes des faits semblables. M. Franks m'a affirmé qu'un grand nombre des bijoux trouvés dans les tombes étrusques sont si minces, qu'il est difficile de supposer que l'on en fît un usage journalier.

Il est bon de se rappeler que les anciens tumuli n'appartiennent

pas tous à une seule période, ni à une seule race d'hommes. Si
nous en exceptons peut-être la caverne d'Aurignac, que nous décrirons dans un chapitre subséquent, nous ne connaissons aucune
sépulture que nous puissions, il est vrai, attribuer, en restant dans
le domaine des probabilités raisonnables, à l'époque palæolithique.
Ce fut cependant l'étude des tumuli qui conduisit tout d'abord
Sir R. Colt Hoare, et d'autres archéologues, à adopter pour l'Europe septentrionale la division en trois grandes époques, indiquée
déjà par d'anciens écrivains. Au Danemark, surtout, on supposait
qu'il y avait une distinction si tranchée, si absolue, entre les tumuli
de l'âge de pierre et ceux de l'âge de bronze, qu'on pouvait presque
en déduire que le bronze avait été apporté par une nouvelle race
d'hommes qui avait exterminé rapidement les anciens habitants ; cette race avait, disait-on, des coutumes toutes différentes
pour les funérailles, et une civilisation beaucoup plus avancée.
On constatait que les tumuli de l'âge de pierre étaient ordinairement entourés par un cercle de grandes pierres, et contenaient
des salles formées par d'énormes blocs de pierre taillée, dans lesquelles on déposait les cadavres dans la position assise, les genoux
ramenés sous le menton, et les bras croisés sur la poitrine ; alors
qu'au contraire les tombeaux de l'âge de bronze « ne contenaient
aucune pierre massive, aucune salle de pierre ; en général aucune
grosse pierre, à l'exception de cists de pierre placés l'un auprès
de l'autre, mais qu'il est facile de reconnaître. Ces tumuli ne
consistent, en règle générale, qu'en terre et en monceaux de
petites pierres, et se présentent toujours sous forme de tertres
entourés quelquefois, mais rarement, d'un petit cercle de pierres ;
ces tumuli contiennent les cendres des cadavres placées dans des
vases d'argile et accompagnés d'objets de métal (1). »

Ainsi donc les tumuli de l'âge de bronze paraissaient se
distinguer de ceux d'une période plus reculée, non-seulement
par le fait important que, « au lieu d'instruments simples et
uniformes, et d'ornements de pierre, d'os et d'ambre, nous

(1) Worsaæ, *Antiquités*, p. 93.

trouvons tout à coup un grand nombre et une grande variété
d'armes splendides, d'instruments, de bijoux de bronze, quelquefois même d'or » (1); mais aussi parce que la construction des
tumuli eux-mêmes diffère pendant les deux époques, et que le
cadavre, pendant l'âge de pierre, était toujours enseveli dans la
position assise, tandis que, pendant l'âge de bronze, il était toujours
brûlé. Des recherches subséquentes, cependant, ont fourni aux antiquaires danois des exceptions à cette règle, plutôt qu'elles ne leur
ont permis de la généraliser. En somme, il faut admettre que
nous ne connaissons aucune différence extérieure, qui nous permette de reconnaître avec certitude qu'un tumulus appartient
à l'âge de pierre, à l'âge de bronze, ou à l'âge de fer. L'intérieur des tumuli est au contraire bien plus instructif. Plus tard,
il n'y a pas à en douter, les restes humains eux-mêmes, et surtout les crânes, seront nos meilleurs guides; mais nous ne possédons pas, jusqu'à présent, un nombre suffisant d'observations
dignes de foi, pour qu'il nous soit possible d'en déduire une conclusion, si ce n'est, peut-être, que les crânes trouvés avec des
objets de bronze ressemblent beaucoup, dans quelques cas, à
ceux découverts dans les tombeaux ne contenant que des objets
de pierre : ce qui semblerait prouver que, quand bien même le
bronze aurait été introduit par une race nouvelle et plus civilisée,
les anciens habitants ne furent probablement pas entièrement
exterminés. Les poteries, jusqu'à présent, ne nous aident pas
beaucoup : celles qu'on a trouvées avec les objets de bronze sont
grossières, mal cuites, faites à la main, et par leur forme, leur
ornementation et les substances dont elles sont composées, ressemblent beaucoup à celles trouvées dans les tombeaux qui ne
contiennent que des instruments de pierre. On attribue trop
souvent à l'âge de pierre certains tumuli, parce qu'ils contiennent un ou deux objets de pierre. C'est là toutefois une
déduction hasardeuse. Nous savons que la pierre a été d'un
usage général pendant l'âge de bronze. Pour ne citer qu'un

(1) Worsaæ, *Antiquités*, p. 24.

exemple, M. Bateman a découvert que, sur 37 tumuli qui contenaient des objets de bronze, il y en avait 29 qui contenaient
en même temps des objets de pierre, lesquels, pour la plupart,
étaient fort grossiers. Évidemment, donc, la seule présence d'un
ou deux objets de pierre n'est pas, en elle-même, une raison suffisante pour attribuer un tumulus à l'âge de pierre. Mes lecteurs
examineront sans doute avec intérêt les tables suivantes où M. Bateman condense les résultats que lui ont fournis 297 tumuli :

INSTRUMENTS.	CADAVRE.				TOTAL.
	ASSIS.	BRULÉ.	ÉTENDU.	POSITION INCERTAINE.	
Aucun.	27	63	3	7	100
Pierre	53	48	2	31	134
Bronze.	15	10	5	7	37
Fer	2	3	14	7	26
Total.	97	124	24	52	297

Ces tumuli se trouvaient tous dans les comtés de Derby, de
Stafford et d'York. Dans son ouvrage sur les antiquités du
Wiltshire, Sir R. C. Hoare examine 267 tumuli, et l'on pourrait
dresser la table suivante :

INSTRUMENTS.	CADAVRE.				TOTAL.
	ASSIS.	BRULÉ.	ÉTENDU.	POSITION INCERTAINE.	
Aucun.	9	160	3	12	184
Pierre	2	5	1	1	9
Bronze.	4	49	2	8	63
Fer	»	»	7	4	11
Total.	15	214	13	25	267

Nous voyons, par cette dernière table, que dans presque tous les tombeaux où se trouvent des objets de bronze, l'enterrement a été précédé par l'incinération du cadavre; dans les sépulcres du Nord, nous observons le contraire. Si donc, dans le Wiltshire, l'incinération est une preuve que ces tumuli appartiennent à l'âge de bronze, il nous faudra les attribuer presque tous à cette période. Je confesse que je penche quelque peu vers cette hypothèse. On ne trouve pas moins de 270 tumuli autour de Stonehenge, et il paraît très-probable qu'on apportait les cadavres d'une grande distance pour les déposer auprès du temple sacré. S'il en est ainsi, la grande majorité de ces tumuli doit appartenir à une seule période, celle pendant laquelle on vénérait ce temple. Quelques-uns, certainement, doivent être plus anciens, d'autres plus récents; mais, comme sur 152 de ces tumuli qu'a examinés Sir R. C. Hoare, 39 contenaient des objets de bronze, je suis disposé à les attribuer tous à l'âge de bronze. Or, si nous examinons ces 152 tumuli au point de vue du traitement du cadavre, il se trouve que, dans 4 seulement, il est assis, étendu dans 3, dans 16 la position est incertaine, tandis que dans 129 il avait été réduit en cendres.

Si nous combinons les observations de Sir R. C. Hoare et de M. Bateman, nous obtiendrons la table suivante :

INSTRUMENTS.	CADAVRE.				TOTAL.
	ASSIS.	BRULÉ.	ÉTENDU.	POSITION INCERTAINE.	
Aucun................	36	223	6	19	284
Pierre................	55	53	3	32	143
Bronze...............	19	59	7	15	100
Fer	2	3	21	11	37
Total..........	112	338	37	77	564

Ainsi, sur 37 tombeaux contenant des armes ou des instruments de fer, le cadavre était certainement étendu dans 21 cas et probablement dans quelques autres ; alors que sur 527 tombeaux dans lesquels on n'a pas trouvé de fer, le corps n'était étendu que 16 fois ; ce sont donc les $\frac{7}{12}$ dans un cas, et seulement le $\frac{1}{33}$ dans l'autre. En somme, nous pouvons conclure que ce mode d'inhumation a été introduit à peu près à la même époque que l'usage du fer.

Les preuves sont moins concluantes quant à l'incinération des cadavres. Sur 100 tombeaux, il est vrai, contenant des objets de bronze, le cadavre n'a été enterré dans la position assise que 19 fois, et dans la position couchée que 7 fois. Il est donc évident que pendant l'âge de bronze, on livrait ordinairement les morts aux flammes du bûcher. Peut-être les tombeaux dans lesquels on a trouvé un squelette assis, accompagné d'objets de bronze, datent-ils du commencement de cet âge, ou sont-ils ceux des derniers représentants d'une race plus ancienne ? Il est vrai que nous trouvons bien des enterrements par incinération, si je peux m'exprimer ainsi, que n'accompagne aucune arme, aucun objet de bronze. Nous savons, d'un autre côté, que le bronze devait être très-dispendieux, et il n'est pas déraisonnable de supposer que quelques-uns, sinon la plupart de ces tombeaux, appartiennent à l'âge de bronze, quoiqu'on n'y ait trouvé aucun objet fait avec ce métal.

On ne peut douter que pendant la période néolithique de l'âge de pierre, on enterrait ordinairement le corps dans la position assise. En résumé, il paraît probable, quoique nous ne puissions rien affirmer positivement, que, dans l'Europe occidentale, cette position du cadavre caractérise l'âge de pierre, et l'incinération l'âge de bronze ; tandis que, quand le squelette est étendu, on peut sans beaucoup d'hésitation attribuer le tombeau à l'âge de fer. Il faut admettre, en même temps, que les preuves sont loin d'être décisives, et se rappeler que, pendant la période anglo-saxonne, quelques tribus brûlaient leurs morts, alors que d'autres les enterraient.

Quoique la présence seule de quelques éclats de silex, ou d'autres instruments de pierre, ne soit certainement pas une raison suffisante pour attribuer un tumulus à l'âge de pierre, le cas est tout différent quand on trouve réunis un grand nombre d'objets de pierre. J'ai, par exemple, dans ma collection, un groupe d'instruments de pierre, consistant en quatorze haches admirablement travaillées, en coins, en ciseaux, en têtes de lance, etc., et en plus de soixante magnifiques éclats de silex, trouvés, tous ensemble, dans une des grandes salles funéraires danoises de l'île de Möen : ces objets ont été décrits par M. Boye (1). Le tumulus avait une circonférence de cent quarante ells, et une hauteur d'environ huit ells. Il est probable qu'il avait été entouré par un cercle de pierres, car M. Jensen, le propriétaire, se rappelait que, bien des années auparavant, le côté septentrional était entouré d'une rangée de pierres placées debout les unes auprès des autres. Il n'en reste plus aucune à présent. Malheureusement, M. Boye n'était pas présent quand on commença à détruire ce tumulus; il pense cependant que la description qu'on lui a faite des fouilles est parfaitement exacte. M. Jensen commença les fouilles par le côté est du tumulus. Il trouva d'abord une jarre que malheureusement il brisa. Cette jarre contenait des ossements calcinés et une épingle de bronze dont la tête était ornée de lignes concentriques. Vers le S. S. E., on trouva une tombe cubique faite de pierres plates, et ayant environ une ell de longueur; elle contenait des ossements calcinés, un couteau recourbé, et une paire de pinces de deux pouces de longueur : ces deux objets étaient de bronze. Près de cette tombe se trouvait une autre urne contenant plusieurs objets de bronze, c'est-à-dire, un couteau ayant quatre pouces de long, partie d'une petite épée symbolique, et deux fragments d'un poinçon. Il est évident que ces trois sépultures appartenaient à l'âge de bronze; mais il était aussi évident que c'étaient des sépultures secondaires,

(1) *Annaler for Nordisk Oldkyndighed og Historie*, 1858, p. 202.

c'est-à-dire qu'elles étaient d'une date plus récente que la sallé
funéraire au-dessus de laquelle le tumulus avait été élevé dans
le principe.

Cette salle funéraire elle-même (fig. 101), placée dans la direction du nord au sud, était ovale; elle avait environ huit ells et
demie de longueur, vingt ells et demie de circonférence, et deux
ells et demie de hauteur. Les murs consistaient en douze pierres
très-grosses, non taillées, qui presque toujours laissaient entre
elles un intervalle rempli de pierres plus petites. Le plafond était

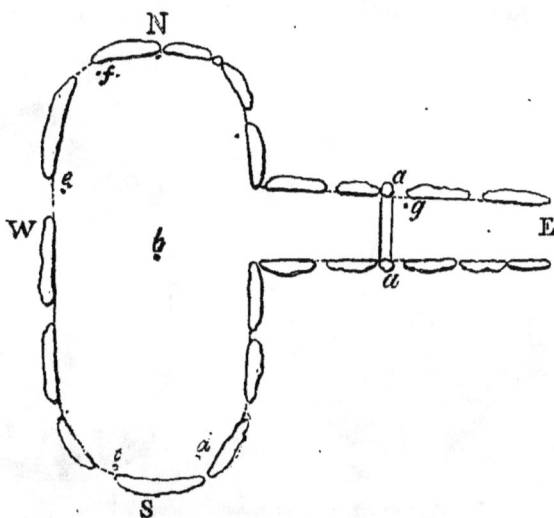

Fig. 101.

Plan de la salle funéraire dans un tumulus danois à Möen.

formé par cinq grands blocs de pierre. Les espaces entre ces
gros blocs étaient aussi remplis par de plus petits. Le passage s'ouvrant à l'orient avait cinq ells de longueur et une ell de largeur,
et était formé par onze pierres sur les côtés et trois pierres pour
le plafond. A l'endroit *a* se trouvaient, de chaque côté, de plus
petites pierres qui, réunies à une autre placée entre elles sur le
sol, formaient une sorte de seuil, indiquant probablement le lieu
où était la porte. On a retrouvé des traces semblables de portes
dans d'autres tumuli danois, et c'est peut-être là une preuve que
ces monticules avaient auparavant servi de demeures; car au

temps de l'enterrement, là construction d'une porte aurait été
sans objet, le passage conduisant à la salle funéraire étant rempli
de débris de toute sorte. La salle funéraire était pleine de terre
qui s'élevait jusqu'à une demi-ell du plafond. Presque au milieu,
tout près du sol, se trouvait un squelette étendu, *b*, la tête tournée
vers le nord. Du côté *c* et *d* se trouvaient deux crânes reposant
sur une quantité d'ossements, preuve que les cadavres avaient été
enterrés dans la position assise. En *e*, se trouvait un squelette
semblable auprès duquel étaient trois boules d'ambre, une magnifique hache de silex, qui paraissait n'avoir jamais servi, un petit
ciseau imparfait, et quelques fragments de poterie ornée de

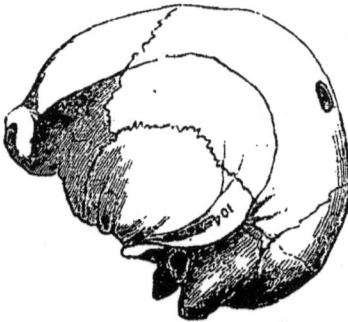

FIG. 102.

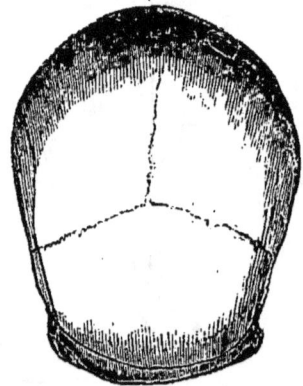

FIG. 103.

Crâne trouvé dans un tumulus danois à Möen.

points et de lignes. En *f*, était un autre squelette dans la même
posture, avec un éclat de silex, une boule d'ambre et quelques
fragments de poterie. Les figures 102 et 103 représentent un des
crânes trouvés dans cette salle. Il y avait plusieurs autres squelettes assis près du mur d'enceinte, mais malheureusement on les
avait enlevés et jetés avant l'arrivée de M. Boye. Auprès d'eux se
trouvaient au moins vingt jarres ou urnes différentes, toutes renversées et décorées de points et de lignes.

Outre ces objets, la terre de la salle contenait cinq têtes de
lance de silex; un fragment de tête de lance de silex qui avait été
brisée et travaillée à nouveau; deux petits ciseaux de silex;

cinquante-trois éclats de silex, variant de 3 pouces à 5 pouces 1/2
de longueur; dix-neuf boules d'ambre parfaites et trente et une
brisées : le plus grand nombre de ces morceaux d'ambre ressemblaient à un marteau, les autres étaient tubulaires ou affectaient
la forme d'un anneau. Le passage était rempli de terre mêlée

FIG. 104.

Vue de la salle en regardant à travers l'entrée.

de fragments de poterie et de petites pierres. Vers le milieu, se
trouvait un squelette, la tête tournée vers l'orient, à côté duquel
étaient cinq éclats de silex et une boule d'ambre, et aux pieds
une jarre sans ornementation, beaucoup plus grossière que celles
trouvées dans la salle même. On ne trouva, ni dans la salle, ni
dans le passage, le plus petit morceau de métal.

Comme second exemple de la même sorte, je puis citer le

Long Barrow (fig. 104), auprès de West Kennet, dans le Wiltshire, décrit par le docteur Thurnam (1). Le tumulus, dans ce
cas, a 336 pieds de longueur, 40 pieds de largeur à l'extrémité
ouest, 75 pieds à l'extrémité est, et une hauteur de 8 pieds. Les
murs de la salle sont formés par six grands blocs de pierre, et elle

FIG. 105.   FIG. 106.   FIG. 107.

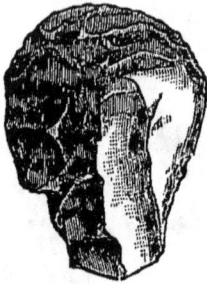  

FIG. 108.

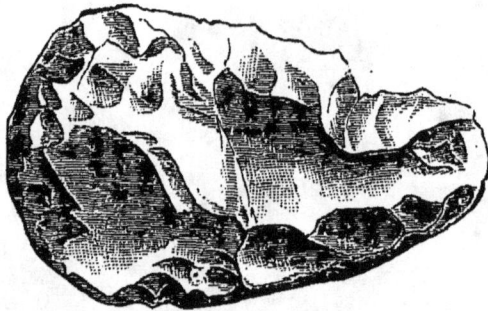

Instruments de silex trouvés dans le tumulus de West Kennet.

s'ouvre sur un passage, de telle sorte que le plan ressemble beaucoup à celui du tumulus que nous venons de décrire ; en un mot,
ressemble à tous les « tombeaux à passage ». La salle et le passage étaient presque entièrement remplis de morceaux de craie
contenant des ossements d'animaux, des instruments de silex
(fig. 105 à 108), et des fragments de poterie. Dans la salle se
trouvaient quatre squelettes, dont deux paraissent avoir été

(1) *Archæologia*, vol. XXXVIII, p. 405.

enterrés dans la position assise. Dans différentes parties de la salle, on a trouvé près de 300 éclats de silex, 3 ou 4 noyaux de silex, une pierre à aiguiser, un racloir, partie d'une épingle d'os,

FIG. 109.

FIG. 110.

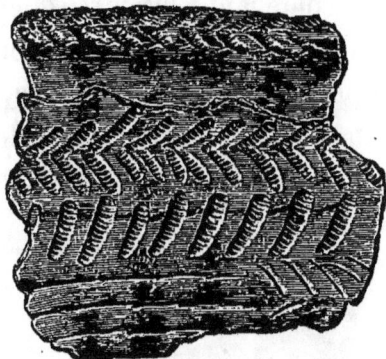

FIG. 111.

[FIG. 112.

Poterie trouvée dans le tumulus de West Kennet.

et plusieurs tas de fragments de poterie (fig. 109 à 114), appartenant apparemment à plus de cinquante vases différents, tous faits à la main, sauf un cas douteux. On ne découvrit aucune trace de métal. Les deux morceaux de poterie (fig. 113, 114) ont été trouvés à quelque distance des autres et ont peut-être une origine plus récente.

On pourrait citer (1) d'autres exemples semblables de tumuli de grandeur considérable, recouvrant une salle funéraire, construite à force de travail, au moyen d'immenses blocs de pierre, salle contenant plusieurs squelettes, évidemment les cadavres de personnes de haut rang, accompagnés de nombreux instruments de pierre et de fragments de poterie, mais sans un morceau de métal. Il paraît raisonnable de conclure que ces tumuli appartiennent à la période antémétallique, surtout quand, comme

FIG. 113.   FIG. 114.

 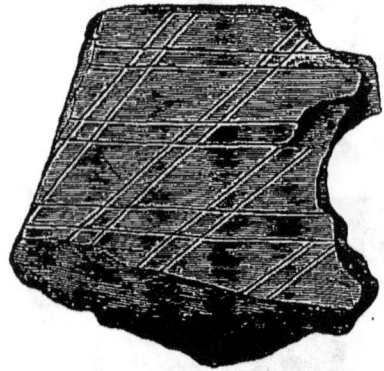

Poterie trouvée dans le tumulus de West Kennet.

dans le cas de celui que nous avons cité d'abord, nous trouvons plusieurs sépultures secondaires, certainement d'une époque plus récente, qui, quoique ne présentant pas les preuves que leurs occupants appartenaient à un rang élevé, sont cependant accompagnés d'objets de bronze.

Il peut paraître tout d'abord très-peu probable que des travaux aussi considérables aient pu être entrepris et exécutés par des peuples qui ignoraient l'usage des métaux. Le tumulus d'Oberea, à Otahiti, a 267 pieds de long, 87 pieds de large et 44 pieds de haut. Quand je parlerai des sauvages modernes,

(1) Voyez, par exemple, Lukis *Archæologia*, vol. XXXV, p. 247.

j'aurai occasion de citer d'autres exemples tout aussi extraordinaires.

La coutume d'enterrer dans de vieux tumuli, coutume qui
s'est perpétuée jusqu'au temps même de Charlemagne (1), a
produit quelque confusion, parce que des objets de dates très
différentes sont souvent décrits comme provenant du même
tombeau ; d'un autre côté, c'est un fait qui ne manque pas d'importance, car on connaît plusieurs cas où, outre celui que j'ai
cité plus haut, on retrouve des sépultures, contenant des objets de
bronze, placées au-dessus de tombeaux ne contenant que des
objets de pierre, et qui sont, par conséquent, postérieures à ces
derniers.

En somme, cependant, quoiqu'il soit évident que les objets le
plus communément placés dans les tombeaux soient ceux qui
étaient les plus usuels ; quoique la quantité des objets de pierre
prouve le rôle important que la pierre a joué dans l'antiquité, et
justifie, en quelque sorte, la croyance à un âge de pierre, les
preuves que nous présenterons sur ce point, dans les chapitres
suivants, seront probablement plus satisfaisantes pour beaucoup
de personnes. Dans tous les cas, il faut admettre que, dans l'état
actuel de nos connaissances, il y a comparativement peu de
sépultures que nous puissions avec confiance attribuer à la
période néolithique de l'âge de pierre, quelque convaincus que
nous puissions être qu'un grand nombre doivent remonter
jusque-là.

M. Bateman a proposé de diviser les poteries trouvées dans les
anciens tumuli anglais en quatre classes distinctes : 1° urnes ;
2° vases à encens ; 3° vases à aliments ; 4° coupes à boire. Les
urnes se trouvent ordinairement dans les cas où la sépulture a été
précédée par l'incinération du cadavre ; ces urnes contiennent

---

(1) Un des règlements de Charlemagne était à l'effet suivant : « Jubemus ut
» corpora christianorum Saxonorum ad cœmeteria ecclesiæ deferantur, et non
» ad tumulos paganorum. »

des ossements humains calcinés ou sont renversées au-dessus.
Elles sont ordinairement grandes; elles ont « de 10 à 16 pouces
de hauteur, un rebord très-profond; elles sont plus ou moins
décorées par l'impression de courroies tordues, ou de dessins
incisés, dans lesquels l'arête du hareng, combinée de plusieurs
façons, se retrouve constamment. » Toutes sont faites à la main;
on ne trouve jamais sur elles la trace du tour à potier. Elles sont

Fig. 115.

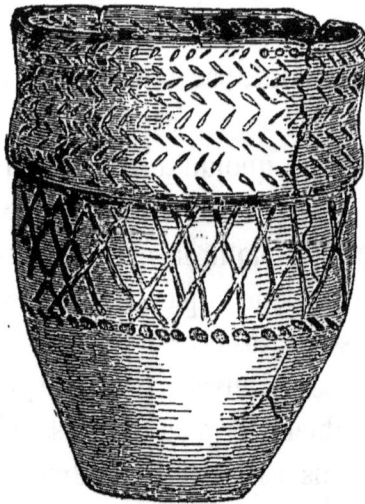

Urne cinéraire.

faites d'argile mêlée de cailloux; quelques-unes sont, dit-on,
séchées au soleil. M. Bateman n'en a trouvé aucune de cette
espèce, et il considère que c'est là une méprise qui a pu provenir
de l'imperfection de leur cuisson. Elles sont ordinairement brunes
ou couleur ambre brûlée à l'extérieur et noires à l'intérieur.

Secondement, les « coupes à encens », ainsi appelées par Sir
R. Colt Hoare. Elles varient beaucoup de forme et ont rarement plus de 3 pouces de haut. Les dessins qui les décorent
sont les mêmes que ceux des urnes, mais le plus souvent elles
sont toutes simples. Il est probable que, comme l'a, je crois,
suggéré d'abord M. Birch, elles servaient de lampes.

« La troisième division comprend des vases ayant tous les

styles de décoration, depuis la plus grossière jusqu'à la plus
recherchée; presque tous ont la même grandeur; mais il est plus

FIG. 116. FIG. 117.

Vases trouvés dans un tumulus à Arbor Low.

difficile de leur assigner une date certaine qu'à toutes les
autres poteries, par le fait qu'on trouve souvent ensemble des

FIG. 118.

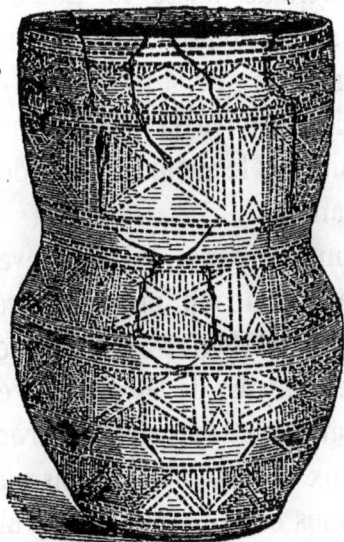

Coupe à boire.

spécimens grossiers et des spécimens parfaits. » Les figures 116
et 117 représentent deux vases trouvés dans un tombeau à
Arbor Low, dans le Derbyshire.

Enfin les « coupes à boire » (fig. 118) ont ordinairement de

6 pouces et demi à 9 pouces de haut; leur forme est élancée;
elles sont rétrécies au milieu, globulaires par en bas et évasées
à l'ouverture. Elles sont faites à la main, mais avec beaucoup de
soin, de belle argile et de sable fin, et bien cuites; elles ont en
moyenne une épaisseur de 3 huitièmes d'un pouce; elles sont
brun clair à l'extérieur et grises à l'intérieur. Elles sont ordinairement très-ornées, et accompagnent habituellement des instruments de silex bien faits; quelquefois aussi on a retrouvé près
de ces coupes des poinçons de bronze. M. Bateman pense que le
plus grand nombre appartient à la période antémétallique.

Quelque nombreuses que soient les variétés de poteries trouvées dans les tumuli antéromains, elles semblent (quant à celles
tout au moins qu'a découvertes M. Bateman) avoir été toutes
faites à la main, sans se servir du tour à potier; elles sont composées d'argile mélangée de sable et souvent de cailloux; très-
rarement on rencontre des anses, les goulots semblent avoir été
inconnus. Leur ornementation consiste en lignes droites, en
points, ou marques telles que si une corde avait été pressée sur
l'argile humide; on ne trouve jamais de lignes courbes ou circulaires, et jamais non plus le moindre essai de représentation d'un
animal ou d'une plante.

Les restes de mammifères trouvés avec d'antiques restes
humains présentent beaucoup plus d'intérêt depuis les admirables recherches des zoologico-archéologues suisses et danois,
et surtout depuis les travaux de Steenstrup et de Rütimeyer, qui
ont tiré, de matériaux dont l'apparence promettait fort peu, des
témoignages précieux et inattendus. Quels que soient nos regrets,
nous ne pouvons nous étonner que non-seulement les premiers
archéologues, mais que M. Bateman lui-même, aient prêté si
peu d'attention aux ossements non humains, qu'ils ont pu rencontrer dans leurs recherches. Il serait très-intéressant de savoir
quels étaient les animaux domestiques de l'Europe septentrionale
pendant l'âge de pierre. Quelques archéologues, le professeur
Steenstrup, par exemple, croient que le chien était à cette

époque le seul animal réduit à l'état de domesticité; d'autres,
au contraire, pensent que la vache, le mouton, le cochon et la
chèvre, peut-être même le cheval, ont été réduits à l'état
domestique dans le Nord depuis une époque fort reculée. Ceci
paraît vrai pour la Suisse, tout au moins quant à la vache. On a
fréquemment trouvé dans les tombeaux anglais des os de quadrupèdes, mais il est difficile de savoir s'ils appartenaient à des
individus sauvages ou domestiques.

Quant au cheval, il est fort probable que tous les restes
retrouvés sont ceux d'une race domestique, car il n'y a aucune
raison de supposer qu'il existât en Grande-Bretagne des chevaux sauvages à une époque aussi récente. J'ai donc pensé
qu'il serait intéressant d'indiquer la classe de tombeaux dans
lesquels on a trouvé des os ou des dents de cheval. M. Bateman
en cite en tout 28; mais sur ces 28 tumuli, 9 avaient déjà été
ouverts; dans un autre cas on ne trouva pas de cadavre. Sur
les 18 restants, 5 contenaient des objets de fer et 7 des objets
de bronze. Il est douteux en outre qu'un autre tumulus, celui
de Liffs, n'eût jamais été fouillé. Sur les 6 tumuli restants,
deux contenaient de beaux vases à boire, d'un type remarquable, certainement en usage pendant l'âge de bronze, s'ils
ne lui sont pas particuliers; et, dans ces deux cas, aussi bien
que dans un troisième, le cadavre était accompagné d'ossements
humains calcinés, ce qui suggère l'idée de terribles cérémonies.
En admettant même que ces tombeaux ne puissent pas être
attribués à l'âge de bronze, il n'en est pas moins vrai que sur
297 tumuli, 63 seulement, ou environ 21 pour 100, contenaient
des objets de métal, tandis que sur les 18 contenant des restes
de chevaux, 12, ou environ 66 pour 100, appartenaient certainement à la période métallique. Ces chiffres semblent prouver,
primâ facie, que le cheval était très-rare, sinon tout à fait
inconnu en Angleterre pendant l'âge de pierre. A une époque
plus rapprochée, le cheval et le taureau semblent avoir été
sacrifiés sur les tombeaux, et faisaient probablement partie du

festin des funérailles. Les dents de bœuf sont si communes dans les tumuli, que M. Bateman a pu dire, avec toute raison, « qu'on les trouve presque constamment dans les tombeaux les plus anciens ».

La présence fréquente d'ossements d'animaux dans les tumuli semble montrer qu'on faisait ordinairement des festins des funérailles en l'honneur des morts, et les cas nombreux où se retrouvent des ossements humains calcinés tendent à prouver que des coutumes plus horribles prévalaient, et qu'on ne se contentait pas de sacrifier des chevaux (1) et des chiens, mais qu'on sacrifiait aussi des esclaves sur le tombeau de leurs maîtres; il est probable qu'on brûlait souvent les femmes avec le cadavre de leur mari, comme cela se pratique dans l'Inde et chez de nombreuses tribus sauvages. Chez les Feegees, par exemple, il est usuel, à la mort d'un chef, de sacrifier un certain nombre d'esclaves, dont les cadavres font, disent-ils, une couche pour le tombeau (2). « Il est probable, dit M. Bateman, que l'examen critique de tous les dépôts d'ossements calcinés conduirait à des résultats curieux sur les statistiques de sacrifices de veuves et de l'infanticide, abominations qui, des preuves nombreuses nous forcent d'y croire malgré nous, se pratiquaient dans la Bretagne païenne. » Il semble probable, quand on considère les cas nombreux où le squelette d'une femme est accompagné de celui d'un enfant, que, lorsqu'une femme mourait en donnant le jour à un enfant, ou qu'elle le nourrissait encore, l'enfant était enterré vivant avec elle, comme cela se fait encore chez quelques tribus d'Esquimaux.

Je désirerais particulièrement recommander à ceux qui à l'avenir feront des fouilles dans les tumuli :

1° D'indiquer le sexe de la personne enterrée. Il vaut mieux déterminer le sexe par la forme du pelvis que par celle du

---

(1) A une époque récente, en 1781, le cheval de Frédéric Casimir fut immolé sur le corps de son maître et déposé avec lui dans le tombeau. (*Horæ ferales*, p. 66.)

(2) *Mannèrs and customs of the Feegees*, par T. Williams, 1860, vol. I, p. 189.

crâne. De cette façon, nous pouvons espérer de déterminer la position relative et les occupations distinctes (si tel était le cas) de l'homme et de la femme.

2° D'observer avec soin l'état des dents, ce qui peut nous procurer des témoignages précieux quant à la nature des aliments.

3° De conserver avec soin les os des quadrupèdes présents, afin de connaître les espèces, et au cas où ce seraient des os de bœuf et de cochon, de déterminer, s'il est possible, s'ils appartenaient à une race sauvage ou à une race domestique.

Quant aux races d'hommes antéhistoriques, l'examen des tumuli nous a jusqu'à présent fourni peu de preuves certaines. Il semblerait prouvé, cependant, que les Celtes ne sont pas les premiers habitants de l'Europe septentrionale. En laissant de côté les mystérieux crânes « kumbécéphaliques », auxquels nous avons déjà fait allusion (page 92), les hommes de l'âge de pierre, dans l'Europe septentrionale, semblent avoir été brachycéphaliques au plus haut degré, et avoir eu l'arcade sourcilière lourde et épaisse. Bien des ethnologues sont disposés à croire que la race Touranienne, représentée actuellement en Europe par les Lapons, et probablement par les Basques, occupait autrefois la plus grande partie de notre continent, d'où les Celtes et les Teutons les chassèrent avant le commencement même de la tradition historique.

Worsaæ déclare sans hésitation que les « habitants du Danemark, pendant l'âge de pierre, ne peuvent pas avoir été de la même race que ceux dont les descendants habitent aujourd'hui la Laponie (1) » ; il base son opinion principalement sur le fait que les tumuli mégalithiques de l'âge de pierre ne se retrouvent jamais au nord de la Suède ou de la Norvége. Nous devons nous rappeler en outre que le renne est intimement associé aux Lapons, et qu'on n'a encore retrouvé aucun reste de cet animal dans nos tumuli ou dans les amas de coquilles du Danemark.

(1) *Antiquités du Danemark*, p. 131.

Il me semble cependant qu'avant de pouvoir espérer de résoudre cette question d'une manière satisfaisante, il nous faut plus de preuves. Mais, en admettant même que la race Touranienne ait autrefois peuplé l'Europe, il n'en faudrait pas conclure que ce sont les habitants primitifs de notre continent. Il est au contraire très-possible qu'ils aient été précédés par d'autres, et nous pouvons être sûrs que pendant la longue période qui s'est écoulée depuis le commencement du diluvium jusqu'à l'âge de pierre polie, il y a eu bien des guerres, bien des rumeurs de guerre, et probablement bien des changements de populations. Quelles étaient ces populations? Dans l'état actuel de nos connaissances, nous n'en savons absolument rien; nous ne pouvons donc que confesser notre ignorance, et attendre avec confiance que la lumière se fasse.

Pour en revenir un instant aux tumuli, nous pouvons espérer que, quand ils seront interrogés avec soin, ils répondront non-seulement à beaucoup de ces questions intéressantes, mais qu'ils nous apprendront aussi bien des choses que nous ne penserions certainement pas à leur demander. Il est évident tout au moins que, quand on en aura examiné un nombre suffisant, nous apprendrons bien des faits importants sur le mode de vie à ces époques reculées : nous saurons si dans le nord de l'Europe les habitants avaient, pendant l'âge de pierre, des animaux domestiques, comme il paraît qu'ils en ont eu en Suisse ; nous saurons, en partie, quelle sorte de vêtements ils portaient, et au moyen des objets accompagnant les squelettes de femmes, nous pourrons même comprendre, jusqu'à un certain point, quelle était la position occupée par la femme par rapport à l'homme.

CHAPITRE V

LES ANCIENNES HABITATIONS LACUSTRES
DE LA SUISSE.

Habitations lacustres citées par Hérodote. — Crannoges d'Irlande. — Demeures sur pilotis dans différentes parties de l'Europe. — Demeures sur pilotis encore en usage dans différents pays. — On retrouve des habitations lacustres dans presque tous les lacs de la Suisse. — Structure des huttes. — Essai de recensement. — Construction des plates-formes. — Description des ruines de Wauwyl. — Armes et instruments des habitants. — Haches. — Couteaux. — Têtes de flèche. — Éclats de silex, etc. — Sortes de pierres employées pour les instruments de pierre. — Instruments d'os. — Poterie. — Manufactures de l'âge de pierre. — Comparaison entre les pilotis de l'âge de pierre et ceux de l'âge de bronze. — Faune des habitations lacustres de la Suisse. — Cerfs. — Sangliers. — Taureaux. — Chèvres. — Moutons. — Chiens. — Table des restes d'animaux. — Oiseaux. — Absence du rat, de la souris et du chat. — Comparaison des ossements appartenant aux races sauvages avec ceux appartenant aux races domestiques. — Races de bœufs. — Absence d'espèces disparues. — L'aurochs et l'élan, le bouquetin et l'ours. — Caractère général de la faune. — La flore des Pfahlbauten. — Rareté des ossements humains. — Habitations lacustres de l'âge de bronze. — Objets de bronze. — Emploi des habitations lacustres comme magasins. — Lacs sacrés. — Habitants des Pfahlbauten. — Caractère des objets trouvés dans différents villages lacustres. — Statistiques. — Comparaison des différents villages lacustres. — Abandon des villages lacustres. — Chronologie.

L'hiver de 1853 ayant été excessivement sec et froid, les rivières de la Suisse ne reçurent pas autant d'eau qu'à l'ordinaire, et les lacs baissèrent beaucoup plus que de coutume, de telle sorte que, dans quelques endroits, un large espace resta découvert sur les bords, et les endroits peu profonds se trouvèrent convertis en îlots. Le niveau de l'eau pendant cette saison fut le plus bas qu'on ait encore remarqué. Le niveau le plus bas marqué sur la pierre appelée Stäfa était celui de 1674 ; mais en 1854 l'eau baissa d'un pied de plus.

M. Aeppli, de Meilen, sur le lac de Zurich, paraît avoir le premier remarqué dans le lit du lac certains spécimens de l'industrie humaine, et il supposa avec raison que ces objets pourraient jeter quelque lumière sur l'histoire et la position des habitants primitifs des vallées de la Suisse. Dans une petite baie située entre Ober Meilen et Dollikon, les habitants, saisissant l'occasion des eaux basses pour augmenter leurs jardins en bâtissant un mur au bord de l'eau et en élevant un peu le niveau du terrain ainsi gagné sur le lac, enlevèrent des boues dans ce but. En enlevant cette boue, ils trouvèrent un grand nombre de pilotis, de cornes de daim et quelques instruments. Heureusement, l'attention du docteur Keller fut appelée sur ces restes, et les recherches qu'il entreprit à Meilen se reproduisirent dans les autres lacs, et ont prouvé que les anciens habitants de la Suisse construisaient quelques-unes de leurs habitations, tout au moins, au-dessus de la surface de l'eau, et qu'ils devaient vivre de la même manière que les Péoniens dont parle Hérodote (1).

« Leurs maisons sont ainsi construites. Sur des pieux très-élevés, enfoncés dans le lac, on a posé des planches jointes ensemble; un pont étroit est le seul passage qui y conduise. Les habitants plantaient autrefois ces pilotis à frais communs; mais dans la suite il fut réglé qu'on en apporterait trois du mont Orbelus à chaque femme que l'on épouserait. La pluralité des femmes est permise en ce pays. Ils ont chacun sur ces planches leur cabane, avec une trappe bien jointe qui conduit au lac; et dans la crainte que leurs enfants ne tombent par cette ouverture, ils les attachent par le pied avec une corde. En place de foin, ils donnent aux chevaux et aux bêtes de somme du poisson. Il est si abondant dans ce lac, qu'en y descendant par la trappe un panier, on le retire peu à près rempli de poisson. »

Il y a en Irlande un grand nombre d'îles plus ou moins artificielles, appelées « Crannoges » (fig. 119) (2); l'histoire nous apprend que ces îles servaient de forteresses à de petits chefs. Elles sont faites de terre et de pierres renforcées par des pilotis, et les archéologues irlandais y ont trouvé des armes, des instru-

(1) *Terpsichore*, V, 14.
(2) Voyez le *Catalogue* de Wilde, vol. I, p. 220.

ments et des ossements en quantité considérable. Pour ne citer
qu'un exemple, on a tiré du Crannoge de Dunshauglin plus de
cent cinquante charretées d'ossements qu'on a employés comme
engrais! Ces habitations lacustres irlandaises sont cependant
beaucoup plus récentes que celles de la Suisse, et sont souvent
mentionnées dans l'histoire ancienne de l'Irlande. Ainsi, selon
Shirley : « Un certain Thomas Phettiplace, interrogé par le gouvernement sur le nombre et la force des châteaux ou des forteresses d'un certain O'Neil, répond (15 mai 1567) : Quant aux
châteaux, je pense que vos seigneuries n'ignorent pas qu'il ne
s'y croit pas en sûreté, car il a élevé la plus grande forteresse
du pays dans un certain lac de son comté, où aucun vaisseau,

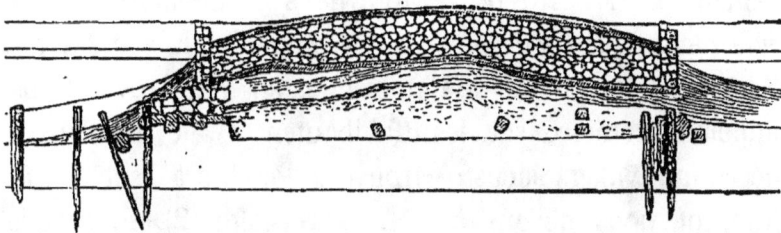

Fig. 119.

Section d'un Crannoge dans le lac Ardakillin (Roscommon).

aucun bateau venant de la mer ne peut pénétrer. On pense
que c'est dans ces îles fortifiées qu'il dépose toute son argen-
terie, qui est considérable, son argent et ses prisonniers. On a
essayé, dans des guerres précédentes, de s'emparer de ces îles.
Le lord député du comté, sir Harry Sydney, l'a aussi essayé
dernièrement, mais son entreprise a échoué, parce qu'il n'a
pas pu se procurer les moyens de traverser le lac. »

La carte des territoires confisqués, faite pour le gouvernement
en 1591, A. D., par Francis Jobson, ou le « Platt du comté de
Monaghan », conservée dans les archives de l'État, contient des
vues grossières des habitations des chefs de Monaghan, lesquelles
« sont toutes entourées par l'eau ». Dans les « Annales des quatre

Maîtres », et d'autres annales sur l'histoire ancienne de l'Irlande, nous voyons que les Crannoges sont souvent cités ; nous y lisons aussi que leur position ne les a pas préservés de la destruction : aussi n'avons-nous pas lieu de nous étonner que beaucoup de Pfahlbauten suisses aient été détruits par le feu.

A la réunion de l'Association britannique à Newcastle, en 1863, lord Lovaine décrivit une habitation lacustre observée par lui dans le sud de l'Écosse. Dans le numéro de juillet 1863 du *Natural History Review*, j'avais dit quelques mots d'une habitation semblable trouvée dans le Nord, mais qui, au moment où j'écrivais, n'avait pas encore été complétement examinée. Sir Charles Bunbury parle, dans le *Quarterly Journal of the Geological Society* (vol. XII, 1856), de quelques ruines semblables trouvées auprès de Thetford, ruines décrites plus complétement par M. Alfred Newton, dans un mémoire intéressant *Sur la zoologie de l'Europe ancienne*, mémoire lu par lui devant la Société philosophique de Cambridge, en mars 1862. Dans son cinquième mémoire sur les Pfahlbauten (1), le docteur Keller a décrit un village lacustre trouvé à Peschiera, sur le lac de Garde, et nous devons à MM. B. Gastaldi (2), P. Strobel et L. Pigorini, la description de ruines d'une nature semblable trouvées dans l'Italie septentrionale. M. Boucher de Perthes, dans son célèbre ouvrage (*Antiquités celtiques et antédiluviennes*), cite certains débris trouvés dans la tourbe, auprès d'Abbeville, qui paraissent être les ruines de villages lacustres. Cette observation est du plus haut intérêt, car c'est un argument de plus pour assigner aux villages lacustres de la Suisse l'âge de la tourbe dans la vallée de la Somme, et par conséquent une époque beaucoup plus récente que celle des hachettes du diluvium. Cette

---

(1) *Mittheilungen der antiquarischen Gesellschaft in Zurich*, 1863.

(2) *Nuovi Cenni sugli oggetti di alta antichità trovati nelle torbiere e nelle marniere dell' Italia.* — Voyez aussi Stoppani, *Prima ricerca di abitazioni lacustri nei laghi di Lombardia* (*Atti della Soc. Italiana di scienze naturali*, 1863, vol. V, p. 154).

conclusion s'accorde d'ailleurs avec celle que l'on tire de l'étude des instruments de pierre eux-mêmes.

Mais il n'est pas nécessaire de remonter aux temps anté-historiques, il est inutile de faire appel à une histoire douteuse ou à d'antiques ruines, pour trouver les témoignages de cette curieuse habitude de la vie sur l'eau. Aujourd'hui encore bien des tribus sauvages ou demi-sauvages vivent de la même manière. Un de mes amis, qui demeure à Salonique, m'a dit que les pêcheurs du lac Prasias habitent encore des huttes de bois construites sur l'eau comme au temps d'Hérodote. La ville de Tcherkask est aussi bâtie au-dessus du Don. Mais c'est aux Indes orientales que cette coutume prévaut particulièrement. La ville de Bornéo est tout entière bâtie sur pilotis, et différents voyageurs ont trouvé des habitations semblables dans la Nouvelle-Guinée, à Célèbes, à Solo, à Ceram, à Mindanao, aux îles Carolines et dans bien des endroits. Dampier a, il y a longtemps, parlé de semblables habitations construites au-dessus de l'eau, et Dumont d'Urville, que cite M. Troyon, nous dit que (1) : « Jadis toute la ville de Tondano était construite sur le lac, et l'on ne communiquait d'une maison à l'autre qu'en bateau. Forts de cette disposition, en 1810, les habitants eurent des démêlés avec les Hollandais, et voulurent secouer leur joug ; ils s'armèrent et furent battus. Ce ne fut pas sans peine qu'on en vint à bout : il fallut y porter de l'artillerie et construire des bateaux canon-niers. Depuis ce temps, et pour éviter cet inconvénient, on a défendu aux indigènes de construire leurs habitations sur le lac. » L'évêque de Labuan décrit ainsi les habitations des Dyaks : « Elles sont bâties au bord de la rivière, sur une plate-forme élevée de 20 à 30 pieds ; chaque village forme une seule rangée de quelques centaines de pieds de longueur. Les plates-formes sont formées de poutres, puis recouvertes de lattes larges d'environ 2 pouces ; ils ménagent un espace de 2 pouces entre chacune

(1) *Voyage de l'Astrolabe*, vol. V, p. 635.

de ces lattes : aussi leurs maisons sont-elles bien ventilées, et tous les débris tombent dans la rivière (1). »

Les *Pfahlbauten*, ou habitations lacustres de la Suisse, ont été décrits par le docteur Keller, dans cinq mémoires présentés à la Société des antiquaires de Zurich en 1854, 1858, 1860 et 1863, et par M. Troyon, dans un ouvrage spécial : *Sur les habitations lacustres* (1860). Dans cet ouvrage, l'auteur indique les recherches faites en Suisse, et compare les anciennes habitations de son pays natal aux habitations lacustres d'autres contrées et d'autres époques. Les découvertes faites dans le lac Moosseedorf ont été décrites par MM. Jahn et Uhlmann (*Die Pfahlbaualterthümer von Moosseedorf*, Berne, 1857). L'habitation lacustre du Pont de Thiele a été aussi décrite dans un mémoire séparé, par M. V. Gilliéron (*Actes de la Société jurassienne d'émulation*, 1860). Nous devons en outre au docteur Rütimeyer deux ouvrages sur les débris organiques des Pfahlbauten : le premier, *Untersuchung der Thierreste aus den Pfahlbauten der Schweiz*, publié par la Société des antiquaires de Zurich, en 1860 ; et plus récemment un ouvrage considérable : *Die Fauna der Pfahlbauten in der Schweiz*. Plusieurs archéologues suisses ont fait des collections d'objets trouvés dans ces localités. La flore a été étudiée par M. Heer, qui a consigné les résultats de cette étude dans les mémoires publiés par le docteur Keller.

Il ne faut pas non plus oublier de citer l'excellent mémoire de M. Morlot, publié dans le *Bulletin de la Société Vaudoise* (mars 1860), et sa non moins admirable *Leçon d'ouverture d'un cours sur la haute antiquité fait à l'Académie de Lausanne* (déc. 1860). Je dois néanmoins ajouter que je diffère complétement d'opinion sur la conclusion de cette leçon. Ce n'est pas que j'estime au-dessous de sa valeur ce que M. Morlot appelle « l'utilité pratique de la géologie », ou que j'espère moins des avantages futurs de l'archéologie. La science cepen-

---

(1) *Trans. of the Ethnol. Soc.*, new series, vol. II, p. 28.

dant est comme la vertu, elle porte en elle-même sa propre
récompense, et la culture de l'esprit doit être considérée comme le
plus grand bienfait de l'étude. Mais M. Morlot, pour employer sa
propre métaphore, travaille dans la vigne et cultive le sol, quoique,
comme dans la vieille fable, ce puisse être dans le vain espoir
de trouver un trésor caché. Les archéologues suisses ont, il faut
le dire, tiré tout le parti possible d'une excellente occasion. On
a découvert des habitations lacustres non-seulement dans le lac
de Zurich, mais aussi dans les lacs de Constance, de Genève,
de Neufchâtel, de Bienne, de Sempach, de Morat ; en un mot,
dans tous les grands lacs suisses, aussi bien que dans plusieurs
petits (les lacs d'Inkwyl, de Pfeffikon, de Moosseedorf, de Luissel, etc.). Dans les grands lacs, on a découvert plusieurs villages :
ainsi on en connaît déjà 20 dans le lac de Bienne ; 24 dans le
lac de Genève ; 32 dans le lac de Constance ; 46 dans le lac de
Neufchâtel : en somme, plus de 200 ; et bien d'autres sans doute
restent à découvrir. Sur ceux déjà connus, quelques-uns appartiennent à l'âge de fer, et même à la période romaine ; mais le
plus grand nombre semble se diviser en proportion égale entre
l'âge de pierre et l'âge de bronze.

Les habitations des Gaulois étaient, dit-on, des huttes circulaires, construites en bois et revêtues de boue. Les huttes sur
pilotis étaient probablement semblables. Cette supposition n'est
pas une simple hypothèse, car on a retrouvé des morceaux
d'argile employés pour le revêtement. Il est évident dans ce cas
que la maison a été détruite par le feu, qui a durci l'argile, et
lui a ainsi permis de résister à l'action dissolvante de l'eau. Ces
fragments portent, d'un côté, les marques de branches entrelacées ; de l'autre, qui formait probablement le mur intérieur
de la hutte, ils sont lisses. Quelques-uns de ces morceaux
d'argile trouvés à Wangen sont si grands et si réguliers, que
M. Troyon croit pouvoir en conclure que les huttes étaient circulaires, et avaient de 10 à 15 pieds de diamètre. Bien que l'architecture à cette époque fût très-simple, le poids qu'avaient à

supporter les plates-formes de bois devait néanmoins être considérable. La construction de ces plates-formes, qui a dû nécessiter
un grand travail, indique une population nombreuse. Il serait
fort intéressant de pouvoir établir un recensement rétrospectif
de ces temps reculés. M. Troyon a essayé de le faire. Le village
lacustre de Morges, qui est un des plus grands du lac de Genève,
a 1200 pieds de long et 150 pieds de large, ce qui donne une
superficie de 180 000 pieds carrés. En admettant que les huttes
aient eu 15 pieds de diamètre, et en supposant qu'elles occupaient moitié de la superficie, laissant le reste pour les passages,
il estime le nombre des huttes à 311. Si, en moyenne, chacune
de ces huttes était habitée par quatre personnes, on trouverait
pour le village une population de 1244 habitants. M. Troyon,
partant de ces chiffres, estime la population du lac de Neufchâtel
à environ 5000 habitants. Il suppose que les soixante-huit
villages appartenant à l'âge de bronze ont contenu 42 500 personnes; et pour l'époque précédente il arrive par le même raisonnement à une population de 31 875 personnes.

La base de ces calculs, les fragments d'argile, me semble peu
satisfaisante, puisque le docteur Keller nous informe que les
plus grands morceaux retrouvés jusqu'ici n'ont qu'un pied dans
leur plus grand diamètre. Il y a aussi de bonnes raisons pour
croire que les huttes n'étaient pas circulaires, mais rectangulaires. Je ne ne pense pas non plus qu'il faille attribuer beaucoup de valeur à une estimation de la population basée sur
l'étendue des plates-formes. M. Troyon lui-même admet que
« ces chiffres sont peut-être un peu élevés, eu égard aux habitations sur terre ferme, dont il ne peut être question dans ce
calcul, et vu qu'on est encore bien loin de connaître tous les
points des lacs qui ont été occupés ». Et en fait, dans les trois
ans qui se sont écoulés depuis que son livre a été écrit, le
nombre des villages lacustres découverts a été doublé. En outre,
M. Troyon suppose que les villages lacustres de l'âge de bronze
étaient contemporains; il fait la même supposition pour ceux de

l'âge de pierre. Je ne suis pas non plus disposé à admettre cette
supposition. Ces deux périodes, mais surtout l'âge de pierre, ont
duré sans doute une longue série d'années, et quoiqu'il faille
sur un tel point parler avec beaucoup de prudence, il n'en est
pas moins vrai que, si nous voulons entrer dans la voie des
suppositions, le plus sage serait de penser que, pendant chaque
période, quelques villages avaient été détruits, d'autres abandonnés, avant que de nouveaux fussent construits.

On pourrait à juste titre s'étonner qu'un peuple si peu civilisé
ait entrepris un travail aussi considérable pour construire ses
maisons au-dessus de l'eau, alors qu'il eût été bien plus facile
de les construire sur la terre ferme. Mais nous avons déjà vu
que, même pendant les temps historiques, de telles habitations
ont servi de simples, mais précieuses fortifications. Les premiers
habitants de la Suisse avaient à lutter contre le sanglier, le loup,
l'ours et l'urus. Subséquemment, quand la population s'accrut,
et que les querelles commencèrent, les habitations lacustres servirent sans doute de fortifications, et défendirent l'homme contre
l'homme, de même qu'elles avaient d'abord protégé l'homme
contre les bêtes fauves. Cependant, bien qu'il soit évident que la
sécurité ainsi acquise devait compenser et au delà le travail
considérable que nécessitaient ces habitations, il est difficile de
comprendre comment ils s'y prenaient pour enfoncer les pilotis
dans le sol.

Les villages de l'âge de pierre, il est vrai, sont caractérisés
dans bien des cas par ce qu'on a appelé des «Steinbergs», c'est-
à-dire des amas artificiels de pierres, etc., apportés par les
habitants pour servir de support aux pilotis. En un mot, il leur
était plus facile d'élever le sol autour des pilotis que d'enfoncer
les pilotis dans le sol. D'un autre côté, quelques-unes de ces
constructions, telles, par exemple, que celles d'Inkwyl et de
Wauwyl, décrites respectivement par M. Morlot et par le colonel
Suter, ressemblent beaucoup aux Crannoges irlandais. Nous
voyons donc que, comme le dit le docteur Keller, les habitants

des lacs avaient deux systèmes différents pour la construction
de leurs habitations, systèmes qu'il distingue sous le nom de
« Pfahlbauten », ou constructions sur pilotis, et de « Packwerkbauten », ou Crannoges. Dans le premier cas, les plates-formes
étaient simplement soutenues par des pilotis; dans le second,
outre les pilotis, par des masses solides de boue, de pierres, etc.;
avec des couches horizontales et perpendiculaires de pieux,
ces derniers servant moins à supporter le tout qu'à en faire
une masse compacte. Il est évident que le « Packwerkbau » est
une chose beaucoup plus simple, beaucoup plus grossière que
le « Pfahlbau », car dans ce dernier cas il fallait beaucoup
d'adresse pour relier fermement ensemble les piles perpendiculaires et horizontales. Cependant les Packwerkbauten ne pouvaient pas s'employer dans les grands lacs, car, pendant les
orages, ils auraient été détruits par les vagues, qui, au contraire, passaient librement au milieu des pilotis des Pfahlbauten.
Aussi trouvons-nous les premiers dans les petits lacs et dans les
marais, et les seconds dans les grands lacs, quelquefois même,
comme à Ebersberg, sur la *terre ferme;* coutume bien singulière,
et qui cependant existe même à présent dans l'île de Bornéo,
par exemple.

Après avoir choisi une situation favorable, il fallait tout d'abord
se procurer le bois nécessaire. Abattre un arbre avec une hache
de pierre devait être un rude travail. Aussi est-il très-probable
qu'on se servait du feu, comme le font encore aujourd'hui les
sauvages quand ils abattent un arbre pour en faire un canot.
Brûler le bois, puis enlever la partie carbonisée, rend la tâche
bien plus facile; les hommes de l'âge de pierre paraissent d'ailleurs avoir évité l'emploi de gros arbres, si ce n'est pour faire
leurs canots. Les pilotis étaient enfoncés de 1 à 5 pieds dans
la vase, et s'élevaient de 4 à 6 pieds au-dessus du niveau de
l'eau, niveau qui devait être alors à peu près le même qu'aujour-
d'hui. Les pilotis devaient donc avoir de 15 à 30 pieds de longueur, et ils avaient de 3 à 9 pouces de diamètre. L'extrémité

pointue enfoncée dans la vase porte encore les marques du feu et les grossières entailles faites par les haches de pierre. Les pilotis appartenant à l'âge de bronze, travaillés avec des haches de métal, sont bien plus régulièrement appointis, et l'on a comparé ingénieusement la différence qui existe entre les pilotis des deux époques à celle qui existe entre un crayon bien taillé et un crayon mal taillé. Traîner les pilotis jusqu'au lac, les y enfoncer solidement, devait être un rude travail dont on a lieu de s'étonner quand on en considère le nombre. M. Lohle a calculé qu'il y a 40 000 pilotis dans le seul village de Wangen ; il est probable cependant qu'ils n'ont pas tous été enfoncés à la même époque, ni par la même génération. Wangen, en un mot, n'a pas été bâti en un jour, mais s'agrandit sans doute par degrés, à mesure que la population augmenta. Hérodote nous apprend que les Péoniens construisirent la première plate-forme aux frais publics ; mais que, subséquemment, chaque fois qu'un homme se mariait, et la polygamie était permise, le mari devait ajouter un certain nombre de pilotis au village. Dans quelques localités, comme à Robenhausen, sur le lac Pfäffikon, on renforçait les pilotis au moyen de poutres mises en travers. Les ouvrages en pilotis des périodes subséquentes diffèrent peu de ceux de l'âge de pierre, tout au moins autant qu'on peut en juger par les parties encore existantes ; mais les pilotis sont moins pourris, et ils s'élèvent plus haut que ceux de l'époque précédente.

Grâce à la bonté du colonel Suter, je pus examiner en détail la construction du village lacustre de Wauwyl, auprès de Zofingen, dans le canton de Lucerne. Ce village appartient probablement à l'âge de pierre, car on n'y a pas encore découvert la moindre trace de métal. Il est situé dans une tourbière qui a évidemment été autrefois le lit d'un lac peu profond. L'accumulation graduelle de la tourbe a élevé le niveau de plusieurs pieds, et la plaine a récemment été desséchée. Nous étions accompagnés par six ouvriers qui creusaient la tourbe, que nous exami-

nions avec soin. Je rapporte ce fait, parce que la différence que
l'on remarque dans les objets trouvés dans les divers Pfahlbauten peut s'attribuer, tout au moins jusqu'à un certain point,
au mode des recherches. La tourbe varie à Wauwyl entre 3 et
10 pieds d'épaisseur, et repose sur un lit blanc, composé de
coquilles d'eau douce brisées. Cette couche, quoiqu'elle n'ait
qu'une épaisseur de quelques pouces, se trouve dans les vieux lits
de bien des petits lacs ; les archéologues suisses en parlent souvent
et lui donnent le nom de « Weissgrund », qu'il ne faut pas confondre avec le « blanc-fond » des plus grands lacs. Les pilotis
traversent la tourbe, le Weissgrund, et pénètrent dans le terrain solide au-dessous. Il est difficile de les extraire en entier,
parce que les parties inférieures sont tellement altérées par le
temps et si complétement saturées d'eau, qu'elles sont devenues
toutes molles. Le colonel Suter a pu cependant en extraire deux :
l'un avait 14 pieds 6 pouces de long, dont 4 pieds dans la tourbe
et 10 pieds 6 pouces dans le sable ; l'autre n'avait que 8 pieds
6 pouces de long, dont 4 pieds dans la tourbe et 4 pieds 6 pouces
enfoncés dans le sol. Les pilotis ont de 3 à 5 pouces de diamètre ;
ils sont toujours ronds, jamais équarris. La partie inférieure est
si grossièrement taillée, qu'il est difficile de comprendre comment
on a pu les enfoncer si avant dans le sol.

Les pilotis, dans la plupart des Pfahlbauten, sont plus ou moins
irrégulièrement distribués dans toute l'étendue du village. Il n'en
est pas ainsi à Wauwyl, où ils entourent, pour ainsi dire, quatre
places quadrangulaires, dont l'intérieur est occupé par plusieurs
plates-formes l'une au-dessus de l'autre ; les interstices sont remplis par des branches, des feuilles et de la tourbe. Les objets
antiques ne se trouvent pas dans la tourbe, mais soit sur la couche
de coquilles brisées, qui formaient alors le fond du lac, soit à la
partie inférieure de la tourbe. Il est donc évident que presque
toute la tourbe s'est formée depuis que cette ruine intéressante
était habitée. La partie supérieure, cependant, à l'époque de
notre visite, avait été enlevée, de telle sorte que nous n'avions

à examiner que le « Culturchicht », ou couches contenant les objets antiques.

Quelques pilotis surmontent encore de 2 ou 3 pieds le niveau de la tourbe, mais le plus grand nombre est brisé à la partie inférieure. Nous nous trouvions sur une des plates-formes supérieures, qui semble avoir été celle sur laquelle les huttes étaient construites ; les poutres de cette plate-forme sont dans un état parfait de conservation. On se demande d'abord comment les plates-formes étaient soutenues. Reposaient-elles comme un radeau à la surface de l'eau, montant et descendant avec elle? ou bien étaient-elles fixées et s'appuyaient-elles sur une sorte d'île artificielle, formée d'argile, de branches, etc., et qui occupe à présent les intervalles entre les différentes plates-formes? Des observations récentes, confirmées par des découvertes telles que celles faites, par exemple, à Inkwyl et à Niederwyl, ont permis de résoudre la question en faveur de la dernière hypothèse.

Fig. 120.

Hache de pierre suisse.

Pendant mon séjour à Wauwyl, nous trouvâmes quatre petites haches de pierre, une tête de flèche, quarante éclats de silex, quinze grossiers marteaux de pierre, huit pierres à aiguiser, trente-trois pierres de fronde, huit instruments d'os, deux de bois, outre de nombreux ossements et une grande quantité de poterie brisée. Le colonel Suter regarde ces chiffres comme le résultat moyen d'une journée de travail. En somme, on a découvert environ 350 instruments de pierre et d'os à Wauwyl; plus de 1300 à Moosseedorf; plus de 2000 à Wangen, et selon M. Troyon, plus de 25 000 à Concise.

La hache était par excellence l'instrument de l'antiquité. On l'employait à la guerre et à la chasse, aussi bien qu'aux usages domestiques. On en a trouvé un nombre considérable, surtout à Wangen (sur le lac de Constance), et à Concise (sur le lac de Neufchâtel). A quelques exceptions près, ces haches sont petites, surtout quand on les compare aux magnifiques spécimens du Danemark; elles n'ont guère que de 1 à 6 pouces de longueur, et le coupant a ordinairement de 15 à 20 lignes de largeur. Elles sont quelquefois faites de silex, de néphrite, ou de jade, mais le plus souvent de serpentine. La plupart des grands établissements étaient évidemment des fabriques, car on y a trouvé un grand nombre de spécimens gâtés ou ébauchés. M. Troyon décrit ainsi le mode de manufacture : Après avoir choisi une pierre, la première opération était de la réduire à coups de marteau à une grosseur convenable. On faisait alors des rainures artificielles, ce qui doit avoir été une opération longue et difficile, quand on avait pour tout instrument des couteaux de silex, du sable et de l'eau. Dès que les rainures étaient assez profondes, on enlevait à coups de marteau les portions faisant saillie, puis on aiguisait et l'on polissait l'instrument sur des blocs de grès.

Quelquefois on fixait la hachette ainsi fabriquée dans une simple poignée de corne ou de bois. Plus ordinairement, toutefois, l'instrument consistait en trois parties. La pierre était fixée à l'extrémité d'un morceau de corne de 2 ou 3 pouces de longueur, lequel était équarri à l'autre extrémité, de façon à s'emboîter dans un manche plus long de bois ou d'os. Ces morceaux intermédiaires présentent plusieurs variétés: les uns sont tout simplement équarris; d'autres se recourbent en un crochet aplati qui se fixe le long du manche; quelques-uns sont fourchus, comme s'ils étaient destinés à recevoir un coin; un enfin a un petit trou transversal, très-probablement pour l'insertion d'une cheville. Il est un fait à remarquer, c'est que dans quelques endroits ces poignées de corne sont très-nombreuses, tout particulièrement à Concise, où l'on en a trouvé plusieurs centaines, tandis que dans d'autres villages lacustres elles sont fort rares:

à Wangen, par exemple, M. Lohle a trouvé plus de 1100 haches
de pierre, et cependant il n'a encore découvert que quelques
poignées, qui sont toutes de bois. Les haches semblent avoir été
fixées au manche avec du bitume.

Il y a deux sortes de couteaux de pierre. Les uns diffèrent
principalement des haches, en ce qu'ils sont plus larges que
longs. Les autres consistent en simples éclats de silex fixés à
des manches de bois, au moyen de bitume, comme les haches.
Les scies étaient faites de la même manière, si ce n'est que les
côtés portaient des dents grossières. On ne trouve pas en Suisse
les instruments de pierre en croissant, qui sont si communs au
Danemark. Les têtes de flèche étaient de silex, quelquefois de
cristal de roche, et affectaient la forme ordinaire. On a trouvé
dans quelques villages lacustres, même de l'âge de pierre, des
quantités de molettes de tisserand en poterie grossière (fig. 121).

FIG. 121.

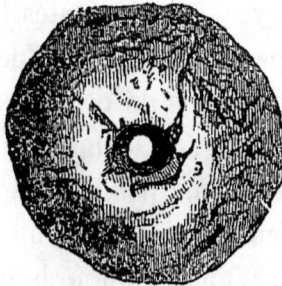

Molette de tisserand, de Robenhausen (âge de pierre).

Ces découvertes prouvent une certaine habileté dans l'art de
tisser ; mais nous verrons bientôt que nous avons des preuves
bien plus frappantes encore de cette habileté. On trouve aussi
des pierres arrondies percées d'un ou quelquefois de deux trous.
L'usage de ces pierres est incertain ; on les employait peut-être
comme poids pour faire enfoncer les lignes à pêcher.

Les éclats de silex n'offrent aucune particularité. Les spécimens suisses sont toutefois assez petits. La présence de pierres
à écraser le grain, boules rondes de pierre dure ayant 2 à

3 pouces de diamètre, prouve que les hommes même de l'âge de pierre connaissaient et pratiquaient l'agriculture.

Voici la liste des principaux objets trouvés à Wauwyl :

Haches de pierre, principalement de serpentine.	28
Petites têtes de flèche de silex..................	22
Éclats de silex........................	136
Pierres à écraser le grain.....................	13
Pierres grossières employées comme marteaux, nombreuses, disons........	20
Polissoirs...................................	18
Pierres de fronde........................	43

Ces objets n'ont pas tous été recueillis.

En tout environ........ .... 280 objets de pierre.

Les silex qui ont servi à faire les éclats et les têtes de flèche devaient venir d'une certaine distance; les meilleurs venaient probablement de France. Ces peuples visitaient probablement les carrières françaises, de même que, comme nous le dit Catlin, les tribus américaines venaient de toutes les distances visiter la carrière de pierre à pipes rouge du coteau des Prairies. On a trouvé à Concise quelques fragments de corail de la Méditerranée, et à Meilen d'ambre de la Baltique. Quelques archéologues ont conclu de ces découvertes que même pendant l'âge de pierre, il devait exister un certain commerce. Mais comme ces deux établissements paraissent avoir appartenu à la période de transition entre l'âge de pierre et l'âge de bronze, il est plus sage d'attribuer et l'ambre et le corail à cette dernière époque.

Mais le fait le plus important de cette nature est la présence de la néphrite. Cette roche n'existe pas, croit-on, dans les Alpes ou même en Europe; quelques archéologues ont suggéré qu'on l'extrayait peut-être du conglomérat connu sous le nom de «Nagelflue»; d'autres pensent qu'elle venait de l'Orient. Si même il en était ainsi, ce ne serait pas une preuve de commerce, à proprement parler : je serais plutôt disposé à croire que la néphrite passait de main en main et de tribu en tribu, par voie d'échanges. On connaît d'autres faits d'une nature semblable. Ainsi MM. Squier et Davis nous disent que, dans les tumuli de la vallée du Mississippi, on trouve « côte à côte, dans les mêmes tumuli, du cuivre natif du lac Supérieur, du mica des Alleghanies, des coquillages du gôlfe, et de l'obsidienne (peut-être du porphyre) du Mexique. » On trouve des représentations du morse à 1000 milles des côtes habitées par cet animal, et dans les tumuli qui avoisinent les grands lacs on a découvert des coquillages du *Pyrula perversa* des Tropiques, c'est-à-dire à 2000 milles des mers que fréquentent ces coquillages.

Comme tous les autres sauvages, les habitants des villages lacustres cherchaient à tirer tout le parti possible des animaux qu'ils prenaient. Ils en mangeaient la chair, employaient la peau à se vêtir, extrayaient la moelle des os, puis, dans bien des cas, faisaient des armes avec les os eux-mêmes. Les plus gros et les plus compactes servaient de marteaux, ou, comme les bois de cerf, de poignées pour les hachettes. Dans quelques cas, on aiguisait un morceau d'os; mais ces instruments n'étaient ni assez durs, ni assez aigus pour bien couper. Les poinçons d'os sont nombreux, et étaient probablement employés à préparer les peaux pour en faire des vêtements. La figure 122 représente un ciseau, ou un racloir

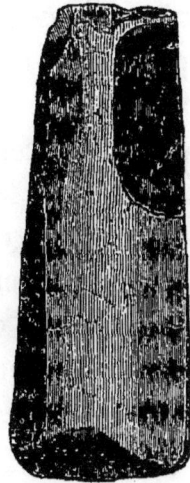

Fig. 122.

Instrument d'os.

d'os, trouvé à Wangen. Dans la plupart des villages lacustres, on a trouvé des côtes fendues et appointies à une extrémité, mais il est difficile de dire ce à quoi on les employait. Peut-être s'en servait-on dans la fabrication des filets ou dans celle de la poterie.

On a trouvé aussi à Wauwyl et autre part des objets de bois. Mais, en admettant même que ces objets fussent nombreux dans l'origine, il serait difficile de les retrouver dans la tourbe, car elle contient une quantité considérable de branches d'arbres et d'autres fragments de bois; il serait aussi difficile de les extraire entiers. Il peut donc se faire que les instruments de bois aient été beaucoup plus variés, d'un usage plus général que les collections ne sembleraient l'indiquer.

La poterie de l'âge de pierre présente presque les mêmes caractères dans tous les établissements lacustres. Elle est très-grossière; on ne trouve ordinairement que des morceaux cassés, et exceptionnellement des vases entiers. Rien ne prouve que le tour à potier fût connu. La cuisson est très-imparfaite; probablement elle se faisait au feu en plein air. La matière première est aussi très-grossière, et contient ordinairement de nombreux grains de quartz. La forme est fréquemment cylindrique; plusieurs vases cependant sont arrondis à la base et n'ont pas de pied. Dans quelques villages de l'âge de bronze, on trouve des anneaux de terre cuite, qui devaient certainement servir de supports à ces vases arrondis, mais on n'en a encore découvert aucun dans les villages de l'âge de pierre. Peut-être pendant l'âge de pierre les vases reposaient-ils sur la terre molle, et les tables ne furent-elles introduites que pendant l'âge de bronze, alors que les outils de métal rendaient plus facile le travail du bois, et particulièrement la fabrication des planches. Beaucoup de vases portent de petites projections percées de trous, de façon qu'on pût y passer une ficelle pour les suspendre. Quelques autres sont percés de petits trous à différents niveaux; on a supposé que ces vases servaient à la préparation du lait caillé, les petits trous étant destinés à laisser échapper le lait. L'ornementation de la poterie de l'âge de pierre est très-simple et très-grossière. Quelquefois il y a une rangée de boutons tout autour du vase, immédiatement au-dessous du rebord; cette ornementation est commune dans les poteries trouvées par M. Gilliéron au Pont de Thiele. Un autre caractère curieux est la présence d'une série de dépressions qui ne pénètrent pas toute l'épaisseur du vase; mais les décorations les plus communes sont de simples

lignes ou rainures produites quelquefois par un instrument
aigu, quelquefois par l'ongle, quelquefois par une corde pressée
dans l'argile molle. On n'a encore trouvé aucune copie d'animaux ou de végétaux ; les lignes courbes sont fort rares et alors
même très-irrégulières. Il est vrai que le docteur Keller reproduit un vase (copié aussi par Troyon, *loc. cit.*, pl. VII, fig. 35),
trouvé à Wangen (âge de pierre), sur lequel est un dessin d'ornement infiniment plus recherché, et représentant apparemment
des feuilles. Ceci me surprit beaucoup ; mais, grâce à l'obligeance
de M. Morlot, j'ai pu me procurer un moule du fragment sur
lequel se trouvait le dessin reproduit, et je puis constater que la
copie en est très-flattée.

FIG. 123.

Morceau de tissu trouvé à Robenhausen.

Quoiqu'il ne puisse y avoir aucun doute que la peau des animaux fournissait aux antiques habitants des villages lacustres
leur principal article de vêtements, on a retrouvé cependant,
en assez grande quantité, des morceaux d'étoffe grossière dans
plusieurs établissements, et surtout à Wangen et à Robenhausen,
qui tous deux datent de l'âge de pierre. Ces étoffes sont faites
avec des fibres de chanvre ou avec de la paille (fig. 123).

Les antiquités trouvées à Wauwyl, à Robenhausen, au Pont
de Thiele, à Moosseedorf, et autre part dans de petits lacs et
dans des tourbières, sont plus ou moins couvertes d'une épaisse

couche de tourbe, ce qui nous permettra un jour de calculer approximativement leur antiquité. Dans les grands lacs, au contraire, il n'y a pas de formation de tourbe. Au confluent d'une rivière et d'un lac, il s'accumule, bien entendu, beaucoup de boue et de gravier : le lac de Genève, par exemple, a dû autrefois s'étendre à une distance considérable dans la vallée du Rhône. Mais la terre et le gravier qu'apporte cette rivière se déposent bientôt, comme chacun le sait, et l'eau du lac est partout ailleurs admirablement pure et limpide.

Le lac lui-même est très-profond, dans quelques endroits il a jusqu'à 980 pieds de profondeur ; les rives sont ordinairement élevées, mais sur les bords il y a presque partout une ceinture d'eau peu profonde, due probablement à l'action érosive des vagues. Les pêcheurs donnent à cette ceinture le nom de « blanc-fond », parce que l'eau du lac y est d'une teinte gris pâle, quand on la compare au bleu foncé des parties plus profondes. C'est sur ce blanc-fond, et à une profondeur qui atteint quelquefois 15 pieds d'eau, que les Pfahlbauten étaient ordinairement construits. Dans les jours calmes, quand l'eau n'est pas agitée, on peut facilement apercevoir les pilotis. Bien peu ont plus de 2 pieds de longueur au-dessus du fond ; rongés par l'action incessante de l'eau, quelques-uns n'apparaissent plus que comme des aiguilles, et finissent aussi par disparaître, ne laissant qu'un disque noir à la surface de la vase. Cela arrive le plus ordinairement dans les villages lacustres de l'âge de pierre. « Ce qui les distingue surtout, dit le professeur Desor, c'est la qualité des pieux, qui sont plus gros que ceux des stations du bronze : ce sont des troncs entiers, mesurant jusqu'à 28 et 30 centimètres. Au lieu de faire saillie dans l'eau, ils sont à fleur du fond. » D'un autre côté, en parlant des pilotis de l'âge de bronze, il dit : « Les pieux sont plus grêles ; ce sont fréquemment des troncs fendus en quatre, n'excédant guère 4, au plus 5 pouces de diamètre. Au lieu d'être à fleur du fond, ils s'élèvent de 1 à 2 pieds au-dessus de la vase, ce qui permet de les reconnaître

facilement, malgré leur plus grande profondeur. » M. Troyon
nous dit aussi que : « On peut dire que les pilotis de la fin du
deuxième âge, anciens de plus de deux mille ans et saillants de
1 à 3 pieds au-dessus de la vase, présentent à peu près partout
le même aspect, tandis que ceux de l'âge de la pierre ont été
généralement usés jusqu'à la surface du limon, dont ils sont parfois recouverts (1). »

La destruction plus complète des pilotis appartenant aux
périodes plus reculées ne provient pas seulement de leur plus
grande antiquité, mais aussi de ce qu'ils se trouvent dans les
eaux moins profondes. L'action des vagues étant plus grande
auprès de la surface et diminuant graduellement à mesure que
l'on s'enfonce, les pilotis qui occupent les endroits les plus profonds sont moins sujets à être détruits; en outre, cette érosion se
fait par en haut, aussi leur partie supérieure est souvent plus
régulièrement appointie que la partie inférieure. Au milieu de
ces pieux, on retrouve des fragments d'os, de corne, de poterie,
et quelquefois des objets de bronze. Beaucoup de ces objets sont
enfoncés dans la vase ou cachés sous les pierres, d'autres sont
simplement déposés au fond; aussi, quand j'en vis pour la première fois à travers l'eau transparente, je doutai un instant de
leur antiquité. Ces objets sont si frais, si peu changés, qu'on
dirait qu'ils sont fabriqués d'hier, et il semble difficile de croire
qu'ils sont là depuis des siècles. On peut d'ailleurs s'expliquer
facilement ce fait, quand on réfléchit que l'action des tempêtes
les plus violentes ne s'exerce qu'à une très-petite profondeur.
Excepté, donc, à l'embouchure des rivières, excepté aux endroits
où il y a beaucoup de végétation, le dépôt de la vase dans des
profondeurs excédant 4 pieds se fait très-lentement, et les objets
qui tombent au fond dans de semblables endroits ne peuvent
être ni recouverts par la vase, ni emportés. « J'ai pêché, dit
M. Troyon, sur l'emplacement en face du moulin de Bevaix, les

(1) *Les Constructions lacustres du lac de Neufchâtel.*

fragments d'un grand vase qui gisaient à peu de distance les uns des autres, et que j'ai pu réunir de manière à les remonter complétement. A la Tongue, près d'Hermance, j'ai trouvé les deux fragments d'un anneau-support, distants de quelques pieds, qui, en les rapprochant, ne laissent aucun interstice. » Une légère couche de carbonate de chaux recouvre ordinairement la partie supérieure des objets baignés par l'eau, tandis que la partie inférieure, enfoncée dans la vase, n'a subi aucun changement. M. Troyon a une fois, en un seul coup de drague à Cortaillod, obtenu une paire de bracelets : le premier, qu'on pouvait apercevoir du bateau, était verdâtre et couvert d'incrustations ; le second, qui se trouvait dans la vase, immédiatement au-dessous, était aussi frais que si l'on venait de le fondre.

On trouve quelquefois des pilotis de l'âge de bronze à une profondeur de 15 pieds ; or, comme il est évident que l'on ne pouvait construire des habitations sur une plus grande profondeur d'eau, il s'ensuit que le niveau de l'eau des lacs de la Suisse ne devait pas être plus élevé qu'il ne l'est à présent. La position des ruines romaines de Thonon sur le lac de Genève confirme cette conclusion, et nous avons ainsi la preuve satisfaisante que le niveau des eaux dans les lacs suisses a dû rester le même pendant une période considérable.

C'est au professeur Rütimeyer que nous devons presque tout ce que nous savons sur les débris organiques des habitations lacustres. M. Rütimeyer a publié deux mémoires à ce sujet (*Mittheilungen der antiquarischen Gesellschaft in Zurich*, Bd. XIII, Abth. 2, 1860), et plus récemment un ouvrage séparé, *Die Fauna der Pfahlbauten in der Schweiz*, 1861. Les os sont brisés comme ceux des kjökkenmöddings ; ils ont été fendus de la même manière pour en tirer la moelle. Là aussi manquent certains os, certaines parties d'os, de telle sorte qu'il est impossible de reconstruire un squelette parfait, même de l'animal le plus commun.

Le nombre total des espèces se monte à environ soixante-dix, sur lesquelles dix espèces de poissons, trois de reptiles, vingt d'oiseaux, et le reste de quadrupèdes. Sur ces dernières, six espèces vivaient probablement à l'état domestique, c'est-à-dire, le chien, le cochon, le cheval, la chèvre, le mouton, et au moins deux variétés de bœufs. Les os se trouvent rarement dans leur condition naturelle, ceux des animaux sauvages et des animaux domestiques sont mêlés ensemble, et l'état dans lequel on les trouve, les marques de coups de couteau qui les couvrent, le fait qu'ils ont presque toujours été fendus pour en extraire la moelle, sont autant de preuves de l'intervention humaine.

Deux espèces, l'une sauvage, l'autre domestique, sont particulièrement nombreuses, le cerf et le bœuf. On peut dire que les restes de ces deux espèces égalent ceux de toutes les autres ensemble. Il y a, toutefois, un fait intéressant à noter, c'est que dans les plus vieilles stations, à Moosseedorf, à Wauwyl et à Robenhausen, le cerf surpasse le bœuf par le nombre des spécimens, tandis que c'est le contraire dans les stations plus modernes des lacs occidentaux, comme par exemple à Wangen et à Meilen.

Après le cerf et le bœuf, c'est le cochon qui est le plus abondant. Le chevreuil, la chèvre, le mouton, sont moins abondants encore et on n'en trouve guère que quelques spécimens alors que les trois espèces précédentes se trouvent en grand nombre; le mouton est très-abondant dans les stations récentes. Le renard et la martre se trouvent à peu près au même rang. Les Esquimaux (1) mangent quelquefois le renard, et le capitaine Lyon paraît avoir assez apprécié cette nourriture (2). Pendant l'âge de pierre, soit goût, soit nécessité, on le mangeait aussi. Ce qui nous permet de tirer cette conclusion, c'est le fait que souvent les os portent des entailles faites avec des couteaux et qu'ils ont été fendus pour en retirer la moelle. Le renard, toutefois, très-fréquent dans les habitations lacustres de l'âge de pierre, n'a encore été trouvé dans aucune station appartenant à l'âge de bronze. Chose assez singulière, les recherches faites jusqu'à

(1) Crantz, *History of Greenland*, vol. I, p. 73.
(2) *Lyon's, Journal*, p. 77.

présent semblent indiquer que le chien, dans les habitations lacustres de l'âge de pierre est plus rare que le renard, bien qu'il soit plus commun que le cheval; on n'a trouvé que quelques spécimens des autres espèces; dans quelques localités, cependant, le castor, le blaireau et le hérisson, sont en assez grande quantité. Il semble que les hommes de cette époque capturaient quelquefois l'ours et le loup, aussi bien que l'urus, le bison et l'élan; il est probable qu'on se servait de piéges pour prendre ces derniers animaux.

M. Rütimeyer a identifié les animaux suivants trouvés dans le petit lac de Moosseedorf : le chien, trois spécimens; le renard, quatre spécimens; le castor, cinq spécimens; le chevreuil, six spécimens; la chèvre et le mouton, dix spécimens; la vache, seize spécimens; le cochon, vingt spécimens; le cerf, vingt spécimens. Il est certainement très-extraordinaire que deux espèces sauvages présentent le plus grand nombre de spécimens; c'est d'autant plus remarquable que ce n'est pas là un cas exceptionnel; la somme totale des animaux sauvages surpasse celle des animaux domestiques, résultat que confirment toutes les autres stations de cette époque. Cela ne dénote pas seulement une haute antiquité, c'est aussi une preuve que la population devait quelquefois subir de grandes privations, car il devait être impossible de se procurer avec certitude de semblables aliments, et en outre, il est probable qu'on ne mangeait les renards que pour satisfaire à une faim pressante.

Les os de cerf et de sanglier indiquent souvent des animaux d'une taille extraordinaire; les renards, au contraire, semblent avoir été plus petits qu'ils ne le sont à présent. Il y avait peu de variété dans les chiens, ils appartiennent même tous à une même espèce, de taille moyenne et qui paraît avoir dû ressembler à nos bassets (M. Rütimeyer dit en parlant de ce chien qu'il ressemble au « Jagdhund » et au « Wachtelhund »). Le mouton de l'âge de pierre différait de la forme ordinaire par sa petite taille, ses jambes fines, ses cornes courtes et ressemblant à celles

de la chèvre, particularités qu'on retrouve dans quelques
variétés habitant à notre époque les pays septentrionaux et les
montagnes, comme par exemple, les Shetland, les Orcades, les
collines du pays de Galles et quelques parties des Alpes. M. Rütimeyer a cependant trouvé à Wauwyl les restes d'un individu à
grandes cornes. Nous connaissons si imparfaitement les espèces
sauvages de moutons que M. Rütimeyer n'ose pas exprimer une opinion, quant à l'origine des variétés domestiques, si ce n'est toutefois
qu'il est disposé à les faire remonter à plusieurs races sauvages.

	MOOSSEEDORF.	WAUWYL.	ROBENHAUSEN.	WANGEN.	MEILEN.	CONCISE.	BIENNE.	
1. Ursus Arctos.............	2	....	2	2	....	2	....	
2. Meles vulgaris...........	2	2	3	....	1	3	....	
3. Mustela Foina............	2	3	2	....	....	1	....	
4. — Martes...........	2	3	2	....	1	2	....	
5. — Putorius..........	2	2	1	....	....	1	....	
6. — Erminea...........	....	2	....	....	....	....	....	
7. Lutra vulgaris..	1	....	2	....	....	....	....	
8. Canis Lupus.............	....	1	1	1	1	1	....	
9. — familiaris (palustris)...	2	2	2	2	3	3	3	
10. — — major......	....	....	....	....	....	....	....	
11. — Vulpes.............	3	3	3	2	2	2	....	
12. Felis Catus..............	2	2	1	....	....	....	....	
13. Erinaceus europæus.......	1	1	3	....	....	....	....	
14. Castor Fiber........	3	2	2	....	....	2	....	
15. Sciurus europæus.........	2	2	2	1	....	....	....	
16. Mus sylvaticus............	....	....	1	....	....	....	....	
17. Lepus timidus............	1	....	....	....	....	....	....	
18. Sus Scrofa ferus..........	3	2	4	?	2	2	2	
19. — Palustris ferus........	5	5	3	5	5	2	2	
20. — Scrofa domesticus......	....	1	....	....	....	1	1	Morges.
21. — Palustris domesticus....	1	1	2	1	1	2	4	Morges.
22. Equus cabalus...........	1	2	1	1	1	2	3	
23. Cervus Alces.............	1	1	2	....	2	1	1	Estav.
24. — Elaphus...........	5	5	5	5	5	5	5	
25. — Capreolus..........	4	2	3	2	2	3	....	
26. — Dama	....	....	....	....	?	....	1	Estav.
27. Capra Ibex..............	....	....	....	....	1	....	....	
28. — Hircus...........	2	2	2	....	....	2	3-4	
29. Ovis Aries..............	2	1	2	....	1	3	3-4	
30. Antilope rupicapra........	....	....	1	....	....	....	....	
31. Bos primigenius..........	2	2	3	?	....	2	....	
32. — Bison...............	....	1	2	?	....	....	....	
33. — Taurus primigenius....	2	?	5	?	2	5	2	
34. — brachyceros..........	5	5	2	5	5	2	5	
35. — trochoceros	....	....	....	....	....	2	....	
36. — Taurus frontosus......	....	....	....	....	....	....	1	

Dans son premier mémoire, le professeur Rütimeyer donne une table intéressante, que je reproduis ci-dessus, avec quelques additions que je dois à l'obligeance du professeur. Le chiffre 1 indique un seul individu ; 2, plusieurs individus ; 3, les espèces communes ; 4, les espèces très-communes ; 5, celles qui se trouvent en grande quantité.

L'absence presque entière du lièvre provient sans doute du préjugé curieux qu'avaient et qu'ont encore bien des races contre la chair de cet animal. Les anciens Bretons ne le mangeaient jamais, les Lapons à notre époque le repoussent. Chez les Hottentots, la chair du lièvre est permise aux femmes, mais défendue aux hommes (1). Les Juifs croyaient que c'était une nourriture impure. Selon Crantz, les Groenlandais en temps de famine mangent les renards plutôt que les lièvres (2). Enfin on ne trouve pas de restes de lièvres dans les amas de coquilles danois.

Les oiseaux qu'on a découverts, sont :

Aquila fulva. L'aigle doré. Robenhausen.
Aquila haliætus. M. Rütimeyer attribue, mais sans certitude, à cette
    espèce, un seul os trouvé à Moosseedorf.
Falco milvus. Robenhausen.
Falco palumbarius. Wauwyl, Moosseedorf.
Falco nisus. Moosseedorf.
Strix aluco. Concise.
Sturnus vulgaris. Robenhausen.
Corvus corona.   —
Cinclus aquaticus.   —
Columbus palumbus.   —   Moosseedorf.
Tetrao bonasia.   —
Ciconia alba. Assez fréquent à Moosseedorf et à Robenhausen.
Ardea cinerea. Robenhausen.
Fulica atra.   —
Larus.   —
Cygnus olor. Robenhausen.

(1) Kolben, *Cape of Good Hope*, vol. I, p. 205.
(2) *History of Greenland*, p. 73.

Anser segetum. Robenhausen.
Anas boschas.　　　—　　　Moosseedorf, Wauwyl.
Anas querquedula. —　　　　—
Podiceps minor. 　—

Les reptiles et les poissons sont représentés par dix de nos espèces les plus communes.

La souris commune, nos deux espèces de rats de maisons, le chat domestique, la poule de basse-cour, ne se trouvent ni dans les habitations lacustres de la Suisse, ni dans les kjökkenmöd-dings du Danemark. Le professeur Rütimeyer attribue à une période récente un seul os de poule découvert à Morges, station qui appartient à l'âge de bronze.

Les restes les plus anciens d'ânes, dont parle le professeur Rütimeyer, sont ceux trouvés à Chabannes et à Noville ; mais ces stations ne sont en aucune façon des Pfahlbauten, elles appartiennent à l'époque romaine.

Il est singulier que, quoiqu'on ait trouvé des restes du cheval dans tous les villages lacustres, ces restes soient si rares qu'on pourrait dire que la présence de ce quadrupède est accidentelle ; ainsi on n'a trouvé à Wangen qu'une seule dent, à Moosseedorf, qu'un os métatarse, poli d'un côté, à Robenhausen, qu'un seul os du tarse, et à Wauwyl, que quelques os qui tous peuvent avoir appartenu au même individu. D'un autre côté, quand nous arrivons à l'âge de bronze, nous trouvons à Nidau de nombreux ossements appartenant à cette espèce ; de telle sorte que, autant que nous pouvons en juger par ces indices, le cheval en admettant qu'il ait été présent pendant l'âge de pierre, semble avoir été alors beaucoup plus rare que pendant les périodes subséquentes. Tous les restes de cet animal appartiennent à la variété domestique.

Tout en attribuant quelques os au sanglier et quelques autres au cochon domestique, le professeur Rütimeyer considère, cependant, que le plus grand nombre des ossements de ce genre appartient à une race différente qu'il appelle *Sus scrofa palustris*.

Cette variété, selon lui, était moins puissante et moins dangereuse que le sanglier, les défenses étant proportionnellement beaucoup plus petites; en un mot, il pense que cet animal avait les dents molaires d'un sanglier de taille ordinaire, mais que ses prémolaires, ses canines et ses incisives, ressemblaient à celles d'un jeune cochon domestique. Il pense que tous les os de cette variété trouvés à Moosseedorf, appartiennent à des individus sauvages, tandis que quelques-uns de ceux trouvés à Nidau, à Robenhausen, à Wauwyl et à Concise, portent, selon lui, quelques traces de domestication. Quelques naturalistes ont supposé que cette variété n'est basée que sur des spécimens femelles, mais dans son dernier ouvrage, le professeur Rütimeyer combat cette opinion et donne des descriptions nombreuses et des mesures des différentes parties. Il indique aussi de nombreuses différences sexuelles dans le *S. palustris*, différences de la même nature, mais pas si bien tranchées, que celles qui existent chez le sanglier. S'appuyant en outre sur son étendue géographique et historique si bien définie, il nie qu'on puisse considérer cette variété comme le résultat d'un croisement entre le sanglier et le cochon domestique, ou que les différences qui la séparent du sanglier puissent être considérées comme de simples particularités individuelles. En un mot, il pense que, en tant qu'animal sauvage, cette variété disparut à une époque fort reculée, quoique le cochon apprivoisé de l'Inde, qui ressemble beaucoup à cette race, en soit peut-être descendu.

Notre cochon domestique se rencontre pour la première fois dans les villages lacustres les plus récents, comme par exemple à Concise. Le professeur Rütimeyer ne croit pas, cependant, qu'il ait été réduit en domesticité par les habitants de la Suisse; il pense plutôt qu'il a été importé pendant l'âge de bronze, d'autant plus qu'il a trouvé, aussi à Concise, les restes d'un bœuf (*B. trochoceros*) qu'on ne rencontre pas dans les villages lacustres plus anciens.

Pour arriver à savoir si un os donné appartenait à un animal

sauvage ou à un animal domestique, il faut se laisser guider
par les considérations suivantes : le nombre des individus représentés ; la proportion relative des individus jeunes et vieux ;
l'absence ou la présence de très-vieux individus, pour les espèces,
tout au moins, qui servaient d'aliments ; les traces d'un choix,
long quoique indirect, prouvé par la diminution de toute arme
naturelle nuisible à l'homme ; l'action directe de l'homme pendant la vie de l'animal et enfin le tissu et l'état des os.

En appliquant ces considérations au *Sus palustris* de Moosseedorf, il est évident, dit le professeur Rütimeyer, 1° que l'argument qu'on peut tirer du nombre des individus jeunes, perd
beaucoup de sa force à cause de la grande fertilité de la truie et
de la facilité avec laquelle on peut trouver et détruire les petits ;
2° le nombre des individus représentés est égalé par celui du
cerf qui certainement n'a jamais été un animal domestique ;
3° on a trouvé quelques ossements appartenant à de très-vieux
individus, quelques-uns aussi appartenant à des cochons très-
jeunes, quelquefois même à des individus qui n'étaient pas nés ;
selon le professeur Rütimeyer, la petitesse des défenses est un
des caractères de la race et non pas une preuve d'apprivoise-
ment ; les os ont un tissu ferme et serré, et les seuls cas de carie
proviennent d'une extrême dégradation des dents, ce qui très-
probablement n'arriverait pas chez un animal domestique. Enfin,
aucune dent ne porte la moindre trace de la lime ou de toute
autre altération, si ce n'est après la mort de l'animal. Le professeur Rütimeyer conclut de toutes ces raisons que les habitants de Moosseedorf n'étaient pas encore parvenus à réduire
en domesticité le *Sus scrofa palustris* ou le *Sus scrofa ferus*.

Le professeur Rütimeyer s'est beaucoup occupé du tissu et
de l'état des os eux-mêmes ; il croit pouvoir, dans bien des cas,
par leur inspection seule, distinguer les espèces, et déterminer
même si l'os appartenait à un animal sauvage ou à un animal
domestique.

Les os des animaux sauvages ont un tissu plus ferme et plus

serré; il existe à leur surface extérieure une nervure indescrip-
tible, mais pour l'œil exercé très-caractéristique, nervure produite par les impressions plus nettes et plus nombreuses des
vaisseaux et par la rugosité plus grande des surfaces pour
l'attache des muscles. Il y a aussi exagération des saillies et des
apophyses, et diminution de toutes les surfaces planes. Ces
différences ont été de la plus grande importance pour l'étude
des restes de bœufs. Grâce à elles, et c'est là sous beaucoup de
rapports une des parties les plus intéressantes de son ouvrage,
le professeur Rütimeyer en est arrivé à la conclusion que, outre
les deux espèces sauvages de *Bos*, c'est-à-dire l'urus (*B. primigenius*) et l'aurochs (*B. bison* ou *Bison Europœus*), on trouve dans
les villages lacustres trois races de bœufs domestiques.

La première de ces races est alliée à l'Urus, et selon le professeur Rütimeyer, descend même de lui, aussi l'appelle-t-il la
race *Primigenius*. Cette variété se trouve dans tous les villages
lacustres de l'âge de pierre. Il relie la seconde, ou race *Trochoceros*, à une espèce fossile, trouvée dans le diluvium à Arezzo
et à Sienne et décrite sous ce nom par F. von Meyer. On n'a
encore découvert cette variété qu'à Concise.

La troisième, ou race *Longifrons*, est de beaucoup la plus
commune des trois. Elle se trouve presque à l'exclusion de la race
Primigenius, dans toutes les stations lacustres, même à Moosseedorf et à Wangen, c'est-à-dire dans les stations que l'on regarde
comme les plus anciennes. Le professeur Rütimeyer pense que
c'est la variété domestique du *B. longifrons* d'Owen, mais,
comme le mot « Longifrons » lui paraît incorrect, il emploie le
mot « Brachyceros » proposé dans le principe par Owen pour
cette espèce; mais comme il avait déjà été employé par Gray
pour une espèce africaine, il est impossible de l'adopter.

Le professeur Rütimeyer consacre une partie subséquente de
son ouvrage à l'examen des races de bœufs existant actuellement en Europe. Il pense que la vieille race *Trochoceros* a disparu, mais il voit dans les grands bœufs du Friesland, du

Jutland et du Holstein les descendants du *Bos Primigenius*. Cette race ne se trouve pas à présent en Suisse, mais il croit qu'il y a maintenant dans ce pays deux variétés distinctes de bœufs domestiques. L'une, à la robe de différentes teintes, variant entre le gris clair et le brun foncé, mais sans taches, et prédominant dans le Schwyz, l'Uri, le Valais, etc., en un mot dans tous le pays au sud d'une ligne tirée du lac de Constance à Valais, est conforme aux caractères ostéologiques généraux du *Bos longifrons* d'Owen. L'autre, ou variété tachetée, ordinairement plus grande, prédominant dans le Nord de la Suisse, descend selon lui du *B. frontosus*, espèce fossile trouvée en Suède et décrite par Nilsson.

Je n'exprimerai pas ma propre opinion quant à ces conclusions. La question est aussi difficile qu'importante, et le manque d'espace ne me permet pas de donner à mes lecteurs tous les détails dans lesquels entre le professeur Rütimeyer. Je dois donc me contenter de renvoyer à son ouvrage ceux qui veulent étudier avec soin ce sujet. Mais que nous adoptions ses conclusions ou non, tous les naturalistes doivent être reconnaissants envers le savant professeur, pour le travail qu'il s'est imposé et pour la lumière qu'il a jetée sur cette question ardue.

Si nous en exceptons les animaux marins tels que les phoques, les poissons, les huîtres, les buccins, les bucardes, etc., que nous ne pourrions pas nous attendre à trouver aussi loin de la mer, la faune que représentent les débris organiques des lacs suisses se rapporte singulièrement à celle qui caractérise les kjökkenmöddings danois, faune qui appartient évidemment à une époque beaucoup plus récente que celle des célèbres hachettes de pierre que le génie et la persévérance de M. Boucher de Perthes nous ont fait connaître.

Au lieu de l'éléphant et du rhinocéros, nous trouvons dans le second âge de pierre, dans l'âge des kjökkenmöddings et des « Pfahlbauten, » l'urus et le bison, l'élan et le cerf, déjà monarques des forêts. Ce dernier ainsi que le sanglier, semble avoir été fort nombreux, et était un aliment important pour les habi-

tants des villages lacustres. L'Urus, ou grand bœuf fossile, a
maintenant complétement disparu, en tant tout au moins qu'espèce sauvage (1). César parle de cet animal, et dit qu'il est
presque aussi grand que l'éléphant. (*Hi sunt magnitudine paulo
infra elephantos, specie et colore et figurâ tauri.*) Selon Herberstein, il existait encore en Allemagne dans le courant du
XVIᵉ siècle, mais il a dû disparaître à peu près à cette époque.

L'aurochs, ou bison européen, semble avoir disparu de l'Europe occidentale à peu près à la même époque que l'urus.
L'histoire ne nous fournit aucune preuve de son existence en
Angleterre et en Scandinavie. Il semble avoir disparu de la Suisse
vers le Xᵉ siècle ; un *lied* des *Niebelungen* du XIIᵉ siècle, dit
qu'on le trouvait dans la forêt de Worms, et le dernier fut tué
en Prusse en 1775. A une certaine époque, il semble avoir habité
presque toute l'Europe, une grande partie de l'Asie et partie
même de l'Amérique, il ne se trouve à présent en Europe que
dans les forêts impériales de la Lithuanie, où l'empereur de
Russie le fait conserver. Selon Nordmann et Von Baer, il existe
encore dans quelques parties de l'Asie occidentale.

Nous n'avons pas de preuves certaines que l'élan ait existé
en Suisse pendant la période historique, mais César nous dit
qu'il vivait dans la grande forêt Hercynienne. Selon Albertus
Magnus et Gesner, on le rencontrait au XIIᵉ siècle en Sclavonie et
en Hongrie. On indique l'année 1746 comme celle de la mort du
dernier élan en Saxe. Il habite à présent la Prusse et la Lithuanie, la Finlande et la Russie, la Scandinavie et la Sibérie,
jusque sur les rives de l'Amoor.

Le bouquetin disparut de la plus grande partie des Alpes suisses
à peu près à la même époque que l'élan. Il a séjourné plus longtemps dans l'ouest. Le dernier périt dans le Glarus en 1550. Il a

---

(1) Le professeur Rütimeyer considère cependant que les célèbres bestiaux
sauvages du parc de Tankerville sont les descendants certains, quoique plus
petits, du *B. primigenius.*

existé auprès de Chiavenna jusqu'au commencement du xviie siècle, dans le Tyrol jusque pendant la seconde moitié du xviiie siècle, et il se maintient encore dans les montagnes entourant le mont Iséran.

L'extermination de l'ours, comme celle du bouquetin, semble avoir commencé dans l'est; cette extermination n'est même pas complète puisque cet animal se trouve encore dans le Jura, le Valais, et les parties sud-est de la Suisse. Le renard, la loutre et les différentes espèces d'écureuils sont encore les carnivores communs de la Suisse; le chat sauvage, le blaireau et le loup, se trouvent encore dans le Jura et dans les Alpes, le loup pendant les hivers froids s'aventure même dans les plaines. Le castor au contraire a enfin disparu. Depuis longtemps il était fort rare en Suisse; quelques-uns, cependant, ont survécu jusqu'au commencement de ce siècle à Lucerne et dans le Valais. Au xiie et xiiie siècle, le cerf était abondant dans le Jura et dans la Forêt-Noire, mais l'espèce semble avoir été moins grande que celle de l'antiquité. On tua le dernier dans le canton de Bâle, à la fin du xviiie siècle; il exista un peu plus longtemps dans la Suisse occidentale et dans le Valais. Le chevreuil existe encore dans quelques endroits.

La faune que nous venons d'indiquer est certainement en grande partie celle à laquelle nous devions nous attendre. Nous trouvons dans les débris organiques des habitations lacustres la plupart des espèces qui caractérisent l'époque post-tertiaire en Europe. Quelques-unes des plus grandes ont, depuis, disparu dans la lutte pour l'existence, d'autres deviennent chaque année de plus en plus rares, d'autres enfin ne se maintiennent que grâce au terrible climat et à la difficulté d'accès des régions montagneuses qu'elles habitent. L'extermination graduelle, qui a toujours continué depuis, avait déjà commencé.

Pris en somme, donc, les animaux des Pfahlbauten suisses appartiennent évidemment à la faune qui a commencé dans l'époque post-tertiaire avec le mammouth, le rhinocéros tichorinus, l'ours des cavernes et l'hyène fossile.

Mais bien que la faune de l'âge de pierre appartienne à la même grande époque zoologique que celle des graviers des rivières d'un côté, et celle du temps présent de l'autre, il ne faut pas oublier que l'immense période qui s'est écoulée depuis la fin de l'époque tertiaire a produit de grands changements dans la faune de l'Europe. Les habitations lacustres occupent, pour ainsi dire, la position médium dans cette ère post-tertiaire. Distincte de la faune actuelle de la Suisse par la possession de l'urus, du bison, de l'élan, du cerf et du sanglier, aussi bien que par la distribution plus générale du castor, de l'ours, du bouquetin, etc., leur faune diffère aussi de celle de la formation des graviers par l'absence du mammouth, du rhinocéros, de l'ours des cavernes, et de l'hyène des cavernes.

Le professeur Rütimeyer pense que ces considérations seules, en admettant que nous n'ayons aucune autre preuve, nous permettraient de pousser cette division plus loin encore. Si nous prenons les stations de Moosseedorf, de Wauwyl, de Robenhausen et de Nidau, qui ont été étudiées avec le plus de soin sous ce rapport, les trois premières, qui appartiennent à l'âge de Pierre, présentent certainement un contraste marqué avec la dernière, qui est la localité où, jusqu'à présent, on a découvert le plus grand nombre d'objets de bronze.

Bien entendu il n'est pas nécessaire de faire ressortir l'intérêt et l'importance d'une semblable distinction, qui s'harmonise si bien avec celle indiquée par l'étude des armes et l'état de conservation des pilotis. Ainsi l'urus n'a encore été trouvé qu'à Moosseedorf, à Wauwyl, à Robenhausen et à Concise; l'aurochs à Wauwyl, et à Robenhausen; l'ours à Moosseedorf et à Meilen. Un coup d'œil jeté sur la table donnée page 170, montrera que plusieurs autres espèces n'ont été encore trouvées qu'à Moosseedorf et à Robenhausen; fait, cependant, qui indique plutôt la richesse que l'antiquité de ces localités. Il se peut que l'on considère la présence des espèces plus grandes comme une preuve de leur plus grande abondance dans la période la plus reculée;

mais il ne faut pas oublier, que non-seulement l'ours et l'élan, mais aussi l'aurochs et l'urus, se retrouvent à une période comparativement récente. D'un autre côté, l'abondance des animaux sauvages et le fait qu'à Moosseedorf et à Wauwyl, le renard est plus abondant que le chien, tandis que partout autre part, c'est le contraire qui a lieu, semblerait prouver la plus grande antiquité de ces deux stations.

Les preuves tirées de la distribution des animaux domestiques sont peut-être plus satisfaisantes. Le mouton se trouve à Moosseedorf, mais en quantité moins considérable qu'à Nidau. D'un autre côté le cheval est fréquent à Nidau, tandis qu'à Moosseedorf, on n'a découvert qu'un seul os de cet animal, dans un état différent de celui des autres os et probablement plus récent. Enfin le cochon domestique de la race actuelle n'existe dans aucun village lacustre de l'âge de pierre, excepté à Wauwyl, et ne devient fréquent qu'à Nidau.

Si les observations subséquentes confirment les conclusions que nous venons d'indiquer, on pourrait en conclure aussi que les animaux domestiques, comparativement rares pendant l'âge de pierre, devinrent plus nombreux après la découverte du bronze. Changement indiquant et produisant peut-être de nouvelles habitudes chez les habitants.

Quelque rares qu'aient pu être les bœufs, les chevaux, les moutons et les chèvres, on ne peut conserver ces animaux pendant l'hiver en Suisse, qu'en mettant de côté des provisions et en leur procurant un abri. Un peuple pasteur doit forcément atteindre à une civilisation plus avancée qu'une nation de chasseurs. Nous savons, en outre, qu'à cette époque l'agriculture n'était pas entièrement inconnue. La découverte dans différents endroits de céréales carbonisées l'a prouvé de la manière la plus inattendue. Le blé est le plus commun ; on en a trouvé à Meilen, à Moosseedorf et à Wangen. Dans ce dernier endroit même, on en a recueilli plusieurs boisseaux ; les grains sont réunis en blocs épais. Dans d'autres cas les grains sont isolés, sans paille ; ils

ressemblent par leur grosseur et leur forme à nos grains de blé
actuels; on les trouve rarement dans l'épi. Les épis de l'*Hordeum hexastichon* L. (l'orge à six rangées) sont assez nombreux.
Cette espèce diffère de l'*H. vulgare* L. par le nombre des rangées
et par la plus grande petitesse des grains. Selon De Candolle,
c'est l'espèce que cultivaient ordinairement dans l'antiquité les
Grecs, les Romains et les Égyptiens. Dans les épis trouvés à
Wangen, chaque rangée contient ordinairement dix ou onze
grains; ces épis sont cependant plus petits et plus courts que
ceux que l'on cultive aujourd'hui.

Une découverte encore plus imprévue fut celle de pain ou plutôt
de gâteaux, car le levain semble avoir été inconnu. Ces gâteaux
sont plats et ronds; ils ont de 1 pouce à 15 lignes d'épaisseur,
et, à en juger par un spécimen, 4 ou 5 pouces de diamètre.
Autrefois le grain semble avoir été rôti, grossièrement écrasé
entre des pierres, puis conservé dans de grands pots de terre et
mangé après avoir été légèrement humecté. A l'époque de la
conquête des îles Canaries par les Espagnols, les indigènes préparaient le grain de la même manière; maintenant même, c'est
là le principal aliment des classes pauvres. Comment préparait-on le sol pour la culture du blé? Nous ne le savons pas, car on
n'a encore découvert aucun instrument qu'on puisse avec certitude attribuer à l'agriculture.

On a trouvé à Wangen des pommes et des poires carbonisées,
quelquefois entières, quelquefois coupées en deux, ou plus rarement en quatre morceaux, mais évidemment séchées et conservées pour l'hiver. Les pommes sont plus nombreuses que les
poires, on en a trouvé non-seulement à Wangen, mais aussi
à Robenhausen dans le lac Pfeffikon, et à Concise dans le lac de
Neufchâtel. Les pommes et les poires sont petites et ressemblent
à celles qui croissent à l'état sauvage dans les forêts de la Suisse.
On n'a encore découvert aucune trace de la vigne, de la cerise
ou de la prune de Damas, mais on a trouvé des noyaux de la
prune sauvage et de la *Prunus padus*. La vase contient des quan-

tités considérables de pepins de framboises et de mûres, ainsi que des coquilles de noisettes et de faînes.

Tout ceci prouve que les habitants des Pfahlbauten se nourrissaient de blé, de fruits sauvages, de poissons et de la chair d'animaux sauvages et d'animaux domestiques. Le lait sans aucun doute était un de leurs principaux aliments.

Voici la liste des plantes trouvées dans les habitations lacustres :

Pinus abies.
— picea.
— sylvestris.
— Mughus.
Quercus Robur.
Fagus sylvatica.
Populus tremula.
Betula alba.
Alnus glutinosa.
Corylus Avellana.
Prunus spinosa.
— Padus.
— avium.
Tilia.
Carpinus Betulus.
Cornus sanguinea.
Taxus baccata.
Rubus idæus.

Rubus fruticosus.
Fragaria vesca.
Carum Carvi.
Heracleum Spondylium.
Blé.
Hordeum distichum.
— hexastichum.
Trapa natans. On supposait que cette espèce avait disparu de la Suisse, mais on l'a récemment découverte à l'état vivant. Elle est, cependant, très-locale.
Lin.
Juncus.
Arundo.
Nymphæa alba.
Nuphar luteum.
— pumilum.

On n'a encore trouvé ni chanvre, ni avoine, ni seigle. Quelques petits morceaux de ficelle et de nattes en lin ont pu faire partie de quelques articles d'habillement. On employait aussi sans aucun doute, pour en faire des vêtements, les peaux des animaux, et quelques outils de pierre semblent bien adaptés à la préparation des peaux; les épingles d'os et les aiguilles faites avec les dents des sangliers devaient servir à les attacher ensemble.

A quelle race d'hommes ces restes intéressants appartiennent-ils? C'est une question à laquelle nous ne pouvons répondre faute de preuves directes. Les ossements humains sont très-rares dans les habitations lacustres. Ceux qu'on a trouvés peuvent provenir d'accidents d'autant que ce sont les ossements d'enfants qui sont les plus nombreux. M. Desor va jusqu'à dire qu'on n'a pas encore trouvé un seul squelette humain dans les stations appartenant à l'âge de pierre, et le docteur Keller, dans son cinquième mémoire, nous informe que tous les villages lacustres pris ensemble n'en ont pas produit plus d'une demi-douzaine. Le professeur His a décrit un crâne bien développé trouvé à Meilen ; il pense qu'il ne diffère pas beaucoup du type suisse ordinaire. Pendant que son ouvrage était sous presse, le professeur Rütimeyer a reçu du colonel Schwab quatre crânes dont deux ont été trouvés à Nidau, un à Sutz et un à Biel. Le professeur Desor m'a montré un autre crâne trouvé à Auvernier, ce qui complète le nombre indiqué par le docteur Keller. Toutes ces stations cependant, paraissent avoir appartenu à l'âge de bronze, et il n'a pas encore été possible d'attribuer, avec certitude, à une période plus ancienne la plupart des anciens tumuli trouvés en Suisse.

Si nous passons actuellement aux habitations lacustres de l'âge de bronze, un fait nous frappe tout d'abord, c'est qu'elles sont moins généralement répandues que celles de l'âge de pierre. On n'en a encore trouvé que sur les lacs de Genève, de Luissel, de Neufchâtel, de Morat, de Bienne et de Sempach ; pas une seule dans la Suisse orientale. On a tiré de ce fait la conclusion que l'âge de pierre a duré plus longtemps dans l'est que dans l'ouest et qu'on se servait encore du silex et de la serpentine sur le lac de Constance, longtemps après que le bronze les avait remplacés sur les lacs occidentaux. Il est cependant difficile de supposer que les habitants d'Inkwyl et de Moosseedorf, près de Berne, qui tiraient le silex de la France, aient pu ignorer la civilisation voisine du lac de Bienne. Il se peut, toutefois, qu'on finisse par trouver des stations de l'âge de bronze sur le lac de Constance ; mais dans l'état actuel de la question, il n'en est pas moins vrai que les habitations lacustres de la période métallique sont restreintes à la Suisse centrale et occidentale. Les

constructions de la période plus récente sont plus solidement faites,
mais autrement elles ne paraissent pas différer beaucoup de celles
de l'âge de pierre. Le plus ordinairement, toutefois, elles sont
plus loin du bord, dans une eau plus profonde, sans doute
parce qu'il était plus facile de travailler le bois, probablement
aussi parce que les moyens d'attaque étant devenus plus puissants il fallait une défense plus facile. Les principaux objets
de bronze consistent en : épées, dagues, haches, têtes de lance,
couteaux, hameçons, faucilles, épingles, anneaux et bracelets.
Le nombre des articles découverts jusqu'ici est déjà très-considérable ; la collection du colonel Schwab seule ne contient pas
moins de 4346 objets de métal. Cette collection est classifiée
dans la table suivante, que je dois à l'obligeance du docteur
Keller ; cette table donne en même temps une idée de la proportion relative de ces objets.

	NIDAU.	MŒRIGEN.	ESTAVAYER.	CORTAILLOD.	CORCELETTES.	AUVERNIER.	AUTRES ENDROITS.	TOTAL.
Haches celtiques et fragments	23	7	6	13	1	6	11	67
Épées..................	....	....	....	....	....	....	4	4
Marteaux	4	...	1	....	....	...	....	5
Couteaux et fragments.....	102	19	14	22	19	8	9	193
Épingles à cheveux........	611	53	239	183	237	22	22	1367
Petits anneaux...........	496	28	115	195	202	14	3	1053
Boucles d'oreilles.........	238	42	36	116	.....	3	5	440
Bracelets et fragments.....	55	11	16	21	26	11	2	145
Hameçons...............	189	12	43	71	9	2	1	248
Poinçons.......	95	3	49	98	17	....	.....	262
Fils métalliques en spirale..	....	....	46	50	5	....	....	101
Têtes de lance............	27	7	....	4	2	5	2	47
Têtes de flèche...........	....	...	5	1	....	....	....	6
Boutons.	....	1	28	10	10	....	....	49
Aiguilles...............	20	2	3	4	1	....	....	30
Ornements divers.........	15	5	7	18	3	1	....	49
Scies..................	....	...	3	....	....	....	....	3
Dagues................	....	....	....	.	....	....	2	2
Faucilles...............	18	12	1	2	7	1	4	45
Épingles à deux pointes....	75	....	....	....	....	....	....	75
Petits bracelets..........	20	....	....	11	....	....	....	31
Divers.................	96	3	5	16	....	....	4	124
Total........	2004	208	618	835	539	73	69	4346

Ces objets sont tous fondus; l'habileté qu'il a fallu pour les fabriquer, aussi bien que la beauté de leurs formes et de leur ornementation, indiquent des progrès considérables dans l'art. La découverte d'une barre d'étain à Estavayer et d'un moule à haches celtiques à Morges, prouvent qu'une partie au moins de ces objets a été fabriquée en Suisse, de même que des découvertes d'une semblable nature prouvent que d'autres contrées de l'Europe, comme, par exemple, le Danemark, l'Angleterre, l'Écosse et l'Irlande, avaient aussi leurs propres fonderies. La similitude de forme et d'ornementation semble aussi indiquer quelques communications entre les différentes parties de l'Europe; et comme le comté de Cornouailles et la Saxe sont les seuls pays connus en Europe qui produisent l'étain, la présence seule du bronze est, en elle-même, une preuve suffisante non-seulement d'habileté métallurgique, mais aussi d'un commerce plus ou moins étendu.

Les moyens de transport étant alors très-imparfaits et les minerais devant être apportés d'une aussi grande distance, les objets de métal devaient avoir une valeur considérable. Il est donc difficile de comprendre qu'un si grand nombre ait été abandonné sur les bords des lacs suisses. «Il est évident, dit le professeur Desor, que ce ne sont pas des rebuts qui se seraient perdus sans qu'on s'en inquiétât. Ils ne sont pas tombés à l'eau par hasard, non plus que cette quantité de vases qui sont accumulés sur certains points, ni les jattes à provision qu'on retire intactes. » En somme, il est disposé à croire que dans quelques-uns de ces cas au moins, nous avons « de simples magasins destinés aux ustensiles et aux provisions, et qui auraient été détruits par l'incendie, comme semble l'indiquer la trace du feu que montrent fréquemment les poutres aussi bien que les vases de terre. On expliquerait ainsi comment il se fait que les objets de bronze sont presque tous neufs, que les vases sont entiers et réunis sur un seul point. Cette hypothèse semble corroborée par l'opinion de plusieurs de nos chercheurs d'antiquités les plus expérimentés, qui prétendent que l'on n'a chance de faire de bonnes trouvailles que là où les pieux sont brûlés, tandis que l'on perd son temps à fouiller les stations où les pieux ne sont pas charbonnés. » Le colonel Schwab, l'homme peut-être le plus expérimenté dans de semblables matières, pense aussi qu'on trouve peu de chose, excepté dans les villages lacustres qui montrent des traces d'incendie. « Wo immer verbrannntes Holz zum Vorschein » kommt, hat man beim Suchen nach Alterthümern auf Ausbeute » zu rechnen. Zeigen sich keine Brandspuren, so ist alle Bemü- » hung von wenig oder keinem Erfolge begleitet. »

On a suggéré aussi que les anciens habitants de la Suisse ont peut-être adoré les lacs, et que les magnifiques bracelets, etc., qu'on y trouve, étaient des offrandes faites à la divinité. Il semble en effet, d'après d'anciens historiens, que les Gaulois, les Germains et d'autres peuples vénéraient certains lacs. M. Aymard (*Étude archéologique sur le lac du Bouchet*. Le Puy, 1862) a recueilli quelques preuves de cette sorte. Selon Cicéron (1), Justin (2) et Strabon (3), il y avait auprès de Toulouse un lac dans lequel les tribus avoisinantes avaient coutume de déposer des offrandes d'or et d'argent. Tacite, Pline et Virgile parlent aussi de lacs sacrés. Au vi⁰ siècle même, Grégoire de Tours, qui est cité par M. Troyon et par M. Aymard, nous dit (*De Glor. confess.* chap. ii.) qu'il y avait sur le mont Helanus un lac, objet du culte populaire. Chaque année les habitants du voisinage y apportaient des offrandes consistant en vêtements, en peaux, en fromages, en gâteaux, etc. On peut encore trouver, dans quelques parties éloignées de l'Écosse et de l'Irlande, des traces d'une superstition semblable. En Écosse, j'ai visité une source sacrée entourée des offrandes des paysans voisins qui semblaient penser que les gros sous étaient le sacrifice le plus agréable à l'esprit des eaux. Cette hypothèse expliquerait comment il se fait que les orne-

---

(1) *De nat. deor.*, lib. III, xxx.
(2) *Just.* XXXII, iii.
(3) *Geog.*, vol. IV.

ments de bronze trouvés dans les lacs sont presque tous neufs, car selon le professeur Desor, bien peu semblent avoir été portés. Mais on ne peut expliquer de cette façon ni les grossières poteries brisées, ni les fragments d'os, ni les traces d'habitations (1).

Les poteries de l'âge de bronze sont plus variées, plus habilement faites que celles de l'âge de pierre, il ne semble pas cependant que le tour à potier fût en usage. On trouve de nombreux anneaux de terre cuite, qui semblent avoir servi de supports à des vases arrondis par le bas. L'ornementation des poteries a, selon M. Troyon, le même caractère que celle des objets de bronze. La plupart des grandes urnes paraissent avoir été employées à conserver les noix, etc., qui étaient recueillies pendant l'été pour servir d'aliments pendant l'hiver. Dans l'absence, sans doute, de boîtes et d'armoires, les ornements, les instruments même, semblent avoir été conservés dans de grandes jarres. On a trouvé dans une jarre à Cortaillod, quelques beaux bracelets et plusieurs faucilles. On a découvert, selon M. Troyon, dans bien des villages lacustres, des morceaux de poteries déformées pendant la cuisson, et il en conclut que les poteries étaient fabriquées sur place.

M. Troyon pense que les habitants de la Suisse, pendant l'âge de bronze, appartenaient à une race différente de celle qui peuplait ce pays pendant l'âge de pierre; il croit, avec quelques archéologues danois, que c'étaient les vrais « Celtes », et leur attribue la coutume de brûler les morts. « Dès que le bronze se répand en Europe, l'incinération devient d'un usage général. L'apparition d'un nouveau peuple répond évidemment à celle de ce métal. L'urne cinéraire, de même que la tombe cubique, se retrouve sous la surface du sol ou dans le tumulus, mais celui-ci, généralement moins élevé que dans l'âge primitif, ne recouvre plus guère de salle funéraire. Quand on voit combien

(1) Voyez aussi Wylie : *On lake dwellings of the early periods* (Archœol., vol. XXXVIII, p. 181).

il est rare que le bronze accompagne le premier mode d'inhumation, on doit reconnaître que l'envahisseur est resté maître
du sol; du reste, il ne pouvait en être autrement de la part d'un
peuple possédant des armes de métal, or ces armes sont celles
des anciens Celtes qui n'inhumaient point leurs morts, mais les
livraient aux flammes du bûcher. L'incinération étant une partie
intégrante de leurs pratiques religieuses, et l'urne cinéraire
devenant d'un usage général avec le bronze, il en résulte que
le Celte n'est pas le premier habitant de l'Europe dans laquelle
il a introduit les arts métallurgiques. » Il serait fort à désirer
que nous ayons quelques statistiques afin de pouvoir apprécier
la valeur des preuves fournies par ces tumuli suisses. M. Troyon
s'appuie sur le fait que beaucoup de villages lacustres ont été
détruits par le feu, et que quand ils ont été reconstruits pendant
l'âge de bronze, fait qui se présente dans plusieurs endroits, ils
n'ont pas été reconstruits exactement au même endroit, mais
plus loin des bords. Le docteur Keller, d'un autre côté, considère que la population primitive ne différait ni par son caractère, ni par son mode de vie, ni par son industrie de celle qui
connut plus tard le bronze; et que le phénomène des villages
lacustres depuis leur commencement jusqu'à leur fin, indique
clairement un développement graduel et pacifique. Le nombre
des villages lacustres détruits par le feu a été, pense-t-il, très-
exagéré. Selon le colonel Schwab, sur soixante-six villages
lacustres retrouvés dans les lacs de Bienne et de Neuchâtel, un
quart seulement montrent quelques traces d'incendie; proportion qui n'est certainement pas plus considérable que ce à quoi
nous devions nous attendre, quand on se rappelle que toutes les
huttes étaient de bois et probablement couvertes de chaume.
En outre, si ces conflagrations avaient été le résultat des attaques
de l'ennemi, on devrait certainement retrouver de nombreux
restes des morts, et les villages lacustres, pris tous ensemble, ne
nous ont fourni jusqu'à présent que six squelettes humains.

. Il faut admettre, je crois, que les arguments de M. Troyon ne

nous justifient pas à penser avec lui que l'introduction du bronze
a provoqué un changement total de population. La construction
de villages lacustres est une coutume si extraordinaire, que la
continuation de semblables habitations pendant l'âge de bronze
me semble un fort argument contre une semblable hypothèse.

Les preuves que nous fournissent les progrès de la civilisation
me semblent plus satisfaisantes. Pendant mon séjour en Suisse,
j'ai essayé de me procurer des statistiques quant aux objets
trouvés dans les différents Pfahlbauten, et la table suivante
donne les résultats obtenus dans six stations. Si nous commen-
çons, par exemple, par les objets découverts au pont de Thièle,
entre les lacs de Neuchâtel et de Bienne, la liste comprend
17 haches, 20 polissoires et 97 têtes de flèche, éclats de
silex, etc., outre 22 manches de haches et 95 autres instruments
d'os, faisant un total de 252 objets de pierre et d'os. Non-
seulement on n'y a trouvé aucun objet de métal, mais tous ces
objets ont un caractère fort ancien. Il n'y a qu'une pierre à
écraser le grain et encore le cas est-il douteux, et il n'y a pas
une seule molette. La liste est presque exactement la même à
Moosseedorf et à Wauwyl. Wangen sur le lac de Constance offre
un exemple encore plus remarquable. M. Loble y a trouvé plus
de 1100 haches, 100 polissoires, 150 pierres à écraser le grain,
et 260 têtes de flèches, éclats de silex, etc.; en somme, plus de
1600 instruments et éclats de pierre, outre 350 d'os environ,
faisant, en y ajoutant plus de 100 molettes de terre cuite, un total
de plus de 2000 objets, et cependant on n'y a pas trouvé trace de
métal. Le nombre des pierres à écraser le grain et des molettes
est intéressant, quand on se rappelle que Wangen est la seule
de ces quatre localités où l'on ait retrouvé du grain carbonisé
et des spécimens de tissus.

Or que le lecteur veuille bien comparer à ces quatre exemples
la liste des objets trouvés dans les stations de l'âge de bronze, à
Morges, à Nidau, à Estavayer, à Cortaillod et à Corcelettes. La
manière de recueillir les objets explique en quelque façon

	PIERRE.					POTERIE.		OS.			TOTAL GÉNÉRAL.	BRONZE.										TOTAL.
	HACHES.	ÉCLATS.	POLISSOIRES.	PIERRES À ÉCRASER LE GRAIN.	TOTAL.	JARRES.	MOLETTES.	MARCHES DE HACHES.	POINÇONS, ETC.	TOTAL.		HACHES.	COUTEAUX.	LANCES.	FAUCILLES.	ÉPINGLES.	ANNEAUX.	BOUCLES D'OREILLES.	BRACELETS.	HAMEÇONS.	DIVERS.	
Wangen	1100	260	100	150	1610	.....	100	..	350	350	2060	...	..	...	..	...	...	...	..	..	...	
Pont de Thièle...	17	97	20	1?	135	....	.....	22	95	117	252	...	..	...	..	...	...	...	..	..	...	
Moosseedorf.....	101	639	64	4	808	.....	1?	16	494	510	1319	...	..	...	..	...	...	...	..	..	...	
Wauwyl	22	237	Pas recueillis.	15	274	.....	1?	2	86	88	363	...	..	...	..	...	...	...	..	..	...	
Morges	0	?	?	Beaucoup.	....	Quelques.	Quelques.	?	....	..	?	50	20	11	11	57	14	...	37	10	Quelques.	210
Nidau	33	?	?	335	368	Beaucoup.	179	..	55	55	?	23	102	27	18	611	496	238	75	109	305	2004
Mœrigen	?	?	?	?	?	?	?	?	?	?	.....	7	19	7	12	53	28	42	14	12	14	208
Estavayer	?	?	?	?	?	?	?	?	?	?	.....	6	14	...	1	239	115	34	16	43	150	618
Cortaillod	?	?	?	?	?	?	?	?	?	?	.....	13	22	4	2	183	195	116	21	71	208	835
Corcelettes	?	?	?	?	?	?	?	?	?	?	.....	1	19	2	7	237	202	...	26	....	16	539

Quant aux objets de pierre, d'os et de terre cuite, je me suis procuré les statistiques ci-dessus pendant mon voyage en Suisse; je dois à l'obligeance de M. Forel le nombre des objets de bronze trouvés à Morges, et à celle du docteur Keller, le nombre des objets de bronze trouvés dans les autres stations. Je n'ai pas pu me procurer une liste complète des objets de pierre, d'os, etc., trouvés dans les stations de l'âge de bronze.

l'absence de polissoires et peut-être, jusqu'à un certain point, d'éclats de silex. Je n'insisterai donc pas sur ce point, mais l'absence totale de haches de pierre à Morges, et leur rareté à Nidau et à Estavayer, est un fait très-remarquable. M. Forel m'a assuré que, quoiqu'il ait cherché avec soin, il n'en a pas trouvé une seule. Le grand nombre de pierres à écraser le grain et la présence de molettes sont aussi des faits significatifs.

La splendide collection du colonel Schwab, d'objets trouvés à Nidau, confirme ce que nous venons de dire. Il n'a que 33 haches de pierre, et cependant 335 pierres à écraser le grain. Il n'a pas, paraît-il, recueilli les objets de pierre. Il a près de 200 molettes et beaucoup d'anneaux de terre cuite dont quelques-uns ont été trouvés à Morges, mais qu'on ne rencontre jamais au pont de Thièle, à Wauwyl, à Moosseedorf et à Wangen.

Bien entendu il est possible que des civilisations très-différentes aient pu coexister dans différentes parties du même pays ; mais nous devons nous rappeler, dans ce cas, que la station du pont de Thièle et celle de Nidau, sont sur les rives du même lac, et que Moosseedorf n'est guère distant de Nidau que de 15 milles. Nous ne pouvons pas non plus supposer que les différences soient entièrement une question de richesse ; la quantité considérable d'hameçons, de haches, de petits anneaux, d'épingles, etc., de bronze, prouve que non-seulement on employait le bronze pour les objets de luxe, mais aussi pour les instruments ordinaires.

Ce n'est pas seulement par la présence ou l'absence du bronze que les Pfahlbauten diffèrent les uns des autres ; il y a bien d'autres preuves de progrès. Nous ne pouvons nous attendre à trouver ce progrès dans les instruments de pierre ou d'os, et cependant, comme nous l'avons déjà dit, les plus belles formes de haches de pierre, et celles qui sont percées, sont très-rares, sinon tout à fait inconnues pendant l'âge de pierre ; on n'en a trouvé aucune au pont de Thièle, à Moosseedorf, ou à Wauwyl, et deux seulement à Wangen.

En outre, ce qui nous frappe le plus, ce n'est pas la simple présence du bronze, c'est la beauté et la variété des objets faits avec ce métal. Si l'on examine une collection d'objets de l'âge de pierre, on ne peut s'empêcher de remarquer leur grande uniformité. Les besoins semblent avoir été alors fort limités. Pendant l'âge de bronze tout est changé. On trouve non-seulement comme auparavant des haches, des flèches et des couteaux, mais en outre, des épées, des lances, des faucilles, des boucles d'oreille, des bracelets, des épingles, des anneaux et une quantité d'autres articles. Un autre fait remarquable, surtout quand on considère la grande, je pourrais dire l'immense quantité de haches celtiques de bronze qui ont été retrouvées, c'est que deux à peine ont été coulées dans le même moule.

Il en est de même pour la poterie. Rien ne prouve que les hommes de l'âge de pierre aient connu le tour à potier, les matériaux dont ils faisaient leur poterie sont très-grossiers (1), ils contenaient de gros morceaux de quartz, tandis que les matériaux des poteries de l'âge de bronze sont préparés avec plus de soin. L'ornementation des deux périodes offre aussi un grand contraste. Pendant l'âge de pierre, cette ornementation consiste en impressions faites avec l'ongle ou avec le doigt, ou quelquefois avec une corde attachée autour de l'argile molle. Les lignes sont toutes droites ou, si elles sont courbes, elles sont irrégulières. Pendant l'âge de bronze, nous retrouvons les dessins de l'âge de pierre, mais en outre des cercles et des spirales; l'imitation des animaux et des plantes caractérise l'âge de fer.

La table suivante est un extrait d'une table plus considérable donnée par le professeur Rütimeyer; 1, représente un seul individu; 2, plusieurs individus; 3, dénote les espèces communes; 4, les espèces très-communes; et 5, celles qui sont présentes en

---

(1) L'extrême grossièreté des poteries trouvées dans les lacs suisses provient peut-être de ce qu'elles étaient destinées à la cuisine, car les matériaux des vases trouvés dans les tumuli de l'âge de pierre sont souvent préparés avec plus de soin.

plus grand nombre. Un coup d'œil suffira pour montrer que les animaux sauvages prédominent dans les Pfahlbauten de l'âge de pierre, à Moosseedorf et à Wauwyl, par exemple; les animaux domestiques à Nidau, station de l'âge de bronze.

Nous voyons donc que la distinction entre l'âge de pierre et l'âge de bronze ne consiste pas seulement dans la présence du métal. Quelques personnes penseront, peut-être, que les preuves ne sont pas encore assez fortes pour nous permettre de tirer une conclusion. Cependant la nature et l'exécution des ornements, la fabrication de la poterie, l'emploi du tour à potier, la plus grande variété des besoins, prouvée par la plus grande variété des instruments, les traces d'une agriculture plus avancée, la diminution des animaux sauvages, l'augmentation des animaux domestiques, tout tend à prouver que les habitants de Morges et de Nidau, étaient plus civilisés que ceux de Moosseedorf et de Wauwyl.

	WAUWYL.	MOOSSEEDORF.	NIDAU.
ANIMAUX SAUVAGES.			
Ours brun	. . . .	2	. . . .
Blaireau.	2	2	. . . .
Martre.	3	2	. . . .
Martre de pin	3	2	. . . .
Putois.	2	2	. . . .
Loup.	1	. . . .	. . . .
Renard.	3	3	. . . .
Chat sauvage.	2	2.	. . . .
Castor.	2	3	. . . .
Élan.	1	1	1
Urus.	. . . .	1	. . . .
Bison	1	. . . .	. . . .
Cerf.	5	5	5
Chevreuil.	2	4	. . . .
Sanglier.	2	2.	. . . .
Cochon des marais (1)	5	5	2
ANIMAUX DOMESTIQUES.			
Cochon domestique	? 1	. . . .	3
Cheval	2	? 1	3
Bœuf.	5	5	5
Chèvre.	2	2	3
Mouton.	1	2	4
Chien.	2	2	3

(1) Le professeur Rütimeyer pense que cet animal sauvage était apprivoisé à Nidau et dans les derniers Pfahlbauten.

Le colonel Schwab a trouvé au Steinberg plus de vingt croissants faits de terre cuite, et dont le côté convexe est aplati pour servir de pied. Les côtés sont comprimés; ces croissants sont quelquefois tout unis, quelquefois décorés, ils ont de 8 à 12 pouces d'une extrémité à l'autre et de 6 à 8 pouces de hauteur. Le docteur Keller pense que ce sont des emblèmes religieux et qu'ils se rapportent au culte de la lune. Il cite Pline, XVI, 95 : « Est autem id (viscum) rarum admodum inventu et repertum magnâ religione petitur et ante omnia sextâ lunâ, quæ principia mensium annorumque his facit, et sæculi post tricesimum annum, quia jam virium abunde habeat nec sit sui dimidia; *omnia sanantem appellantes suo vocabulo.* » Il traduit ainsi ce passage : « Le gui est, cependant, très-rare, mais quand on le trouve, on le cueille avec de grandes cérémonies religieuses, surtout le sixième jour de la lune; c'est à cette époque que commencent leurs mois, leurs années et leurs cycles de trente ans, parce qu'elle a alors une force suffisante et qu'elle n'est pas arrivée à la moitié de sa course; ils l'appellent dans leurs langage Remède à tous les maux. » C'est le nom qu'on a généralement donné au gui (1). Mais les archéologues suisses pensent que c'est une erreur et que cette expression s'applique à la lune.

Les villages lacustres de la Suisse semblent avoir diminué graduellement. Pendant l'âge de pierre, ils étaient disséminés dans tout le pays. Autant que nous le savons à présent, ils ne se trouvent pendant l'âge de bronze que dans les lacs de la Suisse occidentale; pendant l'âge de fer, ils n'existent plus que sur les lacs de Bienne et de Neufchâtel. Dans ces dernières stations, non-seulement une nouvelle substance apparaît, mais la forme des instruments est différente. Nous retrouvons, il est vrai, des copies de haches de bronze, faites de fer de même que nous avions trouvé des haches celtiques de bronze ressem-

_____

(1) Voy. *The Celt, Roman and Saxon,* p. 48.

blant aux haches de pierre; mais ce sont là des cas exceptionnels. Les épées ont des poignées plus grandes et sont plus richement décorées; les couteaux ont une lame droite; les faucilles sont plus grandes; la poterie est mieux faite et ressemble à celle que nous connaissons sous le nom de poterie romaine; les bijoux sont aussi plus variés et enfin le verre paraît.

Un champ de bataille à Tiefenau, auprès de Berne, est remarquable à cause du grand nombre d'armes et d'instruments de fer qu'on y a trouvés. Des morceaux de chars, environ cent épées, des fragments de cottes de mailles, des têtes de lance, des anneaux, des fibulæ, des ornements, des ustensiles, des morceaux de poterie et de verre, et plus de trente pièces de monnaie gauloises ou massaliotes d'une date antérieure à notre ère, nous permettent d'attribuer ce champ de bataille à la période romaine. On a trouvé aussi dans une petite île du lac de Bienne, environ quarante pièces de monnaie romaine.

Après cette époque, nous ne trouvons plus de villages lacustres sur une grande échelle. Çà et là, peut-être, quelques pêcheurs ont pu vivre sur les plates-formes à demi détruites, mais les besoins et les habitudes du peuple avaient changé, et l'âge des habitations lacustres en Suisse était fini.

Nous les avons cependant suivis, à travers l'âge de pierre et l'âge de bronze, jusqu'au commencement de l'âge de fer. Nous avons vu les preuves d'un progrès graduel de la civilisation et des arts, d'une augmentation dans le nombre des animaux domestiques et enfin de l'existence d'un commerce considérable. Nous avons trouvé le pays habité par de grossiers sauvages, nous le quittons alors qu'il est le siége d'une nation puissante. Des changements si importants ne s'accomplissent pas en un jour; le progrès de l'esprit humain est bien lent; les additions graduelles aux connaissances humaines, comme les anneaux dans le tronc des arbres, nous permettent de nous faire quelque idée de l'antiquité de leur commencement. Mais les conditions de l'esprit humain sont si variées, les nations sont tellement affectées par l'influence que d'autres nations exercent sur elles, que quand nous essayons d'exprimer nos impressions en un terme d'années, pour ainsi dire, nous nous voyons arrêtés par la complexité du problème.

On a essayé, il est vrai, d'obtenir une chronologie plus définie, je parlerai de ces essais dans un chapitre subséquent. Quelque imparfaites que soient les annales archéologiques, nous ne devons cependant pas désespérer d'arriver un jour à une chronologie approximative. Pendant ces dix premières années, notre connaissance de la haute antiquité a fait d'immenses progrès, et nous pouvons tout espérer de l'avenir.

Les archéologues suisses continuent leurs travaux, et ils peuvent être certains que nous, en Angleterre, nous attendons avec impatience les résultats de leurs investigations. Quoi, d'ailleurs, plus intéressant que le spectacle d'un peuple antique et depuis longtemps oublié se levant, pour ainsi dire, pour venir reprendre dans l'histoire de la race humaine la place qui lui appartient.

CHAPITRE VI

LES KJÖKKENMÖDDINGS, OU AMAS DE COQUILLES DANOIS.

On a supposé d'abord que les amas de coquilles étaient des côtes de soulèvement. — Description des amas de coquilles. — Distribution des amas de coquilles. — Amas de coquilles en Écosse. — Amas de coquilles dans d'autres pays. — Flore des amas de coquilles. — Faune des amas de coquilles. — Poissons. — Oiseaux. — Mammifères. — Absence de certains os. — Mutilation de certains os. — Les amas de coquilles n'étaient pas seulement une résidence d'été. — Instruments de silex des amas de coquilles. — Mode de vie indiqué par les amas de coquilles. — Les habitants de la Terre de Feu. — Rapports des amas de coquilles avec les tumuli. — Opinions de Steenstrup et de Worsaæ. — Les instruments de silex des amas de coquilles. — Rareté des instruments de silex bien faits dans les amas de coquilles. — Antiquité des amas de coquilles.

Le Danemark occupe dans l'histoire une place bien plus grande que celle qu'il occupe sur la carte de l'Europe; la nation est plus grande que le pays. Bien que l'augmentation des populations voisines ait fait perdre aux Danois quelque peu de leur influence politique, bien qu'ils aient été récemment, injustement dépouillés d'une grande partie de leurs anciennes possessions, les Danois de notre époque sont de dignes représentants de leurs ancêtres. Des nations plus puissantes peuvent leur envier la place qu'ils occupent dans la science et dans l'art, car bien peu ont plus contribué au progrès des connaissances humaines. Copenhague peut, à juste titre, être fière aussi bien de ses musées que de ses professeurs. Je désire surtout appeler l'attention sur le célèbre musée des antiquités du Nord qui renferme les objets les plus caractéristiques et les plus rares.

Le Danemark se trouve dans des conditions exceptionnelles pour la formation d'une semblable collection. A une certaine

époque, le pays tout entier paraît avoir été couvert de tumuli;
là où la terre n'est pas cultivée, on en voit encore un grand
nombre, dans les endroits mêmes les plus fertiles et les plus
populeux; le soc de la charrue est souvent dévié par une de ces
anciennes sépultures. Heureusement, les pierres qui ont servi à
leur construction sont si grandes et si dures, que les détruire ou
les enlever est une opération difficile et coûteuse. Mais, quand
la terre acquiert plus de valeur, ou quand on recherche des
pierres pour des constructions, aucune tradition, aucun sentiment de respect pour les morts ne peut les sauver de la destruction, et l'on compte que chaque jour on détruit un ou plusieurs
de ces tumuli, perte d'un chaînon, peut-être irréparable, de l'histoire de la race humaine.

On peut dire, en effet, que chaque sépulture est en elle-même
un petit musée d'antiquités, et l'on peut considérer le pays tout
entier comme un immense musée. Les tourbières, qui occupent
un espace si considérable, fourmillent d'antiquités, et le professeur Steenstrup estime que toute colonne de tourbe de trois
pieds carrés de base contient quelque spécimen de l'industrie
antique. Tous ces avantages, cependant, auraient peut-être été
perdus sans le génie et la persévérance du professeur Thomsen;
que l'on peut considérer comme le créateur du musée qu'il dirige
si admirablement.

Outre les objets recueillis dans les tumuli et les tourbières et
ceux qu'on a trouvés de temps en temps, par hasard, sur le sol, le
musée des antiquités du Nord contient une immense collection de
spécimens tirés d'intéressants amas de coquilles; on a longtemps
supposé que ces amas, connus en Danemark sous le nom de
« Kjökkenmöddings », étaient des grèves soulevées, comme
celles que l'on rencontre si souvent le long de nos côtes. Les
vraies grèves soulevées, cependant, contiennent nécessairement
une grande variété d'espèces; les individus ont un âge différent
et les coquilles sont, bien entendu, mélangées à une quantité
considérable de sable et de gravier. Ce fut le professeur Steens-

trup qui fit observer le premier, je crois, que ces soi-disant
grèves soulevées, ne contiennent que des coquilles appartenant
à des individus arrivés au terme ou presque au terme de leur
croissance; que toutes ces coquilles consistent en quatre espèces
qui ne vivent pas ensemble, qui n'ont pas les mêmes conditions
d'existence, et qu'on ne trouverait par conséquent pas seules
ensemble dans un dépôt naturel; et enfin que le stratum contient à peine du gravier et consiste presque entièrement en
coquilles.

La découverte de grossiers instruments de silex et d'ossements portant encore la trace de coups de couteaux vint confirmer la supposition que ces amas n'étaient pas dus à une
formation naturelle, et il devint plus tard évident que c'étaient
les sites d'anciens villages, la population primitive ayant vécu
sur la côte et se nourrissant principalement de coquillages, mais
en partie aussi du produit de la chasse. On découvrit dans bien des
endroits des foyers faits de pierres plates, arrangées de telle façon
qu'elles formaient de petites plates-formes; elles gardent encore la
marque du feu. Les coquilles et les os, qu'on ne pouvait manger
s'accumulèrent graduellement autour des tentes et des huttes, et
finirent par former des dépôts, qui ont ordinairement de 3 à
5 pieds, mais quelquefois aussi jusqu'à 10 pieds d'épaisseur, sur
une longueur, dans quelques cas, de plus de 300 mètres, et
sur une largeur de 100 à 200 pieds. Le nom de *Kjökkenmödding*, qu'on a donné à ces amas, est dérivé de *Kjökken*,
« cuisine », et de *mödding*, « amas de rebuts », et il va sans dire
qu'un examen sérieux de ces amas devait jeter beaucoup de
lumière sur les coutumes et la civilisation de la population
d'alors.

Dans ces circonstances on forma une commission composée du
professeur Steenstrup, le célèbre auteur du traité « sur les générations alternantes », du professeur Forchhammer, le père de la
géologie danoise, et du professeur Worsaæ, l'éminent archéologue;
heureuse combinaison qui promettait des résultats importants

pour la biologie, la géologie et l'archéologie. On espérait que les travaux d'un tel triumvirat seraient couronnés des plus grands succès, cet espoir n'a pas été déçu. Plus de cinquante amas déjà ont été examinés, plusieurs milliers de spécimens ont été recueillis, étiquetés et déposés au musée de Copenhague, et les résultats généraux, condensés dans six rapports, présentés à l'Académie des sciences de Copenhague (1).

C'est à ces rapports et à l'excellent mémoire de M. Morlot que nous avons en grande partie emprunté les détails qui vont suivre. Désirant, cependant, donner à mes lecteurs des détails circonstanciés et complets sur ces amas intéressants, j'ai deux fois visité le Danemark, en 1861 avec le professeur Busk, et dans l'été de 1863. Dans ces deux occasions, grâce à la bonté du professeur Thomsen et de Herr K. Herbst, on me donna toute facilité pour examiner les collections considérables faites dans différents kjökkenmöddings ; en outre j'eus le grand avantage de visiter plusieurs amas de coquilles, accompagné par le professeur Steenstrup lui-même ; je visitai avec lui l'amas de Havelse en 1861, et ceux de Meilgaard et de Fannerup en 1863.

Accompagné de M. Busk, j'en visitai un aussi à Bilidt, sur l'Isefjord, près de Fredericksund ; mais il semble qu'à cet endroit, les habitants faisaient cuire leurs dîners sur la côte même, de telle sorte que les coquilles et les os sont mélangés à une grande quantité de sable et de gravier : nous trouvâmes là fort peu d'instruments de silex. A Havelse, au contraire, le village était sur un terrain un peu plus élevé, et, quoique tout près de la côte, entièrement en dehors de l'atteinte des vagues ; aussi les coquilles et les os n'y sont mêlés à aucune substance étrangère. A cet endroit, le kjökkenmödding est de petite étendue, et affecte la

---

(1) *Untersögelser i geologisk-antiquarisk Retning af* G. Forchhammer, J. Steenstrup, og J. Worsaæ. — M. Morlot a aussi publié un excellent extrait de ces rapports dans les *Mém. de la Société Vaudoise*, t. VI, 1860.

forme d'un anneau irrégulier, enfermant un espace sur lequel l'habitation ou les habitations se trouvaient probablement. Dans d'autres cas, où le dépôt a une étendue plus considérable, comme par exemple à Meilgaard, la surface est ondulatoire, la plus grande épaisseur du stratum de coquilles indiquant apparemment, dans quelques endroits, l'arrangement des habitations. Quand l'amas de coquilles à Havelse fut pour la première fois visité par le professeur Steenstrup, on les enlevait pour s'en servir comme d'engrais, et le monticule, présentant une section perpendiculaire, se prêtait admirablement à un examen minutieux. Le trou ainsi formé avait été comblé à l'époque de notre visite, aussi fûmes-nous obligés de faire une nouvelle excavation. Au bout de deux ou trois heures, nous avions trouvé environ cent fragments d'os, beaucoup d'éclats grossiers, des pierres de fronde, des fragments de silex, neuf haches grossières appartenant au type ordinaire des amas de coquilles, quoique plusieurs d'entre elles fussent à la surface.

Notre visite à Meilgaard en 1863 fut encore plus heureuse. Cet amas de coquilles, un des plus considérables et des plus intéressants qu'on ait encore découverts, se trouve à peu de distance de la côte, près de Grenaa, au nord-est du Jutland, dans une magnifique forêt de hêtres appelée Aigt ou Aglskov, propriété de M. Olsen, qui, par dévouement à la science, a donné l'ordre que le kjökkenmödding ne soit pas détruit, quoique les matériaux qui le composent soient précieux comme engrais; une partie même de cet amas avait été employée dans ce but, avant que la vraie nature du dépôt ait été indiquée. M. Olsen et sa famille nous reçurent avec bonté, quoique nous arrivassions chez lui sans invitation, sans même l'avoir prévenu. Il envoya immédiatement deux ouvriers pour enlever les débris qui s'étaient accumulés depuis la dernière visite d'archéologues, de telle sorte qu'à notre arrivée au monticule, nous trouvâmes une surface toute fraîche à explorer. Ce kjökkenmödding a au centre une épaisseur d'environ dix pieds, mais cette épaisseur diminue dans

toutes les directions ; autour du monticule principal s'en trouvent
de plus petits d'une nature semblable. Une mince couche de terre
recouvre les coquilles et les arbres y croissent. Une bonne section d'un semblable kjökkenmödding frappe d'étonnement quiconque le voit pour la première fois, et il est difficile de faire par
des mots la description exacte de ce spectacle. Le banc tout entier
est composé de coquilles : à Meilgaard les huîtres prédominent ;
çà et là on découvre quelques os, et plus rarement encore des
instruments de pierre ou des fragments de poteries. Il n'y a ni
sable ni gravier, excepté au sommet et à la base ; en un mot, cet
amas ne contient absolument rien qui n'ait servi à l'usage de
l'homme. Les seules exceptions que j'aie pu remarquer sont quelques grossiers cailloux de silex, mais en bien petit nombre, et
qui probablement ont été pêchés avec les huîtres. Pendant notre
séjour dans ce voisinage, nous visitâmes un autre kjökkenmödding
à Fannerup, sur le Kolindsund, qui, même dans les temps historiques, était un bras de mer, mais qui est à présent un lac d'eau
douce. On a découvert d'autres dépôts semblables sur le Ran-
dersfjord et le Mariagerfjord, dans cette partie du Jutland. Il ne
faudrait pas croire non plus que les deux villages d'Havelse
et de Bilidt soient les seuls qui aient existé sur l'Isefjord ; on
trouve dans le voisinage de Roeskilde des kjökkenmöddings
auprès de Gjerdrup, à Kattinge, à Kattinge Værk, auprès de
Trallerup, à Gjershöi, et en face de l'île d'Hyldeholme ; outre bien
d'autres plus au nord, on en a trouvé sur les îles de Fyen, de
Moen et de Samsoe, et dans le Jutland, sur le Liimfjord et le
Horsensfjord, aussi bien que sur le Mariagerfjord, le Randers-
fjord et le Kolindsund. Les côtes méridionales du Danemark n'ont
pas encore été examinées avec soin. Il semble évident que des
dépôts de cette nature existent le long de toutes les côtes, mais
qu'il ne s'en trouve pas à l'intérieur des terres. Le Danemark,
pendant l'âge de pierre, était coupé par beaucoup plus de fjords
qu'il ne l'est à présent. Il est évident que dans ces circonstances,
un peuple qui se nourrissait principalement de mollusques, ne

devait pas s'établir dans l'intérieur. Dans quelques cas, il est vrai, on a trouvé des kjökkenmöddings à une distance de huit milles de la côte actuelle, mais il y a tout lieu de supposer que la mer s'est retirée. D'un autre côté, on peut expliquer l'absence de kjökkenmöddings sur certaines côtes par l'action des vagues qui ont gagné sur la terre, ce qui explique pourquoi on les trouve bien plus fréquemment sur les bords des fjords intérieurs que sur la côte elle-même ; et si ce raisonnement est fondé, nous devons renoncer à l'espoir de découvrir de semblables débris sur les côtes est ou sud-est de l'Angleterre. Cependant on a trouvé des amas de coquilles sur les côtes de ce pays. Le docteur Gordon, de Birnie, en a découvert quelques-uns sur les bords du Firth de Moray. J'ai eu le plaisir de visiter avec lui ces amas de coquilles. Le kjökkenmödding écossais le plus considérable se trouve en un endroit appelé Brigzes, sur le Loch Spynie. Malgré une recherche de quelques heures, nous n'y avons trouvé ni instruments de pierre, ni poteries, quoiqu'un ouvrier occupé à y enlever de l'engrais y ait découvert quelques poteries grossières et une épingle de bronze (fig. 124). Le Loch Spynie est en partie desséché, et est séparé de la mer par une barrière de cailloux, de telle sorte que l'eau y est à présent absolument douce. D'après d'anciennes traditions, il paraîtrait que la barrière de cailloux a été achevée, et le lac par conséquent séparé de la mer dans le courant du xiii° ou du xiv° siècle. D'un autre côté, j'ai montré à M. Francks l'épingle qui forme le sujet de la figure ci-contre, et il pense qu'elle date de 800 ou 900 ans après Jésus-Christ. Si donc cette épingle appartenait réellement à cet amas de coquilles, et il n'y a aucune raison pour douter de la véracité de l'homme qui l'a trouvée, nous pouvons fixer la date approximative de l'amas lui-même. M. Evans, M. Prestwich et

FIG. 124.

Épingle de bronze trouvée dans un amas de coquilles écossais.

moi, nous avons observé à Saint-Valéry, près de l'embouchure
de la Somme, un amas considérable de coquilles où nous avons
trouvé plusieurs éclats de silex et quelques morceaux de grossière
poterie. M. Pengelly et M. Spence Bate ont récemment découvert des amas de coquilles dans la Cornouailles et le Devonshire.
Enfin des voyageurs ont observé de semblables restes dans différentes parties du monde, comme par exemple Dampier (1) en
Australie, M. Darwin (2) à la Terre de Feu, et M. Earle dans la
péninsule malaise (3).

Les amas de coquilles au Danemark se trouvent à une élévation de quelques pieds seulement au-dessus du niveau de la mer ;
c'est là un fait qui semble prouver qu'il n'y a pas eu un affaissement considérable des côtes depuis leur formation, mais qui
indique clairement aussi qu'il n'y a pas eu de soulèvement.
Dans certains endroits, cependant, où la côte est escarpée, on les
trouve à une hauteur considérable au-dessus du niveau de la
mer. On pourrait supposer que dans les endroits où, comme à
Bilidt par exemple, les matériaux qui composent les kjökkenmöddings sont mêlés à une quantité considérable de sable et
de gravier, le sol a dû s'affaisser ; mais si un tel dépôt était
exposé pendant quelque temps à l'action des vagues, toute
trace en aurait disparu : il est donc probable que la vraie explication est que l'action des vagues et des tempêtes était alors plus
grande qu'elle ne l'est à présent. Les marées dans le Cattégat,
ne produisent maintenant qu'une différence de niveau d'un pied
et demi, et la configuration des terres est telle, qu'il est protégé
contre l'action des vents. D'un autre côté, les marées sur la côte
ouest du Jutland s'élèvent à environ 9 pieds, et l'action du vent
produit quelquefois des différences de niveau allant jusqu'à
29 pieds ; or, comme nous savons que le Jutland formait anciennement un archipel, et que la Baltique communiquait plus libre-

(1) Pinkerton's *Travels*, vol. II, p. 473.
(2) *Journal*, p. 234.
(3) *Ethnological Soc. Trans*, new ser., vol. II, p. 119.

ment avec la mer du Nord, il est facile de comprendre que les différences de niveau ont dû être plus considérables; aussi peut-on expliquer comment il se fait que les vagues se soient élevées au-dessus du kjökkenmödding de Bilidt, qui, après tout, n'est guère qu'à une élévation de 10 pieds au-dessus de l'eau, sans avoir besoin de recourir à l'hypothèse d'un affaissement, puis d'un soulèvement subséquent de la côte.

Dans les habitations lacustres de l'âge de pierre en Suisse, on a trouvé des grains de blé et d'orge, et même des morceaux de pain ou plutôt de biscuit. Il ne me semble pas cependant que les hommes des kjökkenmöddings aient connu l'agriculture, car on n'a découvert jusqu'à présent dans ces dépôts des céréales d'aucune sorte. Les seuls débris végétaux que l'on ait trouvés dans les amas de coquilles consistent en morceaux de bois brûlé et en quelques pièces carbonisées rapportées par M. Forchhammer au *Zostera marina*, plante marine dont on se servait sans doute pour en extraire le sel.

Les quatre espèces que l'on trouve le plus fréquemment dans les amas de coquilles sont :

> L'huître (*Ostrea edulis*, L.)
> La coque (*Cardium edule*, L.)
> La moule (*Mytilus edulis*, L.)
> La littorine (*Littorina littorea*, L.)

Ces quatre espèces servent encore à la nourriture de l'homme. D'autres espèces se rencontrent plus rarement, ce sont :

> *Nassa reticulata*, L.
> *Buccinum undatum*, L.
> *Venus pullastra*, Mont.
> *Helix nemoralis*, Müll.
> *Venus aurea*, Gm.
> *Trigonella plana*, Da. C.
> *Littorina obtusata*, L.
> *Helix strigella*, Müll.
> *Carocolla lapicida*, L.

Il est remarquable que les spécimens des sept premières

espèces soient bien développés et certainement plus grands que celles que l'on trouve actuellement dans le voisinage. Cette différence est surtout sensible pour le *Cardium edule* et la *Littorina littorea*. L'huître a presque entièrement disparu, et on ne la trouve plus même que dans quelques rares endroits du Cattégat, disparition qu'on peut en partie, peut-être, attribuer aux quantités prises par les pêcheurs. Cependant il y avait encore, au commencement de ce siècle, quelques huîtres dans l'Isefjord, et l'on ne peut entièrement attribuer leur destruction aux pêcheurs, car on trouve une grande quantité d'huîtres vides : il faut, dans ce cas, l'attribuer aux nombreuses astéries qui vivent dans ces parages, et qui sont, on le sait, ennemies acharnées des huîtres. En somme, cette disparition des huîtres, surtout si l'on rapproche ce fait de la taille diminutive des autres espèces, doit être attribuée en grande partie à la diminution de la salure de la mer.

Jusqu'à présent, en fait de crustacés, on n'a trouvé que quelques restes de crabes. Les restes des vertébrés sont très-nombreux et fort intéressants. Afin de se faire une idée du nombre des os et des proportions relatives appartenant aux différents animaux, le professeur Steenstrup examina, dans différentes parties du monticule d'Havelse, des colonnes de débris ayant un mètre carré par la base, et recueillit avec soin tous les os que contenaient ces colonnes. Il trouva, dans la première colonne 175 os de mammifères et 35 d'oiseaux ; dans la seconde, 121 de mammifères et 9 d'oiseaux ; dans la troisième, 309 de mammifères et 10 d'oiseaux. Les colonnes, cependant, n'étaient pas exactement comparables, parce que leur cube dépendait de l'épaisseur de l'amas à l'endroit où elles avaient été prises, et variaient entre 17 et 20 pieds cubes. En résumé, le professeur Steenstrup estime qu'il y a 10 ou 12 os par chaque pied cube. On comprend donc que le nombre des os est très-considérable. En effet, dans le courant d'un été, et dans l'amas d'Havelse seul, la commission a recueilli 3500 os de mammifères, plus de

200 os d'oiseaux, outre plusieurs centaines d'arêtes de poissons : ces dernières s'y trouvent en quantité presque innombrable. Les espèces les plus communes sont : .

> *Clupea harengus*, L. (le hareng)
> *Gadus callarias*, L. (le cabeliau)
> *Pleuronectes limanda*, L. (la limande)
> *Muræna anguilla*, L. (l'anguille)

Les débris des oiseaux sont très-intéressants et très-instructifs. La poule domestique (*Gallus domesticus*) est entièrement absente. On ne trouve pas non plus les deux hirondelles domestiques du Danemark (*Hirundo rustica* et *H. urbica*), ni le moineau, ni la cigogne. D'un autre côté, de beaux spécimens du coq de bruyère (*Tetrao urogallus*), qui se nourrit principalement de bourgeons de pin, prouve que, comme nous le savions déjà par les débris trouvés dans les tourbières, le pays fut à une certaine époque couvert de forêts de pins. Les oiseaux aquatiques sont les plus nombreux, surtout plusieurs espèces de canards et d'oies. Le cygne sauvage (*Cycnus musicus*), qui ne visite le Danemark que pendant l'hiver, est assez fréquent dans ces amas; mais, sans contredit, l'oiseau le plus intéressant, dont les restes aient été identifiés, est le grand Pingouin (*Alca impennis*, L.), espèce qui a maintenant presque disparu.

Les mammifères de beaucoup les plus communs sont :

> Le cerf (*Cervus elaphus*, L.)
> Le chevreuil (*Cervus capreolus*, L.)
> Le sanglier (*Sus scrofa*, L.)

Le professeur Steenstrup estime que ces trois espèces constituent les quatre-vingt-dix-sept centièmes du tout; les autres sont :

> L'urus (*Bos urus*, L.)
> Le chien (*Canis familiaris*, L.)
> Le renard (*Canis vulpes*, L.)
> Le loup (*Canis lupus*, L.)

La martre (*Martes* sp. un.)

La loutre (*Lutra vulgaris*, Erxl.)

Le marsouin (*Delphinus phocœna*, L.)

Le phoque (*Phoca* sp.)

Le rat d'eau (*Hypudœus amphibius*, L., et *H. agrestis*, L.)

Le castor (*Castor fiber*, L.)

Le lynx (*Felis lynx*, L.)

Le chat sauvage (*Felis catus*, L.)

Le hérisson (*Erinaceus europœus*, L.)

L'ours (*Ursus arctos*, L.)

La souris (*Mus flavicollis*, Mcl.)

Il y a aussi des restes d'une plus petite espèce de bœuf. On a trouvé, rarement toutefois, l'aurochs lithuanien (*Bison europœus*) dans les tourbières, mais pas encore dans les kjökkenmöddings. Le bœuf musqué (*Bubalus moschatus*) et le bœuf domestique (*Bos taurus*), aussi bien que le renne, l'élan, le lièvre, le mouton et le cochon domestique, ne se trouvent jamais (1).

Le professeur Steenstrup ne croit pas que le cochon domestique de l'ancienne Europe descende directement du sanglier, il pense plutôt qu'il a été importé de l'Orient. Les crânes qu'il m'a montrés à l'appui de son opinion accusent certainement de grandes différences entre les deux races. Il est extrêmement improbable qu'un animal aussi puissant et aussi intraitable que semble l'avoir été l'urus ait été réduit en domesticité par des sauvages, et l'état des os eux-mêmes semble confirmer l'idée qu'ils ont appartenu à des animaux sauvages. Le mouton, le cheval, le renne, ne se trouvant jamais, le chat domestique n'ayant été connu en Europe que vers le ixe siècle, le chien (2) paraît avoir été le seul animal domestique de l'époque; et quoiqu'on puisse

(1) Le professeur Steenstrup m'a fait remarquer un fait curieux, c'est que les os des kjökkenmöddings du Jutland indiquent, en règle générale, des animaux plus grands et plus puissants que ceux des îles.

(2) Si l'on en juge d'après les marques de coups de couteau qui se voient sur les os, il semble évident que le chien était alors un aliment, comme il l'est encore chez plusieurs tribus sauvages.

se demander si les os retrouvés n'appartiennent pas à une race de chiens sauvages, la question admet une réponse satisfaisante.

Parmi les débris d'oiseaux, les os longs, qui constituent environ un cinquième du squelette, sont dans les kjökkenmöddings, environ vingt fois plus nombreux que les autres, et sont presque toujours imparfaits, la diaphyse seule restant. Il en est de même pour les quadrupèdes, et il serait impossible de reconstruire un squelette parfait, certains os et certaines parties d'os manquant toujours. Ainsi, par exemple, pour le bœuf, les parties qu'on ne trouve jamais sont : la tête des os longs (quoiqu'on ne trouve que le corps du fémur, une extrémité de l'humérus est ordinairement intacte), l'épine dorsale, excepté les deux premières vertèbres, les apophyses épineuses, fréquemment les côtes, et les os du crâne, excepté la mâchoire inférieure et la partie orbitaire. Le professeur Steenstrup a pensé qu'on pouvait peut-être attribuer aux chiens ces curieux résultats, et, après avoir essayé l'expérience, il a reconnu que les os qui manquent dans les kjökkenmöddings sont précisément ceux que mangent les chiens, et que ceux qui s'y trouvent sont les parties dures et solides qui contiennent peu de nourriture. Depuis, le professeur Steenstrup a publié le diagramme d'un squelette, coloré de telle façon qu'il suffit d'un coup d'œil pour savoir quels sont les os qui se trouvent dans les kjökkenmöddings, et il fait remarquer qu'il coïncide exactement avec le diagramme publié par M. Flourens, qui indique les parties du squelette formées les premières. Quoiqu'un seul coup d'œil sur la section longitudinale d'un os long, un fémur par exemple, et la comparaison du tissu à mailles larges des deux extrémités et de la texture solide et serrée de la diaphyse, justifient immédiatement le choix des chiens, il est intéressant qu'il soit ainsi prouvé que leurs préférences dans les temps primitifs étaient les mêmes qu'à présent. En outre, nous pouvons expliquer de la même manière l'abondance de certains os dans les couches fossiles. J'ai déjà fait remarquer que la partie orbitaire et la mâchoire inférieure sont les seules parties du crâne qui restent encore ; or chacun sait que les *mâchoires inférieures* sont toujours nombreuses à l'état fossile.

Par exemple, le docteur Falconer, après avoir décrit dans les *Proceedings de la Société géologique* de 1857 (page 277) quelques-uns des fossiles trouvés par M. Beccles à Swanage, ajoute : « On a souvent remarqué le fait curieux que dans les restes des mammifères découverts à Stonesfield, on n'a retrouvé que les mâchoires inférieures. Il en est de même jusqu'à un certain point des fossiles trouvés dans les couches de Purbeck... Le plus petit fragment de mâchoire contenant une petite dent fournit immédiatement des preuves certaines, alors qu'il est presque impossible, ou tout au moins très-difficile pour ces petites créatures, à moins que l'os ne soit complet, et si c'est un os long, que les deux surfaces articulaires ne soient parfaites, d'indiquer à quel animal cet os appartient. C'est là, je crois, une des principales raisons pour lesquelles nous entendons si souvent parler de mâchoires, et si rarement d'autres os. » Sans aucun doute c'est vrai, mais les observations du professeur Steenstrup complètent l'explication du fait, et il est à regretter que les parties des os longs, qui sont les plus importantes pour le paléontologiste, soient aussi celles qu'affectionnent particulièrement les bêtes de proie.

Tous les os qui contiennent de la moelle sont fendus de façon à l'en extraire avec le plus de facilité ; cette particularité, qui est en elle-même une preuve satisfaisante de la présence de l'homme, n'a pas encore été observée dans les os trouvés dans les vraies couches tertiaires.

Les kjökkenmöddings n'étaient pas seulement une habitation d'été ; les anciens pêcheurs résidaient dans ces endroits au moins les deux tiers de l'année, sinon toute l'année. Les os des animaux sauvages nous prouvent ce fait, car il est souvent possible de déterminer, à quelques semaines près, le temps de l'année où ils ont été tués. Les débris du cygne sauvage (*Cycnus musicus*), par exemple, sont très-communs, et cet oiseau ne visite le Danemark que pendant l'hiver; arrivant en novembre, il repart en mars. On aurait naturellement pu espérer que les restes de jeunes oiseaux nous auraient fourni quelques preuves, quant au printemps et au commencement de l'année, mais malheureusement, et nous en avons expliqué les raisons, on ne trouve pas de semblables os. Il est donc heureux que chez les mammifères nous trouvions deux phénomènes périodiques : c'est-à-dire la chute et la reproduction des bois de cerf, qui arrivent toujours à la même époque, en variant cependant quelque peu avec l'âge de l'animal; et secondement la naissance et la croissance des petits.

Fig. 125.

Poinçon.

Ces phénomènes et d'autres semblables nous portent à penser que très-probablement les habitants des kjökkenmöddings résidaient toute l'année sur la côte danoise, quoique je sois disposé à croire que, comme les habitants de la Terre de Feu, qui mènent encore à présent une existence presque semblable, ils changeaient souvent de domicile. Ce qui le prouve, selon moi, c'est non-seulement l'état des foyers abandonnés, mais aussi la couleur des éclats de silex, etc. ; car, tandis que nombre d'entre eux gardent la couleur noir bleuâtre qui caractérise ordinairement les silex nouvellement cassés, couleur qui reste la même aussi longtemps qu'ils sont entourés de carbonate de chaux, d'autres sont blanchis, ce qui arrive quand ils ont été exposés à l'air pendant un long espace de temps. Ceux-ci donc sont sans doute restés à la surface pendant un abandon temporaire du village, et n'ont été recouverts que quand l'endroit a été habité de nouveau.

Les instruments de silex trouvés dans les kjökkenmöddings

FIG. 126.　　　　　　FIG. 127.　　　　　　FIG. 128.

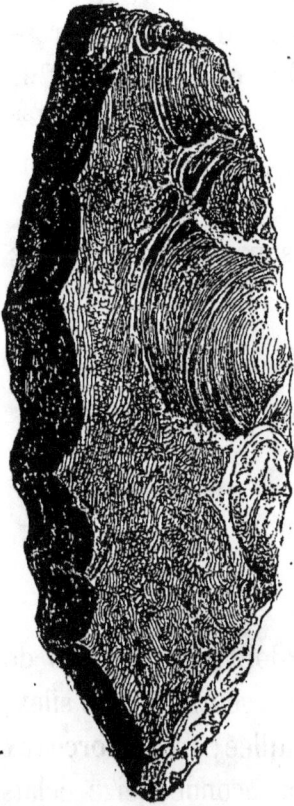  

Têtes de lance.

FIG. 129.

Grossier instrument de silex.

ressemblent à ceux qui se trouvent toujours sur les côtes. Ce sont des éclats de silex (fig. 62-69); des haches « d'amas de

coquilles », haches qui, comme nous l'avons déjà fait observer
ont une forme particulière (fig. 79–81), des poinçons (fig. 125),
des pierres de fronde, et de grossières têtes de lance (fig. 126-
128). On trouve, en outre, d'autres formes qui, quoique très-
grossières, sont évidemment artificielles, telles que la figure 129,
qui paraît avoir été une sorte de hache ; et d'autres à côtes
aiguës, qui étaient évidemment employées comme instruments
tranchants.

Pendant les deux jours que nous avons passés à Meilgaard,
nous avons trouvé les objets suivants :

Haches.......................	19
Éclats de silex................	139
Épingles d'os, etc.	6
Cornes.....	6
Poterie, seulement...........	4 morceaux.
Marteau de pierre............	1
Pierres de fronde, environ......	20
	195

Quant aux trois « colonnes » de débris dont nous venons de
parler (p. 183), on a trouvé dans la première, sept éclats de silex,
deux haches, un morceau de corne travaillée ; trois morceaux
d'os travaillé, et quelques poteries ; dans la seconde, seize éclats
de silex, une hache, et sept pierres de fronde ; dans la troisième,
quatre éclats de silex, deux haches de silex et un os appointi.
En un mot, quoiqu'ils ne paraissent pas plus riches que les autres
kjökkenmöddings, Meilgaard et Havelse ont déjà chacun produit
plus de mille de ces grossières reliques, bien qu'on n'ait encore
examiné que de petites parties de ces monticules. Il n'y a donc
pas lieu de s'étonner du grand nombre de haches trouvées dans
la vallée de la Somme, où l'on a examiné une quantité bien plus
considérable de matériaux.

On n'a pas encore découvert dans les kjökkenmöddings de
grandes haches polies ; cependant un fragment d'une de ces
haches, trouvé à Havelse, et dont on avait fait un racloir, prouve
qu'elles n'étaient pas entièrement inconnues. On a trouvé aussi,

mais en bien petit nombre, des armes faites avec soin ; cependant, en règle générale, tous les instruments des amas de coquilles sont très-grossiers. On a découvert quelques morceaux de poterie très-grossière, et une quantité considérable d'os des kjökkenmöddings portent les traces évidentes d'un instrument tranchant ; plusieurs morceaux trouvés par nous étaient dans cet état, et avaient été façonnés en grossières épingles.

Les observations faites par les voyageurs arctiques prouvent que, quand bien même on aurait trouvé dans les amas de coquilles des ossements humains, cette découverte ne serait pas en elle-même une preuve que les habitants fussent des cannibales ; mais l'absence de semblables restes indique clairement que la population primitive du Nord n'avait pas cette abominable coutume. D'un autre côté, les tumuli nous ont fourni de nombreux squelettes qui datent probablement de l'âge de pierre. Les crânes sont très-arrondis, et ressemblent, sous bien des rapports, à ceux des Lapons, mais ils ont l'arcade sourcilière plus avancée. Une particularité curieuse, c'est que leurs incisives ne se croisent pas comme font les nôtres, mais se rencontrent comme font celles des Groenlandais à notre époque. Ce qui indique évidemment une manière particulière de manger.

Quoiqu'il reste encore beaucoup à apprendre sur les hommes de l'âge de pierre, les faits déjà connus, comme quelques coups de crayon donnés par un dessinateur habile, nous fournissent les éléments d'une esquisse. Si nous reportons notre imagination sur le passé, nous verrons, sur les côtes basses de l'archipel danois, une race d'hommes à petite taille, aux sourcils lourds et épais, à la tête ronde, au visage ressemblant probablement beaucoup à celui des Lapons actuels. Comme il leur fallait évidemment se défendre contre les intempéries des saisons, il est plus que probable qu'ils habitaient des tentes faites de peaux. L'absence complète de métal dans les kjökkenmöddings prouve qu'ils n'avaient d'armes que celles faites avec du bois, des pierres, des cornes et des os. Leur principal aliment doit avoir été des coquillages, mais ils savaient pêcher les poissons, et ils variaient souvent leur nourriture par le produit de leurs chasses. Ce n'est sans doute pas manquer de charité que de supposer que, quand les chasseurs revenaient chargés de gibier, tous les habitants se gorgeaient, comme le font encore la plupart des races sauvages. Il est évident que la moelle était le mets délicat par excellence, car tous les os qui en contenaient sont fendus.

Nous avons déjà vu que ce n'était pas seulement pendant la saison d'été qu'ils venaient habiter les amas de coquilles, et il y a tout lieu de croire qu'ils menaient à peu près la même vie que les habitants de la Terre de Feu, qui demeurent sur la côte, se nourrissent principalement de coquillages, et n'ont que le chien pour animal domestique. Darwin, dans son journal (p. 234), en fait une excellente description, et nous en extrayons les passages suivants, qui nous donnent une idée probablement correcte de ce qu'on aurait pu voir il y a bien longtemps sur les côtes danoises. « Les habitants, se nourrissant principalement de coquillages, sont constamment obligés de changer le lieu de leur résidence; mais ils reviennent après un intervalle aux mêmes endroits, ce que rendent évident les tas de vieilles coquilles, tas qui souvent pourraient s'évaluer à un poids de plusieurs tonnes. On peut distinguer ces tas à une distance considérable, à cause de la couleur vert brillant de certaines plantes qui croissent toujours dessus..... Le wigwam de l'habitant de la Terre de Feu ressemble à un tas de foin. Il se compose de quelques branches cassées enfoncées en terre et très-imparfaitement recouvertes d'un côté de quelques mottes de terre, de gazon et de joncs. Il faut à peine une heure pour construire une semblable hutte; ils ne l'habitent d'ailleurs que quelques jours..... Un peu plus tard, le *Beagle* resta deux jours à l'ancre près de l'île de Wollaston, qui se trouve un peu plus au nord. En allant à terre, nous rencontrâmes un canot contenant six indigènes. Ce sont les créatures les plus abjectes et les plus misérables que j'aie jamais rencontrées. Sur la côte orientale, les indigènes, comme nous

l'avons vu, ont des manteaux de guanaco; sur la côte occidentale, ils possèdent des peaux de phoque. Dans les tribus centrales, les hommes ont ordinairement des peaux de loutre, ou
quelque morceau de peau, grand comme un mouchoir de
poche, à peine suffisant pour leur couvrir le dos. Cette peau est
fixée sur leur poitrine au moyen de ficelles, et ils la passent
d'un côté à l'autre de leur corps, selon l'endroit d'où souffle le
vent. Les indigènes que nous vîmes dans le canot étaient entièrement nus, même une femme qui se trouvait avec eux. Il pleu-
vait très-fort, et la pluie mêlée à l'eau de mer leur couvrait le
corps..... Ces pauvres malheureux étaient petits; leur visage
hideux était couvert de peinture blanche; leur peau était sale et
graisseuse, leur chevelure inculte; ils avaient la voix discordante,
les gestes violents et sans dignité. Quand on voit de tels hommes,
on peut à peine croire que ce soient des créatures comme nous et
qu'ils habitent le même monde..... Ils passent la nuit, tout nus,
enroulés les uns autour des autres comme des animaux, couchés
sur le sol détrempé, à peine protégés contre le vent et la pluie
de ce climat orageux. Quand la marée est basse, il faut qu'ils se
lèvent pour aller chercher des coquillages sur les rochers; et les
femmes, hiver et été, plongent pour chercher des œufs de mer,
ou, assises patiemment dans leurs canots, passent des journées
entières à pêcher des petits poissons à la ligne. S'ils arrivent à
tuer un phoque, s'ils découvrent la carcasse flottante à demi
pourrie d'une baleine, c'est un festin; ils assaisonnent cette
affreuse nourriture de quelques baies sans saveur. Souvent aussi
la famine règne, et elle a pour conséquence immédiate le cannibalisme accompagné du parricide. » Sous ce dernier point, cependant, l'avantage paraît être du côté des anciens, que nous n'avons
aucun droit d'appeler des cannibales.

Si l'absence de débris de céréales nous autorise à conclure
que les habitants des kjökkenmöddings n'avaient aucune notion
de l'agriculture, ils ont dû certainement souffrir souvent de la
famine, ce dont nous trouvons peut-être la preuve dans les os de

renard, de loup et autres carnivores qu'ils ne devaient sans
doute pas manger par goût; d'un autre côté, ils étaient assez
heureux pour ne pas connaître les liqueurs spiritueuses, le plus
grand fléau, à notre époque, de l'Europe septentrionale.

Le professeur Worsaæ a proposé de diviser l'âge de pierre en
deux périodes, dont il subdivise de nouveau la première. Sa
classification est comme il suit :

Première période de l'âge de pierre.

1° Les instruments de pierre trouvés dans le diluvium et dans
les cavernes avec les restes du mammouth, du rhinocéros, de
l'hyène et d'autres animaux disparus.

2° Les kjökkenmöddings et les amas sur les côtes.

Seconde période de l'âge de pierre.

Période caractérisée par les instruments de pierre admirablement travaillés et les grands tumuli.

Les amas de coquilles, selon le professeur Worsaæ, ne contiennent que des instruments de silex très-mal faits (fig. 25-129), qui
sont évidemment les ouvrages de peuples beaucoup plus grossiers, beaucoup plus barbares que ceux qui ont élevé les grands
tumuli de l'âge de pierre, et fabriqué les armes magnifiques, etc.,
qu'on y trouve. Il reconnaît qu'on a trouvé dans les kjökkenmöddings quelques armes bien faites et des morceaux de semblables
armes; mais il pense que ces derniers au moins sont plus récents que
les amas de coquilles, où l'on prétend les avoir trouvés, et que, dans
tous les cas, leur présence constitue une exception. A Meilgaard,
par exemple, les recherches entreprises sous les auspices du feu
roi, en juin 1861, ont produit plus de cinq cents éclats de silex et
d'autres grossiers instruments, mais pas un seul spécimen qui
portât la moindre trace d'un polissage, pas un seul qui ressem-
blât aux instruments de silex trouvés dans les tumuli. D'un autre
côté, ces instruments grossiers ne se rencontrent, dit-on, jamais
dans les tumuli, remplacés qu'ils sont par des instruments d'un

caractère différent, et montrant beaucoup d'habileté de la part
de l'ouvrier. En outre, alors que chacun admet que les habitants
des amas de coquilles n'avaient qu'un seul animal domestique,
le chien, et qu'ils n'avaient aucune notion de l'agriculture, le professeur Worsaæ pense que, pendant la seconde période de l'âge
de pierre, les habitants du Danemark possédaient certainement
des bestiaux et des chevaux, et très-probablement cultivaient
la terre.

Le professeur Steenstrup est d'une opinion toute contraire, il
pense que les kjökkenmöddings et les tumuli de l'âge de pierre
sont contemporains. Il nie complétement qu'on ait trouvé dans
les tumuli de l'âge de pierre des restes de bœufs domestiques et
de chevaux, si ce n'est toutefois dans quelques cas très-rares,
et il pense qu'alors les restes qu'on y a trouvés ne sont pas
contemporains des tumuli eux-mêmes, mais qu'ils y ont probablement été introduits par des renards. Il admet que les instruments de pierre trouvés dans les amas de coquilles sont entièrement différents, et plus grossiers que ceux trouvés dans les
tumuli ; mais il pense que ces deux classes d'instruments ne
représentent pas deux degrés différents, mais bien deux phases
différentes d'un seul état de civilisation. Les tumuli sont les sépultures des chefs, les kjökkenmöddings les débris de la cuisine de
simples pêcheurs. Les premiers contiennent tout ce que l'habileté
pouvait imaginer, tout ce que le respect pouvait porter à offrir,
tout ce que la richesse pouvait procurer ; les seconds, les objets
seulement dont l'art ne pouvait tirer aucun parti, objets rejetés
comme inutiles ou accidentellement perdus. Afin donc de comparer ces deux classes d'objets, il ne faut pas prendre les grossiers
spécimens ordinaires, si nombreux dans les amas de coquilles,
mais les quelques instruments mieux faits qui, heureusement pour
la science et pour nous, ont été perdus au milieu des coquilles
d'huître, ou qui avaient été brisés, et par conséquent rejetés.
Ces instruments, quoique en petit nombre, sont, selon le professeur Steenstrup, aussi nombreux qu'on pouvait s'y attendre. En

outre, les longs éclats de silex, si communs dans les kjökkenmöddings, prouvent suffisamment toute l'habileté qu'on mettait déjà
à travailler le silex. En effet, comme le professeur Steenstrup le
fait si bien remarquer, ces éclats sont le résultat d'un si petit
nombre de coups, ils ont un aspect si simple, qu'on ne comprend
pas assez généralement toute l'habileté qu'il faut pour les fabriquer. Quiconque cependant voudra essayer d'en faire un, tout
en ne réussissant probablement pas, apprendra tout au moins à
apprécier les instruments de silex. Aucun éclat de silex trouvé
dans les tumuli n'est supérieur à quelques-uns de ceux découverts dans les kjökkenmöddings; plusieurs de ceux que nous
avons trouvés à Meilgaard ont plus de 5, et un même plus de
6 pouces de longueur, et je possède un éclat géant de Fannerup
(fig. 62-64), que m'a donné le professeur Steenstrup, qui a
8 pouces 3/4 de long. Quant aux haches grossières et plus ou
moins triangulaires qui se trouvent toujours dans les kjökkenmöddings, le professeur Steenstrup refuse de les comparer,
comme nous l'avons déjà vu, aux haches polies des tumuli,
parce que, selon lui, elles n'étaient pas destinées au même usage.
Outre la preuve directe tirée de la découverte de quelques haches
bien faites du type tumulus, le professeur Steenstrup s'appuie
beaucoup sur la preuve plus indirecte qu'on peut tirer des autres débris des amas de coquilles. Ainsi, les débris fréquents
de grands animaux adultes, comme par exemple, le phoque et
le bœuf sauvage, sont, selon lui, des preuves évidentes que les
habitants de ces amas devaient posséder des armes plus utiles
et plus terribles qu'aucune de celles que le professeur Worsaæ
est disposé à leur concéder; en outre, il pense que les entailles, si
communes sur les os trouvés dans les amas de coquilles, ont dû
être faites par des instruments polis, et sont trop égales pour être
les marques d'éclats de silex, comme le veut le professeur
Worsaæ. Enfin, et sans vouloir attribuer autant de poids que le
fait le professeur Worsaæ à l'absence d'instruments grossiers dans
les tumuli, en admettant même que cette absence fût prouvée,

le professeur Steenstrup dispute le fait en se basant sur ce que
ces instruments n'auraient pas, avant les découvertes récentes, été
reconnus et recueillis, et que d'ailleurs on en a trouvé dès qu'on
les a recherchés.

Après avoir pesé avec soin les deux raisonnements, je ne puis,
comme on pouvait s'y attendre, me ranger entièrement à l'avis
de l'un ou l'autre des adversaires.

Les petites haches grossières me semblent encore moins bien
adaptées au but suggéré par le professeur Steenstrup, qu'aux
emplois qui leur sont ordinairement assignés. Sans aucun doute,
il y en a beaucoup qui n'auraient jamais pu servir comme instruments tranchants, mais ce sont peut-être des haches inachevées,
soit par manque d'habileté de la part de l'ouvrier, soit à cause
de quelque défaut dans le silex lui-même. D'autres me paraissent,
comme au professeur Worsaæ, utiles, quoique grossières, et bien
adaptées à quelques usages (pour détacher, par exemple, des
huîtres d'un rocher, ou pour hacher le bois), qui exigeaient un
instrument solide plutôt que coupant. Ils ressemblent beaucoup
aux erminettes employées par les indigènes de la mer du Sud :
un de ces instruments est représenté pour servir de comparaison
(voyez page 73). Leur caractère me paraît cependant tout différent
des haches bien faites et ordinairement polies ; elles ne semblent pas
être des instruments plus grossiers du même type. Quoiqu'on ne
doive certainement pas s'attendre à trouver dans les kjökkenmöddings beaucoup de couteaux, de haches, de têtes de lance, etc.,
parfaits, pas plus qu'on ne s'attendrait à trouver dans un tas d'ordures moderne des objets d'art ou de prix, je confesse cependant
que les fragments de ces instruments devraient être plus nombreux qu'ils ne semblent l'être.

Outre les cinq cents instruments grossiers trouvés à Meilgaard pendant la visite du roi, et décrits par le professeur
Worsaæ, j'ai trouvé moi-même cent quarante éclats de silex,
et environ cinquante autres instruments, dans la visite que je fis,
l'année dernière, à cet endroit célèbre, accompagné par le pro-

fesseur Steenstrup. Il faut y ajouter encore les nombreux instruments recueillis par M. Olsen et les membres de la commission.
Or, sur cette quantité considérable d'instruments de différentes
sortes, il n'y en a qu'un qui ressemble un peu aux instruments
bien faits des tumuli. De même à Havelse, on n'a trouvé qu'un
seul fragment de hache polie, au milieu de mille objets plus-
grossiers. On pourrait cependant alléguer avec raison, que pour
une semblable comparaison, il faut laisser de côté les éclats de
silex et les pierres de fronde ; dans ce cas, et si nous comptons
seulement les haches, les nombres seraient considérablement
diminués.

Il y a aussi beaucoup de vrai dans le raisonnement du professeur Steenstrup, quant aux éclats de silex, et il n'a en aucune façon
exagéré la difficulté de leur fabrication. Leurs bords, cependant,
sont si tranchants, qu'il serait, je crois, difficile de distinguer entre
une entaille faite par un éclat et une autre faite avec une hache
polie. D'un autre côté, le professeur Steenstrup a expliqué d'une
manière satisfaisante la soi-disant absence d'instruments grossiers dans les tumuli de l'âge de pierre. En Angleterre, on pourrait conclure, d'après les recherches d'un archéologue aussi intelligent que Sir R. Colt Hoare, que des instruments grossiers
n'ont jamais ou n'ont été que très-rarement trouvés dans les
tumuli ; et cependant les recherches plus récentes de M. Bateman ont prouvé qu'il n'en est pas ainsi, et que les grossiers
instruments de pierre ont dû échapper aux observations des
anciens archéologues. M. Bateman, dans les tumuli qu'il a examinés, a trouvé de nombreux éclats de silex, etc., tout aussi
grossiers que ceux des amas de coquilles. Je ne sache pas, cependant, qu'on ait encore trouvé dans les tumuli les petites haches
triangulaires si communes dans les amas de coquilles. Et d'un
autre côté, on n'a pas encore trouvé dans les amas de coquilles
des formes ressemblant à celles de l'âge palæolithique.

Enfin., quant aux restes supposés d'animaux domestiques,
autres que le chien, dans les tumuli de l'âge de pierre, les preuves

avancées par le professeur Worsaæ ne me semblent en aucune façon concluantes ; ceci d'ailleurs a peu de conséquence, car cette question, maintenant que l'attention a été attirée sur ce sujet, sera certainement résolue avant longtemps.

En somme, les témoignages complexes prouvent, selon moi, que les amas de coquilles du Danemark représentent une période définie dans l'histoire de ce pays, et qu'on peut les attribuer à la première partie de l'âge de pierre néolithique, alors que l'art de polir les instruments de silex était connu, mais avant qu'il ait atteint son complet développement.

Il est, jusqu'à présent, impossible d'assigner une date dans l'histoire à la formation des kjökkenmöddings, qui néanmoins ont évidemment une immense antiquité. Nous savons que le pays a été longtemps couvert de forêts de hêtres, et cependant il est prouvé que pendant l'âge de bronze, les hêtres n'existaient qu'en fort petite quantité, alors que tout le pays était couvert de chênes. Ce changement exige un laps de temps considérable, en supposant même qu'il n'y ait eu que quelques générations de chênes. Nous savons aussi que les pins ont précédé les chênes, et qu'alors même le pays était habité.

En outre, le nombre considérable d'objets appartenant à l'âge de bronze, qui ont été trouvés au Danemark, et le grand nombre de sépultures, semblent autoriser les archéologues danois à assigner à cette période une durée considérable. Le même raisonnement s'applique avec plus de force encore aux restes de l'âge de pierre, car un pays où les habitants subsistent par la pêche et par la chasse ne peut être très-peuplé. En somme, nous sommes forcés d'admettre que ce pays a dû être habité pendant un très-long laps de temps, quoique aucune des antiquités danoises ne soit aussi ancienne que beaucoup d'autres trouvées dans d'autres parties de l'Europe et que nous décrirons dans les chapitres subséquents.

CHAPITRE VII

ARCHÉOLOGIE DE L'AMÉRIQUE DU NORD.

C'est à quatre excellents mémoires publiés sous les auspices de l'Institution Smithsonian que nous sommes principalement redevables de tout ce que nous savons au sujet de l'archéologie de l'Amérique du Nord : — 1° *Anciens monuments de la vallée du Mississippi, comprenant les résultats de considérables explorations originales*, par E. G. Squier, A. M., et E. H. Davis, M. D. — 2° *Monuments aborigènes de l'État de New-York, comprenant les résultats d'explorations originales, avec un Appendice* par E. G. Squier, A. M. — 3° *Les Antiquités du Wisconsin étudiées et décrites*, par J. A. Lapham. — 4° *L'Archéologie des États-Unis, ou Esquisses historiques et biographiques des progrès, des connaissances et des opinions sur les antiquités des États-Unis*, par Samuel F. Haven. Il y a, il est vrai, plusieurs autres mémoires que nous aurions dû peut-être ajouter à notre liste, un surtout de M. Caleb Atwater, qui, selon MM. Squier et Davis, « mérite l'honneur d'avoir tracé la voie dans cette branche de la science ». Ses recherches forment le premier volume des *Archæologia Ameri-*

cana, volume publié en 1849, et qui contient des plans et des descriptions de plusieurs édifices anciens. Il ne faut pas non plus oublier de citer l'ouvrage de Schoolcraft : *Histoire, condition et avenir des tribus indiennes des États-Unis*.

Le mémoire de MM. Squier et Davis, qui occupe plus de trois cents pages, est consacré tout particulièrement à la description des fortifications, des enceintes, des temples, des tertres, et des différents instruments, ornements, etc., qu'on y a trouvés. Ce mémoire est illustré par 48 planches et 207 gravures sur bois.

Dans son second ouvrage, M. Squier ne s'occupe que des antiquités de l'État de New-York. Dans ces limites mêmes, cependant, il décrit bien des monuments antiques différents, et il croit pouvoir estimer le nombre des monuments qui existaient dans cet état à deux cents ou deux cent cinquante. Il en arrive à la conclusion, « conclusion à laquelle je m'attendais fort peu, dit-il, quand je commençai mon voyage de recherches, que les fortifications de terre dans la partie occidentale de l'État de New-York ont été élevées par les Iroquois, ou leurs voisins occidentaux, et que l'antiquité de ces ouvrages n'a pas de beaucoup précédé leur découverte. »

L'exploration systématique des ruines du Wisconsin, exploration que relate le mémoire de M. Lapham, a été entreprise par lui pour la Société américaine des antiquaires, qui a subvenu aux dépenses nécessaires. Le mémoire a été publié aux frais de l'Institution Smithsonian, et fait partie du septième volume des *Contributions* de cette Société. Les frais de cette publication ont été considérables, à cause du grand nombre des gravures (55 planches, et 64 gravures sur bois).

L'ouvrage de M. Haven est bien décrit par le titre ; cet ouvrage forme une introduction intéressante à l'étude de l'archéologie de l'Amérique du Nord. M. Haven ne donne comparativement que peu d'observations ou d'opinions à lui propres ; mais, après un examen approfondi de ce que les autres ont décrit, il en vient à la conclusion que les terrassements anciens des États-Unis « dif-

fèrent moins par leur nature que par leur degré, d'autres antiquités sur lesquelles l'histoire ne garde pas tout à fait le silence.
Ils sont plus nombreux, plus concentrés, et dans quelques cas
impliquent un travail plus considérable que les travaux qui se
trouvent près des frontières des États, travaux auxquels ils ressemblent beaucoup par leurs différents caractères. Leur nombre
peut être le résultat de fréquents changements de résidence par
une population comparativement limitée, changement résultant
d'un trait superstitieux du caractère indien, qui pousse ces peuples à abandonner un endroit où une grande calamité les a
frappés ; mais ils semblent plutôt indiquer un pays très-peuplé
pendant une période assez longue, pour admettre une grande
extension de mouvements progressifs. »

Quoiqu'il s'occupe plus particulièrement de l'état actuel et des
mœurs des tribus indiennes, Schoolcraft, cependant, en traçant
rapidement leur histoire, nous donne bien des renseignements
archéologiques, et nous aurons fréquemment occasion de faire
des emprunts à son ouvrage.

Les antiquités elles-mêmes peuvent se classer en deux grandes
divisions : les *Instruments* (y compris les bijoux) et les *Terrassements*. Les archéologues américains ont subdivisé ces terrassements en sept classes : 1° Enceintes défensives ; 2° Enceintes
sacrées et diverses ; 3° Tertres tumulaires ; 4° Tertres pour les
sacrifices ; 5° Tertres temples ; 6° Tertres « animaux » ; 7° Tertres
divers. Nous passerons successivement en revue toutes ces classes,
et nous serons alors plus à même de mieux étudier les terrassiers
eux-mêmes.

INSTRUMENTS.

Les simples armes d'os et de pierre qui se trouvent en Amérique ressemblent beaucoup à celles des autres pays. Les éclats,
les hachettes, les haches, les têtes de flèche, les instruments
d'os, sont, par exemple, très-semblables à ceux qui se trouvent
dans les lacs suisses, en faisant, bien entendu, la part de la diffé-

rence des matériaux. Outre ces formes simples, qui, on pourrait le dire, se trouvent partout, il y en a d'autres, cependant,
qui sont plus compliquées. Dans bien des cas, ces instruments
sont perforés, comme ceux, par exemple, reproduits par
MM. Squier et Davis (*loc. cit.*, p. 218). On pense ordinairement
que les haches percées, trouvées en Europe, appartiennent à
l'époque métallique; mais en Amérique, les données nous manquent pour déterminer l'antiquité relative des types perforés
ou non.

A l'époque de la découverte de l'Amérique, le fer était entièrement inconnu aux indigènes, à l'exception peut-être d'une tribu
vivant près de l'embouchure de la Plata, tribu qui possédait des
flèches armées d'une pointe de fer qu'ils tiraient, suppose-t-on, de
masses de fer natif. Les puissantes nations de l'Amérique du
centre étaient cependant au milieu de l'âge de bronze, tandis
que les Américains du Nord étaient dans un état dont nous ne
trouvons en Europe que quelques traces bien rares, c'est-à-dire
un âge de cuivre. L'argent est le seul autre métal qu'on ait retrouvé dans les anciens tumuli, et encore n'est-ce qu'en très-petite
quantité. Ce métal se trouve quelquefois, mais rarement, à l'état
natif avec le cuivre du lac Supérieur, et c'est de là très-probablement qu'on le tirait. Il ne paraît pas avoir été jamais fondu. On
trouve dans les tertres une si grande quantité de galène, que
MM. Squier et Davis sont disposés à croire que les tribus
indiennes de l'Amérique du Nord devaient employer le plomb;
mais autant que je le sache, on n'a jamais trouvé le métal
lui-même.

Le cuivre, au contraire, se trouve fréquemment dans les
tumuli, tantôt travaillé, tantôt à l'état naturel. Les haches ressemblent beaucoup à ces haches simples d'Europe, qui contiennent la quantité minimum d'étain; quelques peintures mexicaines
nous montrent comment elles étaient emmanchées et comment on s'en servait. Les haches mexicaines, il est vrai, étaient
de bronze, et avaient par conséquent été fondues, au lieu que les

haches indiennes, qui sont de cuivre pur, paraissent dans tous les cas avoir été faites à froid, ce qui est d'autant plus remarquable que, comme le font si bien observer MM. Squier et Davis, « le feu des autels était assez intense pour fondre les instruments et les ornements de cuivre qu'on déposait sur eux. Mais ils ne semblent pas avoir profité de la facilité que le hasard leur offrait » (1). Ceci est d'autant plus surprenant, que comme Schoolcraft (2) nous le dit, « on trouve dans presque tous les tertres dernièrement ouverts des monceaux de charbon et de cendres, preuve évidente qu'ils se servaient souvent du feu ». Ainsi, quoique ces Indiens connussent le métal, ils ne savaient pas s'en servir; et comme le professeur Dana le fait si bien remarquer dans une lettre qu'il m'a adressée, on pourrait dire qu'ils vivaient dans l'âge de pierre, puisqu'ils employaient le cuivre non pas comme métal, mais comme pierre. Cet état intermédiaire entre un âge de pierre et un âge de métal est fort intéressant.

Le cuivre natif se trouve en grande quantité dans le voisinage du lac Supérieur et dans quelques autres localités plus septentrionales encore; les Indiens n'avaient donc qu'à en détacher des morceaux et à lui donner à coups de marteau la forme qu'ils désiraient. Hearne entreprit son célèbre voyage aux embouchures de la rivière de la Mine de cuivre, sous les auspices de la Compagnie de la baie d'Hudson, dans le but d'examiner les localités où les indigènes de ce district se procuraient le métal. Dans ce pays, il se trouve en morceaux à la surface du sol, et les Indiens semblent l'avoir ramassé sans essayer de faire quoi que ce soit qui puisse s'appeler une mine. Autour du lac Supérieur, cependant, le cas est tout différent. MM. Squier et Davis, dans leur ouvrage que nous avons déjà si souvent cité,

----

(1) On dit cependant avoir trouvé une hache de cuivre *fondue* dans l'État de New-York, mais il est impossible de prouver par qui elle a été faite.

(2) *Tribus indiennes*, p. 97.

M. Squier dans les *Monuments aborigènes de l'État de New-York*, M. Lapham (1) et M. Schoolcraft (2) décrivent en quelques mots d'anciennes mines de cuivre, et le professeur Wilson a traité longuement le même sujet. Ces mines semblent avoir été découvertes en 1847, par l'agent de la Compagnie des mines du Minnesota.

« Suivant une dépression continuelle du sol, il arriva enfin à une caverne où plusieurs porcs-épics avaient établi leur quartier d'hiver; apercevant des traces d'excavations artificielles, il enleva les terres qui s'étaient accumulées, et découvrit non-seulement une veine de cuivre, mais trouva dans les débris une grande quantité de maillets et de marteaux de pierre ayant appartenu aux anciens ouvriers. Des observations subséquentes firent découvrir des excavations anciennes d'une grande étendue, ayant fréquemment de 25 à 30 pieds de profondeur et répandues sur une superficie de plusieurs milles. Les terres enlevées sont accumulées sur les côtés; les tranchées elles-mêmes ont été graduellement comblées par des matières végétales, produit des siècles qui se sont écoulés depuis l'abandon de ces mines, et sur le tout les géants de la forêt ont poussé, vécu, et ont fini par tomber en pourriture. M. Knapp, l'agent de la Compagnie des mines du Minnesota, a compté trois cent quatre-vingt-quinze anneaux dans le tronc d'un sapin qui avait poussé sur un de ces amas de terre jeté hors d'une ancienne mine. M. Foster mentionne aussi le grand âge et la grosseur d'un pin qui a dû croître et mourir depuis que les mines ont été abandonnées; et M. C. Whittesley cite non-seulement les arbres vivant maintenant sur le sol des tranchées abandonnées, dont quelques-uns, dit-il, ont plus de trois cents ans, mais il ajoute : « Au même endroit, on voit les troncs pourris d'une génération où des générations précédentes, arbres qui sont arrivés à leur maturité et

(1) *Loc. cit.*, p. 74.
(2) *Loc. cit.*, p. 95.

qui sont tombés de vieillesse. » Selon le même écrivain, dans
une communication faite par lui à l'Association américaine, à
son meeting à Montréal en 1857, ces anciennes mines s'étendent
sur une longueur de cent à cent cinquante milles, sur le bord
méridional du lac.

Dans une autre excavation, on a trouvé une masse de cuivre
natif pesant plus de six tonnes. Elle reposait sur un support artificiel de chêne noir, conservé en partie par l'immersion dans
l'eau. On trouva à côté plusieurs instruments et plusieurs outils
du même métal. Les outils les plus communs sont des maillets
ou des marteaux de pierre; dans un seul endroit on en a enlevé
dix charretées. Dans ce même endroit, il y avait des haches de
pierre très-grandes, de diorite, et faites de façon à être emmanchées, et aussi de grosses masses rondes de diorite qui servaient
probablement de rouleaux. On avait creusé à l'intérieur des
trous profonds de quelques pouces, sans doute pour y fixer un
manche de bois long, de façon que plusieurs hommes pussent
le manier et s'en servir en guise de massue pour briser le rocher
et les masses de cuivre. Quelques-uns étaient brisés, et l'on voyait
encore sur les pointes des rochers les traces de coups portés de la
manière que nous venons d'indiquer (1).

Les instruments de bois sont si périssables, que nous ne pouvions pas nous attendre à en trouver beaucoup. On n'a découvert,
en somme, que deux ou trois écuelles de bois, une auge et quelques pelles à long manche.

On a souvent affirmé que les Indiens possédaient le moyen, à présent inconnu, de durcir le cuivre. S'il faut en croire le professeur
Wilson, qui a fait de nombreuses recherches à cet effet, c'est là
une erreur. Le professeur Crofts, à qui il avait remis quelques
instruments de cuivre, a trouvé qu'ils n'étaient pas plus durs que
le cuivre natif ordinaire du lac Supérieur. « Le métal offrait une

---

(1) Le professeur W. W. Mather, dans une lettre adressée à M. Squier
(loc. cit., p. 184).

structure très-lamellée, comme si l'instrument avait été fait avec
une masse de cuivre amenée à sa forme actuelle à force de coups
de marteau. »

POTERIE.

Avant l'introduction des vases de métal, l'art du potier était
encore plus important qu'il ne l'est à présent. Aussi les sites d'anciennes habitations se font-ils ordinairement remarquer par de
nombreux fragments de poteries ; ceci est aussi vrai pour les
anciennes stations indiennes que pour les villes celtiques d'Angleterre ou pour les villages lacustres de la Suisse. Ces fragments, cependant, sont ordinairement ceux de grossiers vases
usuels, et c'est principalement dans les tumuli qu'il faut aller
chercher ces urnes et ces coupes mieux faites qui nous permettent de juger de l'état de l'art. Or, je ne connais pas en Grande-
Bretagne une seule urne funéraire appartenant à une période
anté-romaine, qui soit ornée d'une ligne courbe. Il est inutile
d'ajouter que ces urnes ne sont jamais décorées de copies d'animaux ou de plantes. Animaux ou plantes ne se trouvent pas
non plus sur les objets de l'âge de bronze en Suisse, et je pourrais presque dire dans tout l'ouest de l'Europe, tandis que les
décorations consistant en lignes courbes et en spirale sont émi-
nemment caractéristiques de cette époque. Les idées décoratives
de l'âge de pierre, d'un autre côté, se bornent, autant toutefois
que nous pouvons en juger, à des agencements de lignes droites ;
l'idée d'une ligne courbe ne semble même pas s'être présentée à
leur esprit. L'impression de l'ongle ou d'une corde sur l'argile
molle, telles sont les décorations les plus élégantes de leurs vases.

M. le docteur Wilson a fait remarquer avec raison, que, quant
à l'Europe, « on ne retrouve jamais aucun essai d'imiter une
feuille ou une fleur, un oiseau, un animal, ou un simple objet
naturel, quel qu'il soit ; et quand, dans les objets de bronze de
l'âge de fer, les formes imitatives paraissent enfin, ce sont presque toujours des serpents et des dragons, formes empruntées

sans doute, ainsi que leurs singulières idées mythologiques, par les aventuriers celtiques ou teutons, au berceau oriental de leur race. » L'art américain était dans un état bien différent.

« L'art du potier avait atteint une grande perfection. » Quelques vases trouvés dans les tumuli rivalisent, dit-on, par leur élégance de forme, leur délicatesse et leur fini, avec les plus beaux spécimens péruviens. La substance employée est de la belle argile, parfaitement pure dans les vases les plus délicats ; dans les plus grossiers, elle est mélangée de quartz réduit en poudre. Les Indiens ne semblent avoir connu ni l'usage du vernis, ni celui de la roue à potier, bien qu'« ils se soient servis sans doute d'un objet qui en approchait grossièrement, c'est-à-dire d'un bâton tenu par le milieu, et qu'on tournait à l'intérieur d'un morceau d'argile, empilé par un autre ouvrier » (1).

Les pipes sont peut-être les spécimens les plus caractéristiques de l'ancienne poterie américaine. Quelques-unes sont de simples fourneaux, qui ressemblent assez aux pipes ordinaires, dont elles ne diffèrent qu'en ce qu'elles n'ont pas de tuyau ; on appliquait apparemment les lèvres directement au fourneau. D'autres sont très-ornées ; beaucoup représentent des monstres ou des animaux, tels que le castor, la loutre, le chat sauvage, l'élan, l'ours, le loup, la panthère, le raton, l'opossum, l'écureuil, le morse, l'aigle, le faucon, le héron, le hibou, la buse, le corbeau, l'hirondelle, le perroquet, le renard, le coq de bruyère et beaucoup d'autres. Le fait le plus intéressant est la copie du morse ; on en a trouvé sept dans les tertres de l'Ohio. Il ne faut pas croire que ce soient là des sculptures grossières, à propos desquelles on pourrait facilement se tromper ; non : « la tête tronquée, le museau épais demi-circulaire, les narines singulières, la lèvre supérieure saillante et ridée, les pieds ou nageoires si singuliers, les moustaches remarquables, tout est distinctement indiqué et fait immédiatement reconnaître l'animal » (2). Cet

(1) Squier et Davis, loc. cit., p. 195.
(2) Squier et Davis, loc. cit., p. 252.

animal curieux ne se trouve pas à présent au delà des côtes de la Floride, c'est-à-dire à 1000 milles de distance.

BIJOUX.

Les bijoux trouvés dans les tertres consistent en : grains, coquillages, colliers, pendants, plaques de mica, bracelets, gorgerins, etc. Le nombre des grains est quelquefois surprenant. Ainsi, le célèbre Grave Creek contenait trois ou quatre mille grains d'écaille, outre environ deux cent cinquante ornements de mica, plusieurs bracelets de cuivre et différents objets sculptés de pierre. Les grains sont ordinairement d'écaille, mais quelquefois aussi coupés dans des os ou dans des dents ; leur forme est ordinairement longue, ronde ou oblongue ; quelquefois la coquille de l'*Unio* est coupée et enfilée de façon à montrer la surface convexe et nacrée de la coquille. Les colliers sont souvent faits de grains ou de coquillages, mais quelquefois aussi de dents. Les ornements de mica, consistent en plaques minces, percées d'un petit trou. Les bracelets sont de cuivre ; on les trouve ordinairement autour du bras des squelettes, mais fréquemment aussi sur les autels. Ce sont de simples anneaux, faits au marteau avec plus ou moins d'habileté, et courbés de façon que les deux extrémités se rapprochent ou retombent l'une sur l'autre. Ce qu'on a appelé les « gorgerins » consistent en plaques minces de cuivre, toujours percées de deux trous, ce qui semblerait indiquer qu'on les portait comme décoration honorifique.

TERRASSEMENTS.

Les terrassements sont très-abondants dans les parties centrales des États-Unis. Leur nombre diminue à mesure qu'on s'approche de l'océan Atlantique ; ils sont très-rares dans l'Amérique anglaise, et à l'ouest des montagnes Rocheuses.

Enceintes défensives.

Les travaux appartenant à cette classe « occupent ordinairement de fortes positions naturelles », et nous pouvons prendre
comme spécimen l'enceinte de Bourneville, dans le comté de
Ross (Ohio). « Cet ouvrage, disent MM. Squier et Davis (*loc.
cit.*, p. 11), occupe le sommet d'une haute colline isolée, à
12 milles à l'ouest de la ville de Chillicothe, auprès du village
de Bourneville. La colline a près de 400 pieds de hauteur
perpendiculaire; elle est remarquable, même parmi les collines escarpées de l'ouest, par l'escarpement de ses côtés, qui,
en quelques endroits, sont absolument inaccessibles..... Les
défenses consistent en un mur de pierre qui entoure la colline, un
peu au-dessous du sommet; mais en quelques endroits il s'élève
de façon à isoler des éperons étroits de la colline, et s'étend à
travers le col qui la relie à la chaîne dont elle fait partie. » Il ne
faudrait pas croire cependant qu'il existe aujourd'hui un véritable mur; ce qui en reste est ce que l'on devait attendre
d'un mur placé sur le penchant d'une colline, et dont les pierres
tendent toujours à tomber en bas. Aux endroits les mieux
conservés, ce mur a de 15 à 20 pieds de large, et 3 ou 4 pieds
de haut. La superficie ainsi enclose a environ 140 acres, et
le mur a 2 milles et un quart de longueur. Les pierres sont
de différentes grandeurs; MM. Squier et Davis pensent que
ce mur devait avoir environ 8 pieds de haut avec une base
égale. A présent, des arbres énormes croissent sur ce mur.
MM. Squier et Davis ont trouvé sur un ouvrage semblable, connu
sous le nom de « Fort Hill », dans le comté de Highland (Ohio),
un splendide châtaignier, qu'ils pensent devoir être âgé de six
cents ans. « Si, disent-ils, nous ajoutons à ces six cents ans la
période qui a dû s'écouler depuis le temps où l'ouvrage a été
construit jusqu'à son abandon, et la période subséquente jusqu'à
son envahissement par la forêt, nous serons irrésistiblement con-
duits à la conclusion que cet ouvrage a plus de mille ans. Mais

quand nous remarquons tout autour de nous les troncs pourris
à demi cachés dans le sol qui s'accumule, nous sommes disposés
à lui attribuer une antiquité plus grande éncore. »

L'enceinte connue sous le nom de « Clark's Work », dans le
comté de Ross (Ohio), est une des plus grandes et des plus intéressantes. Elle consiste en un parallélogramme ayant 2800 pieds
par 1800, et renfermant environ 111 acres. A la droite de ce
parallélogramme est un *carré parfait* contenant une superficie
d'environ 16 acres. Chaque côté a 850 pieds de longueur ; au
milieu de chaque côté se trouve une porte ayant 30 pieds de
largeur, défendue par un petit tertre. A l'intérieur de la grande
enceinte se trouvent plusieurs tertres et plusieurs enceintes ;
on n'estime pas à moins de 3 millions de pieds cubes les terres
employées dans cet immense ouvrage. On a aussi remarqué
que l'on trouve toujours de l'eau dans ou près ces enceintes.

Enceintes sacrées et diverses.

Si le but des travaux appartenant à la première classe est
évident, il n'en est pas de même pour ceux que nous allons
actuellement étudier. MM. Squier et Davis se basent sur les
raisons suivantes pour affirmer que ces travaux n'avaient pas
été entrepris dans un but défensif : leur petite étendue, le fait
que le fossé est à l'intérieur du remblai, leur situation, car ils
sont souvent commandés par des hauteurs voisines.

Le docteur Wilson (vol. I, p. 324) adoptant l'opinion de Sir
R. C. Hoare, considère la position du fossé comme marque dis-
tinctive, entre les ouvrages militaires et les ouvrages religieux.
Mais Catlin nous dit expressément que, dans le village Mandan
qu'il décrit, le fossé était à l'intérieur du remblai, et que les
guerriers étaient ainsi à l'abri tandis qu'ils lançaient leurs flèches
à travers les palissades. C'est là un exemple, qu'en Amérique
au moins, la position du fossé n'est pas une preuve satisfaisante.

Mais, tandis que les enceintes défensives occupent le sommet
des collines et d'autres positions très-faciles à défendre, les soi-
disant enceintes sacrées se trouvent ordinairement « dans les
vallées larges et unies, et très-rarement sur les hauteurs et aux
endroits où le terrain est accidenté. Ces enceintes sont ordinairement carrées. Quelquefois elles sont isolées, mais le plus souvent par groupes. La plupart des cercles sont petits, ils ont un
diamètre presque uniforme de 250 à 300 pieds et le fossé se
trouve toujours à l'intérieur du mur ». Quelques cercles, il est
vrai, sont beaucoup plus considérables et enferment 50 acres
ou plus. Les carrés ou autres ouvrages rectangulaires n'ont
jamais de fossé, et la terre dont ils sont composés semble avoir
été enlevée à la surface ou dans des carrières voisines. Ces ouvrages varient beaucoup de grandeur; cinq ou six, cependant,
sont des carrés exacts, chaque côté mesurant 1080 pieds, coïncidence qui ne peut être accidentelle et qui doit avoir quelque
signification. Les cercles aussi, malgré leur grande étendue, sont
parfaitement ronds, ce qui dispose les archéologues américains à
conclure que les Indiens devaient avoir quelque unité de mesure
et quelque moyen de déterminer les angles.

Le groupe le plus remarquable est celui de Newark, dans la
vallée de Scioto; ce groupe couvre une superficie de *quatre milles
carrés!* MM. Squier et Davis donnent un plan de ces travaux
gigantesques; M. Wilson en donne un aussi dressé sur des
recherches toutes récentes. Ce groupe consiste en un octogone,
ayant une superficie de 50 acres, un carré de 20 acres et deux
grands cercles occupant respectivement 30 et 20 acres. Une
avenue formée de murs parallèles part de l'octogone et se pro-
longe vers le sud sur une distance de 2 milles et demi; il y a
deux autres avenues ayant un peu plus d'un mille de longueur;
l'une d'elles relie l'octogone au carré.

Il y a en outre plusieurs autres remblais et petits cercles; la
plupart ont environ 80 pieds de diamètre, mais quelques-uns
sont plus grands. Les murs de ces petits cercles aussi bien que

ceux des avenues et des parties irrégulières de ces groupes sont
très-faibles, n'ayant que 4 pieds de haut. Les autres remblais
sont bien plus considérables; les murs du grand cercle ont, à
présent encore, 12 pieds de hauteur sur une base de 50 pieds,
et un fossé intérieur de 7 pieds de profondeur et de 35 pieds de
largeur. Les portes sont bien plus imposantes encore; les murs
auprès des portes ont 16 pieds de hauteur et le fossé 13 pieds de
profondeur. Cette enceinte tout entière est couverte par « les
arbres gigantesques d'une forêt primitive » et selon MM. Squier
et Davis, « quand il entre pour la première fois dans l'antique
avenue, le visiteur éprouve une sensation de crainte respectueuse
telle que celle qu'il ressent en pénétrant dans un temple égyptien,
ou en considérant les ruines silencieuses de Petra dans le désert ».

La cité de Circleville a emprunté son nom à un de ces monuments qui, cependant, n'est pas plus remarquable que tant
d'autres. Cet ouvrage consiste en un carré et en un cercle se
touchant l'un l'autre; les côtés du carré ont environ 900 pieds
de longueur et le cercle un peu plus de 1000 pieds de diamètre.
Le carré a huit portes, une à chaque angle et une au milieu de
chaque côté, chaque porte est protégée par un tertre. Le cercle
était curieux en ce qu'il avait un double mur. Ce monument
hélas! a été entièrement détruit; bien d'autres ont aussi disparu
ou disparaissent tous les jours sous la charrue. Dans ces circonstances, vous voyons avec plaisir que « les administrateurs de
la Compagnie foncière de l'Ohio, quand ils ont pris possession,
en 1788, du pays situé au confluent de la rivière Muskingum, ont
adopté des mesures immédiates pour préserver ces monuments.
Il faut dire, à leur louange, qu'un de leurs premiers actes offi-
ciels a été l'adoption d'une résolution, enregistrée dans le journal
de leurs séances, à l'effet qu'on devait conserver, comme places
publiques, les deux pyramides tronquées et le grand tertre, ainsi
que quelques acres de terrain autour d'eux. » Une conduite
aussi éclairée mérite les remercîments des archéologues, et
j'espère sincèrement que la Compagnie a prospéré.

Les ruines d'Aztalan sont bien dignes d'attention et parce qu'elles sont la seule enceinte trouvée jusqu'à présent dans le Wisconsin, et parce que, sous bien des rapports, elles ressemblent à une ville fortifiée. Elles sont situées sur le bras occidental de la rivière Rock, et ont été découvertes en 1836, par M. N. F. Hyer, qui les examina rapidement et les décrivit brièvement, en en donnant le plan, dans le « *Milwaukie Advertiser.* » M. Taylor a publié dans *Silliman's American Journal*, n° XLIV, un mémoire sur le même sujet, et c'est à ce mémoire que MM. Squier et Davis empruntent le plan et la courte description qu'ils ont faite de ces ruines (1). La description la plus complète se trouve dans l'ouvrage de M. Lapham : *Antiquités du Wisconsin* (2). M. Hyer a donné à ces ruines le nom d'Aztalan, » parce que les Aztecs avaient une tradition selon laquelle ils seraient venus d'un pays septentrional qu'ils appelaient Aztalan. Ce mot est dérivé, dit-on, de deux mots mexicains, *Atl*, eau, et *An*, près de. « Le trait caractéristique de ces ouvrages est une encente de terre (et non pas de briques comme on l'a dit par erreur) s'étendant de trois côtés d'un parallélogramme irrégulier, la rivière formant le quatrième côté à l'est. L'espace ainsi enfermé contient 17 acres et deux tiers. Les coins ne sont pas rectangulaires et le mur n'est pas droit. Le mur formant l'enceinte a 631 pieds de long à l'extrémité nord, 1419 pieds de long à l'ouest et 700 pieds au sud, faisant un total de 2750 pieds, sur 22 pieds de large environ et de 1 à 5 pieds de haut. A des distances presque régulières, ce mur de terre est renforcé par des tertres de terre. On les appelle arcs-boutants ou bastions, mais il est évident qu'ils ne servaient ni à l'un ni à l'autre usage. » La distance qui les sépare varie entre 61 et 95 pieds, la distance moyenne est de 82 pieds. Auprès de l'angle sud-ouest il y a deux ouvrages avancés construits de la même manière que le mur principal.

(1) *Loc. cit.*, p. 131.
(2) Page 41.

Dans bien des endroits la terre formant les murs paraît avoir été brûlée. « Des masses irrégulières d'argile dure, rougeâtre, pleine de cavités, conservent les marques distinctes de paille ou plutôt de foin sauvage, avec lequel cette argile était mélangée avant d'avoir été brûlée. C'est là la seule raison qui les ait fait appeler des murs de briques. Les briques n'ont jamais reçu une forme régulière, et il est même fort probable que le mur a été brûlé après avoir été construit (1). » Quelquefois les tertres, quoiqu'ils fissent partie d'une enceinte, servaient aussi de tombeau, car on y a trouvé des squelettes, dans la position assise, accompagnés de fragments de poterie. Le point le plus élevé à l'intérieur de l'enceinte se trouve dans l'angle sud-ouest, qui est « occupé par un monticule carré et tronqué, qui a tout l'aspect d'une pyramyde, s'élevant par degrés successifs, comme les constructions gigantesques du Mexique ». A l'angle nord-ouest de l'enceinte, on trouve une autre élévation pyramidale, rectangulaire et tronquée, ayant une plate-forme de 65 pieds au sommet; on distingue encore les gradins qui y conduisaient. »

Il y a à l'intérieur de l'enceinte des remblais ayant environ 2 pieds de haut, qui relient plusieurs anneaux ou cercles, qu'on suppose devoir être les ruines de maisons de terre. « Presque tout l'intérieur semble avoir été, soit creusé, soit élevé en tertres ; des excavations irrégulières couvrent presque tout le terrain qui n'est pas occupé par les monticules. » Ces excavations et ces monticules sont probablement les ruines de maisons. Il y a quelques années, on a trouvé dans un de ces monticules un squelette enveloppé apparemment d'une étoffe très-grossière, mais les fils étaient tellement pourris qu'on n'a pu déterminer avec quelle plante textile cette étoffe avait été faite.

Les derniers habitants indiens de cette localité intéressante n'avaient aucune tradition sur l'histoire ou l'objet de ces grands travaux.

(1) Ces murs doivent quelque peu ressembler aux célèbres forts vitrifiés d'Écosse.

On ne trouve pas chez les tribus indiennes du Nord, actuellement existantes, de monuments correspondant à ces soi-disant
enceintes sacrées. « Mais, dès que nous nous avançons vers le
sud, dès que nous arrivons chez les Creeks, chez les Natchez et
les tribus affiliées de la Floride, nous trouvons des traces de
monuments qui, s'ils ne correspondent pas entièrement aux
enceintes régulières de l'ouest, semblent, cependant, avoir quelque analogie avec elles (1). » Ces tribus, en effet, paraissent
avoir été plus civilisées que celles du Nord, puisqu'elles avaient
des notions d'agriculture, qu'elles vivaient dans des villes considérables, avaient une religion systématisée; en un mot, elles
devaient occuper une position intermédiaire, économiquement
aussi bien que géographiquement, entre les puissantes monar-
chies de l'Amérique centrale et les tribus du Nord qui ne vivaient
que du produit de leur chasse. M. Squier décrit ces monuments
des tribus du Sud dans son « *Second mémoire* » et aussi dans les
Anciens monuments de la vallée du Mississippi (p. 120). Les « Chunk
Yards », encore en usage chez les Creeks, et qui n'ont été que
tout récemment abandonnées chez les Cherokees, sont des places
rectangulaires, occupant ordinairement le centre de la ville,
fermées sur les côtés, mais avec une porte à chaque bout. Ces
places ont quelquefois de 600 à 900 pieds de longueur; les plus
grandes se trouvent dans les plus vieilles villes. Ces places sont
nivelées et légèrement creusées, les terres enlevées servent à
établir une petite terrasse basse sur les côtés. Au centre est un
monticule peu élevé sur lequel se trouve le Chunk-Mât, au sommet duquel est un objet qui sert de cible. Dans chaque coin, à
une des extrémités, il y a une pièce de bois d'environ 12 pieds
de haut; on les appelle les mâts à esclaves, parce que, dans le
bon vieux temps, les captifs condamnés à la torture y étaient
attachés. Le nom de « Chunk » semble dérivé d'un jeu indien
appelé « Chunk » qui se jouait sur ces places. A une extrémité

(1) Squier, *loc. cit.*, p. 136.

et immédiatement à l'extérieur de ces places se trouve ordinairement une éminence circulaire, à sommet plat, sur laquelle est élevée la maison du Grand Conseil. A l'autre extrémité est une éminence carrée, à sommet plat, à peu près aussi élevée que l'éminence circulaire dont nous venons de parler, c'est la place publique.

Ces descriptions, et d'autres semblables faites par les premiers voyageurs chez les Indiens, jettent certainement beaucoup de lumière sur les enceintes circulaires et carrées. Quelques-unes, bien qu'elles soient appelées « enceintes sacrées » par MM. Squier et Davis, me semblent être les légères fortifications qui entouraient les villages et étaient, sans doute, surmontées de palissades. Nous avons déjà vu que la position du fossé n'est pas un argument valide contre cette hypothèse; la position de ces travaux ne semble pas plus concluante, si nous supposons qu'ils étaient moins destinés à soutenir un siége régulier qu'à défendre contre un coup de main.

Tertres funéraires.

Les tertres *funéraires* sont très-nombreux dans les parties centrales des États-Unis. « Dire qu'ils sont innombrables dans le sens ordinaire du mot ne serait pas une exagération. On peut les compter par milliers et par dizaines de mille. » Ils ont de 6 à 80 pieds de hauteur; ils se trouvent ordinairement à l'extérieur des enceintes; ils sont souvent isolés, mais souvent aussi en groupes, généralement ronds, mais quelquefois, aussi, ils sont elliptiques ou affectent la forme d'une poire. Ils contiennent ordinairement un seul squelette, le plus souvent réduit en cendres. Quelquefois il y a un cist de pierre, mais les urnes se trouvent le plus souvent dans les États du Sud. Le cadavre est ordinairement enterré dans la position assise. On trouve fréquemment auprès du cadavre des instruments de pierre et de métal; mais tandis que les bijoux, tels que bracelets, plaques de cuivre percées, grains d'os, de coquillages ou de métal, et des objets semblables sont très-communs, les armes sont très-rares; fait qui, dans l'opinion du docteur Wilson, « indique un état de société entièrement différent, un courant d'idées tout à fait contraire » à ceux des Indiens actuels.

On a pensé que certains petits tumuli trouvés en Amérique, étaient les restes de huttes de terre. M. Dille (1) a examiné et décrit plusieurs petits tumuli observés par lui dans le Missouri. Il en fouilla plusieurs; mais ne trouva jamais rien autre que du charbon et quelques morceaux de poterie, d'où il conclut que c'étaient les ruines de huttes de terre (2). Les Mandans, les Minatarees et quelques autres tribus construisaient aussi leurs huttes en terre supportée par une charpente de bois.

D'un autre côté, il y a quelques tumuli auxquels cette explication serait tout à fait inapplicable, car ils sont pleins d'ossements humains. On a longtemps supposé que le grand tertre de Grave Creek était dans ce cas, et en effet, Atwater avait positivement affirmé qu'il était plein d'ossements humains (3). C'est là une erreur, mais le fait n'en est pas moins vrai pour d'autres tertres. Nous pourrions, en même temps, citer les « puits à ossements » décrits en grand nombre par M. Squier (4). « Un de ces puits, découvert il y a quelques années dans la ville de Cambria, comté de Niagara, contenait les ossements de plusieurs milliers d'individus. Un autre que j'ai visité dans la ville de Clarence, comté d'Érié, ne contenait pas moins de quatre cents squelettes. » M. Jefferson, dans ses *Notes sur la Virginie*, décrit un tumulus qu'il dit devoir contenir les squelettes de mille individus, mais, dans ce cas, le nombre est peut-être exagéré.

La description faite par plusieurs vieux auteurs de la « Fête

(1) *Smithsonian Contributions*, vol. I, p. 136.
(2) *Archæologia Americana*, vol. I, p. 223.
(3) Voy. aussi Lapham, *loc. cit.*, p. 80.
(4) *Loc. cit.*, p. 25, 56, 57, 68, 71, 73, 106, 107. Squier et Davis, *loc. cit.*, p. 118, etc.

solennelle des morts », explique d'une manière satisfaisante ces amas considérables d'ossements. Il paraît que tous les huit ou dix ans, les Indiens avaient l'habitude de se réunir à quelque endroit précédemment indiqué ; ils déterraient leurs morts, rassemblaient les os et les déposaient dans un tombeau commun, plaçant auprès d'eux de belles peaux et d'autres objets précieux. Schoolcraft décrit plusieurs de ces ossuaires (1).

Tertres pour les sacrifices.

Le nom « de tertres à sacrifices », dit le docteur Wilson, a été donné à une classe d'antiques monuments, tout particuliers au nouveau monde, montrant dans leur vrai jour les rites et les coutumes des races qui ont élevé ces tertres. Ces tertres curieux ont été observés avec soin. Leurs caractères les plus remarquables sont : qu'ils se trouvent invariablement à l'intérieur des enceintes ; qu'ils sont régulièrement composés de couches alternatives de gravier, de terre et de sable ; qu'ils recouvrent toujours un autel symétrique, fait d'argile cuite ou de pierre, sur lequel sont déposées de nombreuses reliques, gardant, dans tous les cas, les traces plus ou moins abondantes d'une exposition à l'action du feu. » Ce soi-disant « autel » consiste en un bassin ou table d'argile cuite, ayant une forme symétrique, mais cette forme et la grandeur varient beaucoup. Les uns sont ronds, les autres elliptiques, d'autres des carrés ou des parallélogrammes ; leur grandeur varie de 2 à 50 pieds par 12 ou 15. Les dimensions ordinaires, cependant, sont de 5 à 8 pieds. Ils se trouvent presque toujours à l'intérieur des enceintes sacrées ; sur le nombre total examiné par MM. Squier et Davis, quatre seulement étaient à l'extérieur des murs d'enceinte et encore n'en étaient-ils distants que de quelques pas.

L'*autel* est toujours de niveau avec le sol naturel, et porte les

(1) *Loc. cit.*, p. 102.

traces d'une chaleur longtemps continuée. Dans un cas où il
paraît avoir été fait de sable au lieu d'argile, le sable est déco-
loré à une profondeur de 2 ou 3 pouces, comme si l'on avait
brûlé dessus des matières grasses. Dans ce cas, un second dépôt
de sable avait été placé sur le premier, et sur cette couche des
pierres, un peu plus grosses qu'un œuf de poule, étaient arrangées de façon à former un pavage qui rappelait fortement les
anciens foyers des kjökkenmöddings danois.

Dans quelques endroits, on a trouvé des débris de bois au-
dessus de l'autel. Ainsi dans un des vingt-six tumuli formant le
« Mound city », sur la rivière de Scioto, il y avait un certain
nombre de morceaux de bois ayant 5 ou 6 pieds de long sur
6 ou 8 pouces d'épaisseur. « Ces morceaux de bois avaient une
longueur presque uniforme ; cette circonstance, jointe à la position
dans laquelle on les a trouvés, justifierait presque la conclusion
qu'ils servaient à supporter quelque bûcher funéraire ou pour les
sacrifices (1). » Le contenu de ces tertres varie beaucoup. Celui
dont nous venons de parler contenait une quantité de poterie et
beaucoup d'instruments de pierre et de cuivre ; tous avaient été
soumis à une forte chaleur. Les objets de cuivre étaient deux
ciseaux et environ vingt lames minces. De cinquante à cent têtes
de flèche, des éclats et deux pipes sculptées, complétaient la liste
des objets trouvés dans cet intéressant tumulus. Dans un autre
tertre on a trouvé près de deux cents pipes. En règle générale
le dépôt est homogène. « C'est-à-dire qu'au lieu de trouver une
grande variété de reliques, d'ornements, d'armes et d'autres
objets composant les propriétés d'un chef barbare, nous trouvons
sur un autel seulement des *pipes*, sur un autre un seul morceau
de galène, sur d'autres, une quantité de poterie, ou une collection de têtes de lance, ou bien enfin, aucun objet si ce n'est
peut-être une légère couche de charbon. Il ne pourrait en être
ainsi si l'hypothèse dont nous venons de parler était fondée, car

(1) Squier et Davis, *loc. cit.*, p. 151.

la lance, les flèches, la pipe et les autres instruments ou bijoux du mort se trouveraient réunis (1). »

Cette conclusion ne me semble pas tout à fait satisfaisante, et quoique ces tertres, contenant des autels, soient si différents des tumuli que nous venons de décrire, je suis cependant disposé à y voir des tertres tumulaires plutôt que des endroits destinés aux sacrifices. N'ayant cependant pas eu l'avantage de les examiner moi-même, je propose ceci comme une suggestion plutôt que je n'exprime une opinion. Il est difficile de comprendre pourquoi des autels seraient couverts de cette façon; je ne peux me rappeler aucun cas analogue. D'un autre côté, si la suggestion du professeur Nilsson, par rapport aux anciens tumuli est correcte, le feu longtemps continué est facile à expliquer. Chez les Buraets, par exemple, le foyer consiste en terre battue, sur laquelle ils entretiennent toujours un grand feu (2). Si une semblable maison était plus tard employée comme sépulcre, elle contiendrait un autel ressemblant beaucoup à ceux que nous venons de décrire. En outre, les constructions de bois et les os brûlés s'expliqueront facilement par l'hypothèse que nous avons devant nous, un tombeau plutôt qu'un temple.

L'homogénéité des dépôts ne me paraît pas non plus aussi décisive qu'à MM. Squier et Davis. Prenons, par exemple, le tumulus où l'on a trouvé des pipes. L'exécution de ces pipes est si parfaite que sculpter des pipes était sans doute une profession; la division du travail devait avoir déjà commencée. Le même sentiment qui pousse bien des races sauvages à enterrer des armes avec le chasseur défunt, pour qu'il puisse dans un autre monde se procurer ses aliments comme il le faisait sur la terre; ce sentiment qui poussait bien des nations anciennes à placer de l'argent dans le tombeau, suffit à expliquer non-seulement la présence de ces pipes, mais aussi leur nombre considérable.

(1) Squier et Davis, p. 160.
(2) Eman, *loc. cit.*, vol. II, p. 408.

Le chasseur ne peut employer que quelques armes, le succès
dépend surtout de sa force et de son adresse ; le marchand de
pipes, au contraire, s'il peut en vendre une seule dans un autre
monde, peut aussi bien les vendre toutes.

J'ai déjà parlé du grand nombre d'objets trouvés dans le tertre
de Grave Creek, qui sans aucun doute est un tombeau, et dans
lequel un des squelettes est accompagné de dix-sept cents grains
d'os, de cinq cents coquillages marins, de cent cinquante morceaux de mica, outre d'autres objets. On a souvent trouvé dans
les tumuli bien des éclats, des têtes de flèche, etc., de telle sorte
que le simple nombre d'objets ne me semble pas un argument
contre la nature funéraire de ces soi-disant « tertres à sacrifices ».

Si donc, « les matières carbonisées accumulées, ressemblant
aux cendres de feuilles ou d'herbes », qui suggèrent au professeur Wilson, « les gracieuses offrandes des premiers fruits
de la terre, si conformes aux charmants sacrifices antiques insti-
tués en l'honneur du dieu des moissons, » ne me représentent
que la charpente de la maison ou les matériaux du bûcher,
j'évite aussi d'en arriver à la conclusion à laquelle il est forcément conduit, que « les autels de ces peuples servaient aux
sacrifices humains et que dans leurs enceintes sacrées, ils accom-
plissaient des cérémonies non moins hideuses que celles qui
caractérisaient le culte des féroces Aztecs, eux qui affirmaient
que les sacrifices humains étaient les seuls acceptables pour leurs
divinités sanguinaires. »

Tertres-temples.

La classe de tertres appelés par MM. Squier et Davis « tertres-
temples ». « sont des constructions pyramidales, tronquées,
ayant ordinairement des avenues en gradins montant jusqu'au
sommet. Quelquefois elles sont à terrasses ou ont des étages
successifs. Mais quelle que soit leur forme, qu'elles soient rondes,

ovales, octogones, carrées ou oblongues, elles ont invariablement un sommet plat ou de niveau, d'une superficie plus ou moins grande ». Ces monticules ressemblent beaucoup aux Teocallis du Mexique et ont probablement la même origine. Rares dans le Nord, quoiqu'on en trouve jusque sur les bords du lac Supérieur, ils deviennent de plus en plus nombreux à mesure qu'on descend le Mississipi et surtout qu'on s'approche du Golfe où elles constituent la partie la plus nombreuse et la plus importante des anciennes ruines. Quelques-uns des plus grands, cependant, sont situés dans le Nord. L'un des plus remarquables se trouve à Cahokia, dans l'Illinois. Ce mont gigantesque a 700 pieds de long, 500 pieds de large à la base et 90 pieds de haut. Son contenu solide a été estimé à 20 millions de pieds cubes.

Il est probable, cependant, que ces monticules n'étaient pas seulement des temples, mais que l'on y construisait des habitations, sans doute pour les chefs. On rapporte que chez les Indiens Natchez, « les temples et les demeures des chefs étaient élevés sur des monticules, et que pour chaque nouveau chef, on construisait un nouveau monticule et une nouvelle demeure ». Garcilego de la Vega, cité par M. Haven, dit dans son *Histoire de la Floride :* « La ville et la maison du cacique d'Osachile, sont semblables à celles de tous les autres caciques de la Floride, il vaut donc mieux faire une seule description qui pourra s'appliquer à toutes. Les Indiens essaeynt de placer leurs villes dans des endroits élevés; mais de semblables situations sont rares dans la Floride, et ils y trouvent difficilement les matériaux nécessaires pour bâtir leurs demeures ; aussi élèvent-ils des éminences. Ils choisissent un endroit sur lequel ils apportent une quantité de terre, dont ils font une plate-forme haute de 18 à 25 pieds, le sommet en est plat et peut recevoir dix, douze, quinze ou vingt maisons pour loger le cacique, sa famille et sa suite. »

Tertres-animaux.

Les antiquités américaines les plus remarquables peut-être sont les *tertres-animaux* qui se trouvent principalement, mais non pas exclusivement dans le Wisconsin. On trouve dans ce district « des milliers de bas-reliefs gigantesques représentant des hommes, des bêtes, des oiseaux et des reptiles, tous taillés à force de travail à la surface du sol », tandis que les enceintes et travaux de défense ne s'y rencontrent presque jamais; « l'ancienne cité d'Aztalan » étant, suppose-t-on, le seul exemple de cette classe.

Les « tertres-animaux » ont été découverts en 1836, par M. Lapham, et décrits dans les journaux de l'époque, mais la première description qu'on en ait faite dans un journal scientifique est celle de M. R. C. Taylor, dans le *Journal Américain de Science et d'Art*, n° d'avril 1838. En 1843, M. S. Taylor, publia un plus long mémoire dans le même journal. Le professeur J. Locke en parla quelque peu dans un « Rapport sur les terres minérales des États-Unis, » rapport présenté au Congrès en 1840. MM. Squier et Davis consacrent au même sujet une partie de leur ouvrage sur les « Anciens monuments de la vallée du Mississippi » et enfin le septième volume des « Smithsonian Contributions » contient l'ouvrage de M. Lapham, qui donne la description la plus complète de ces ruines intéressantes.

M. Lapham donne une carte montrant la distribution de ces curieux travaux. Ils semblent être plus particulièrement nombreux dans la partie méridionale du Wisconsin, et s'étendent du Mississippi au lac Michigan, suivant ordinairement le cours des rivières; la plus grande quantité se trouve le long de la grande piste, ou sentier de guerre des Indiens, depuis le lac Michigan auprès de Milwaukie, jusqu'au Mississippi, au-dessus de la prairie du Chien. Ce n'est pas là, d'ailleurs, une preuve de rapports entre les Indiens actuels et les tertres; la même voie a été adoptée comme la route militaire des États-Unis, et a dû être employée depuis une époque qu'il est impossible de déterminer.

Les tertres représentent non-seulement des animaux, tels que des hommes, des buffles, des élans, des ours, des loutres, des loups, des ratons, des oiseaux, des serpents, des lézards, des tortues et des grenouilles, mais aussi, si toutefois les archéologues américains sont dans le vrai, quelques objets inanimés, tels que des croix, des pipes, etc.

Beaucoup de ces copies sont exactes et animées, d'autres, altérées par le temps, sont moins bien définies ; une, par exemple, auprès du village de Muscoda, peut représenter « un oiseau, un arc et une flèche, ou une figure humaine ». La hauteur de ces tertres varie de 1 à 4 pieds, quelquefois cependant, ils ont jusqu'à 6 pieds, et, comme « une élévation régulière de 6 pouces peut s'apercevoir facilement sur les prairies plates » de l'Ouest, leurs lignes sont parfaitement distinctes, quand ils occupent des positions favorables. Il est très-probable que l'action des pluies et de la végétation a fait disparaître bien des détails. A présent « un homme » consiste généralement en une tête et en un corps, en deux longs bras, en deux jambes courtes ; aucun autre détail n'est visible. Les « oiseaux » diffèrent des hommes », principalement en ce qu'il n'y a pas de jambes. Les soi-disant « lézards », une des formes les plus communes, ont une tête, deux jambes et une longue queue. Presque tous les animaux sont représentés de côté.

Un groupe remarquable dans le comté de Dale, tout près de la grande piste indienne, consiste en un homme aux bras étendus, en sept tertres plus ou moins allongés, en un tumulus et en six quadrupèdes. La figure humaine a 125 pieds de long, et elle mesure 140 pieds de l'extrémité d'un bras à l'autre. Les quadrupèdes varient entre 90 et 126 pieds de longueur.

Il y a à Waukesha un grand nombre de tertres, de tumuli et d'animaux, comprenant plusieurs « lézards », un très-bel oiseau » et une magnifique « tortue ». « Cette tortue, quand

on la découvrit, était un des plus beaux spécimens de ces tertres ;
les courbes étaient gracieuses, les pattes étaient inclinées en
avant et en arrière, et la queue, s'abaissant graduellement, était
si admirablement faite, qu'il était impossible de déterminer
exactement où elle se terminait. Le corps avait 56 pieds de longueur et la queue 250 ; la hauteur était de 5 pieds. » Hélas ! ce
groupe de tertres est actuellement couvert d'édifices. « On a bâti
une maison sur le corps de la tortue et une église catholique sur
la queue. »

. « Mais », dit M. Lapham, « la collection la plus remarquable
de lézards et de tortues qu'on ait encore découverte se trouve à
environ un mille et demi au sud-ouest du village de Pewaukee.
Ce groupe consiste en sept tortues, deux lézards, quatre tertres
oblongs, et une des excavations remarquables auxquelles nous
avons déjà fait allusion. Un des tertres-tortue, partiellement
endommagé par la route, a 450 pieds de longueur, ce qui est
près du double des dimensions ordinaires. Trois autres se font
remarquer par leurs queues recourbées, caractère observé en cet
endroit pour la première fois. »

Dans plusieurs endroits on a trouvé une variété curieuse. Les
animaux, conservant les mêmes dimensions, sont représentés non
pas en relief, mais en creux ; non pas par un tertre, mais par
une excavation.

Les quelques « tertres-animaux » découverts hors du Wisconsin diffèrent, sous bien des rapports, du type ordinaire. Auprès de Granville, dans l'Ohio, sur une haute colline se trouve
un terrassement connu dans le voisinage sous le nom de l' « Alli-
gator ». Il a une tête et un corps, quatre pattes étendues et une
queue recourbée. Il a une longueur totale de 250 pieds ; la
largeur du corps est de 40 pieds ; la longueur des pattes de
36 pieds. « La tête, les épaules et la croupe sont plus élevées
que les autres parties du corps, et l'on a évidemment essayé de
conserver les proportions de l'animal représenté. » La hauteur
moyenne est de 4 pieds et de 6 aux épaules. Le grand serpent, dans

le comté d'Adams (Ohio) est encore plus remarquable. Il est situé sur une colline qui s'élève à une hauteur de 150 pieds au-dessus de Brush Creek. « Le serpent occupe le sommet de la colline ; sa tête repose auprès du point le plus élevé ; le corps se déroule suivant la courbe de la colline, sur une longueur de 700 pieds ; ces ondulations gracieuses se terminent par un triple repli. Si ce serpent était étendu, la longueur entière serait de plus de 1000 pieds. Un plan peut seul donner une idée de la grandeur de conception de ce travail, qui a plus de 5 pieds de haut par 30 pieds de base au centre du corps, mais qui diminue quelque peu vers la tête et vers la queue. Le cou du serpent est étendu et légèrement courbé ; la gueule est toute grande ouverte comme s'il avalait ou rejetait un objet ovale, qui repose en partie sur ses mâchoires. Cet ovale est fait de terre sans ouverture perceptible ; il a 4 pieds de haut et a une forme parfaitement régulière, l'un de ses diamètres étant de 160 et l'autre de 80 pieds. »

Quand, pourquoi, par qui ces travaux remarquables ont-ils été faits ? Nous n'en savons rien jusqu'à présent. Les Indiens modernes, tout en vénérant ces travaux, ne peuvent donner aucune explication de leur origine. Le contenu de ces monticules eux-mêmes ne nous aide pas dans nos recherches. Plusieurs ont été fouillés, et en faisant les rues de Milwaukie, beaucoup ont été entièrement détruits, mais le seul résultat a été de prouver qu'ils n'ont jamais servi de sépulture, et que, si ce n'est pas par accident, ils ne contiennent ni instruments ni ornements.

Dans ces circonstances, les hypothèses seraient vaines ; nous ne pouvons qu'attendre et espérer que le temps et la persévérance résoudront le problème et expliqueront la nature de ces monuments remarquables et mystérieux.

INSCRIPTIONS.

Il y a une classe d'objets dont je n'ai pas encore parlé et qui, cependant, mérite une certaine attention.

Le plus remarquable de ces objets est le célèbre rocher de Dighton, sur la rive orientale de la rivière de Taunton. Le docteur Wilson raconte d'une façon fort amusante l'histoire de ce rocher et les différentes conclusions qu'on en a tirées (1). En 1783, le rév. Ezra Stiles, D. D., président du collége de Yale, prêchant devant le gouverneur de l'État de Connecticut, cita ce rocher, couvert, croyait-il, de caractères phéniciens, comme preuve que les Indiens descendaient de Chanaan et étaient par conséquent maudits. Le comte de Gebelin pensait que l'inscription était carthaginoise. Dans le huitième volume des « Archæologia », le colonel Vallency essaye de prouver qu'elle est sibérienne, tandis que certains antiquaires danois pensent qu'elle est en caractères runiques, et qu'ils ont pu y déchiffrer le nom de « Thorfinn », « avec une énumération exacte, quoique pas aussi claire, des guerriers qui, selon le « Saga », accompagnèrent l'expédition de Karlsefne, en Vinland, en 1007, A. D. ». Enfin, M. Schoolcraft en présenta une copie à Chingwauk, chef indien fort intelligent, qui « y lut le récit d'une victoire indienne sur quelque tribu rivale », mais sans exprimer aucune opinion, quant à son antiquité.

On a trouvé, dans le tertre de Grave Creek, un petit disque ovale de grès blanc, sur lequel étaient gravées vingt-deux lettres. Selon le docteur Wilson (2), M. Schoolcraft, qui a étudié cette relique avec soin, en arrive, après avoir correspondu avec un grand nombre d'archéologues américains et européens, à la conclusion que, sur ces vingt-deux lettres, « quatre correspondent à l'ancien grec, quatre à l'étrusque, cinq aux vieux caractères runiques du Nord, six à l'ancien gaélique, sept au vieux erse, dix au phénicien, quatorze à l'anglo-saxon et seize au celtibérique ; qu'en outre on peut trouver des équivalents dans le vieil hébreu. Il paraît ainsi que cette ingénieuse petite pierre

(1) *Prehistoric Man*, vol. II, p. 172.
(2) *Ibid.*, p. 180.

est encore plus accommodante que le rocher de Dighton et
qu'elle s'adapte à toutes les théories possibles de colonisation
antécolombienne. » Une pierre ayant un caractère aussi douteux serait une preuve bien insignifiante dans toutes les circonstances ; mais nous devons ajouter que le docteur James
W. Clemens a communiqué au docteur Morton tous les détails
de l'exploration du tertre de Grave Creek,..... sans parler de
la découverte de la pierre à inscriptions. Et ce ne fut que
quand le souterrain eut été arrangé par son propriétaire comme
une exhibition ouverte à tous ceux qui voulaient bien payer le
privilége d'y être admis, que la merveilleuse inscription surgit
tout à coup pour ajouter à l'attrait du spectacle. »

On cite un ou deux autres cas également douteux ; mais, en
somme, nous pouvons affirmer, sans crainte de nous tromper,
qu'il n'y a aucune raison de supposer que les peuples de l'Amérique fussent arrivés à un degré tel de civilisation qu'ils étaient
parvenus à se faire un alphabet. Les Indiens de l'Amérique du
Nord, outre l'art des hiéroglyphes, qu'ils partageaient avec les
Aztecs et les Quipa des Péruviens, avaient encore le « wampum ». Ce curieux substitut de l'écriture consistait en grains
de diverses couleurs fixés ordinairement sur du cuir. Un exemple
fort intéressant est la ceinture de wampum « donnée par les
sachems des Lenni Lenape au fondateur de la Pensylvanie, à la
conclusion du grand traité sous l'orme de Shachamox en 1682 ».
Ce wampum est encore conservé dans la collection de la Société
historique de Philadelphie ; il consiste en dix-huit courroies de
cuir ornées de grains blancs et violets, le tout formant une ceinture de 28 pouces de long sur 2 pouces 1/2 de large. « On y
voit cinq dessins de grains violets sur fond blanc et au centre se
trouve Penn donnant la main au sachem indien. » Peut-être le
grand nombre de grains trouvés dans les tumuli étaient-ils destinés à rappeler les actions et les vertus du défunt ?

LES INDIENS QUI ONT ÉRIGÉ CES TERTRES.

De même que le wigwam du Mandan moderne consiste en une couche extérieure de terre reposant sur une charpente de bois, de même aussi dans les anciens tumuli, le cadavre n'était protégé que par des poutres et des planches ; aussi quand ces dernières furent pourries, la terre s'effondra et écrasa le squelette placé à l'intérieur. Partie pour cette cause, partie parce que c'était la coutume d'enterrer dans d'antiques tumuli, ce qui rend quelquefois difficile la distinction entre les enterrements primitifs et les enterrements secondaires, il se fait que sur tant de milliers de tumuli nous n'avons que trois crânes bien conservés qui appartiennent certainement à l'ancienne race. Ces crânes sont sans contredit brachycéphaliques ; mais il est évident qu'il ne faut pas essayer de raisonner sur des données aussi incomplètes.

On n'a encore découvert aucune preuve de la connaissance d'un alphabet, aucune trace de briques cuites, et autant que nous pouvons en juger d'après leurs armes, leurs bijoux et leurs poteries, les tribus qui ont élevé les tertres ressemblaient beaucoup, tout au moins, à quelques tribus indiennes modernes, et les travaux de terrassements, quoiqu'ils diffèrent en grandeur, s'accordent par la forme avec ceux aujourd'hui ou dernièrement encore en usage. Cependant cette grandeur même suffit pour prouver qu'à quelque époque reculée les grandes vallées des États-Unis devaient être beaucoup plus peuplées qu'elles ne l'étaient quand elles ont été découvertes par les Européens. Le nombre immense de petits terrassements, et les tertres qui peuvent se compter par milliers et par dizaines de mille, peuvent indiquer, soit un long laps de temps, soit une population considérable ; mais dans d'autres cas l'alternative ne nous est pas permise. Les constructions de Newark ; le tertre près de Florence, dans l'Alabama, qui a 45 pieds de haut sur 440 pieds de circonférence à

la base, avec un sommet de niveau de 150 pieds de circonférence ; le monticule encore plus grand sur la rivière d'Etowah,
aussi dans l'Alabama, monticule qui a plus de 75 pieds de hauteur
avec une circonférence de 1200 pieds à la base et de 140 pieds
au sommet ; les remblais à l'embouchure de la rivière de Scioto,
qui ont plus de 20 milles de longueur ; le grand monticule de
Selserstown (Mississippi) qui couvre 6 acres de terrain ; la pyramide tronquée de Cahokia dont nous avons déjà parlé ; tous ces
travaux et bien d'autres que nous pourrions citer indiquent une
population à la fois considérable et stationnaire, population à
laquelle la chasse n'aurait pas fourni des aliments suffisants, car
on a calculé que, dans un pays couvert de forêts, tout chasseur,
pour subvenir à ses besoins, doit avoir la libre disposition de
50 000 acres, et qui devait, par conséquent, tirer de l'agriculture
une grande partie de ses ressources. « Il n'y a pas », disent
MM. Squier et Davis, « et il n'y avait pas au XVIᵉ siècle une
seule tribu d'Indiens entre l'Atlantique et le Pacifique, sauf
toutefois les nations à demi civilisées du Sud, qui eût les
moyens de subsistance suffisants pour pouvoir appliquer à de
tels ouvrages un travail improductif ; il n'y en avait pas une
seule non plus qui fût dans un état social tel qu'on pût con-
traindre le peuple à les entreprendre. » Nous savons aussi que
presque toutes les tribus indiennes, à cette époque, cultivaient
le sol jusqu'à un certain point ; on pourrait même prouver
que depuis les temps historiques, les Indiens se livraient plus à
l'agriculture qu'ils ne le font aujourd'hui. Ainsi, de Nonville
estime que la quantité de maïs détruit par lui dans quatre
villages des Seneca se montait à 2 400 000 hectolitres.

M. Lapham (1) donne quelques raisons fort ingénieuses qui
le portent à penser que les forêts du Wisconsin étaient à une
époque pas très-reculée beaucoup moins abondantes qu'elles
ne le sont à présent. D'abord, les plus grands arbres n'ont pro-

(1) *Loc. cit.*, p. 90.

bablement pas plus de cinq cents ans ; de grandes surfaces sont, en outre, couvertes de jeunes arbres, et l'on ne trouve dans ces endroits aucune trace d'une végétation précédente. Chaque année bien des arbres sont renversés par des orages violents qui traversent la forêt renversant tout sur leur passage. M. Lapham donne une carte de ces destructions produites ainsi dans un district ; elles sont très-remarquables, d'abord, parce que les arbres, conservant une certaine quantité de terre au milieu de leurs racines, continuent à végéter ; et en second lieu parce que quand les arbres eux-mêmes sont morts et tombés en pourriture, la terre ainsi arrachée forme de petits monticules, que les personnes peu expérimentées dans ces sortes de recherches prennent souvent pour des tombeaux indiens. « La petite quantité de ces monticules nous porte à penser qu'on ne peut pas assigner une très-grande antiquité aux épaisses forêts du Wisconsin, car si le climat n'a pas matériellement changé, on devrait s'attendre à trouver un grand nombre de ces petits tertres disséminés partout sur le sol. »

Mais il y a des preuves plus concluantes d'une antique agriculture. Le sol dans bien des endroits est couvert de petites élévations mamillaires que l'on connaît sous le nom de buttes à maïs. « Aucun ordre ne préside à leur arrangement, elle sont disséminées sur le sol avec la plus grande irrégularité. La coutume actuelle des Indiens est une présomption que ces buttes ont été faites ainsi que leur nom l'indique. On plante chaque année le maïs au même endroit et les additions constantes finissent par former un petit monticule (1). » M. Lapham a aussi trouvé des traces d'une culture plus ancienne et plus systématique. Elle consiste en billons bas parallèles comme si le grain avait été semé en lignes. Ils ont ordinairement 4 pieds de largeur, car on en a compté 25 sur un espace de 100 pieds ; la profondeur du sentier qui les sépare est d'environ 6 pouces. Ces « anciens

---

(1) Lapham, loc. cit., p. 19.

jardins », c'est le nom qu'on leur a donné, indiquent un système antique de culture plus parfait que celui qui existe aujourd'hui, car les Indiens modernes ne paraissent pas posséder les idées de goût et d'ordre nécessaires pour les mettre à même d'arranger les objets en rangées consécutives. Des traces de cette sorte de culture, quoique peu abondantes, se trouvent dans diverses autres parties de l'État du Wisconsin. Les jardins varient de grandeur, couvrant généralement de 20 à 100 acres. En règle générale, on les trouve dans les terrains les plus riches, tels que celui que l'on trouve dans les prairies et dans les plaines ombragées de chênes. Dans ce dernier cas, ces arbres sont fort considérables. »

DATE.

Les auteurs des « Anciens monuments de la vallée du Mississippi » affirment qu'on n'a jamais trouvé de travaux sur la première terrasse ou terrasse inférieure des grandes rivières et que cette « observation est confirmée par tous ceux qui ont étudié ce sujet. » Si cette affirmation est fondée, ce serait la preuve d'une haute antiquité, mais dans son ouvrage subséquent, M. Squier nous informe que les travaux en terre « se trouvent indistinctement sur toutes les terrasses et même sur les îles des lacs et des fleuves. » MM. Squier et Davis (1). pensent que la détérioration des squelettes, trouvés dans les tertres, nous permet « d'estimer approximativement leur haute antiquité », surtout quand nous venons à considérer que la terre qui les entoure « est très-compacte, très-sèche, et que les conditions dans lesquelles ils sont placés sont de tout point favorables à leur conservation. » « Dans les tumuli des anciens Bretons », ajoutent-ils, « on a trouvé des squelettes entiers bien conservés quoiqu'il n'y ait pas lieu de douter qu'ils soient enterrés depuis dix-huit cents ans au moins. » Le docteur Nilsson (2), s'appuie

---

(1) *Loc. cit.*, p. 168.
(2) *Loc. cit.*, p. 359.

aussi beaucoup sur ce fait, qui, selon lui « nous fournit des preuves plus concluantes de leur grande antiquité que celles que l'on peut tirer, soit de l'âge d'une forêt subséquente, soit des changements accomplis sur les bords des rivières où ils se trouvent le plus communément. » Il est vrai que les ossements dans les tombeaux de l'âge de pierre sont souvent admirablement conservés; mais il est également vrai que ceux qui se trouvent dans les tombeaux saxons ont souvent presque entièrement disparu. En un mot, l'état des anciens ossements dépend tellement des circonstances dans lesquelles on les a placés, que nous ne pouvons pas attribuer beaucoup d'importance à cet argument. Les preuves que nous tirons des forêts sont plus concluantes. Ainsi le capitaine Peck (1) a observé auprès de la rivière Ontonagon, et à une profondeur de 25 pieds, quelques maillets et autres instruments de pierre, en contact avec une veine de cuivre. Au-dessus se trouvait le tronc abattu d'un grand cèdre et par-dessus le tout croissait un sapin dont les racines entouraient l'arbre tombé. Ce sapin avait au moins trois cents ans, auxquels il faut ajouter l'âge du cèdre, ce qui implique une succession de siècles encore plus considérable, subséquemment à la longue période qui a dû s'écouler, pour que la tranchée abandonnée se remplît lentement par les accumulations successives de bien des hivers.

Feu le président Harrison, dans un discours prononcé devant la Société historique de l'Ohio, a fait quelques remarques fort intéressantes à ce sujet, remarques citées par MM. Squier et Davis (2). « La marche », dit-il, « que suit la nature pour remettre la forêt en son état primitif, après qu'elle a été défrichée, est extrêmement lente. Les riches terres de l'Ouest sont, il est vrai, bientôt recouvertes, mais le caractère de la nouvelle forêt est essentiellement différent, et cette différence se continue

(1) Wilson, *loc. cit.*, vol. I, p. 256.
(2) *Loc. cit.*, p. 306.

longtemps. Dans plusieurs parties de l'Ohio et sur la ferme que
j'occupe, on a fait des défrichements à l'époque où le pays a
commencé à être habité; plus tard ces parties défrichées ont été
abandonnées et l'on y a laissé repousser les arbres. Quelques-unes
de ces nouvelles forêts ont maintenant plus de cinquante ans,
mais elles sont si peu semblables à la forêt immédiatement con-
tiguë que tout homme qui réfléchit devra, en les voyant, arriver
à la conclusion, qu'il faudra au moins dix fois cinquante ans
avant que l'assimilation ne soit complète. Nous trouvons dans
les forêts qui recouvrent les anciens travaux toute cette variété
d'arbres qui, par leurs proportions naturelles, donnent à nos
forêts une beauté sans égale. Mais quand la terre a été défrichée
et qu'elle est ensuite abandonnée à la nature, la forêt au contraire
est presque homogène et ne consiste souvent qu'en une, deux,
ou tout au plus trois essences d'arbres. Si le sol a été cultivé,
le caroube jaune croît en immense quantité; s'il ne l'a pas été,
le noyer noir et le blanc seront les espèces principales..... Quelle
immense antiquité doivent donc avoir les travaux dont on a si
souvent parlé, recouverts qu'ils sont par des forêts qui se sont
renouvelées au moins deux fois depuis leur abandon. »

Nous trouvons une autre preuve de haute antiquité dans les
« jardins » que nous avons déjà décrits. Ce système de culture
est depuis longtemps remplacé par les simples collines à maïs
irrégulièrement disséminées, et cependant, selon M. Lapham (1)
les « jardins » sont beaucoup plus récents que les tertres, à travers lesquels ils s'étendent quelquefois de la même manière que
sur les terrains avoisinants. Si donc ces tertres appartiennent à
la même époque que ceux qui sont couverts de bois, nous obte-
nons ainsi les traces de trois périodes: la première, celle des
tertres eux-mêmes; la seconde, celle des jardins; et la troisième,
celle des forêts.

En outre, l'agriculture américaine n'a pas été importée de

(1) *Loc. cit.*, p. 19.

l'extérieur; elle résulta du développement graduel de la demi-
civilisation américaine et par contre la rendit possible. Ceci est
prouvé par le fait que les céréales du vieux monde manquent
complétement et que l'agriculture américaine est fondée sur le
maïs, plante américaine. Ainsi donc, nous paraissons avoir l'indication de quatre longues périodes.

1° Celle pendant laquelle les tribus américaines, sortant de la
barbarie primitive, ont développé chez elles la connaissance de
l'agriculture et le pouvoir de la combiner.

2° Celle pendant laquelle, pour la première fois, on élève les
tertres et l'on entreprend d'autres grands travaux.

3° L'époque des « jardins » qui occupent au moins quelques
tertres. Aussi est-il probable que ces « jardins » n'ont été faits
que quand ces tertres avaient perdu leur caractère sacré aux
yeux des indigènes; car il est difficile de supposer que des travaux exécutés avec tant de soin aient été ainsi profanés par
ceux-là même qui les avaient construits.

4° La période pendant laquelle les Indiens redeviennent sauvages, et pendant laquelle les endroits qui d'abord avaient été
forêts, puis, peut-être, monuments sacrés, et enfin sol cultivé,
redeviennent forêts une fois de plus.

Mais en attribuant même à ces changements toute l'importance qui leur convient, ils ne nécessitent pas une antiquité de
plus de trois mille ans. Je ne prétends pas dire, bien entendu,
que cette période n'ait pas été plus considérable; mais, selon
moi, tout au moins, il n'est pas nécessaire qu'elle l'ait été. En
même temps il y a d'autres observations, qui, si elles finissent
par être prouvées, indiqueraient une bien plus haute antiquité.

L'une de ces observations est la description faite par le docteur
A. C. Koch (1), d'un mastodonte trouvé dans Gasconade County
(Missouri), mastodonte qui semblait avoir été lapidé par les
Indiens, puis brûlé en partie. Le feu, dit-il, « n'a certainement

(1) *Trans. of the Academy of science of Saint-Louis*, 1857, p. 61.

pas été un feu accidentel, tout au contraire, il semble avoir été allumé par les hommes, et selon toute apparence dans le but de tuer l'immense animal qui s'était enfoncé dans un bourbier et ne pouvait se mouvoir......

..... Tous les os qui n'avaient pas été consumés par le feu avaient conservé leur position originale, ils étaient droits dans l'argile et ne paraissaient pas avoir été dérangés. Les portions extérieures, au contraire, avaient été en partie consumées.....

..... Au milieu de ces cendres et de ces os, il y avait un grand nombre de morceaux de rochers qui certainement avaient été apportés des bords de la rivière Bourbense, pour être lancées à l'animal, car la couche d'argile, dont je viens de parler, ne contient pas le plus petit caillou, et en allant sur le bord de la rivière, je trouvai des roches semblables aux morceaux, et il est évident qu'on était venu les prendre à cet endroit.....

..... Je trouvai aussi, au milieu des cendres, des os et des pierres, plusieurs têtes de flèche, une tête de lance de pierre et des haches de pierre. »

Dans un second cas, le même auteur nous affirme qu'il a trouvé plusieurs têtes de flèche de pierre, mêlées aux ossements d'un mastodonte. « Une des pointes de flèche se trouvait sous l'os de la cuisse du squelette, l'os reposant sur l'arme, de telle sorte qu'elle n'aurait pu y être placée après l'os, fait que j'observai avec soin. »

Dans la vallée du Mississippi, le docteur Dickeson, de Natchez, a trouvé l'*os innominatum* d'un homme avec quelques os du *Mastodon ohioticus*, qui étaient tombés du haut d'une dune minée par un ruisseau; mais comme Sir C. Lyell l'a déjà fait remarquer, il est parfaitement possible que cet os provienne d'un des tombeaux indiens qui sont très-nombreux dans cet endroit. En outre, le comte Pourtalis a trouvé quelques ossements humains dans un congloméré calcaire, auquel M. Agassiz assigne une antiquité de plus de dix mille ans; et, enfin, le docteur Douler a découvert dans des fouilles auprès de la Nouvelle-

Orléans, du charbon et un squelette humain auxquels il attribue une antiquité de cinquante mille ans au moins. Aucun de ces exemples, cependant, n'est entièrement concluant; et, en somme, quoique l'idée soit certainement moins improbable qu'elle ne l'était, il y a quelques années, il ne paraît pas y avoir encore de preuve satisfaisante que l'homme coexistât en Amérique avec le mammouth et le mastodonte.

Si, cependant, les faits que nous venons de citer justifient la conclusion que des parties, au moins, de l'Amérique du Nord, ont autrefois été habitées par une nombreuse population agricole, nous ne pouvons alors que nous demander : Quelle cause fatale a détruit cette première civilisation ? Pourquoi ces fortifications ont-elles été abandonnées? Pourquoi ces cités sont-elles en ruines? Comment les nations puissantes, qui habitaient autrefois les riches vallées américaines, ont-elles été réduites aux pauvres tribus sauvages que les Européens y ont trouvées? Le Nord et le Sud se sont-ils une fois déjà levés en armes l'un contre l'autre? Le terrible nom de « Terre sombre et sanglante » que l'on donne au Kentucky, est-il un souvenir de ces antiques guerres? *Absit omen.* Espérons que nos cousins d'Amérique s'arrêteront, avant de sacrifier ainsi la prospérité commune à une haine mutuelle.

CHAPITRE VIII

LES HOMMES DES CAVERNES.

Les principales espèces de mammifères qui ont, soit entièrement disparu, ou qui se sont fort restreintes dans leur distribution géographique, depuis l'apparition de l'homme en Europe, sont :

L'Ours des cavernes (*Ursus spelœus*).
L'Hyène des cavernes (*Hyæna spelæa*).
Le Tigre des cavernes (*Felis spelœa*).
Le Mammouth (*Elephas primigenius*).
Le Rhinocéros à poils de laine (*Rhinoceros tichorhinus*).
L'Hippopotame (*Hippopotamus major*).
L'Élan irlandais (*Megaceros hibernicus*).
Le Bœuf musqué (*Ovibos moschatus*).
Le Renne (*Cervus tarandus*).
L'Aurochs (*Bison europœus*).
L'Urus (*Bos primigenius*).

Les sept premiers semblent avoir entièrement disparu, mais comme il est à présent évident que leur disparition est due à un changement graduel de circonstances plutôt qu'à un cataclysme soudain, impliquant la destruction de la vie à la surface du globe, il est aussi très-improbable que leur disparition ait été simultanée. Aussi M. Lartet (1), se basant sur cette idée, a-t-il essayé d'établir une chronologie paléontologique.

Les restes de l'ours des cavernes sont abondants dans l'Europe centrale et dans les parties méridionales de la Russie. Il est douteux qu'on l'ait jamais rencontré au nord de la Baltique ou au sud des Alpes. Il paraît, cependant, qu'il a traversé les Alpes, et don Casciano de Prado dit l'avoir trouvé dans une caverne auprès de Ségovie. M. Busk et M. Falconer ne l'ont toutefois pas découvert dans les nombreux ossements de Gibraltar. Le plus vieux spécimen paraît être celui dont parle Owen, et qui a été trouvé dans les dépôts pliocènes de Boston, comté de Norfolk, accompagné des restes du *Trogontherium*, du *Palæospalax*, etc. (2). Il figure aussi sur la liste des espèces trouvées auprès d'Abbeville, mais M. Lartet pense qu'il doit y avoir là quelque erreur, car il n'a pas vu un seul os de cette espèce dans les collections faites dans la vallée de la Somme. Il pense que de tous les mammifères de l'époque quaternaire, l'ours des cavernes a disparu un des premiers. Des recherches subséquentes, cependant, ont prouvé qu'il se trouve quoique rarement dans les graviers des rivières.

L'hyène des cavernes et le tigre des cavernes accompagnent l'*Ursus spelæus*. M. Delesse les a aussi trouvés avec l'aurochs et le *Rhinoceros tichorhinus*, dans une couche qu'il regarde comme un des premiers dépôts du diluvium. Jusqu'à présent on ne les a pas rencontrés dans les couches supérieures du gravier des rivières ou dans les tourbières.

D'un autre côté, M. Lartet pense que les lions de la Thessalie qui, selon Hérodote, attaquèrent les bêtes de somme de l'armée de Xerxès, appartenaient peut-être à cette espèce. Bien plus, il cite l'opinion du docteur Falconer, que le grand *Felis* du nord de la Chine et des montagnes Altaï a été trop vite attribué au

(1) *Ann. des sciences nat.*, 1861, p. 217.
(2) *History of British fossil Mammals ands Birds*, p. 106.

Felis tigris, et qu'il sera, sans doute, prouvé que c'est le descendant et le représentant vivant du *F. spelœa*.

Le mammouth était fort répandu. On en trouve les restes dans l'Amérique du Nord, depuis le détroit de Behring jusqu'à la Caroline du Sud et sur le vieux continent, de l'extrémité de la Sibérie jusqu'à l'extrémité occidentale de l'Europe; il traversa les Alpes et s'établit en Italie, mais jusqu'à présent on ne l'a pas découvert au sud des Pyrénées. On n'a trouvé encore, ni le mammouth, ni le *Rhinoceros tichorhinus*, dans aucune couche antérieure au gravier des rivières. M. Lartet, cependant, croit avec Murchison, de Verneuil et Keyserling, que ces animaux vivaient en Sibérie longtemps avant de passer en Europe, et qu'ils appartenaient à la faune tertiaire de l'Asie septentrionale, quoiqu'ils n'aient paru en Europe que pendant la période quaternaire. Ces deux espèces semblent donc avoir paru plus tard en Europe, et elles y ont peut-être survécu plus longtemps que l'*Ursus spelœus*.

En un mot, ils caractérisent les dépôts de graviers des rivières et se trouvent aussi dans les loëss du Rhin et de ses principaux affluents, mais on ne les a pas encore rencontrés dans les tourbières. Ils ne se trouvent jamais dans les kjökkenmöddings, les habitations lacustres ou les tumuli, et il ne reste pas la moindre tradition qui fasse allusion, de la manière même la plus obscure, à l'existence en Europe de ces deux gigantesques Pachydermes.

Le magnifique Élan irlandais, ou *Megaceros hibernicus*, qui atteignait une hauteur de 10 pieds 4 pouces, et dont les cornes mesuraient 11 pieds d'extrémité à extrémité, paraît avoir été bien moins commun. On a trouvé ses restes en Allemagne, aussi loin que la Silésie, en France jusqu'aux Pyrénées, et il paraît même avoir traversé les Alpes. C'est dans les îles Britanniques qu'il était le plus abondant, et surtout en Irlande. On l'a trouvé à Walton, dans le comté d'Essex, et à Happisburgh, dans des couches qui appartiennent au Norwich Crag; il doit donc, dans l'origine, avoir appartenu à la faune tertiaire. On prétend l'avoir fréquemment trouvé dans les tourbières, mais le professeur Owen, qui a fait de nombreuses recherches à ce sujet, croit qu'en réalité les os se trouvent ordinairement dans la marne coquillière lacustre qui est au-dessous de la tourbe (1).

Les « Niebelungen Lied », du XIIᵉ siècle, parlent d'un mystérieux animal appelé *schelch* :

« Après quoi il tua immédiatement un bison, un élan, quatre forts uri et un terrible schelch. »

Quelques écrivains ont supposé que le schelch était le *Megaceros hibernicus*. Il n'y a cependant pas de raison suffisante pour adopter cette hypothèse, et nous devons nous rappeler que le même poëme, comme le docteur Buckland l'a fait si bien remarquer, contient des allusions à des géants, des nains, des pygmées et des dragons de feu. Ni César, ni Tacite, ne parlent de l'élan irlandais, et, sans doute, ils n'auraient pas oublié un animal aussi remarquable s'il avait existé dans leur temps. Quoi qu'il en soit, il n'y a plus lieu de douter que cette espèce ait coexisté avec l'homme, car nous en trouvons des preuves nombreuses dans les cavernes à ossements et dans les couches appartenant à l'époque des graviers des rivières.

On n'a pas encore trouvé les restes de l'élan irlandais avec des objets de bronze, et je ne crois même pas qu'on puisse en attribuer aucun à l'âge néolithique.

Le renne existe encore dans l'Europe septentrionale, en Sibérie et dans les districts montagneux du Caucase. Au temps même de Pallas, on le rencontrait sur les sommets boisés des monts Ourals. Une espèce très-semblable, si même elle est distincte, existe dans presque toute l'Amérique du Nord. Mais quant à l'Europe occidentale, il faut la regarder comme une espèce disparue. Nous ne savons pas si le renne a jamais traversé les Alpes ou les Pyrénées, mais il a été certainement très-abondant, à une époque, en Angleterre et en France d'où, comme

(1) Owen, *loc. cit.*, p. 465.

il est inutile de le dire, il a depuis longtemps disparu. A présent même, le renne, comme le Lapon, se retire graduellement vers le Nord, incapable qu'il est de résister à la pression de la civilisation qui s'avance.

Il y a dix ans on trouvait encore quelques familles de Lapons dans le voisinage de Nystuen, au sommet du Fillefjeld et dans quelques autres endroits du sud de la Norwége, mais on n'en rencontre aucune à présent de ce côté du fleuve Namsen. Le renne à l'état sauvage se trouve encore à présent, quoiqu'en petite quantité, sur presque tous les plateaux sauvages de la Norwége. Il est, il est vrai, protégé par de sévères lois de chasse, sans lesquelles il aurait sans doute cessé d'exister.

Autant que nous pouvons en juger par les preuves que nous possédons, l'apparition du renne en Europe a coïncidé avec celle du mammouth et à une époque plus rapprochée de nous que celle de l'ours des cavernes ou de l'élan irlandais. On le trouve ordinairement partout où l'on découvre le mammouth et le *Rhinoceros tichorhinus*, mais d'un autre côté, comme ses restes sont abondants dans quelques cavernes qui ne contiennent pas les ossements des pachydermes gigantesques, il est probable qu'il a existé beaucoup plus tard qu'eux. On n'a, cependant, pas trouvé le renne dans les kjökkenmöddings ou dans les tumuli. On ne le trouve pas non plus dans les habitations lacustres de la Suisse, quoique nous sachions qu'il ait à une certaine époque habité ce pays, car on en a trouvé des ossements dans une caverne à l'Échelle, entre le grand et le petit Salève, auprès de Genève, où ils étaient mélangés à des silex travaillés, des cendres et des restes de bœuf et de cheval. Tous les os étaient brisés pour en extraire la moelle.

Comme il était naturel de s'y attendre, on a quelquefois trouvé le renne dans les tourbières de la Suède, mais pas encore, que je sache, dans celles de l'Angleterre et de la France. Les anciennes monnaies bretonnes ou gauloises ne le représentent jamais. César, il est vrai, dit qu'il existait dans la grande forêt Hercynienne, mais la description qu'il en fait est imparfaite et incorrecte. Il semble n'en avoir entendu parler que par ouï dire, sans avoir jamais rencontré personne qui en ait vu un. Jamais enfin il ne semble avoir paru dans le cirque romain.

L'aurochs était commun dans le centre et dans le sud de l'Europe, et paraît remonter à une époque beaucoup plus ancienne que le mammouth ou le *Rhinoceros tichorhinus*. Il existait en Angleterre à l'époque du Norwich Crag; on trouve ses ossements dans les graviers des rivières, les cavernes, les villages lacustres de la Suisse et dans les tourbières; jusqu'à présent on n'en a pas encore trouvé dans les amas coquilliers du Danemark. M. Lartet pense qu'il est représenté sur une pièce de monnaie des Santones, que lui a montrée M. de Saulcy. Pline et Sénèque affirment qu'il existait de leur temps, ainsi que l'urus, dans les grandes forêts de l'Allemagne. César n'en parle pas, mais les « Niebelungen » font allusion à cet animal, et l'on dit qu'il a existé en Prusse jusqu'en 1775. Il existe même encore dans les forêts impériales de la Lithuanie, où l'empereur de Russie le fait conserver et aussi, selon Nordmann et Von Baer, dans quelques parties de l'Asie occidentale.

L'urus semble avoir été plus répandu encore que l'aurochs. On l'a trouvé dans toute l'Europe, en Angleterre, au Danemark, en Suède, en France et en Allemagne, au delà des Alpes et des Pyrénées, en Italie et en Espagne et même, selon M. Gervais, dans l'Afrique septentrionale. Dans le musée de Lund se trouve un squelette appartenant à cette espèce; une des vertèbres porte encore la trace d'une blessure que le professeur Nilsson pense avoir été faite avec une flèche de silex. On a aussi trouvé des ossements de l'urus dans les anciens tumuli, dans les habitations lacustres et dans les kjökkenmöddings.

César dit tout particulièrement que l'urus se trouve dans la forêt Hercynienne; les « Niebelungen Lied » y font allusion, et, selon Herberstein, il existait en Allemagne jusqu'au xvie siècle; il disparut peu après, à moins que les célèbres bestiaux sauvages de Chillingham et quelques-unes de nos races domestiques ne le représentent encore.

Comme résultat pratique de cette chronologie paléontologique tirée des caractères des mammifères de la période quaternaire, M. Lartet pense que nous pouvons établir quatre divisions dans « la période de l'humanité primitive, l'âge du grand ours des cavernes, l'âge de l'éléphant et du rhinocéros, l'âge du renne et l'âge de l'aurochs ». Il est évident, je crois, que l'apparition de ces mammifères en Europe n'a pas été simultanée, et que leur disparition a été successive. Il semble prouvé que l'aurochs a habité l'Europe occidentale plus longtemps que le renne, et il est presque aussi certain que le renne y a séjourné, plus tard, à une époque plus rapprochée de nous, que le mammouth et le *Rhinoceros tichorhinus*. Mais la distinction chronologique entre ces deux espèces et l'ours des cavernes ne paraît pas si bien établie. En admettant qu'on n'ait pas encore trouvé l'ours des cavernes dans les graviers de la vallée de la Somme qui a été examinée avec tant de soin, nous devons nous rappeler, toutefois, que cet animal habitait essentiellement les cavernes, et que son absence provient peut-être bien plus de ce qu'il n'y avait pas de cavernes dans la vallée que de ce qu'il avait disparu. En outre, les os trouvés dans le gravier sont très-brisés, et quelques os des grands spécimens de l'ours brun ressemblent si parfaitement à ceux de l'*Ursus spelæus*, qu'il n'est pas facile de les distinguer.

Quant à l'antiquité de l'aurochs, les cavernes à ossements n'ont encore rien ajouté à ce que nous avaient appris les tumuli et les habitations lacustres de la Suisse. Il ne serait pas possible, dans les limites du présent chapitre, de citer toutes les cavernes dans lesquelles on a trouvé des ossements humains accompagnant ceux des mammifères disparus et appartenant évidemment à la même époque. Je me contenterai d'appeler l'attention du lecteur sur celles qui ont été étudiées avec le plus de soin.

Il est inutile d'ajouter qu'un grand nombre de cavernes ont été certainement habitées à des époques subséquentes à celles dont nous nous occupons à présent, mais comme nous l'avons déjà dit, nous avons pour l'âge néolithique d'autres sources de renseignements et des preuves plus satisfaisantes que celles que nous pourrions tirer de l'étude des cavernes.

Quelques écrivains, il est vrai, ont été jusqu'à mettre en question la valeur de ce que nous pourrions appeler les témoignages des cavernes. Ils ont supposé que les ossements d'animaux disparus avaient pu être déposés dans les cavernes des siècles avant la venue de l'homme ; que les débris de la période humaine avaient pu y être introduits subséquemment ; et que des débris appartenant à des périodes très-différentes avaient ainsi pu être mêlés ensemble. C'est là, en effet, la conclusion à laquelle arrive M. Desnoyers, dans son article sur les cavernes à ossements publié en 1845 (1). A moins que ces raisonnements ne puissent être réfutés d'une manière satisfaisante, il faut admettre que les preuves qu'on pourrait tirer du contenu des cavernes seraient sujettes à de graves soupçons. J'espère, cependant, pouvoir prouver que tel n'est pas le cas.

Pendant le courant de l'année dernière, M. Lartet, de concert avec M. Christy, a examiné avec beaucoup de soin un grand nombre de petites cavernes et d'abris de rochers dans la Dordogne, dont quelques-uns avaient déjà attiré l'attention des archéologues (2). Ces cavernes sont particulièrement intéressantes parce que, autant au moins que nous en pouvons juger par l'état actuel des observations déjà faites, elles appartiennent à la période du renne de M. Lartet, et tendent par conséquent à relier l'âge de la pierre polie à la période des graviers des rivières et des grands mammifères disparus ; et qu'elles représentent une époque sur laquelle nous avions jusqu'alors fort peu de rensei-

---

(1) *Recherches géologiques et historiques sur les cavernes, particulièrement sur les cavernes à ossements. (Dictionnaire universel d'histoire naturelle.)*

(2) *De l'origine et de l'enfance des arts en Périgord*, par M. l'abbé Audierne.

gnements. Les cavernes qui ont été examinées avec le plus de
soin sont au nombre de dix, savoir : Laugerie, la Madelaine, les
Eyzies, la Gorge d'Enfer, le Moustier, Liveyre, Pey de l'Azé,
Combe-Granal et Badegoule ; j'ai eu l'avantage de visiter la plupart d'entre elles. Quelques-unes comme, par exemple, les
Eyzies et le Moustier, sont à une hauteur considérable au-dessus
de la rivière, d'autres au contraire, comme la Madelaine et Laugerie, sont à peu près à la hauteur de l'eau, ce qui prouve que
le niveau de la rivière est aujourd'hui à peu près le même qu'à
l'époque où ces cavernes étaient habitées.

Les rivières de la Dordogne coulent dans de profondes
vallées creusées dans des couches calcaires ; alors que les côtés
des vallées dans les districts crayeux sont ordinairement inclinés,
dans ce cas, à cause probablement de la dureté du rocher, ils
sont en général verticaux. On y trouve fréquemment de petites
cavernes et des grottes ; en outre, comme les différentes couches
possèdent ordinairement un pouvoir de résistance inégal contre
les influences atmosphériques, la surface du rocher est pour
ainsi dire écaillée en bien des endroits, ce qui produit des abris.
A une époque fort reculée, ces cavernes et ces abris étaient
habités par des hommes qui ont laissé après eux des preuves
évidentes de leur présence. Mais, à mesure que la civilisation
s'est développée, l'homme, ne se contentant plus des demeures
naturelles, mais peu commodes, qu'il trouvait ainsi de tous côtés,
a creusé des habitations, et dans certains endroits la surface
entière du rocher est criblée de trous, portes et fenêtres s'ouvrant sur des chambres, quelquefois même on voit des étages
les uns au-dessus des autres, ce qui suggère l'idée d'une Petra
française. Dans les temps agités du moyen âge, nombre de ces
demeures servirent, sans doute, de fortifications efficaces ; aujour-
d'hui même, quelques-unes servent encore de magasins. J'ai vu
à Brantôme une vieille chapelle taillée dans le roc, ressemblant
beaucoup aux célèbres temples de l'Inde taillés dans les rochers.
Outre l'intérêt scientifique, il était impossible de ne pas jouir

de la beauté du paysage qui se déroulait sous nos yeux pendant que nous descendions la Vezère. Tantôt la rivière passait d'un côté de la vallée, tantôt de l'autre, aussi nous avions parfois de riches prairies de chaque côté, ou nous nous trouvions tout près de la roche taillée à pic. Çà et là, nous rencontrions quelque vieux château pittoresque, et quoique les arbres ne fussent plus couverts de feuilles, les rochers étaient dans bien des endroits couverts de buis et de lierre ou de chênes toujours verts, dont la verdure s'harmonisait avec les teintes brun doré de la pierre elle-même.

Mais pour en revenir aux cavernes à ossements, on a trouvé des restes de l'ours des cavernes au Pey de l'Azé, de l'hyène des cavernes au Moustier, des molaires d'éléphants au Moustier et à Laugerie, outre un fragment de pelvis. Quant aux deux premières espèces, MM. Christy et Lartet pensent qu'elles appartiennent probablement à une période antérieure à celle des restes humains trouvés dans les mêmes cavernes. On a regardé la présence du pelvis comme une évidence de la contemporanéité du mammouth et des chasseurs de rennes de Laugerie; il est, en effet, difficile de comprendre pourquoi ces hommes auraient apporté un os fossile dans leur caverne, d'autant que les os d'éléphants sont si peu résistants qu'il est impossible de s'en servir pour faire des outils. Cependant MM. Christy et Lartet n'expriment aucune opinion, se faisant, disent-ils « une loi de ne procéder dans nos inductions que par évidences incontestables. »

Quant au *Felis spelœa*, on a trouvé dans la caverne des Eyzies un os métacarpien appartenant probablement à cette espèce; cet os porte encore les marques de coups de couteau.

Cependant la preuve zoologique positive de l'antiquité des restes humains trouvés dans ces cavernes repose principalement sur la présence du renne; ces preuves, nous pouvons le dire, sont concluantes. Les ossements appartenant à cette espèce sont tous brisés pour en extraire la moelle; beaucoup portent les marques de coups de couteau, et aux Eyzies on a trouvé une vertèbre percée par un éclat de silex. MM. Christy et Lartet sont convaincus que cet os devait être tout frais quand il a été ainsi percé. En outre, comme nous le verrons tout à l'heure, nous avons des preuves encore plus concluantes que l'homme et le renne vivaient ensemble dans cette localité.

Les preuves zoologiques sont d'ailleurs aussi très-instructives par leur côté négatif. Selon MM. Christy et Lartet, on n'a pas encore trouvé un seul ossement qu'on puisse attribuer à des animaux domestiques. On rencontre, il est vrai, des os de bœuf et de cheval, mais il n'y a aucune preuve qu'ils aient appartenu à des espèces domestiques. Les restes du porc sont très-rares, et si ces animaux avaient été réduits à l'état domestique, on les eût trouvés sans doute en plus grande quantité. Le mouton et la chèvre, et ce qui est encore plus remarquable, le chien, sont entièrement absents. D'un autre côté les ossements du cheval et du renne, surtout ces derniers, se trouvent en grande quantité, et je ne suis pas aussi certain que MM. Christy et Lartet, que quelques-uns d'entre eux, tout au moins, n'ont pas appartenu à des individus réduits à l'état domestique.

Un coup d'œil sur les collections faites par MM. Christy et Lartet, ou sur celle de M. le vicomte de Lastic de Bruniquel, suffira pour prouver que les débris organiques consistent surtout en dents, en mâchoires inférieures et en cornes. On trouve, il est vrai, d'autres ossements, mais ils ne forment qu'une petite fraction du tout. Nous ne pouvons cependant pas attribuer ce fait à la présence des chiens, parce qu'on n'a pas encore découvert de restes de cette espèce; parce que les os qui restent n'ont pas été rongés; mais surtout parce que les chiens ne mangent que certains os et certaines parties d'os, choisissant en règle générale les parties spongieuses et rejetant les parties solides.

M. Galton a fait remarquer que quelques tribus sauvages de l'Afrique ne se contentent pas de la chair des animaux qu'ils tuent, écrasent aussi les os dans des mortiers pour en extraire

les sucs nourrissants qu'ils contiennent. Selon Leems, les Lapons
danois avaient aussi l'habitude de briser avec un maillet les os
contenant de la graisse ou de la moelle, puis de les faire bouillir
pour en extraire toutes les parties grasses (1). Les Esquimaux
écrasent aussi les os pour en tirer la moelle (2). Bien des mortiers, bien des marteaux de pierre, étaient sans doute employés
à cet usage dans l'antiquité, et les proportions relatives des
différents os nous permettent, je crois, de penser, bien que ce
soit là une évidence indirecte, qu'une coutume semblable existait dans le sud de la France.

Si nous passons maintenant aux instruments de silex trouvés
dans ces cavernes, nous devons tout d'abord appeler l'attention
sur leur immense quantité. On peut, sans aucune exagération,
dire qu'ils sont innombrables. Cette quantité augmente, sans
contredit, la valeur des conclusions que nous pouvons tirer de
leur présence; et cependant il n'y a rien là qui doive nous surprendre. Le silex est si cassant que les instruments faits avec ce
minéral devaient se briser facilement, et dans ce cas les morceaux
devenant inutiles devaient être jetés de côté, surtout dans un
district crayeux où le silex est presque inépuisable. Bien des
instruments, sans doute, sont inachevés, rendus inutiles, soit
par un coup mal dirigé, soit par quelque défaut dans le silex.
En outre, on doit naturellement s'attendre à ce que, dans de
telles brèches osseuses, les instruments de silex soient relative-
plus abondants que dans un kjökkenmödding. Chaque huître ne
fournit qu'une seule bouchée, de telle sorte que la partie
alimentaire forme une plus grande partie du tout dans les mammifères que dans les mollusques. Les kjökkenmöddings, par
conséquent, doivent, cæteris paribus, s'accumuler plus rapidement que les brèches à ossements, et en supposant que les instruments de silex soient également nombreux dans les deux cas,

---

(1) *Account of Danish Lapland*, par Leems, Copenhague, 1767. Traduit dans
Pinkerton's Voyages, vol. I, p. 396.

(2) Hall, *Life with the Esquimaux*, vol. II, p. 147, 176.

il doivent être plus rares dans les premiers que dans les derniers.

Les objets de pierre trouvés dans les cavernes à ossements, que nous étudions actuellement, consistent en éclats simples et travaillés, en racloirs, en « noyaux », en poinçons, en têtes de lance, en instruments tranchants, en marteaux et en mortiers de pierre.

Les éclats simples et travaillés sont, bien entendu, très-nombreux, mais ils ne nécessitent aucune observation spéciale. Ils offrent les variétés ordinaires de grandeur et de forme.

Quoique moins nombreux que les éclats, les racloirs sont cependant très-abondants. En règle générale, ils me semblent plus longs et plus étroits que le type ordinaire danois. Quelques-uns se tenaient, sans doute, par le milieu, car les deux extrémités sont taillées. D'autres devaient être fixés à des poignées, car l'extrémité opposée au racloir est brisée quelquefois d'un côté, quelquefois de l'autre, quelquefois des deux côtés, de façon à former une pointe qu'on fixait, sans doute, dans un manche de bois, d'os ou de corne. Beaucoup d'éclats sont aussi cassés à une extrémité de la même manière.

Il est évident que partout où il y avait une fabrique d'éclats de silex, on doit retrouver aussi les noyaux qui servaient à les faire. Cependant, j'ai été étonné du nombre trouvé dans ces cavernes; pendant ma courte visite, j'en ai moi-même ramassé plus de quatre-vingt-dix.

Les poinçons et les scies sont beaucoup moins fréquents; on en a trouvé, cependant, quelques bons spécimens. Dans quelques stations, on trouve de curieux instruments plats (fig. 130). Nous pouvons conclure de la constance de leur forme qui, en outre, est quelque peu singulière, qu'on les employait à un but déterminé. En guise de marteaux, les chasseurs de rennes semblent avoir employé des pierres rondes; on en trouve une quantité assez considérable dans les cavernes, et ces pierres portent encore les marques évidentes de l'emploi qu'on en faisait. Quel-

ques-unes, toutefois, ont pu aussi servir de pierres à chauffer.
Les Indiens de l'Amérique du Nord, les Esquimaux et quelques
autres sauvages, ne connaissant pas la poterie, et n'ayant que
des vases de bois qu'ils ne peuvent placer sur le feu, ont l'habitude de faire chauffer des pierres et de les placer dans l'eau
qu'ils veulent faire bouillir. Bien des pierres trouvées dans ces
cavernes semblent avoir servi à cet usage.

Fig. 130.

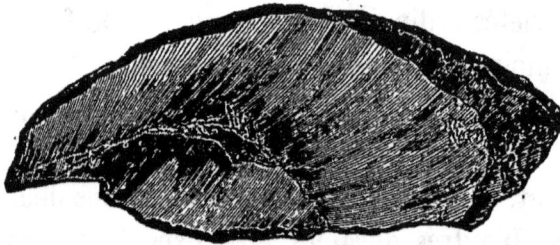

Poinçon de silex.

Les instruments de silex que nous venons de décrire, et qui
sont les plus communs, se trouvent indistinctement dans toutes les
cavernes, mais il y a d'autres types qui semblent être moins
généralement distribués. Ainsi à Laugerie et à Badegoule, des
fragments de têtes de lance en forme de feuilles, presque aussi
bien faites que celle du Danemark, sont loin d'être rares. Si
donc, nous essayions de classer ces cavernes selon les périodes
de leur occupation, nous serions disposé à attribuer à ces dernières une époque plus rapprochée de nous qu'aux autres.
A en juger, au contraire, par les instruments de silex, la station
du Moustier serait la plus ancienne. En admettant peut-être qu'il
soit encore prématuré d'essayer une semblable classification, on
ne peut douter, cependant, que le Moustier ne présente quelques types qu'on n'a pas encore trouvés dans d'autres cavernes,
et qui ressemblent sous bien des rapports à ceux du diluvium.

Une de ces formes particulières consiste en ce qu'un des côtés
de l'instrument n'est pas travaillé, apparemment pour qu'on

puisse le tenir dans la main, tandis que l'autre côté a un bord coupant fait par une série de petits coups. Quelques-uns de ces instruments sont fort grands, et MM. Christy et Lartet supposent

FIG. 131.   FIG. 132.

FIG. 133.

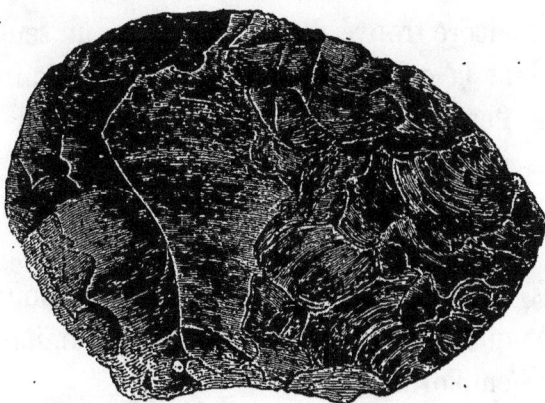

Instrument de silex de le Moustier.

qu'on s'en servait pour couper le bois et peut-être aussi les gros os des mammifères. Les figures 131-3 représentent un autre type fort intéressant. Ce spécimen est travaillé des deux côtés, mais le plus ordinairement un des côtés reste plat. MM. Christy et Lartet pensent que ce type est identique avec les têtes de lance trouvées dans les dépôts du diluvium. Je ne suis pas d'accord avec eux à ce sujet. Non-seulement, les spécimens de le Moustier sont plus petits, mais le travail est différent, il est moins hardi. En outre, la surface plate **A**, n'est pas une particularité individuelle. Elle est très-fréquente, pour ne pas dire générale, et elle se trouve aussi sur l'instrument semblable découvert par M. Boyd Dawkins, dans le trou de l'hyène à Wokey Hole, et publié par lui dans le *Geological Journal*, mai 1862, n° 70, p. 119. Ce type très-intéressant, semble plutôt être dérivé des instrument tranchants que nous avons décrits plus haut, auquel cas la ressemblance qui existe entre lui et les types du diluvium serait accidentelle et insignifiante. MM. Christy et Lartet, il est vrai, appellent les instruments de ce type des « têtes de lance », mais on peut douter qu'ils fussent employés à cet usage, quoique certainement quelques-uns semblent l'avoir été. En résumé, donc, quoique ces types de le Moustier offrent un grand intérêt, il faut réfléchir avant d'affirmer qu'ils appartiennent aux formes du diluvium.

On n'a pas encore trouvé dans ces cavernes un seul instrument poli. Cependant la collection faite par feu M. Mourcin, dans le voisinage de Périgueux, contient, sur 5025 objets de pierre, 3002 haches polies, dont plusieurs, toutefois, sont imparfaites. Sans aucun doute, parmi les types nombreux que présentent les instruments de silex trouvés dans ces cavernes, des études plus approfondies en feront distinguer d'autres, et nous avons tout lieu d'espérer que ces études jetteront plus de lumière sur l'usage auquel on les employait.

La station de Moustier n'a pas encore produit un seul instrument d'os, mais on en a trouvé un assez grand nombre dans d'autres cavernes. « Ils consistent en instruments carrés affectant la forme d'un ciseau ; d'autres sont ronds, pointus, ressemblant à des poinçons, quelques-uns ont pu servir de hameçons ;

des têtes de lance forme harpon ; des pointes de flèche simples
ou barbelées, faites avec un art étonnant ; et enfin des aiguilles
d'os compacte, très-pointues, polies, et dont les trous ronds
sont si petits et si réguliers, que les personnes même qui sont
convaincues de l'antiquité de ces objets auraient pu penser
qu'il était impossible de faire un trou semblable avec une pierre,
si cet observateur si consciencieux, M. Lartet, n'en avait pas
fabriqué une semblable avec les instruments même qu'on a
trouvés avec ces aiguilles (1). Il faut se rappeler d'ailleurs que les
indigènes de la Nouvelle-Zélande parviennent, avec leurs outils
de pierre, à faire des trous même dans le verre (2).

Donc, à l'exception, peut-être, des belles têtes de lance de
Laugerie et de Badegoule, toutes les évidences que nous ont
jusqu'à présent fournies ces cavernes indiquent une période
très-primitive, plus ancienne même que celle des premiers
villages lacustres de la Suisse ou des amas coquilliers du Danemark. On n'a encore trouvé aucun fragment de métal ou de
poterie qu'on puisse, avec certitude, attribuer à la période des
rennes.

Il y a, toutefois, dans ces cavernes, une classe d'objets qui,
prise isolément, nous eût conduit à une conclusion toute différente. On n'a pas encore trouvé dans les amas coquilliers danois,
ou dans les villages lacustres de l'âge de pierre, une seule copie
quelque grossière qu'elle soit, d'un animal ou d'une plante.
Ces représentations sont si rares, même sur les objets de l'âge
de bronze, qu'il est douteux qu'on en puisse citer un seul cas
authentique. Or on a trouvé dans ces antiques cavernes à ossements un grand nombre de jolies esquisses faites sur os, ou sur
pierre, probablement avec la pointe d'un silex. Dans quelques
cas même, on a essayé d'ombrer le dessin. M. Lartet nous a
déjà fait connaître, dans les *Annales des sciences naturelles* (3),

(1) *Trans. Ethnological Soc.*, N. S., vol. III.
(2) *Cook's First Voyage*, p. 464.
(3) *Ann. des sc. nat.*, 1861, vol. XV.

quelques grossiers dessins trouvés dans la caverne de Savigné et,
dans son dernier mémoire, il a décrit et fait graver plusieurs
objets d'une nature semblable.

On a trouvé dans la station de Laugerie plusieurs de ces dessins : l'un représente un grand animal herbivore, malheureusement sans la tête et les jambes de devant ; un second semble
aussi représenter un bœuf ; un troisième, un petit animal aux
cornes verticales ; un autre, certainement un cheval ; et un cinquième est fort intéressant, car la forme des bois et de la tête
indiquent évidemment un renne. M. de Lastic a trouvé plusieurs
dessins semblables dans une caverne à Bruniquel.

Mais le spécimen le plus remarquable de tous, peut-être, c'est
un poignard taillé dans un bois de renne (fig. 134). L'artiste

Fig. 134.

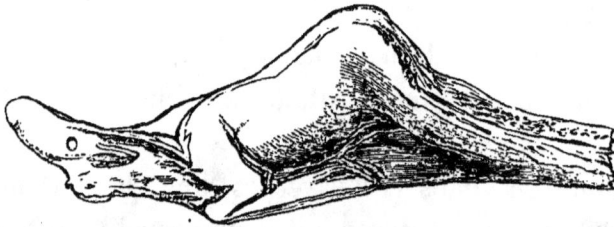

Manche d'un poignard.

a ingénieusement adapté la position de l'animal à la forme du
bois. Les cornes sont rejetées en arrière sur le cou, les pattes
de devant repliées sous le ventre, et les pattes de derrière sont
étendues le long de la lame. Malheureusement le poignard semble
avoir été jeté de côté avant d'être tout à fait terminé ; mais
plusieurs détails indiquent que l'artiste voulait représenter un
renne. Bien qu'il soit naturel de ressentir quelque surprise à la
vue de ces ouvrages d'art, nous trouvons, cependant, des exemples chez les sauvages modernes d'un certain talent de dessin et
de sculpture, bien qu'ils ne connaissent en aucune façon la
métallurgie.

En considérant la condition probable de ces antiques habitants des cavernes, nous devons reconnaître leur amour de l'art, quel que fût le point où il s'arrêtait; mais, d'un autre côté, le manque de métal, d'instruments de silex polis et même de poterie (1), l'ignorance de l'agriculture, l'absence apparente de tout animal domestique, même du chien, impliquent certainement une civilisation fort peu avancée et une antiquité fort reculée.

Le climat aussi a dû singulièrement changer. Le renne est l'animal le plus abondant, et il formait évidemment le principal aliment; or, nous savons que cet animal n'habite plus maintenant que les régions arctiques et qu'il ne pourrait pas vivre dans le sud de la France. La présence du bouquetin et du chamois, qui ne se trouvent plus actuellement que sur les sommets neigeux des Alpes et des Pyrénées, ainsi que celle d'une espèce de spermophilus, tend aussi à la même conclusion. La présence des deux premières espèces dans quelques villages lacustres de la Suisse n'est pas aussi significatif, parce que là elles se trouvent dans le voisinage de hautes montagnes, tandis que les collines les plus élevées de la Dordogne n'atteignent pas une hauteur de plus de 800 pieds.

Une autre espèce fort intéressante, déterminée récemment par M. Lartet, est l'antilope Saïgo de Pallas, qui abonde actuellement dans le nord-est de l'Europe et dans l'Asie occidentale, dans les plaines du Dniéper et du Volga, autour de la mer Caspienne et aussi loin que les montagnes d'Altaï. M. Christy nous dit que les plaines septentrionales de la Pologne et la vallée du Dniéper sont aujourd'hui les limites méridionales de l'espèce.

En outre, l'accumulation des débris organiques dans ces cavernes est en elle-même, comme M. Christy l'a ingénieusement suggéré, une excellente preuve d'un changement de climat. Nous savons que les Esquimaux laissent se former de semblables

_____

(1) La poterie est, en outre, très-rare dans les ruines des Crannoges irlandais, et est fort peu abondante dans les amas coquilliers du Danemark.

dépôts dans leurs demeures, mais cela ne se peut faire que dans
les régions arctiques; dans un climat tel que celui qui règne
actuellement dans le sud de la France, de semblables accumulations, si ce n'est en plein hiver, deviendraient bientôt une masse
de putréfaction.

Il n'est pas douteux que les recherches persévérantes de mes
amis, MM. Christy et Lartet, ne jettent bientôt quelque lumière
sur ce sujet, et nous permettent de parler avec plus de confiance.
Mais, jusqu'à présent, les preuves que nous avons entre les
mains nous autorisent à penser que cette race d'hommes vivait
comme quelques Esquimaux vivent actuellement, et comme
vivaient les Lapons, il y a quelques centaines d'années; elles
semblent indiquer une période intermédiaire entre celle des instruments de pierre polie et celle des grands mammifères éteints
et apparemment quelque peu plus ancienne que celle des amas
coquilliers du Danemark. Mais si l'on parvient à prouver que ces
habitants des cavernes ont été les contemporains du tigre, de
l'ours et de l'hyène des cavernes, et enfin du mammouth, dont
les restes se trouvent douteusement mêlés aux leurs, il faudra
alors leur attribuer une antiquité bien plus reculée (1).

Il semble maintenant bien prouvé que les cavernes européennes
ont été habitées par l'homme pendant l'existence de ces mammifères éteints.

Déjà, en 1828, MM. Tournal et Christol avaient trouvé dans
le sud de la France des fragments de poteries, des dents et des
ossements humains mêlés avec les restes d'animaux disparus.
M. Tournal avait établi avec soin que ces débris n'avaient pas été
introduits par une catastrophe diluvienne, mais graduellement.
La présence de poterie jette cependant un grand doute sur l'antiquité supposée de ces débris.

_____

(1) M. le vicomte de Lastic a fait dans une autre caverne à ossements, dans
le sud de la France, celle de Bruniquel, une collection considérable, dont la
plus grande partie est actuellement au British Museum. Comme le professeur
Owen s'est chargé de décrire cette collection, je n'en parlerai pas ici.

Quelques années plus tard, en 1833 et en 1834, le docteur Schmerling (1) publia les résultats de ses fouilles dans quelques cavernes situées auprès de Liége, en Belgique. Dans quatre ou cinq, il trouva des ossements humains, et dans toutes il découvrit des instruments grossiers, principalement des éclats de silex, dispersés de telle manière au milieu des restes du mammouth, du *Rhinoceros tichorhinus*, de l'hyène et de l'ours des cavernes, qu'il leur attribue la même antiquité. On ressent une surprise bien naturelle à la pensée que de tels animaux aient jamais vécu en Angleterre et en France, aient jamais erré dans nos bois et le long de nos fleuves; mais quand on ajoute que l'homme est leur contemporain, l'incrédulité succède à la surprise. Cependant, ces fouilles paraissent avoir été faites avec soin, et des découvertes plus récentes ont confirmé les principaux résultats obtenus.

L'hésitation avec laquelle les savants accueillirent les faits avancés par le docteur Schmerling provenait sans doute, en partie, de ce qu'il avait attribué à de fausses espèces quelques débris fossiles découverts par lui, et en partie parce qu'en parlant de différentes espèces disparues, et surtout du mammouth, il exprimait l'opinion que les débris avaient été amenés de loin et déplacés d'un terrain plus ancien. « Nous n'hésitons point », dit-il, « à exprimer ici notre pensée, c'est que nous doutons fort que l'éléphant, lors de l'époque du remplissage de nos cavernes, habitât nos contrées. Au contraire, nous croyons plutôt que ces restes ont été amenés de loin, ou bien que ces débris ont été déplacés d'un terrain plus ancien et ont été entraînés dans les cavernes. »

Or, en admettant, avec le docteur Schmerling, que les restes humains aient été « enfouis dans ces cavernes à la même époque, et, par conséquent, par les mêmes causes qui y ont

---

(1) *Recherches sur les ossements fossiles découverts dans les cavernes de la province de Liége*, par le docteur P. C. Schmerling.

entraîné une masse d'ossements de différentes espèces éteintes »,
il ne s'ensuivrait pas que l'homme ait vécu à la même époque
que ces espèces éteintes.

En 1840, M. Godwin Austen communiqua à la Société géologique un *Mémoire sur la géologie du sud-est du Devonshire* (1),
et, dans sa description du trou de Kent, auprès de Torquay, il
dit que les « restes humains et les travaux d'art, tels que têtes
de lance et couteaux de silex, se trouvent dans toutes les
parties de la caverne et dans toute l'épaisseur de l'argile ; on ne
peut remarquer aucune distinction, basée sur la condition, la
distribution ou la position relative, qui puisse faire séparer les
restes humains des autres restes, qui comprennent des ossements d'éléphants, de rhinocéros, de bœufs, de daims, d'ours,
d'hyènes et d'un animal de grande taille appartenant à la race
féline. »

Il ajoute, avec beaucoup de justesse, que la valeur « de semblables constatations dépend beaucoup du soin qu'un collecteur
apporte à de telles fouilles ; je dois donc constater que les
recherches que j'ai entreprises ont toujours été faites dans des
parties de la caverne qui n'avaient jamais été fouillées, et que
toujours j'ai tiré les ossements de dessous une couche épaisse de
stalagmites ; ainsi donc les ossements et les ouvrages de l'homme
ont été introduits dans la caverne avant que cette couche de
stalagmites n'ait été formée. » Ces résultats obtenus attirèrent
toutefois peu d'attention ; et les assertions que fit M. Vivian,
dans un mémoire lu devant la Société de géologie, parurent
si invraisemblables, que le mémoire qui les contenait ne fut pas
publié.

En mai 1858, le docteur Falconer appela l'attention de la
Société de géologie sur une caverne récemment découverte à
Brixham, près de Torquay, et cette Société nomma une commis-
sion pour l'aider dans ses recherches. On obtint, dans le même

---

(1) *Transactions of the Geol. Soc.*, sér. 2, vol. VI, p. 433.

but, aide pécuniaire de la Société royale et de miss Burdett Coutts. Outre le docteur Falconer, M. Pengelly, M. Prestwich et le professeur Ramsay furent chargés des recherches. En septembre 1858, cette commission fit un rapport préliminaire à la Société de géologie ; mais il est à regretter que les résultats des fouilles n'aient pas encore été publiés *in extenso*.

Les dépôts dans la caverne étaient, en descendant :

1° Stalagmites d'une épaisseur irrégulière.
2° Terre ocreuse des cavernes avec breccia de pierre calcaire.
3° Terre ocreuse des cavernes avec argile schisteuse pulvérisée.
4° Gravier roulé.

Les débris organiques appartenaient aux espèces suivantes :

1° *Rhinoceros tichorhinus.* Dents en quantité considérable.
2° *Bos sp.* Dents, mâchoires et autres os.
3° *Equus sp.* Quelques débris.
4° *Cervus tarandus.* Le Renne. Crâne et bois.
5° *Cervus sp.* Bois.
6° *Ursus spelœus.* L'ours des cavernes. Mâchoires inférieures, dents et les os d'une jambe de derrière.
7° *Hyœna spelœa.* Mâchoires inférieures, dents, fragments de crânes et autres ossements.

On trouva, mêlés à ces ossements, des éclats de silex qui, selon toute apparence, remontaient à la même époque. Ils se trouvaient à différentes profondeurs, de 10 pouces à 11 pieds, quelques-uns étaient dans le gravier, au-dessous de toute la terre ocreuse de la caverne. On découvrit l'un d'eux tout auprès des os de la patte gauche de derrière d'un ours des cavernes ; ces os comprenant non-seulement le fémur, le tibia et le fibula, mais même la rotule et l'astragale se trouvaient dans leur position respective. Il est donc évident que ce membre doit avoir été emprisonné à cet endroit, alors qu'il était encore frais ou tout au moins tandis que les ligaments retenaient encore les os assemblés. Or, comme ces os ont dû être déposés peu après la mort de

l'animal, il s'ensuit que si l'homme et l'ours des cavernes
n'étaient pas contemporains, l'ours des cavernes est le plus récent
des deux.

Le docteur Falconer a aussi trouvé, dans la grotte de Maccagnone, en Sicile, des traces humaines consistant en cendres
et en grossiers instruments de silex dans une brèche contenant des os de l'*Elephas antiquus*, de l'hyène, d'un grand
Ursus, d'un *Felis* (probablement *F. spelœa*), et surtout un grand
nombre d'ossements appartenant à l'*Hippopotamus*. Le « ceneri
impastate » ou concrétion de cendres, avait autrefois rempli la
caverne et un grand morceau de breccia d'os était encore cimenté
au toit par une stalagmite, mais, grâce à quelque changement
dans le cours des eaux, la plus grande partie avait disparu. La
présence de l'hippopotame prouve suffisamment que les conditions géographiques du pays devaient être bien différentes de ce
qu'elles sont aujourd'hui; mais je ne saurais mieux faire que
de citer ce que le docteur Falconer dit lui-même de ses observations :

« Le grand nombre d'*Hippopotami* implique que, à une
époque géologique peu reculée, la condition physique du pays
doit avoir été bien différente de ce qu'elle est aujourd'hui. Il
pense que tous les dépôts *au-dessus* de la brèche osseuse ont été
accumulés jusqu'à la voûte par des matériaux apportés d'en
haut à travers des crevasses formée dans le rocher, et que
la couche supérieure, consistant de la brèche de coquilles, d'os
brisés, d'objets siliceux, d'argile cuite, de morceaux de charbon,
de coprolithes d'hyènes, avait été cimentée jusqu'à la voûte par
des infiltrations stalagmitiques. La présence d'une fragile *Hélices*
entière, prouve que cet effet a été produit par la tranquille
action de l'eau et non pas par une action tumultueuse. Rien
n'indique que les différents objets dans la brèche de la voûte ne
sont pas contemporains. Subséquemment un grand changement
physique altérant le cours de l'eau à la surface et des sources
souterraines, toutes les conditions précédemment existantes

furent changées, et tout le contenu de la caverne s'écoula au dehors, sauf les parties fixées à la voûte. Les débris de ces *ejecta* sont encore visibles dans les tas de « ceneri impastate » contenant des os fossiles au-dessous de l'ouverture de la caverne. Il est certain qu'une longue période a dû s'écouler pour amener l'extinction de l'hyène, du lion des cavernes et des autres espèces fossiles, mais il ne nous reste aucun indice qui nous permette de mesurer cette période. L'auteur appelle l'attention des géologues à la conclusion que la caverne de Maccagnone fut remplie jusqu'à la voûte pendant la période humaine, de telle sorte qu'une couche épaisse d'ossements, de dents, de coquilles terrestres, de coprolithes d'hyènes et d'objets humains, s'est agglutinée à la voûte par l'infiltration d'eau chargée de chaux. Que subséquemment, et pendant la période humaine, un si grand changement a eu lieu dans la configuration physique du district, que le contenu de la caverne s'est écoulé, excepté les parties cimentées à la voûte et depuis revêtues d'une nouvelle couche de stalagmites. »

L'observation de certaines cavernes de Espagne a produit des preuves semblables de grands changements géographiques récents. M. Busk et le docteur Falconer ont découvert, dans la caverne de Genista à Gibraltar, l'*Hyæna brunnea*, espèce africaine existant encore, le léopard, le lynx, le serval et le cerf de Barbarie. M. Lartet a aussi trouvé des molaires de l'éléphant africain actuel, au milieu de quelques ossements trouvés dans une caverne auprès de Madrid.

M. Lartet (1) a décrit avec son habileté ordinaire une grotte, ou petite caverne, fort intéressante, découverte il y a quelques années à Aurignac, dans le sud de la France. Un paysan nommé Bonnemaison, voyant un lapin entrer dans un trou sur une côte escarpée, fourra la main dans le trou et, à sa grande surprise, retira un os humain. La curiosité le poussa à faire de nouvelles

---

(1) *Annales des sciences naturelles*, 1861, p. 177.

explorations, et après avoir enlevé une quantité de débris, il trouva un grand bloc de pierre qui fermait presque l'entrée d'une petite chambre où se trouvait dix-sept squelettes humains. Malheureusement pour la science, le maire d'Aurignac, en apprenant cette découverte, recueillit les ossements humains et les fit réenterrer, et quand M. Lartet, quelques années après, explora la caverne, on ne put retrouver l'endroit où ils avaient été enterrés.

Après un examen soigneux, M. Lartet en arriva à la conclusion, que cette petite caverne avait été employée comme lieu de sépulture, et il jugea, d'après les restes d'os brisés pour en tirer la moelle et les traces de feu, immédiatement à l'entrée de la caverne, qu'on avait dû y faire des festins.

La liste suivante indique les espèces trouvées par M. Lartet, ainsi que le nombre approximatif d'individus appartenant à chaque espèce :

Nombre d'individus.

1° Ours des cavernes (*Ursus spelæus*)................ 5—6
2° Ours brun (*U. arctos?*)....................... 1
3° Blaireau (*Meles taxus*)........................ 1—2
4° Putois (*Putorius vulgaris*)..................... 1
5° Lion des cavernes (*Felis spelæa*)............... 1
6° Chat sauvage (*F. catus*)....................... 1
7° Hyène (*Hyæna spelæa*)....................... 5—6
8° Loup (*Canis lupus*)........................ 3
9° Renard (*C. vulpes*)......................... 18—20
10° Mammouth (*Elephas primigenius*). Deux molaires et un astragale.
11° Rhinocéros (*Rhinoceros tichorhinus*)............... 1
12° Cheval (*Equus caballus*)..................... 12—15
13° Ane ? (1) (*E. asinus*)....................... 1
14° Sanglier (*Sus scrofa*). Deux incisives.
15° Cerf (*Cervus elaphus*)...................... 1
16° Élan irlandais (*Megaceros hibernicus*)............. 1
17° Chèvre (*C. capreolus*)...................... 3—4
18° Renne (*C. tarandus*)....................... 10—12
19° Aurochs (*Bison europæus*)................... 12—15

(1) Il doit certainement y avoir erreur quant à cette espèce. L'interrogation est dans l'original.

Quelques-uns de ces restes d'animaux furent trouvés dans la grotte, d'autres à l'extérieur ; ces derniers avaient été rongés par quelque grand animal carnivore, sans doute l'hyène, dont on trouva des coprolithes dans les cendres. D'un autre côté, les os, à l'intérieur de la caverne, n'avaient pas été touchés, d'où M. Lartet conclut que, après le festin des funérailles, les hyènes vinrent et dévorèrent tout ce qu'avaient laissé les hommes, mais qu'elles ne purent entrer dans la caverne à cause du gros bloc de pierre qui en fermait l'entrée, bloc retrouvé à sa place par Bonnemaison.

Outre l'hyène, les animaux se trouvant sur cette liste et n'existant plus, ou qu'on sait historiquement avoir existé en France, sont : le renne, l'ours des cavernes, le rhinocéros, le lion des cavernes, l'élan irlandais et le mammouth. La contemporanéité du renne et de l'homme est évidente ; tous les os sont brisés pour en tirer la moelle, beaucoup gardent l'empreinte de couteaux, et en outre le plus grand nombre des instruments d'os est fait avec les os ou les cornes de cette espèce. M. Lartet conclut à la contemporanéité de l'homme et du rhinocéros en se basant, d'abord, sur des raisons chimiques, en ce que les os de cette espèce, aussi bien que ceux du renne, de l'aurochs, etc., ont conservé la même quantité d'azote que les ossements humains trouvés dans les mêmes localités ; secondement, parce que les os paraissent avoir été brisés par l'homme, et dans quelques cas portent les marques de couteaux. En outre, il a ingénieusement fait remarquer que ces os doivent avoir appartenu à un individu récemment tué, parce qu'après avoir été brisés par l'homme, ils ont été rongés par les hyènes, ce qui ne serait pas arrivé s'ils n'avaient pas été encore frais et pleins de leurs sucs naturels.

L'éléphant n'était représenté que par quelques molaires et un calcanéum. Ce dernier os était le seul qui fût *rongé*, trouvé à l'intérieur de la grotte. On ne peut douter que les molaires aient été séparées exprès, et le calcanéum semble avoir été placé dans la grotte au moment des derniers enterrements ; mais il n'y a rien qui prouve qu'il fût alors frais. Le fait qu'il est rongé semble indiquer le contraire.

Les restes de l'*Ursus spelæus* (ours des cavernes) étaient beaucoup plus abondants, et quelques-uns furent trouvés dans la grotte. Un membre tout entier paraît y avoir été renfermé encore couvert de la chair, car les différents os ont été trouvés tous ensemble. C'est un fait bien connu que des aliments et des boissons étaient, dans l'antiquité, fréquemment ensevelis avec les morts, et M. Lartet pense que nous pouvons expliquer de cette manière la présence d'os de quadrupèdes dans la grotte d'Aurignac.

Dans ce cas donc, il semble que nous avons une sépulture appartenant à l'époque où l'ours des cavernes, le renne, l'élan irlandais, le *Rhinoceros tichorhinus* et le mammouth vivaient encore dans le sud de la France. Il est fort à regretter, cependant, que M. Lartet n'ait pas été présent quand cette sépulture fut découverte, car il faut avouer que s'il avait vu les dépôts avant qu'ils ne fussent dérangés, nous aurions pu affirmer avec plus de certitude que les squelettes humains appartenaient à la même époque que les autres restes.

Un autre exemple fort intéressant est celui de l'antre aux hyènes à Wokey-Hole, auprès de Wells, qui a été exploré avec soin et décrit avec talent par M. Boyd Dawkins (1). Dans ce cas, la caverne était remplie de débris jusqu'à la voûte, et il paraît que l'accumulation des matériaux provenait en partie de la division d'un congloméré dolomitique, formant le plafond et les parois de la caverne et en partie de sédiments apportés graduellement par les pluies et de petits cours d'eau. Il est évident que les os et les pierres n'ont pas été amenés dans la caverne par l'action de l'eau ; premièrement, parce qu'aucun des os n'est roulé ; deuxièmement, parce que, quoiqu'on ait trouvé dans la

(1) *Geol. Journal*, mai 1862, p. 115.

caverne plusieurs instruments grossiers de silex, on n'y a trouvé *qu'un seul silex non travaillé ;* et, troisièmement, parce que, dans quelques cas, des fragments du même os ont été trouvés l'un près de l'autre et que, s'ils avaient été amenés d'une certaine distance, il est presque incroyable qu'ils se fussent déposés l'un près de l'autre. En outre, il y a plusieurs couches, l'une au-dessus de l'autre, d'*album græcum*, c'est-à-dire, d'excréments d'hyènes. Chacune de ces couches indique, bien entendu, un vieux plancher et une période d'occupation distincte ; de telle sorte que la présence d'au moins un tel plancher au-dessus des instruments de silex prouve deux choses : 1° que les hyènes qui ont produit l'*album græcum* ont occupé la caverne après les sauvages qui se servaient des instruments de silex ; et 2° que ces instruments n'ont pas été dérangés par l'eau depuis l'époque où vivaient les hyènes.

Quant aux hommes des cavernes eux-mêmes, nous avons malheureusement peu de renseignements. Quoique des fragments d'ossements humains aient, il est vrai, été fréquemment trouvés, on ne connaît encore que deux cas dans lesquels on ait découvert, dans les cavernes, des crânes dans un état tel que nous puissions les étudier. L'un de ces crânes a été trouvé par le docteur Schmerling dans la caverne d'Engis, auprès de Liége ; l'autre par le docteur Fuhlrott, dans le Neanderthal, auprès de Dusseldorf ; nous les décrirons dans un chapitre subséquent.

Il serait, sans doute, fort imprudent de généraliser d'après deux spécimens, en admettant même qu'ils fussent semblables et qu'on ne pût douter de leur antiquité. Mais il se trouve que quant au spécimen de Neanderthal, la preuve de son antiquité est loin d'être concluante, et que les deux crânes sont très-dissemblables.

En somme, donc, quoique nous ne puissions pas encore déterminer quelle variété ou variétés d'hommes existaient alors, nous trouvons dans les cavernes à ossements des preuves suffisantes pour affirmer que l'homme était, en Europe, le contem-

porain du grand groupe de mammifères quaternaires. La présence, l'association, dans les cavernes osseuses, d'antiques instruments et de restes humains avec les restes de mammifères
éteints, est un phénomène qui n'est ni rare, ni exceptionnel.
Et si nous nous plaçons au point de vue de la science, il n'y
a rien là qui doive exciter notre étonnement. Depuis l'époque
à laquelle ces cavernes ont été remplies, les changements qui se
sont produits ont eu plutôt pour résultat l'extinction que la
création d'espèces. Le cerf, le cheval, le sanglier, le chien, en
un mot tous nos mammifères existaient déjà, et c'eût été certainement une bien plus juste cause de surprise que l'homme
seul n'eût pas été représenté.

CHAPITRE IX

ANTIQUITÉ DE L'HOMME.

Pendant que nous portions nos regards vers l'Orient, suivant avec impatience les excavations qui se faisaient en Égypte et en Assyrie, la lumière s'est soudainement faite au milieu de nous. Les plus anciennes reliques de l'homme, découvertes jusqu'à présent, ont été trouvées, non pas dans les ruines de Ninive ou d'Héliopolis, non pas dans les plaines sablonneuses du Nil ou de l'Euphrate, mais dans les vallées charmantes de l'Angleterre et de la France, sur les bords de la Seine et de la Somme, de la Tamise et du Waweney.

Ces découvertes étaient si inattendues, il était si difficile de les concilier avec l'antiquité la plus grande assignée tout récemment encore à la race humaine, que longtemps on les négligea et on les soupçonna. M. Boucher de Perthes, à qui nous sommes en grande partie redevables de ce grand pas fait dans l'histoire de l'humanité, avait observé, dès l'année 1841, dans des sables

contenant des débris de mammifères, à Menchecourt, auprès
d'Abbeville, un silex grossièrement façonné en un instrument
tranchant. Les années suivantes, on trouva d'autres armes dans
des circonstances analogues, et surtout pendant la formation
du Champ de Mars à Abbeville, où l'on dut remuer une grande
quantité de gravier, et où l'on découvrit un grand nombre de
ces instruments que l'on appela des « hachettes ». En 1846,
M. Boucher de Perthes publia son premier ouvrage à ce sujet,
ouvrage intitulé : « De l'industrie primitive, ou les Arts et leur
origine ». Il annonçait dans cet ouvrage qu'il avait trouvé des
instruments humains dans des couches appartenant certainement
à l'âge du diluvium. Dans ses « Antiquités celtiques et antédiluviennes » (1847), il donna aussi de nombreux dessins de ces
armes de pierre; mais, malheureusement, les figures étaient si
petites, qu'à peine pouvait-on reconnaître les originaux. Pendant
sept ans, M. Boucher de Perthes fit peu de convertis; on le
regardait comme un enthousiaste, presque comme un fou.
Enfin, en 1853, le docteur Rigollot, sceptique jusqu'alors, examina les graviers de Saint-Acheul, près d'Amiens, pays si célèbre
aujourd'hui, trouva plusieurs armes et crut. Cependant la nouvelle croyance rencontrait peu de faveur; nul, dit le proverbe,
n'est prophète dans son pays, et M. Boucher de Perthes ne devait
pas faire exception à la règle. Enfin, cependant, le flot tourna
en sa faveur. Le docteur Falconer, passant par Abbeville, visita
sa collection et fit connaître le résultat de sa visite à M. Joseph
Prestwich, qui, avec M. Joseph Evans, se rendit à Abbeville.
J'ai toujours regretté de n'avoir pas pu accompagner mes amis
dans cette occasion. Ils examinèrent avec soin, non-seulement les
armes de silex, mais aussi les couches où on les avait trouvées.
Nos deux compatriotes avaient toute qualité pour de semblables
recherches : M. Prestwich, à cause de sa longue expérience et
de sa grande connaissance des couches tertiaires et quarter-
naires; et M. Evans, parce qu'il avait consacré de longues
veilles à l'étude des instruments de pierre appartenant à ce que

nous devons considérer maintenant comme le second, ou tout au moins le plus récent âge de pierre. De retour en Angleterre, M. Prestwich communiqua les résultats de sa visite à la Société Royale (1), tandis que M. Evans décrivait les instruments eux-mêmes dans les transactions de la Société des antiquaires (2).

Peu de temps après, M. Prestwich retourna à Amiens et à Abbeville, accompagné par MM. Godwin-Austen, J. W. Flower et R. W. Mylne, et, la même année, sir Charles Lyell visita ces lieux, dès lors célèbres. Je fis ma première visite à cet endroit en 1860, avec M. Busk et le capitaine Galton ; M. Prestwich nous servait de guide. Sir Roderick Murchison, les professeurs Henslow, Ramsay, Rogers, MM. H. Christy, Rupert Jones, James Wyatt, et d'autres géologues faisaient en même temps le même voyage. Aussi M. l'abbé Cochet, dans son *Rapport adressé à M. le Sénateur Préfet de la Seine-Inférieure*, 1860, après un juste tribut de louanges à M. Boucher de Perthes et au docteur Rigollot, ne fait-il que rendre justice à nos compatriotes en ajoutant : « Mais ce sont les géologues anglais, en tête desquels il faut placer d'abord MM. Prestwich et Evans..... qui..... ont fini par élever à la dignité de fait scientifique la découverte de M. Boucher de Perthes. »

Peu après son retour, M. Prestwich adressa à l'Académie des sciences, par M. Élie de Beaumont, une communication dans laquelle il indique l'importance de ces découvertes et exprime l'espoir qu'elles stimuleront « les géologues de tous les pays à une étude encore plus approfondie des terrains quaternaires ». Le sujet étant ainsi porté devant les géologues de Paris, M. Gaudry, bien connu par ses intéressantes recherches en Grèce, fut envoyé pour examiner les armes elles-mêmes et les localités où elles avaient été trouvées.

M. Gaudry fut assez heureux pour trouver plusieurs armes de

---

(1) *Sur des instruments de silex trouvés avec des restes d'espèces éteintes, dans des couches géologiques récentes,* 19 mai 1859. (*Phil. trans.*, 1860.)

(2) *Instruments de silex dans le diluvium.* (*Archæologia,* 1860-62.)

silex *in situ*, et son rapport qui confirmait les constatations faites par M. Boucher de Perthes décida bien des savants à visiter la vallée de la Somme. Au nombre de ces savants, je puis citer MM. de Quatrefages, Lartet, Collomb, Hébert, de Verneuil et G. Pouchet.

M. Boucher de Perthes suggérait dans les « antiquités celtiques », que quelques carrières à gravier, auprès de Grenelle, à Paris, devaient, si l'on en jugeait par leur position et leur aspect, contenir probablement des instruments de silex. M. Gosse (de Genève) a, en effet, trouvé des instruments de silex dans ces carrières, et c'est la première découverte de cette nature dans la vallée de la Seine (1). Dans la vallée de l'Oise, M. Peigné Delacour a trouvé une petite hachette à Précy, près de Creil.

Ces découvertes n'ont pas eu lieu seulement en France. Il y a depuis longtemps, dans le British Museum, une arme grossière de pierre, décrite comme il suit : « N° 246, arme anglaise, *trouvée avec une dent d'éléphant*, auprès de Grayes inn lane. Conyers. C'est un large silex noir qui a reçu la forme d'une pointe de lance. » M. Evans nous dit, en outre (*loc. cit.*, p. 22), « qu'un dessin grossier, représentant ce silex, illustre une lettre sur les antiquités de Londres, par M. Bagfort, datée 1715, imprimée dans l'édition de Hearne des *Collectanea* de Leland, vol. I, 6, pl. LXIII. D'après son récit, il semble avoir été trouvé avec le *squelette* d'un éléphant en présence de M. Conyers. » Cette arme intéressante correspond exactement à quelques-unes de celles trouvées dans la vallée de la Somme.

M. Evans, à son retour d'Abbeville, observa dans le Musée appartenant à la Société des antiquaires, quelques spécimens exactement semblables à ceux de la collection de M. Boucher de

---

(1) M. l'abbé Cochut constate (*loc. cit.*, p. 8) que des armes semblables ont été trouvées à Sotteville, auprès de Rouen, et sont déposées dans le Musée d'antiquités. Il semble cependant y avoir quelque méprise quant à ces spécimens; au moins M. Pouchet, qui nous reçut à Rouen avec la plus grande courtoisie, n'avait jamais entendu parler d'une semblable découverte.

Perthes. On découvrit qu'ils avaient été présentés au Musée par M. Frère, qui les avait trouvés avec des ossements d'animaux éteints dans une carrière à gravier à Hoxne, dans le comté de Suffolk, et qui les avait décrits et figurés dans les *Archæologia* de 1800. Cette communication a tant d'intérêt que j'ai cru devoir reproduire ces figures réduites de moitié (fig. 135-138).

En outre, il y a vingt-cinq ans, M. Whitburn (de Godalming) (1), en examinant des carrières à gravier entre Guildford et Godalming, remarqua un silex particulier qu'il emporta et qu'il a depuis conservé dans sa collection. Il appartient au type « diluvium », mais est fort grossier. Ainsi, ce type particulier des instruments de silex a été trouvé auprès des os du mammouth, dans différentes occasions, pendant ces cent cinquante dernières années! Toutefois, ces exemples remarquables, tout en corroborant les découvertes faites par M. Boucher de Perthes, n'enlèvent rien à l'honneur qui lui est dû.

Outre les armes dont nous venons de parler, on a déjà trouvé des hachettes semblables dans le Suffolk, le Kent, le Bedfordshire, le Hertfordshire, le Wiltshire, le Hampshire, et dans d'autres endroits. Dans le premier de ces comtés, M. Warren (d'Ixworth) en a trouvé une sur un tas de gravier auprès d'Icklingham; M. Evans, ayant accidentellement vu ce silex, on entreprit de nouvelles recherches, qui amenèrent la découverte de nombreux spécimens. Un de ces spécimens ressemble beaucoup à un instrument de silex que m'a donné M. Marcotte (d'Abbeville), qui l'avait trouvé à Moulin-Quignon.

La découverte suivante fut faite par M. Leech, sur la côte entre Herne Bay et Reculvers, où l'on a trouvé de nombreux spécimens; M. Leech en a trouvé six et MM. Evans, Prestwich et Wyatt, beaucoup d'autres. M. Wyatt a trouvé, dans le gravier auprès de Bedford, associés encore aux restes du mammouth, du rhinocéros, de l'hippopotame, du bœuf, du cheval et du daim, des in-

_____

(1) Prestwich, *Geol. Journal*, août 1861.

struments de silex ressemblant aux deux types principaux d'Abbeville et d'Amiens. Ce cas est très-intéressant parce qu'il prouve
que les hachettes de silex du diluvium sont postérieures au
boulder clay ; la vallée de Bedford étant coupée à travers des collines surmontées par un dépôt de cette période.

M. Evans, lui-même, a ramassé dans un champ, auprès de

FIG. 135.   FIG. 136.

Instrument de silex trouvé à Hoxne.

Abbot's Langley, dans le Hertsfordshire, une hachette dont la
pointe était brisée mais autrement identique avec les spécimens
affectant la forme de pointe de lance d'Amiens et de Herne Bay.

M. Whitaker, F. G. S. (1), a découvert un autre instrument
rond et pointu dans le comté de Kent (nov. 1861), à la surface
du sol, au sommet d'une colline, sur le bord est du Darent, à

---

(1) *Instruments de silex dans le diluvium,* par J. Wyatt. (*Bedfordshire Architectural and Archæological Society,* 1862.)

environ un mille E. S. E. de Horton Kirby (1); M. Whitaker et M. Hughes en ont depuis trouvé plusieurs autres. M. H. G. Norman a trouvé un seul spécimen auprès de Greenstreet Green dans

FIG. 137. FIG. 138.

 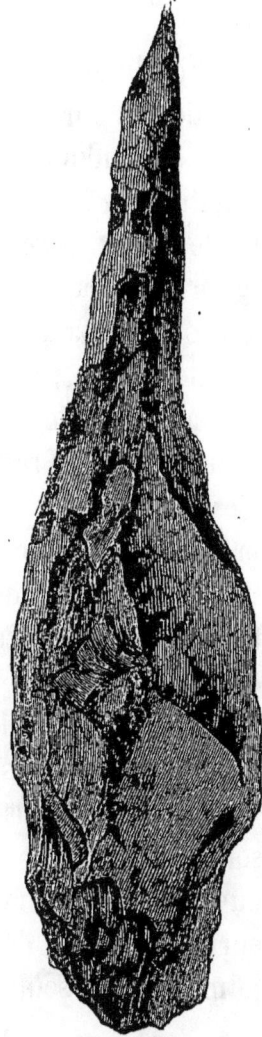

Instrument de silex trouvé à Hoxne.

le comté de Kent; cette localité est intéressante parce qu'elle a produit des débris, non-seulement du mammouth, mais du bœuf musqué.

(1) *Evans' Archæologia*, 1861, p. 18.

Depuis ma première visite, en 1860, je me suis rendu plusieurs fois dans la vallée de la Somme, et j'ai examiné toutes les carrières principales. Bien que je n'aie jamais rencontré de hachette parfaite, j'ai trouvé cependant deux instruments auxquels il était impossible de se méprendre, quoiqu'ils fussent très-grossiers.

Mais dira-t-on, pourquoi raconter ainsi l'historique de cette question? Pourquoi la traiter autrement que toute autre découverte scientifique? La réponse est aisée. C'est parce que les constatations de M. Frère ont été négligées pendant plus d'un demi-siècle; c'est parce que l'arme trouvée par M. Conyers a été ignorée pendant plus d'un siècle; c'est parce que pendant quinze ans on n'a pas voulu croire aux découvertes de M. Boucher de Perthes; c'est parce qu'on a supprimé, parce qu'on a voulu passer sous silence les exemples nombreux de cavernes, qui contenaient des restes de l'industrie humaine mêlés aux restes d'espèces éteintes (1). Ce sont là des faits qui prouvent combien profondément était enracinée la conviction que l'homme appartient à un ordre de choses plus récent; et quels que soient les torts que l'on puisse reprocher aux géologues, on ne pourra pas dire tout au moins qu'ils ont accepté, sans réflexion, la théorie de la coexistence de la race humaine avec les Pachydermata, actuellement éteints de l'Europe septentrionale.

Or, quoique tous les géologues distingués, dont j'ai parlé, se soient, avec une seule exception, prononcés plus ou moins ouvertement en faveur de la grande antiquité de ces armes curieuses, je ne désire cependant pas les prendre pour juges; je me réserve seulement le droit de les appeler en témoignage.

_____

(1) Il n'y a pas dix ans qu'une communication de la Société d'histoire naturelle de Torquay, confirmant les découvertes, faites longtemps auparavant, par M. Godwin Austen, le Rev. M. M'Enery et M. Vivian, qu'on trouvait dans le trou de Kent des silex travaillés avec les restes d'espèces éteintes, a été rejetée et n'a pas été imprimée parce que, disait-on, elle était trop invraisemblable.

On peut résumer ainsi les questions à résoudre :

1° Les soi-disant instruments de silex sont-ils des produits de l'industrie humaine ?

2° Les instruments de silex appartiennent-ils à la même période que les couches dans lesquelles on les trouve, et que les os des animaux éteints auxquels ils sont mêlés.

3° Quelles sont les conditions dans lesquelles ces couches ont été déposées? Et jusqu'à quel point sommes-nous autorisés à leur attribuer une haute antiquité?

Les géologues qui ont prêté quelque attention à se sujet répondraient, presque unanimement, par l'affirmative, aux deux premières questions. Heureusement toutefois pour la discussion, il y a une exception. Le *Blackwood's Magazine* d'octobre 1860 contient un excellent article dans lequel l'auteur soutient qu'on n'a pas encore répondu aux deux dernières questions et où, en conséquence, il demande un verdict de « pas prouvé », non pas, il est vrai, qu'il y ait une différence d'opinion quant aux armes elles-mêmes. « Il est impossible, dit l'auteur (p. 438), de ne pas admettre que ces armes ont été fabriquées par l'homme ». « Pendant plus de vingt ans », dit un autre témoin compétent, le professeur Ramsay, « j'ai manié tous les jours des pierres façonnées, soit par la nature, soit par l'homme, et les hachettes de silex d'Amiens et d'Abbeville sont pour moi aussi évidemment des ouvrages d'art que les couteaux de Sheffield (1). » Mais mieux encore, une heure ou deux, consacrées à examiner les formes ordinaires de cailloux de silex, convaincraient qui que ce soit que ces pierres, toutes grossières qu'elles sont, sont sans contredit le produit du travail de l'homme.

On pourrait supposer, cependant, que ce sont des fabrications, faites par d'ingénieux ouvriers pour tromper des géologues naïfs. Mais ces silex ont été trouvés par MM. Boucher de Perthes, Henslow, Christy, Flower, Wyatt, Evans, par moi-

(1) *Athenæum,* 16 juillet 1859.

même et par bien d'autres. M. Evans décrit ainsi un de ces silex qu'il a vu *in situ*, bien qu'il ne l'ait pas trouvé lui-même : « Ce silex reposait dans le gravier à une profondeur de 17 pieds de la surface originale, et à 6 pieds 1/2 de la craie. Un côté ressortait un peu. Le gravier qui l'entourait n'avait pas été remué et présentait sa face perpendiculaire ordinaire. J'examinai le spécimen avec soin et ne vis aucune raison de penser qu'il ne fût pas dans sa position naturelle, car le gravier est ordinairement si mou, qu'un seul coup de pioche le dérange sur une surface comparativement considérable, et la matrice est trop peu adhésive pour qu'on puisse la reconstruire avec les mêmes matériaux..... Plus tard, en enlevant le silex, je vis que c'était le côté le plus étroit qui ressortait, l'autre côté étant beaucoup moins fini et plus épais (1). » Mais les preuves de cette nature, quoique intéressantes, ne sont pas nécessaires ; *les silex parlent eux-mêmes.* Ceux qui sont restés dans des sables siliceux ou crayeux sont plus ou moins polis, et ont une surface magnifiquement lustrée qui ne ressemble en rien à celle d'un silex nouvellement brisé. Ils prennent une teinte jaune dans les sables ocreux et surtout argileux, brune dans les argiles et les sables ferrugineux, blanche et porcelaine dans quelques couches. Dans bien des cas, en outre, ils sont couverts d'incrustations de carbonate de chaux et portent des marques de petites dendrites. Les silex de la craie nouvellement brisés, au contraire, ont une couleur noir sombre ou plombée ; leur teinte sombre varie de degré, mais leur couleur ne varie pas, ils ne présentent jamais une surface blanche ou jaune. En outre, les nouvelles surfaces sont ternes et n'ont jamais le lustre de celles qui ont été longtemps exposées aux influences extérieures. Il est presque inutile d'ajouter qu'ils ne portent ni marques de dendrites, ni incrustations de carbonate de chaux.

Or les instruments de silex nouvellement fabriqués, car il

(1) *Phil. Trans.*, 1860, p. 292.

existe des impositions semblables, diffèrent des vrais instruments antiques par les caractères mêmes qui distinguent les silex nouvellement brisés de ceux qui sont restés longtemps ensevelis dans le sable ou le gravier, ou exposés aux influences atmosphériques. Ils sont noirs, jamais blancs ou jaunes; leurs surfaces ne sont pas lustrées, mais ternes, et ils ne portent aucune trace de dendrites ou d'incrustations. Un coquin ingénieux ne pourrait même pas nous tromper en prenant un silex teinté et en en faisant une hachette, car la décoloration du silex est toute superficielle; elle a rarement plus d'un quart de pouce d'épaisseur, et elle suit la forme de la surface actuelle, ce qui prouve que le changement de couleur s'est produit après la manufacture; or si un semblable silex avait été falsifié, on découvrirait facilement la fraude, car chaque coup enlèverait une partie de la couche extérieure et exposerait l'intérieur noir du silex.

D'ailleurs il faut se rappeler que quand l'ouvrage de M. Boucher de Perthes a été publié, les armes qu'il décrivit étaient entièrement différentes de celles familières aux archéologues. Depuis ce temps, cependant, non-seulement on a trouvé des instruments semblables en Angleterre et en France, mais comme nous l'avons déjà dit, on a reconnu que des armes semblables avaient été dans deux occasions décrites et figurées en Angleterre, il y a bien des années, et que dans ces deux cas on les avait trouvées au milieu des ossements d'animaux disparus. Sur ce point donc, aucune preuve ne saurait être plus concluante.

Nous pouvons donc passer au second point et examiner « si les instruments de silex sont aussi anciens que les couches dans lesquelles on les trouve, et que les restes de mammifères éteints qui les accompagnent. »

Quelques écrivains ont suggéré que bien qu'on trouve les silex dans les graviers contenant des restes de mammifères, ils peuvent être comparativement récents et appartenir réellement à la période néolithique de l'âge de pierre; que leur propre poids les a fait enfoncer graduellement ou qu'ils ont été enterrés dans des excavations artificielles. Il n'y a cependant ni crevasses, ni fissures, à travers lesquelles ils auraient pu arriver à la position qu'ils occupent et les couches « sont trop compactes pour qu'on puisse admettre l'infiltration d'objets de la surface (1). » Des excavations anciennes n'auraient pas non plus pu être faites, puis comblées, sans laisser des traces évidentes de changements. Nous pouvons, d'ailleurs, dans ce cas, en appeler aussi aux instruments de silex eux-mêmes, qui, comme nous l'avons déjà vu, ont la couleur et l'aspect du gravier dans lequel ils se trouvent; il semble donc fort raisonnable de supposer qu'ils ont été soumis aux mêmes influences. En outre, s'ils appartenaient à l'âge de pierre récent, et s'ils s'étaient introduits par accident dans ces graviers, ils devraient alors correspondre aux instruments de silex de l'âge de pierre. Mais cela n'est pas. Les éclats, il est vrai, ne présentent aucune forme particulière. Les tribus sauvages de tous les temps et de tous les pays, pour remplacer le métal, se sont servi d'éclats semblables de silex ou d'obsidienne. Les autres instruments, au contraire, sont très-caractéristiques. Tous ceux découverts jusqu'à présent sont de silex, alors que pendant l'âge de pierre on employait bien d'autres minéraux, tels, par exemple, que la serpentine, le jade, l'ardoise, etc. Les formes sont aussi toutes particulières, les uns sont ovales et ont un coupant tout autour, ils ont de 2 à 8 ou 9 pouces de longueur. Ils rappellent les pierres de frondes, mais quelques-uns, tout au moins, sont trop grands pour un tel usage. Un second type affecte aussi la forme ovale, mais ils sont quelque peu pointus à une extrémité (fig. 135, 136). D'autres enfin (fig. 137, 138), ont un gros bout plus ou moins pesant et sont pointus à l'autre extrémité. M. Evans (2) semble croire qu'ils ont dû servir de têtes de lance. Il regarde comme une simple variété de ce type les instruments dont le coupant est arrondi au lieu d'être pointu. Quelques-uns de ceux-à, sans doute, étaient destinés à être tenus à la main, et avaient

(1) *Blackwood, loc. cit.*
(2) *Loc. cit.*, 1860, p. 11.

probablement un emploi différent. On pourrait, je pense, les considérer, à juste titre, comme un quatrième type, mais il faut avouer que tous ces types se confondent beaucoup, et dans toute collection considérable on peut trouver bien des formes intermédiaires. L'extrémité la plus petite est dans tous les cas l'extrémité coupante, tandis que c'est presque toujours le contraire dans les haches celtiques ovales de la période néolithique de l'âge de pierre (fig. 71 et 72).

En outre, les instruments de silex du diluvium ne sont jamais polis, ils sont toujours rugueux. Nous pourrions dire, sans craindre de nous tromper, qu'on en a déjà trouvé trois mille au moins dans les graviers du diluvium de l'Angleterre et de la France, et, sur ce nombre considérable, il n'y en a pas un seul qui offre la moindre trace de polissage ; or, nous savons que les haches celtiques de l'âge de pierre récent sont presque toujours polies. Il est vrai que ce n'est pas là une règle invariable ; ainsi, au Danemark, il y a deux formes de soi-disant haches, les petites haches triangulaires des kjökkenmöddings (fig. 81-83), qui sont invariablement rugueuses, et les grandes haches carrées qui le sont presque toujours. Mais ces deux formes d'instruments ne ressemblent en aucune autre façon à ceux trouvés dans le diluvium, et l'on ne pourrait les prendre les uns pour les autres. Ce n'est pas aller trop loin que de dire qu'on ne pourrait pas citer un seul cas authentique d'une hache celtique trouvée dans le diluvium, ou d'un instrument du type diluvium découvert, soit dans un tumulus, soit accompagné de débris de l'âge de pierre récent.

Il est inutile de spéculer sur l'emploi de ces armes grossières mais vénérables. Nous pourrions presque aussi bien demander : à quoi ne pouvaient-elles pas servir ? Quelque nombreux, quelque spéciaux que soient nos instruments modernes, qui oserait décrire l'usage exact d'un couteau ? Mais le sauvage primitif n'avait pas un semblable choix d'instruments ; nous avons peut-être devant les yeux tout le contenu de ses ateliers ; et, avec ces instruments, quelque grossiers qu'ils puissent nous paraître, il a pu, peut-être, couper des arbres, les creuser pour en faire des canots, arracher des racines, attaquer ses ennemis, tuer et dépecer ses aliments, faire des trous dans la glace pendant l'hiver, préparer du bois pour son feu, etc. Mais quand nous aurons examiné les preuves physiques de l'état du pays à cette époque, quand nous aurons étudié les animaux contemporains, nous serons plus à même de nous faire une idée des habitudes de ces hommes, nos ancêtres, depuis si longtemps disparus.

Si nous en exceptons la mâchoire de Moulin-Quignon dont l'authenticité est, tout au moins, très-douteuse, on n'a encore retrouvé jusqu'à présent aucun ossement humain dans les couches contenant les instruments de silex. Bien que ce fait ait paru si inexplicable à quelques personnes que, pour elles, cela jette un doute sur toute la question, ce fait, dis-je, si on l'examine de près, est moins extraordinaire qu'il ne semble à première vue. Si, par exemple, nous étudions d'autres débris de stations humaines, nous trouverons une répétition du même phénomène. Ainsi, dans les débris de cuisine danois, où les silex travaillés sont mille fois plus nombreux que dans le gravier de Saint-Acheul, les ossements humains sont excessivement rares. A cette époque, de même que pendant le diluvium, les hommes vivaient de leur chasse et de leur pêche, et ne pouvaient pas, par conséquent, être très-nombreux. Dans l'ère, cependant, des habitations lacustres de la Suisse, le cas est différent. M. Troyon estime la population des « Pfahlbauten », pendant l'âge de pierre, à environ 32 000 âmes ; pendant l'âge de bronze, à 42 000. L'ingénieux auteur de ces calculs, lui-même, n'a probablement pas grande foi à ces calculs ; cependant, le nombre des villages lacustres déjà connus est très-considérable ; on en a découvert plus de soixante-dix dans quatre lacs de la Suisse, et quelques-uns ont une grande étendue ; Wangen, par exemple, selon M. Lohle, est supporté par plus de 40 000 pilotis. Et cependant, si nous en

excluons quelques ossements d'enfants, on n'a trouvé que cinq
fois des ossements humains dans ces stations. On ne suppose pas
que le nombre des instruments de silex, trouvés jusqu'à présent
dans le diluvium de la vallée de la Somme, excède de beaucoup
3000 (1); la station de Concise seule (lac de Neufchâtel) en a produit environ 24 000, et, cependant, on n'y a pas trouvé un seul
squelette humain (2). Cette absence d'ossements humains doit
probablement être attribuée en partie à l'habitude d'enterrer ou
de brûler les cadavres; l'instinct de l'homme l'a presque toujours poussé à enterrer les morts loin de lui; cependant, quant
au diluvium de Saint-Acheul, l'objection disparaît complétement
si nous nous rappelons qu'*on n'a encore trouvé les restes d'aucun
animal aussi petit que l'homme.* Les os les plus grands et les plus
solides de l'éléphant et de l'hippopotame, du bœuf, du cheval
et du cerf (3) existent, mais tout vestige d'os plus petits a péri.
Personne ne peut supposer que cette courte liste représente la
faune mammifère de cette époque et de ce pays. Quand nous
aurons trouvé les restes du loup, du sanglier, du daim, du blaireau, qui existaient pendant la période du diluvium, alors, et
seulement alors, nous pourrons peut-être commencer à nous
étonner de l'absence entière de squelettes humains.

(1) Un des tumuli de la vallée du Mississippi contenait, dit-on, à lui seul,
près de quatre mille instruments de pierre. Ce doit être cependant un cas
exceptionnel.

(2) Rapport à la Commission des musées, octobre 1861, p. 16.

(3) Les os du cerf doivent peut-être leur conservation à une autre cause.
Le professeur Rütimeyer nous dit que dans les Pfahlbauten aucun os ne sont
mieux conservés que les os du cerf; c'est la conséquence, dit-il, de leur
dichten Gefüge, ihrer Härte und Sprödigkeit, so wie der grossen Fettlosigkeit,
particularités qui les recommandaient si fortement aux hommes de l'âge de
pierre, qu'ils les employaient de préférence à tout autre, presque exclusivement même, pour la fabrication des instruments qu'on pouvait faire en os.
(*Fauna der Pfahlbauten,* p. 12.)—Les géologues savent combien les os du cerf sont
communs dans les couches quaternaires, et c'est là, peut-être, une explication
du fait. Les Esquimaux préfèrent encore aujourd'hui le bois du renne pour
la fabrication de leurs armes. (Sir E. Belcher, *Trans. Ethn. Soc.,* vol. I, p. 139.)

Il faut se rappeler aussi que quand l'homme vivait du produit de sa chasse, il devait y avoir, pour chaque chasseur, un grand nombre d'animaux sauvages. Chez les Lapons, 100 rennes est le nombre minimum qui puisse faire vivre un homme, et nul n'est riche s'il n'en possède au moins de 300 à 500. Mais les rennes sont des animaux domestiques, et leur lait est un important article d'alimentation. Dans le cas d'animaux sauvages, nous pouvons affirmer qu'un plus grand nombre même serait nécessaire. Le territoire de la baie d'Hudson comprend, dit-on, environ 900 000 000 d'acres. On estime le nombre des Indiens à 139 000. En supposant un homme sauvage par chaque 20 acres, ce serait environ 300 animaux par Indien. En outre, si nous considérons la plus grande longévité de l'homme, nous devons multiplier ce chiffre par six ou même par plus. Ainsi donc il semble évident que les os des animaux doivent être plusieurs centaines de fois plus communs que ceux de l'homme dans ces graviers.

Jusqu'à présent, nous n'avons encore répondu qu'en partie à la seconde des questions que nous avons posées. En admettant même que les hachettes de silex sont contemporaines des graviers dans lesquels elles se trouvent, il reste à prouver que les ossements des animaux éteints appartiennent aussi à la même période. Quelques géologues ont douté de ce fait et ont suggéré qu'ils avaient pu être déplacés d'un terrain plus ancien.

En prenant les graviers des rivières comme un tout, voici la liste des mammifères dont les ossements se trouvent dans ces graviers :

Le Mammouth....	*Elephas primigenius*, Blum.
	Elephas antiquus, Falconer.
	Rhinoceros tichorhinus, Cuv.
	Rhinoceros megarhinus, Christol.
	Hippopotamus major, Nesti.
Le Bœuf musqué..	*Ovibos moschatus*, Blain.
L'Urus..........	*Bos primigenius*, Boj.

L'Aurochs. . . . . . .   *Bison priscus*, Boj.

                          Equus fossilis, Owen.

                          Cervus euryceros, Aldr.

                          Cervus elaphus, Linn.

Le Renne . . . .   *Cervus tarandus*. Linn.

                          Ursus spelœus, Blum.

                          Felis spelœa, Owen.

                          Hyœna spelœa, Cuv.

                          Sus.

La plupart de ces espèces sont actuellement éteintes. Quelques-
unes, comme le *Bos primigenius* et le *Bison priscus*, sont parve-
nues jusqu'aux temps historiques ; le renne abonde encore dans
le Nord ; mais une seule, le cerf, se trouve encore à l'état sauvage dans l'Europe occidentale. Or, si ces ossements appartiennent à une période plus reculée que celle des graviers, où, pour-
rons-nous demander, sont les restes des animaux qui existaient
à cette époque? En outre, les ossements, bien qu'ils soient quelquefois usés et brisés, ne sont, en règle générale, selon M. Prestwich (1), pas roulés du tout, ou ne le sont que très-légèrement.

Secondement, ces espèces, et particulièrement le mammouth
et le *Rhinoceros tichorhinus*, sont les espèces les plus communes
de ces couches, non-seulement dans la vallée de la Somme, mais
dans tous les graviers diluviens de l'Angleterre et de la France.
Or, si elles appartenaient réellement à une période antérieure,
elles ne se présenteraient pas si constamment, ou, tout au moins,
seraient accompagnées par d'autres espèces qui caractérisent ces
époques.

Troisièmement, les matériaux formant les graviers diluviens
de la vallée de la Somme proviennent tous de la surface actuelle
dont l'eau s'écoule dans cette vallée, et il n'y a pas dans ce
district de couches plus anciennes, d'où les restes de ces mammifères éteints auraient pu être entraînés. Il y a, il est vrai, des
lambeaux détachés de couches tertiaires, mais les restes de mam-

(1) *Phil. Trans.* (*Loc. cit.*, p. 300.)

mifères que contiennent ces couches sont différentes et beaucoup
plus anciennes.

Quatrièmement, quant au rhinocéros, M. Baillon nous affirme
positivement qu'on a trouvé à Menchecourt, près d'Abbeville,
tous les os d'une jambe de derrière de l'un de ces animaux, et
que le reste du squelette a été découvert à peu de distance. Dans
ce cas, donc, l'animal doit avoir été enseveli avant que les ligaments aient été détruits.

Enfin, M. Lartet (1) nous assure que quelques os du même
animal portent des entailles faites avec des instruments de silex ;
bien plus, il a prouvé, « par des essais comparatifs sur des parties semblables d'animaux existants, que des incisions présentant
un tel aspect ne peuvent être faites que sur des os frais, qui
ont encore leur cartilage ».

Il ne semble donc pas y avoir plus de raison de supposer que
les ossements des mammifères éteints aient été déplacés de couches anciennes, et entraînés dans les graviers diluviens, que d'attribuer une semblable origine aux instruments eux-mêmes. Nous
pouvons donc, je crois, regarder comme un fait bien établi que
le mammouth et le *Rhinoceros tichorhinus*, aussi bien que les
autres mammifères dont nous avons parlé plus haut, coexistaient
avec les sauvages qui employaient les grossières hachettes du
diluvium, alors que les graviers de la Somme ont été déposés.

Nous pouvons donc répondre par l'affirmative à la seconde des
trois questions que nous avons posées (page 277).

Devons-nous donc reporter l'homme fort loin dans le passé,
ou pouvons-nous garder la date ordinairement attribuée à l'apparition de l'espèce humaine, en supposant que les animaux
éteints ont vécu à une époque comparativement récente? L'absence de toute tradition, quant à la présence de l'éléphant et du
rhinocéros en Europe, nous fait remonter beaucoup en arrière,
si nous comptons par années, mais bien peu si nous prenons les

(1) *Geological Journ.*, vol. XVI, p. 471.

époques géologiques pour mesure; nous devons, par conséquent, résoudre cette question en examinant les graviers diluviens eux-mêmes, en étudiant les matériaux qui les composent et les positions qu'ils occupent, afin de déterminer, s'il est possible, les conditions dans lesquelles ils se sont déposés et le laps de temps qu'ils indiquent.

Dans cette troisième division de notre sujet, je prendrai encore pour guide M. Prestwich, qui a longtemps étudié les couches quaternaires, et qui a fait plus que qui que ce soit pour les rendre intelligibles.

La figure 139 représente une section faite à travers la vallée de la Somme, à Abbeville; je l'emprunte au premier mémoire de M. Prestwich (1). Nous trouverions presque le même arrangement et la même position des différentes couches, non-seulement à Saint-Acheul, mais dans toute la vallée de la Somme, partout où les couches de gravier les plus élevées n'ont pas été enlevées par l'action subséquente de la rivière. A Saint-Valéry même, à l'embouchure actuelle de la rivière, j'ai trouvé une couche de gravier à une hauteur considérable au-dessus du niveau de la mer. Ceci semblerait indiquer qu'à l'époque de ces graviers, à un niveau si élevé, la Manche était plus étroite qu'elle ne l'est à présent, ce que l'histoire, d'ailleurs, affirme positivement. En 1605 déjà, notre compatriote Verstegan fit remarquer que les vagues et la marée rongent nos côtes. Sir C. Lyell (2) donne beaucoup de détails à ce sujet, et il paraît qu'aussi récemment même que le règne de la reine Elisabeth, la ville de Brighton était située sur le site occupé actuellement par la jetée.

M. Prestwich (3) a fait remarquer que les vallées du Lark, du Waveney, de l'Ouse, etc., et même celle de la Seine, présentent une section semblable à celle de la vallée de la Somme. Il est donc très-probable que dans toutes les vallées de nos rivières se

(1) *Phil. trans.*, 1860.
(2) Voyez *Principles of Geology*, p. 315.
(3) *Phil. trans.*, 1864.

trouvent des lambeaux de vieux graviers laissés par le fleuve à différentes hauteurs, avant qu'il ait creusé son lit à sa profondeur actuelle. M. Prestwich considère que les couches de sable et de gravier peuvent ordinairement se diviser en deux séries plus ou moins distinctes, l'une continue au fond des vallées et s'élevant peu au-dessus du niveau de l'eau, il nomme cette série les graviers de bas niveau ; l'autre, qu'il nomme les graviers de haut niveau, se trouvent en masses détachées à une hauteur de 50 à 200 pieds au-dessus du fond de la vallée. Je crois que ce sont là les deux extrémités d'une seule série, autrefois continue, mais présentant ordinairement maintenant quelques interruptions. La figure 140 représente une vue plus complète de la couche à Saint-Acheul, auprès d'Amiens. Après avoir enlevé la couche supérieure de terre végétale, nous avons :

1° Une couche de terre à briques (*a*) de 4 à 5 pieds d'épaisseur. Cette couche contient quelques silex angulaires.

2° Au-dessous, une couche mince de gravier angulaire (*b*), de 1 à 2 pieds d'épaisseur.

3° Encore plus bas une couche de marne sablonneuse (*c*), épaisse de 5 ou 6 pieds ; elle contient des coquilles terrestres et d'eau douce, qui, quoique très-délicates, sont ordinairement parfaites.

4° Au-dessous de toutes ces couches et immédiatement au-dessus de la craie, se trouve la couche de gravier en partie arrondie (*d*) dans laquelle on trouve principalement les instru-

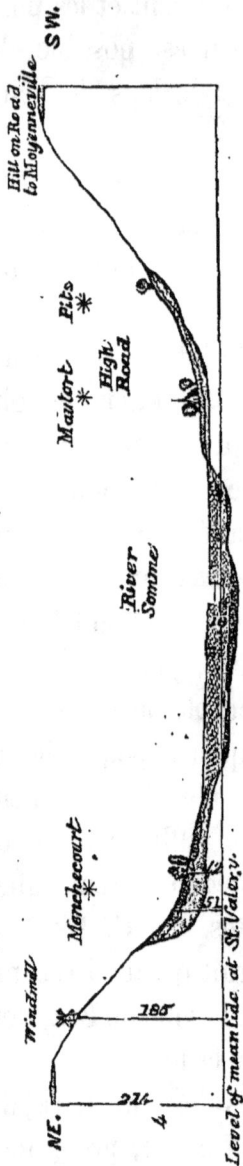

Fig. 139.

Section à travers la vallée de la Somme, à Abbeville.

ments de silex. Cette couche contient aussi un grand nombre de cailloux tertiaires bien roulés.

Au commencement de l'ère chrétienne on avait établi un cimetière à cet endroit; les fosses descendent ordinairement jusque dans la marne sablonneuse, les limites en sont distinctement marquées, comme dans la figure 140, *f*; fait important, parce qu'il prouve que les autres couches n'ont pas été troublées depuis quinze cents ans. Quelques cercueils sont de craie dure (fig. 140, *e*), d'autres de bois; dans ce dernier cas les clous et les crochets ont seuls subsisté, tout le bois a disparu sans même laisser une trace. En descendant la colline vers la rivière, on voit l'extrémité de toutes ces couches, et l'on finit par se trouver sur la craie; mais à un niveau inférieur, on retrouve une autre couche de gravier ressemblant à la première, elle est surmontée d'une couche de terre à briques connue ordinairement sous le nom de loess. Cette couche inférieure est celle que M. Prestwich appelle le gravier de bas niveau.

FIG. 140.

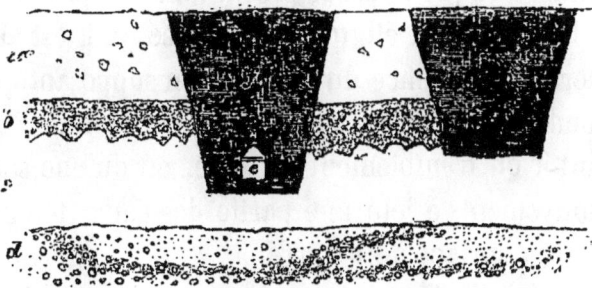

Section à Saint-Acheul.

Ces couches donc sont des témoins; mais de quoi? Sont-elles plus anciennes que la vallée ou la vallée est-elle plus ancienne qu'elles? Sont-elles le résultat de causes encore en opération ou le produit de cataclysmes, heureusement terminés à présent?

Si nous pouvons prouver que la rivière actuelle, un peu grossie peut-être à cause de la plus grande extension des forêts à ces antiques époques et par un climat autre, a creusé la vallée actuelle et produit les couches ci-dessus mentionnées; alors « la pensée d'une antiquité si reculée de la famille humaine, qu'impliquent la longueur des siècles qu'il a fallu aux calmes rivières de la France orientale pour creuser une plaine tout entière jusqu'au niveau où elles coulent actuellement; cette pensée, dis-je, revêt une grandeur fascinatrice, surtout quand la similitude géologique nous amène à étendre cette hypothèse à tout l'ensemble des frontières nord-ouest du continent, et à penser que depuis la vallée de la Seine jusqu'aux côtes orientales de la Baltique, toutes les vallées, tous les ravins, en un mot tous les reliefs de la surface ont été modelés par les eaux depuis que l'homme est sur la terre » (1).

Mais, d'un autre côté, on a soutenu que ces faits si calmes peuvent se comprendre comme « résultats de changements violents et soudains, qui ne sont compatibles qu'avec des périodes beaucoup plus courtes. » Le raisonnement du paroxysmiste, je cite encore Blackwood, serait probablement ainsi qu'il suit :

« En admettant que le relief préexistant, ou plutôt que l'excavation de la surface ait été quelque peu ce qu'il est aujourd'hui, il expliquerait la présence du gravier, en supposant qu'un mouvement soudain des terres et du fond de la mer, mouvement ressemblant à un tremblement de terre, ou qu'une série de semblables mouvements a jeté une partie des eaux, temporairement soulevées, à la surface de la terre. »

Examinons cependant les couches, et voyons si les évidences qu'elles nous fournissent sont réellement aussi confuses et aussi contradictoires.

Si nous prenons la section à Saint-Acheul et que nous commencions par en bas, nous trouvons d'abord les graviers partiellement arrondis, au milieu desquels, et surtout dans la partie inférieure, se trouvent les instruments de silex.

_____

(1) *Blackwood's Magazine*, octobre 1860.

Ces couches contiennent rarement des débris végétaux. On a
cependant trouvé à Hoxne de grands morceaux de chêne, d'ifs et
de sapins. Les mammifères aussi n'y sont qu'en petit nombre; le
mammouth, l'*Elephas antiquus*, plusieurs espèces de *Bos*, le *Cervus* et l'*Equus* sont les seuls qu'on ait encore trouvés à Saint-
Acheul, quoique des couches du même âge, dans d'autres parties
de l'Angleterre et de la France, aient produit le *Rhinoceros tichorhinus* et le *Cervus tarandus*. Les Mollusques, toutefois, sont plus
nombreux; ils ont été identifiés par M. J. G. Jeffreys, qui trouve
dans le gravier de haut niveau trente-six espèces, toutes terrestres
ou d'eau douce, et toutes appartenant à des espèces encore existantes. A peine est-il nécessaire d'ajouter qu'on ne trouve pas ces
coquillages dans le gravier grossier, mais seulement çà et là, aux
endroits où des conditions plus tranquilles, indiquées par des matériaux plus fins, les ont préservés de la destruction. C'est là une
réponse concluante à la suggestion que le gravier a pu être porté
à sa hauteur actuelle par une irruption soudaine de la mer. Dans
ce cas, nous trouverions des restes marins; mais comme il n'en
est rien, comme tous les fossiles appartiennent à des animaux
qui vivent sur terre ou habitent l'eau douce, il est immédiatement évident que cette couche, n'étant pas subaérienne, doit
être un dépôt d'eau douce.

Mais le gravier lui-même nous en apprend encore bien davantage. La Somme coule à travers un pays où il n'y a pas de rochers
plus anciens que la craie, et le gravier de la vallée de cette
rivière consiste entièrement en silex de craie et en débris tertiaires (1). La Seine, d'un autre côté, reçoit des tributaires qui
déversent dans son sein les eaux d'autres formations. Dans la
vallée de l'Yonne, nous trouvons des fragments de rochers cris-
tallins amenés du Morvan (2). L'Aube traverse des couches cré-
tacées et jurassiques, et les graviers de la vallée sont entièrement
composés de matériaux provenant de ces formations. La vallée de

(1) Buteux, *loc. cit.*, p. 98.
(2) D'Archiac, *Progrès de la géologie*, p. 163.

l'Oise est sous ce rapport particulièrement instructive : « De Maquenoise à Hirson (1), la vallée ne présente que des fragments plus ou moins roulés des roches de transition que traverse le cours de la rivière. En descendant à Etréaupont, on y trouve des calcaires jurassiques et des silex de la craie, formations qui ont succédé aux roches anciennes. A Guise, le dépôt erratique..... est composé de quartzites et de schistes de transition, de quelques grès plus récents, de silex de la craie, et surtout de quartz laiteux dont le volume varie depuis celui de la tête jusqu'à celui de grains de sable..... Au delà, les fragments de roches anciennes diminuent graduellement en volume et en nombre. » A Paris, les débris granitiques amenés par l'Yonne forment une proportion notable du gravier ; à Précy, auprès de Creil, sur l'Oise, les fragments d'anciens rochers sont abondants ; mais, plus bas, sur la Seine, à Mantes, ils diminuent beaucoup, et à Rouen et à Pont de l'Arche, je n'en ai vu aucun, quoiqu'une recherche plus minutieuse m'en eût sans doute fait découvrir. Cet exemple de l'Oise est cependant intéressant, non-seulement à cause de la précieuse évidence que contient la citation ci-dessus, mais aussi parce que, quoique cette rivière, comme un coup d'œil jeté sur la carte le prouvera, coule à angle droit avec la Somme, aucune des anciennes roches qui forment la vallée de l'Oise n'a fourni de débris à la vallée de la Somme, et cela quoique les deux rivières soient à un endroit à 6 milles l'une de l'autre et séparées par une colline qui n'a que 80 pieds de haut.

La même division se présente entre la Seine et la Loire : « Bien que la ligne de partage des eaux de la Loire et de la Seine, entre Saint-Amand (Nièvre) et Artenay, au nord d'Orléans, soit à peine sensible, aucun débris de roches venant du centre de la France, par la vallée de la Loire, n'est passé dans le bassin de la Seine (2). »

Dans le Vivarais, auprès de l'Auvergne, « les dépôts diluviens

(1) D'Archiac, *loc. cit.*, p. 155.

(2) D'Archiac, *loc. cit.*, p. 164.

sont composés des mêmes roches que celles que les rivières
actuelles entraînent dans les vallées, et sont les débris des seules
montagnes de la Lozère, du Tanargue et du Mézène, qui entourent le bassin du Vivarais » (1).

Et encore :

« Le diluvium des vallées de l'Aisne et de l'Aire ne renferme que
les débris plus ou moins roulés des terrains que ces rivières coupent dans leur cours (2). »

Enfin, M. Prestwich a fait observer que la même remarque
peut s'appliquer aux différentes rivières de l'Angleterre. La
conclusion que tire M. d'Archiac de ces observations, et surtout
de celles concernant la vallée de la Seine, est : « Que les cou-
rants diluviens ne venaient point d'une direction unique, mais
qu'ils convergeaient des bords du bassin vers son centre, suivant
les dépressions préexistantes, et que leur élévation ou leur force
de transport ne suffisait pas pour faire passer les débris qu'ils
charriaient d'une de ces vallées dans l'autre (3). »

Cependant, si nous considérons tous ces faits, si nous nous
rappelons que les constituants des graviers diluviens des rivières
proviennent dans tous les cas des couches actuellement *in situ*
le long des vallées, que non-seulement ces dépôts suivent les
lignes de ces vallées, mais le font dans la direction du courant actuel, et que dans aucun cas ils ne passent d'un système
hydrographique à un autre, il nous semble tout à fait inutile de
recourir aux vagues diluviennes ou à une intervention autre que
celle des rivières elles-mêmes.

Il y a, cependant, certains faits qui, dans l'esprit de la plupart des géologues, portent un coup fatal à cette hypothèse,
faits qui ont empêché M. d'Archiac, et nous pouvons le dire
presque tous les géologues français, d'adopter une explication
aussi simple et aussi claire. Ces difficultés sont au nombre de

(1) D'Archiac, *loc. cit.*, p. 160.
(2) Malbos, *Bull. géol.*, vol. III, p. 631.
(3) *Loc. cit.*, p. 163.

deux, ou plutôt les deux principales sont : premièrement, les
gros blocs de grès répandus dans les graviers des rivières du nord
et du centre de la France; secondement, l'élévation des graviers supérieurs au-dessus du niveau des eaux actuelles. Nous
allons considérer ces deux objections séparément.

Il faut admettre qu'à première vue il semble impossible de
concilier la présence de blocs de grès dans les graviers avec notre
hypothèse. Dans quelques endroits, ils se présentent fréquemment
et sont d'une grosseur considérable. Le plus grand que j'aie vu
moi-même est représenté dans la section, figure 141, section prise
près de la station du chemin de fer, à Joinville. Il a 8 pieds
6 pouces de longueur, 2 pieds 8 pouces de largeur et 3 pieds
4 pouces d'épaisseur. Bien qu'à l'époque où il a été déposé dans
la vallée, elle n'avait pas la profondeur qu'elle a aujourd'hui,

FIG. 141.

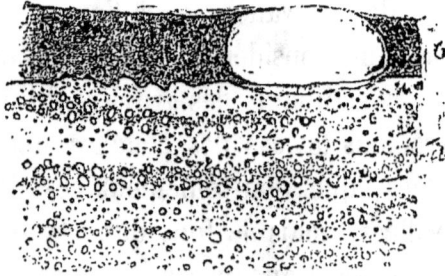

Section à Joinville.

il n'en est pas moins vrai qu'un courant capable de transporter
de telles masses doit avoir été bien différent de ce que sont les
rivières coulant aujourd'hui dans ces vallées, et qu'un tel courant mériterait le nom de cataclysme. Mais d'où a pu venir une
si grande quantité d'eau? Nous avons déjà vu que le gravier de
l'Oise, quoique si rapproché, diffère entièrement de celui de la
Somme, et que celui de la Seine diffère entièrement aussi de celui
des rivières avoisinantes. Ces rivières donc ne recevaient pas l'eau
d'une plus grande surface qu'à présent; les bassins hydrogra-

phiques devaient être les mêmes. Supposer le contraire ne serait pas, après tout, expliquer le phénomène. Nous ne ferions que tomber de Charybde en Scylla. Nous ne voyons autour de ces blocs aucune évidence d'action violente. Dans la section à Join-ville, le gravier se trouvait sous le bloc dont nous avons parlé et semblait à peine avoir été agité. Mais un courant capable de transporter une semblable masse aurait certainement balayé devant lui le gravier, comparativement léger, placé au-dessous. Nous ne pouvons donc expliquer le phénomène par l'action des eaux, parce qu'un courant qui aurait déposé les blocs de grès aurait enlevé le gravier, et qu'un courant qui aurait déposé le gravier n'aurait pas pu remuer les blocs. C'est donc inutilement qu'on a mis en jeu ce *deus ex machina*, qui, examiné de près, n'est, après tout, qu'une idole.

Poussé donc à chercher quelque autre explication de la diffi-culté, M. Prestwich l'explique par la glace flottante. Nous avons là une force capable de lever toutes les difficultés. L'action pro-pulsive de la glace expliquerait aussi quelques irrégularités dans l'arrangement des couches, qu'il serait, autrement, fort difficile de comprendre. Cela nous rappelle irrésistiblement la copie que donne Sir C. Lyell (1) d'un dessin fait par le lieutenant Bowen, des galets déposés par la glace sur les rives du Saint-Laurent. L'ouvrage de Sir Ch. Lyell est dans les mains de presque tous les géologues ; il est donc inutile que je cite la description qui accompagne ce dessin, quoiqu'elle représente exactement ce qui devait se passer dans la vallée de la Somme, il y a quelques milliers d'années, et ce qui se passe encore aujourd'hui sur le Saint-Laurent. Ce n'est pas l'évidence physique seule qui nous porte à penser qu'un climat arctique régnait dans ces régions à l'époque dont nous nous occupons ; la faune nous pousse aussi à cette conclusion. Les mollusques, il est vrai, ne nous fournissent pas beaucoup de preuves, mais quoique, en somme, les mêmes

(1) *Principles*, 1853, p. 220.

que ceux qui vivent actuellement dans le pays, ils ont des tendances septentrionales : 34 espèces sur 36 vivent actuellement en Suède (1), tandis que 29 seulement se trouvent en
Lombardie. Ces dernières, en outre, sont principalement des
espèces fort répandues, et l'on comprendra même encore les
tendances de la faune mollusque, si nous ajoutons que, sur
77 espèces de la Finlande, on en a trouvé 31 dans les graviers
supérieurs, tandis que sur 193 espèces lombardes, on n'en a
encore trouvé que 29.

Les preuves que nous fournissent les mammifères sont plus
concluantes. La présence du renne est, par elle-même, l'indication d'un climat rigoureux, et les circonstances qui ont accompagné la découverte du *Rhinoceros tichorhinus* en Sibérie, le
fait que le mammouth de la Lena fut enveloppé par les glaces
sitôt après sa mort, que la chair n'avait pas eu le temps de se
décomposer, la manière dont les *Pachydermata* éteints étaient
protégés contre le froid, prouvent clairement que l'*Elephas primigenius* et le *Rhinoceros tichorhinus,* contrairement à leurs représentants actuels, habitaient plutôt les climats arctiques que les
climats tropicaux.

Si nous prenons les graviers des rivières comme un tout, les
preuves climatériques seront encore plus fortes, parce qu'aux
espèces ci-dessus citées, nous pourrions alors ajouter le lemming
norwégien, le *Myodes torquatus* et enfin le bœuf musqué. On n'a
cependant pas encore trouvé ces trois dernières espèces dans les
graviers supérieurs.

M. Prestwich, prenant la faune et la flore pour guide, suppose qu'un pays où croissaient le chêne, l'if, le sapin et l'airelle,
où abondaient le daim, le bœuf, le cheval et le renne, où les
rivières gelaient de façon à transporter de larges blocs à des distances considérables, « présente des conditions qui indiqueraient
probablement un froid moyen pendant l'hiver d'environ 20 de-

(1) *Proc. Roy. Soc.*, 1862, p. 44.

grés Fahr., peut-être de 10 degrés, ou même encore plus froid. Ce serait de 19 à 29 degrés (1) au-dessous » de notre température actuelle. Toutefois, quoique nous puissions regarder l'existence d'un climat plus rigoureux comme prouvée, nous ne sommes guère encore en position d'estimer avec quelque certitude le changement climatérique qui a lieu.

Il faut toujours se rappeler que la température de l'Europe occidentale est à présent exceptionnellement tempérée; si nous allons à l'est ou à l'ouest, au Canada ou dans la Sibérie, nous trouverons des pays sous la même latitude que Londres et Paris et dont le climat est cependant beaucoup plus rigoureux.

Le Saint-Laurent, qui, comme je l'ai déjà dit, jette beaucoup de lumière sur le transport des blocs dont nous nous occupons, est sous une latitude plus basse que la Seine et la Somme. En outre, les géologues sont tous d'accord, qu'à l'époque de la craie des silex, période qui a précédé immédiatement celle dont nous nous occupons, le froid dans l'Europe occidentale devait être beaucoup plus intense qu'il ne l'est aujourd'hui. M. Hopkins (2) (alors président de la Société de géologie) a discuté ce sujet dans un excellent mémoire, et il admet que depuis l'époque glaciaire (p. 61), la plupart de nos rivières suivent la même direction. L'hypothèse suggérée par M. Prestwich n'implique donc réellement pas *un changement d'opinion quant au climat de l'Europe occidentale.* Il suppose seulement qu'à cette antique période, la température ressemblait plus à celle qui l'avait précédée qu'à celle qui prévaut aujourd'hui; ou plutôt, peut-être, que, à cette époque intermédiaire, le climat n'avait, ni l'extrême rigueur de l'époque glaciaire, ni la douceur exceptionnelle des temps modernes.

Mais quoique expliquant ainsi le transport des blocs de grès, ces considérations ne jettent aucune lumière sur les changements

(1) Prestwich, *Phil. Trans.*, 1864, p. 281.
(2) *Geol. Journal*, 1852, p. 56.

qui ont dû avoir lieu pour produire des différences climatériques si considérables que celles que l'on suppose.

Les principales causes de ce changement de température suggérées par M. Hopkins sont les suivantes :

1° Variation de l'intensité de la radiation solaire.

M. Hopkins ne voit pas d'objection à priori contre cette théorie ; mais il n'est pas disposé à y attacher beaucoup de poids, parce que c'est « une simple hypothèse destinée à expliquer une seule classe de faits limités, et qu'elle n'est pas supportée par le témoignage d'autres phénomènes indépendants. »

On peut, cependant l'attaquer au moyen du raisonnement du professeur Tyndall (1), qui pense que les anciens glaciers indiquent aussi bien l'action de la chaleur que celle du froid. « Le froid, dit-il, ne peut pas produire des glaciers. Le vent du nord-est le plus froid peut régner à Londres pendant tout l'hiver sans qu'il tombe un seul flocon de neige. Il faut que le froid puisse opérer sur un objet essentiel, et cet objet, la vapeur d'eau dans l'atmosphère, est le produit direct de la chaleur. Posons cette question des glaciers sous une autre forme : la chaleur latente de la vapeur d'eau, à la température de sa production dans les tropiques, est d'environ 1000° Fahr., car la chaleur latente s'accroît à mesure que la température d'évaporation descend. Une livre d'eau ainsi vaporisée sous l'équateur a absorbé mille fois la quantité de chaleur qui élèverait d'un degré une livre du liquide..... Il est parfaitement évident qu'en affaiblissant l'action du soleil, soit par un défaut d'émission, soit en plongeant le système solaire tout entier dans un espace à basse température, nous détruirions la cause même des glaciers. »

2° En admettant le mouvement propre du soleil, on a suggéré que nous avons pu récemment sortir d'une région de l'espace plus froide pour entrer dans une région plus chaude.

Je dois renvoyer au mémoire de M. Hopkins pour les objections

(1) *Heat considered as a mode of motion*, p. 192.

qu'il soulève contre cette suggestion ; elles semblent certainement « rendre cette théorie inapplicable à l'explication des changements de température pendant les époques géologiques les plus récentes ».

Les mêmes objections fatales faites à la première hypothèse peuvent en outre s'appliquer à celle-ci. La production de la neige nécessite et de la chaleur et du froid ; de la chaleur pour produire l'évaporation, du froid pour la condensation. Ce dont nous avons besoin, en un mot, est un plus grand contraste entre la température des tropiques et celle de nos latitudes ; de telle sorte que, quoique ce puisse sembler être un paradoxe, la cause première de l'époque « glaciaire » peut après tout être une élévation de la température sous les tropiques, causant plus d'évaporation dans les régions équatoriales, et conséquemment plus de matière première, si nous pouvons nous exprimer ainsi, pour la production de la neige dans les régions tempérées pendant les mois d'hiver.

3° Un changement de position des terres et des eaux.

Cette cause, qui a été soutenue par Sir Ch. Lyell, pourrait certainement produire les effets qu'on lui attribue. Mais il est difficile de l'appliquer dans le cas actuel, car la géographie de l'Europe occidentale, pendant la période que nous étudions, devait être à peu près la même qu'à présent.

4° Un changement de l'axe de la terre.

Bien des astronomes ont nié la possibilité d'un semblable changement. Sir J. W. Lubbock, au contraire, a soutenu (1) qu'il serait une conséquence forcée de soulèvements et de dépressions à la surface de la terre, si ces phénomènes étaient assez considérables. D'autres mathématiciens ont récemment défendu les mêmes manières de voir. Cette suggestion, cependant, implique comme la précédente d'immenses changements géographiques et nécessiterait un laps de temps énorme.

(1) *Geol. Journ.*, vol. V, p. 4.

5° M. Hopkins est disposé à trouver une solution de la difficulté dans la supposition que le Gulf Stream n'échauffait pas à cette époque les côtes de l'Europe. « Une dépression de 2000 pieds convertirait, dit-il, le Mississippi en un grand bras de mer dont le golfe du Mexique actuel formerait l'extrémité méridionale et qui communiquerait par son extrémité septentrionale avec les eaux occupant la..... grande vallée occupée actuellement par la chaîne des lacs. » Dans ce cas, le Gulf Stream n'aurait plus été dévié par les côtes américaines, mais aurait passé directement par ce canal dans la mer Arctique ; et comme tout grand courant océanique doit avoir son contre-courant, il est probable qu'il y aurait eu un courant d'eau froide entre les côtes de la Norvége et du Groenland. L'absence du Gulf Stream abaisserait probablement de 10 degrés la température de janvier dans l'Europe occidentale, et la présence d'un courant froid venant du nord ferait, en outre, une différence de 3 ou 4 degrés (1), changement climatérique qui serait évidemment suffisant pour expliquer tous les phénomènes. M. Hopkins pense que cette théorie n'est pas une simple hypothèse, mais qu'elle est une conséquence nécessaire de l'affaissement de l'Amérique du Nord, affaissement indiqué par des preuves de nature différente.

Dans ce cas, bien entendu, les périodes de grand froid en Europe et en Amérique auraient été successives et non pas simultanées ; il faut aussi observer, que dans cette déviation supposée du Gulf Stream, M. Hopkins avait en vue une période antérieure à celle des rivières actuelles. Car si nous adoptions cette solution de la difficulté, il faudrait supposer un temps énorme. Si, quand les graviers et les loess de la Somme et de la Seine se déposaient, le Gulf Stream passait sur ce qui est actuellement la vallée du Mississippi, il s'ensuit que la formation du loess dans cette vallée et dans son delta, accumulation qui, selon Sir Ch. Lyell, a nécessité une période d'environ cent mille ans,

(1) Hopkins, loc. cit., p. 85.

serait subséquente à l'excavation de la vallée de la Somme et à la présence de l'homme dans l'Europe occidentale.

Ainsi donc, quoique le changement de climat évidemment indiqué par les restes zoologiques et l'état physique des couches, en augmentant la puissance des courants, ait dû augmenter aussi l'action érosive de l'eau et diminuer, d'un côté, le temps requis pour l'excavation de la vallée, cependant le changement lui-même, d'un autre côté, semble requérir un laps de temps plus considérable encore.

Mais quoique la présence des blocs de grès et les contorsions accidentelles des couches soient parfaitement d'accord avec les vues de M. Prestwich, c'est-à-dire que les graviers ont été déposés par les rivières, notre seconde difficulté subsiste tou-jours, la difficulté d'expliquer la hauteur à laquelle les graviers supérieurs se trouvent au-dessus du niveau actuel de la rivière. Nous ne pouvons donc nous étonner que ces couches aient ordi-nairement été attribuées à de violents cataclysmes.

M. Boucher de Perthes a toujours eu cette opinion. « Ce coquillage, dit-il, cet éléphant, cette hache, ou la main qui la fabriqua, furent donc témoins du cataclysme qui donna à notre pays sa configuration présente (1). »

M. Ch. d'Orbigny, observant que les fossiles trouvés dans ces couches quaternaires sont tous des animaux terrestres ou d'eau douce, repousse avec raison la théorie d'une action marine, et s'exprime comme il suit : « En effet, l'opinion de la plupart des géologues est que les cataclysmes diluviens ont eu, pour causes prédominantes, de fortes oscillations de l'écorce terrestre, des soulèvements de montagnes au milieu de l'Océan, d'où seraient résultées de grandes érosions. Par conséquent, les puissants cou-rants d'eau marine, auxquels on attribue ces érosions dilu-viennes, auraient dû laisser sur les continents des traces authen-tiques de leur passage, tels que de nombreux débris de coquilles,

(1) *Mém. Soc. d'ém. d'Abbeville*, 1861, p. 475.

de poissons et autres animaux marins analogues à ceux qui
vivent actuellement dans la mer. Or, ainsi que M. Cordier l'a
fait remarquer depuis longtemps à son cours de géologie, rien
de semblable n'a été constaté. Sur tous les points du globe où
l'on a étudié les dépôts diluviens, on a reconnu que, sauf quelques rares exceptions très-contestables, il n'existe dans ces
dépôts aucun fossile marin; ou bien ce sont des fossiles arrachés
aux terrains préexistants, dont la dénudation a fourni les matériaux qui composent le diluvium. En sorte que les dépôts diluviens semblent avoir eu pour cause des phénomènes météorologiques, et paraissent être le résultat d'immenses inondations
d'*eau douce*, et non d'eau marine, qui, se précipitant des points
élevés vers la mer, auraient dénudé une grande partie de la surface du sol, balayé la généralité des êtres organisés et pour ainsi
dire nivelé, coordonné les bassins hydrographiques actuels (1).»

Si nous admettions même les cataclysmes que supposent
M. d'Orbigny et beaucoup d'autres géologues français, nous n'y
trouverions pas l'explication des résultats que nous voyons. Nous
avons vu que le transport des matériaux a, dans tous les cas,
suivi les lignes des vallées actuelles et la direction du courant
existant encore aujourd'hui; que les rochers d'une vallée n'ont
pas été transportés dans une autre; que l'état du loess ne peut
pas se concilier avec un grand courant d'eau; que les mammifères et les mollusques sont les mêmes pendant toute la période;
et qu'enfin la conservation parfaite de bien des coquilles déli-
cates est une preuve évidente qu'elles n'ont pas été soumises à
une action violente.

Nous devons, en outre, nous rappeler que les graviers et les
sables sont, en eux-mêmes, et la preuve, et le résultat d'une immense dénudation. Dans un pays crayeux tel que celui que
traverse la Somme, chaque pied cube de silex, de gravier ou de

---

(1) Ch. d'Orbigny, *Bul. géol.*, 2ᵉ sér., V, xvii, p. 66. Voyez aussi d'Archiac,
loc. cit. passim.

sable, représente le déplacement d'au moins 20 pieds cubes de craie, qui, comme nous l'avons vu, a dû être enlevée de la superficie actuelle drainée par la rivière. En considérant donc la formation de ces antiques graviers supérieurs, nous ne devons pas nous représenter la vallée originale telle qu'elle est aujourd'hui, mais recomposer par l'imagination toute cette immense masse de craie qui a été détruite pour la formation des graviers et des sables inférieurs. M. Prestwich a essayé d'illustrer ceci par un diagramme (1); et je dois répéter une fois de plus que ce n'est pas là une simple hypothèse; puisque la masse du sable et du gravier n'a pu être produite que grâce à un immense enlèvement de craie. En somme, donc, nous pouvons conclure, sans craindre de nous tromper, que les graviers supérieurs ont été déposés par la rivière actuelle, avant qu'elle n'ait creusé la vallée à la profondeur qu'elle a aujourd'hui, et quand, conséquemment, elle coulait à un niveau beaucoup plus élevé que le niveau actuel.

Loin donc d'avoir besoin de supposer un immense courant ayant 200 pieds de profondeur, l'accumulation du gravier peut avoir été produite par un volume d'eau annuel différant peu de celui de la rivière actuelle.

Une quantité d'eau donnée produira toutefois des effets très-différents, selon la manière dont elle s'écoulera. « L'observation nous apprend qu'un courant, ayant une vélocité de 3 pouces par seconde au fond, commence à agir sur l'argile fine propre à la poterie, et, quelque ferme, quelque compacte que soit cette argile, il l'enlève. Il n'y a cependant pas de lit plus stable que l'argile quand le courant n'excède pas cette vélocité, car l'eau enlevant même les particules impalpables de la surface de l'argile laisse les particules de sable fixées par leur moitié inférieure dans l'argile qu'ils protégent; le fond est alors très-permanent si le courant ne transporte pas des graviers ou du sable grossier

---

(1) *Procced. Roy. Soc.*, 1862, p. 41.

qui, en venant frotter contre cette croûte si fine, permet l'enlèvement d'une autre couche superficielle. Une vélocité de 6 pouces
enlève le sable fin ; une vélocité de 8 pouces, le sable aussi gros
que de la graine de lin ; une vélocité de 12 pouces emporte le
gravier fin ; une de 24 pouces roule des cailloux arrondis de
1 pouce de diamètre, et il faut une vélocité de 3 pieds par
seconde pour emporter les pierres angulaires de la grosseur d'un
œuf(1). »

Or, si nous sommes autorisés à affirmer qu'il régnait alors un
climat plus rigoureux qu'à présent, nous augmenterions beaucoup l'action érosive de la rivière, non-seulement parce que les
pluies devaient tomber sur une surface glacée, mais parce que
la pluie des mois d'hiver devait s'accumuler sur les terrains élevés
sous forme de glace et de neige, et produire chaque printemps
des inondations beaucoup plus considérables que celles que nous
voyons aujourd'hui.

Examinons actuellement la marne sablonneuse à couleur légère (fig. 138, c). M. Prestwich la décrit comme il suit : « Un
sable siliceux blanc et de la marne légèrement colorée, mélangée
à du grès fin, quelques gros silex angulaires irréguliers, çà et là
un bloc de grès, des lambeaux irréguliers de gravier de silex, les
couches sont ondulées, par place quelques bandes ocreuses. Les
coquilles de sable et d'eau douce sont communes, quelques restes
de mammifères. »

Dans les carrières d'Amiens, cette couche est ordinairement
distincte des graviers qui se trouvent au-dessous, sans doute parce
que la partie supérieure des graviers a été enlevée ; mais dans
plusieurs endroits (Précy, Ivry, Bicêtre, etc.), cette section est
complète, le gravier grossier devient de plus en plus fin, jusqu'à
ce qu'enfin on trouve le sable siliceux. Ces sections indiquent
évidemment une diminution graduelle de la puissance de l'eau à
ces endroits particuliers ; assez rapide d'abord pour charrier de

___

(1) *Cyc. Brit.*, article Rivers, p. 274.

gros cailloux, sa force diminue graduellement jusqu'à ce qu'elle ne puisse plus transporter que du sable fin. Ceci donc paraît indiquer un léger changement dans le cours de la rivière et l'excavation graduelle de la vallée, qui, à mesure qu'elle devenait plus profonde, se prêtant mieux aux inondations, diminuait la force et la vélocité du courant à cette hauteur.

La partie supérieure de la section à Saint-Acheul consiste en terre à brique (fig. 131, *a*), au-dessous de laquelle est le gravier angulaire; entre ce gravier et la marne sablonneuse se trouve quelquefois une petite couche de terre à brique plus foncée. Ces couches, cependant, varient beaucoup, même dans les sections adjacentes. M. Prestwich les considère, en somme, comme les représentants de ce remarquable dépôt glaiseux qui recouvre les graviers dans toutes ces vallées de la France septentrionale, et qui, comme le célèbre loess du Rhin, atteint une épaisseur de 300 pieds. Le plus grand développement que je lui aie vu dans le nord de la France, est dans une carrière, rue de la Chevalerie, auprès d'Ivry, où il atteignait une épaisseur de 22 pieds; une partie de cette épaisseur consistait peut-être en loess amené par les pluies des hauteurs voisines. En admettant que ce loess soit composé de fines particules déposées par de l'eau stagnante ou faiblement agitée, nous pourrions être étonnés de n'y pas trouver de débris de matières végétales. Nous savons cependant, par la disposition des clous et des attaches, que dans quelques tombeaux de Saint-Acheul on avait employé des cercueils de bois, et la grandeur des clous prouve que les planches devaient être assez épaisses : or, on n'a trouvé aucun morceau de bois, pas même une décoloration à l'endroit où il avait dû être placé. Nous n'avons donc pas à nous étonner de l'absence de débris végétaux dans le diluvium.

Telle est la description générale de ces carrières à gravier qui se trouvent à une hauteur de 80 à 150 pieds au-dessus du niveau actuel de l'eau, dans les vallées, et qui, sur les bords de la Somme, sont quelquefois même situées à une hauteur de 200 pieds.

Visitons actuellement quelques carrières sur les niveaux inférieurs. Environ 30 pieds plus bas, à Menchecourt, auprès d'Abbeville, et à Saint-Roch, auprès d'Amiens, par exemple, où les
graviers descendent d'une hauteur de 60 pieds jusqu'au fond
de la vallée, nous trouvons presque une répétition des mêmes
couches, du gravier grossier et angulaire au-dessous, des matériaux plus fins au-dessus. Ces couches sont, en somme, si exactement semblables à celles que nous avons déjà décrites, qu'il est
inutile d'en faire une nouvelle description.

Il me semble très-probable même que, quand on aura étudié la
faune et la flore des graviers aux différents niveaux, on trouvera
qu'elle est presque identique partout. A présent, toutefois, les
espèces trouvées dans le niveau inférieur sont plus nombreuses
que celles du niveau supérieur.

M. Prestwich a dressé le tableau suivant pour les mammifères :

	BEDFORD. Chemin de fer du Nord, ou Summerhouse Hill.	ABBEVILLE. Menchecourt.	AMIENS. St-Roch.	PARIS. Grenelle, Ivry, Clichy ou la rue de Reuilly.
Elephas primigenius, *Blum*	*	*	*	*
— antiquus, *Falc*	* s	....	*	* c
Rhinoceros tichorhinus, *Cuv*	* r.	*	*	*
— megarhinus, *Christol* ...	* r	....	....	* ? g
Ursus spelæus, *Blum*	* s	*	....	....
Hyæna spelæa, *Gold*	....	*	......	* ? g
Felis spelæa, *Gold*	....	*		*
Bos primigenius, *Boj*	* ?	*	*	*
Bison priscus, *Boj*	* r	*	....	* c
Equus (peut-être deux espèces) ...	*	*	*	*
Cervus euryceros, *Aldr*	* r	....	....	....
— elaphus, *Linn*	*	*	*	*
— tarandus, *Linn*	*	*	....	* c
Hippopotamus major, *Nesti*	*	....	*	* g
Sus	* r	....	....	*

Il faut ajouter à cette liste le lemming, le *Myodes torquatus*, et
le bœuf musqué, qu'on a trouvés à deux endroits dans la vallée
de la Tamise, aussi bien qu'à Chauny, sur l'Oise.

Les mollusques sont au nombre de cinquante-deux, dont quarante-deux vivent actuellement en Suède, trente-sept en Finlande et trente-huit en Lombardie. Si nous nous rappelons que
la Lombardie est plus riche en mollusques que la Finlande, ces
chiffres indiquent une tendance septentrionale.

Il y a cependant trois espèces qui semblent indiquer le Midi.
On pourrait dire avec raison que l'*Hippopotamus major*, dont
les os se trouvent dans le diluvium, aurait pu à peine exister
dans un pays froid. M. Prestwich suggère, il est vrai, que cette
espèce, comme peut-être un grand nombre de ses gigantesques
parents, était propre à vivre dans un climat rigoureux. Mais il y
a quelques différences d'opinion quant à sa présence ; on ne l'a
pas encore trouvé dans le diluvium de l'Allemagne (1), et,
quoique ses restes soient présents sans aucun doute dans les
graviers diluviens de la Somme, il y a quelque raison de croire
qu'ils ne sont pas tout à fait dans le même état que les os de
l'éléphant et du rhinocéros. Il est donc possible que, comme
l'a suggéré le docteur Falconer, ils appartiennent à une période
antérieure. Jusque tout dernièrement nous aurions regardé le
tigre comme un animal essentiellement tropical ; il est prouvé
cependant qu'on le rencontre communément dans le voisinage
du lac Aral, sous le 45° degré de latitude nord ; et « le dernier tigre
tué en 1828 sur la Léna, par 52° 1/4 de latitude, était dans un
climat plus froid que celui de Saint-Pétersbourg ou de Stockholm » (2). Enfin, la *Cyrena fluminalis* vit maintenant dans le
Nil ; mais, d'un autre côté, on la trouve aussi dans les rivières
de l'Asie centrale.

Tout en admettant ces difficultés, la plupart des paléontologues pensent, je crois, que bien que la présence d'une espèce
arctique ne soit pas une preuve suffisante pour nous permettre
de juger d'un climat, cependant la coexistence d'un groupe tel

(1) Sir C. Lyell, *Supplement to Manual*, p. 8.
(2) Lyell's *Principles*, p. 77.

que le bœuf musqué, le renne, le lemming, le *Myodes torquatus*,
le mammouth sibérien, et son fidèle compagnon le *Rhinoceros
tichorhinus*, indique décidément, quoiqu'il ne le prouve pas,
l'existence longtemps continuée d'un climat différent de celui
qui prévaut à présent dans l'Europe occidentale.

Enfin, la partie inférieure de la vallée est aujourd'hui occupée
par une couche de gravier recouverte de vase et de tourbe;
cette dernière, en quelques endroits, a plus de 20 pieds d'épaisseur, et on l'exploite pour en faire du combustible. Ces couches
ont fourni aux antiquaires du voisinage, et surtout à M. Boucher
de Perthes, une riche moisson d'objets intéressants appartenant
à différentes époques. M. Boucher de Perthes a noté avec soin
la profondeur à laquelle on trouve ces objets.

« Prenant, dit-il, pour terme moyen du sol de la vallée, une
hauteur de 2 mètres au-dessus du niveau de la Somme, c'est
à 30 ou 40 centimètres de la surface qu'on rencontre le plus
abondamment les traces du moyen âge. 50 centimètres plus bas,
on commence à trouver des débris romains, puis gallo-romains.
On continue à suivre ces derniers pendant un mètre, c'est-à-
dire jusqu'au niveau de la Somme. Après eux, viennent les
vestiges gaulois purs, qui descendent sans interruption jusqu'à
près de 2 mètres au-dessous de ce niveau, preuve de la longue
habitation de ces peuples dans la vallée. C'est à un mètre plus
bas, ou à 4 mètres environ au-dessous de ce même niveau,
qu'on arrive au centre du sol que nous avons nommé celtique,
celui que foulèrent les Gaulois primitifs ou les peuples qui les
précédèrent » ; sol qui appartenait, par conséquent, à l'âge de
pierre ordinaire. Il est à peine nécessaire d'ajouter que M. Boucher de Perthes ne donne ces épaisseurs que « comme terme
approximatif ».

Les *Antiquités celtiques* ont été publiées plusieurs années
avant que les archéologues suisses ne nous aient fait connaître
la nature des Pfahlbauten ; mais, d'après quelques indications
données par M. Boucher de Perthes, il paraîtrait qu'il a dû y

avoir, à une certaine époque, des habitations lacustres dans le
voisinage d'Abbeville. Il a trouvé des plates-formes de bois
considérables, avec de grandes quantités d'os, des instruments
de pierre et des manches qui ressemblent beaucoup à ceux qui
proviennent des lacs de la Suisse.

On ne peut un seul instant confondre ces armes avec les
armes plus grossières trouvées dans les graviers diluviens. La
surface en est polie, le coupant aiguisé ; tandis que les plus
anciennes sont seulement cassées, et que sur les plusieurs centaines trouvées jusqu'à présent, pas une ne montre la moindre
trace de polissage. Cependant, quoique les premières appartiennent à l'âge de pierre, âge si reculé, que l'usage du métal
était encore évidemment inconnu dans l'Europe occidentale,
elles sont séparées des armes plus anciennes qui se trouvent
dans les graviers supérieurs par toute la période nécessaire
pour l'excavation de la vallée de la Somme, à une profondeur
de plus de 100 pieds.

Si donc nous ne pouvons pas assigner de date déterminée à
l'arrivée de l'homme dans ces pays, nous pouvons tout au moins
nous faire une vive idée de son antiquité. Il a dû voir la Somme
couler à une hauteur d'environ 100 pieds au-dessus de son niveau
actuel. Il est même probable qu'il est presque, sinon tout aussi
ancien dans le nord de la France que les rivières elles-mêmes.
La faune du pays devait être bien différente de ce qu'elle est
aujourd'hui. Sur les bords des rivières vivait une race sauvage
de chasseurs et de pêcheurs, et dans les forêts erraient le mammouth, le *Rhinoceros tichorhinus*, une espèce de tigre, le bœuf
musqué, le renne et l'urus.

Cependant la géographie de la France ne devait pas être fort
différente de ce qu'elle est aujourd'hui. Les rivières actuelles
coulaient dans les mêmes directions, et la mer se trouvait entre
la Somme et l'Adur, bien que le canal ne fût pas aussi large
qu'à présent.

La rivière creusa graduellement la vallée ; impuissante en

automne et en hiver, la fonte des neiges la changeait chaque
printemps en un torrent furieux. Ces inondations étaient, sans
doute, plus destructives pour les animaux que pour l'homme
lui-même; car, quelque grossiers que fussent nos ancêtres, il
est difficile de supposer qu'ils fussent incapables de prévoir le
danger, et par conséquent d'y échapper. Tandis que l'eau, à une
élévation de 150 pieds au-dessus de son niveau actuel, à Liercourt, par exemple, avait assez de force pour déposer des graviers grossiers, à un niveau plus haut encore elle déposait des
parties plus fines, et formait ainsi le loess, qui, en même temps,
recevait çà et là des coquilles et des silex angulaires apportés
des collines dans une direction plus ou moins transversale par
les petits ruisseaux formés par les grosses pluies.

M. Prestwich pense que la différence de niveau entre les
graviers supérieurs et le loess, est « la mesure des inondations
de cette période ». Ceci serait vrai, sans doute, si les couches
de gravier étaient complètes; mais il me semble que les graviers
supérieurs sont de simples fragments d'un dépôt presque con-
tinu dans l'origine, et dans ces circonstances on ne peut pas
prendre les différences actuelles comme preuve de ce qu'elles
étaient autrefois.

A mesure que la vallée devenait de plus en plus profonde,
le gravier devait se déposer à un niveau de plus en plus bas, le
loess le suivant toujours (1); nous ne devons donc pas considérer
le loess comme couches distinctes, mais comme couches se
déposant toujours en même temps, quoique jamais à la même
place que celles du gravier. J'ai, dans la figure 142, donné un
diagramme pour mieux faire comprendre ma pensée. Les parties
pointillées représentent le loess, les parties stratifiées le gravier.
Je suppose, dans ce cas, que la rivière coulait dans l'origine
sur le niveau n° 1, et qu'elle a déposé le gravier *a* et le loess *a'*;

_____

(1) Voyez le mémoire de M. Prestwich lu devant la Société royale le
19 juin 1862.

après une certaine érosion qui réduit le niveau à 2, le gravier s'étend en *b* et le loess en *b'*. De même le loess en *c'* serait contemporain du gravier *c*.

FIG. 142.

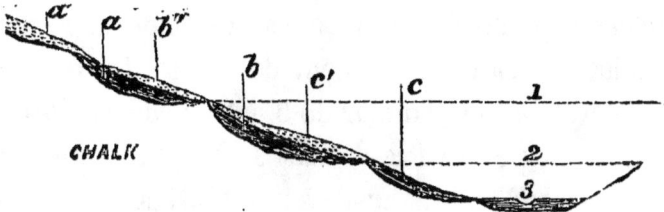

Diagramme montrant les rapports du loess et des graviers.

Ainsi, tandis que dans chaque section les couches inférieures sont, bien entendu, les plus anciennes, cependant les graviers supérieurs doivent être les plus anciens, et les couches situées à la partie inférieure de la vallée les plus modernes.

Pour rendre l'explication plus facile, j'ai représenté les côtés de la vallée comme formant une série de terrasses; bien que ce ne soit pas toujours vrai, il y a plusieurs endroits où ces terrasses existent.

On sait que les rivières tendent continuellement à changer leur cours, la Somme ne fait pas exception à cette règle. La vallée par elle-même est, il est vrai, comparativement droite; mais la rivière fait de nombreux détours dans cette vallée, et quand, dans une de ces courbes, le courant traverse « la ligne de pente générale, il ronge le bord opposé ou les collines fermant la vallée, puis forme un angle égal, de telle sorte qu'il retraverse la ligne de pente générale, pour aller creuser l'autre côté, jusqu'à ce que la vallée présente une succession d'angles rentrants et d'angles saillants (1). » Pendant ces détours d'un côté de la vallée à l'autre, la rivière mine continuellement, et enlève le gravier qu'elle avait déposé à une époque antérieure. Ainsi les graviers supérieurs ne se trouvent plus que çà et là, par lam-

(1) Lyell's *Principles*, p. 206.

beaux, pour ainsi dire, et en quelques endroits ils ont complète-
ment disparu : sur le côté droit de la vallée, par exemple, entre
Amiens et Pont-Rémy, on trouve à peine trace des graviers
supérieurs.

Les côtes rapprochées de l'Angleterre et de la France indiquent un léger soulèvement récent des terres. On a observé des
grèves soulevées à une hauteur de 5 à 10 pieds, sur les côtes du
comté de Sussex et du Pas-de-Calais. On trouve aussi à Abbeville, à environ 25 pieds au-dessus du niveau de la mer, des
coquilles marines (1). Ce changement de niveau a joué, sans
doute, un rôle important dans l'excavation de la vallée, mais
je ne suis pas tout à fait d'accord avec M. Prestwich, quant
à l'effet produit (2).

L'excavation de la vallée était enfin complète; le climat était
graduellement devenu ce qu'il est aujourd'hui; les grands *Pachydermata* avaient disparu, cédant soit à ce changement de climat,
soit au pouvoir irrésistible de l'homme. Dans ces conditions nouvelles, la rivière, ne pouvant plus transporter à la mer les particules fines enlevées aux terrains supérieurs, les déposa dans la
vallée, et éleva ainsi quelque peu son niveau général, ce qui
eut pour résultat de diminuer la vélocité du courant, et de produire des marais considérables, dans lesquels se forma graduellement un épais dépôt de tourbe. Nous ne pouvons malheureusement pas estimer avec quelle rapidité se forme cette substance;
mais, quelle que soit cette rapidité, la production d'une masse
qui atteint, dans quelques endroits, jusqu'à 30 pieds d'épaisseur,
dut nécessiter une période considérable. C'est cependant dans
ces couches que nous trouvons les débris de l'âge de pierre néolithique ou plus récent. Les tombes de Saint-Acheul, les débris

----

(1) Les graviers supérieurs se trouvent dans quelques endroits sur la côte
à une hauteur de 100 pieds; je serais disposé à attribuer ce phénomène
principalement à un empiètement de la mer sur la terre, et en conséquence
à l'intersection des vieilles rivières à un niveau plus élevé.

(2) *Philos. Trans.*, 1864, p. 297.

romains trouvés dans la partie supérieure de la tourbe, au même niveau à peu près que la rivière, nous apprennent que quinze cents ans ont produit fort peu de changement dans la configuration de la vallée. Dans la tourbe, et à une profondeur d'environ 15 pieds dans l'alluvion, à Abbeville, on trouva les débris de l'âge de pierre, débris « qui, d'après les recherches faites au Danemark et en Suisse, ont une antiquité si grande, qu'on ne peut l'exprimer qu'en milliers d'années. Tous ces débris cependant sont subséquents à l'excavation de la vallée; quelle antiquité, donc, devons-nous assigner aux hommes qui vivaient alors que la Somme ne faisait que commencer son immense travail? Quiconque n'est pas monté sur les hauteurs de Liercourt, de Picquigny, ou de tout autre point commandant la vallée, ne peut apprécier justement le temps qu'il a fallu; et aucun géologue, j'en suis certain, ne peut revenir d'une semblable visite, sans se sentir écrasé à l'idée des changements qui ont eu lieu, et du temps énorme qui a dû s'écouler depuis que l'homme habite l'Europe occidentale.

CHAPITRE X

ANTIQUITÉ DE L'HOMME (SUITE).

Variétés d'hommes représentées dans les anciennes sculptures égyptiennes. — Végétation du Danemark. — Le cône de la Tinière. — La vallée de la Thièle. — La vallée du Nil. — Recherches de M. Horner en Égypte. — Age du delta du Mississippi. — Changements géologiques pendant la période quaternaire. — La vallée du Weald. — Temps. — Le crâne d'Engis. — Le crâne de Neanderthal. — Marques sur les ossements trouvés dans les couches pliocènes de Saint-Prest. — L'homme miocène.

Il est inutile de dire que les chapitres précédents ne contiennent pas tous les faits sur lesquels s'appuient ceux qui croient à la haute antiquité de la race humaine. Ce ne sont pas seulement les archéologues, pendant ces dernières années, qui ont regardé comme insurmontables les difficultés que présente la chronologie de l'archevêque Usher. Historiens, philologues et physiologues, tous ont admis que la courte période attribuée à la présence de la race humaine sur la terre peut à peine se concilier avec l'histoire de quelques nations orientales ; que cette période ne permet ni le développement des divers langages, ni l'épanouissement des nombreuses particularités physiques qui distinguent les différentes races d'hommes.

Ainsi le docteur Prichard dit : « Bien des écrivains, peu disposés cependant à soulever des objections contre l'autorité des saintes Écritures, et en particulier Michaelis, se sont sentis embarrassés par la courte durée du temps qui s'est écoulé entre le déluge de Noé et la période à laquelle commence l'histoire des différents peuples, ou la date la plus ancienne à laquelle nous reportent leurs traditions. La prétention à une antiquité inson-

dable, élevée par les fabulistes de bien des nations anciennes,
s'est évanouie devant une critique sensée ; mais, après avoir fait
abstraction de tout ce qui est évidemment mythologique dans
les antiques traditions des Indiens, des Égyptiens et de quelques
autres peuples, l'histoire probable de quelques-uns d'entre eux
semble encore remonter à une antiquité trop reculée pour qu'elle
puisse s'accorder avec la courte chronologie d'Usher et de Peta-
vius. Tous les écrivains qui ont étudié l'histoire des premiers
temps de notre race en sont si bien convaincus, qu'il est inutile
de nous arrêter sur ce sujet (1). »

Le baron Bunsen, un des hommes les plus savants parmi ceux
qui attribuent une origine commune aux différentes formes de
langage, est forcé de réclamer pour la race humaine une antiquité d'au moins vingt mille ans. L'ingénieux auteur de la
Genèse de la terre et de l'homme (2), dit avec beaucoup de sens,
« qu'une des grandes difficultés que nous avons à surmonter
quand nous essayons de regarder, comme on le fait ordinairement, toute la race humaine comme les descendants d'un seul
couple..., est le fait que les monuments égyptiens, qui datent
presque tous du XIII°, du XIV°. et du XV° siècle avant notre ère,
représentent des individus de nations nombreuses, Africains,
Asiatiques, Européens, différant autant par le caractère physique
qu'un nombre semblable d'individus de nations diverses à notre
époque, si on les groupait ensemble. Nous y retrouvons, par
exemple, de vrais Nègres de la Nigritie, représentés avec une
fidélité de couleur et de traits qu'un habile artiste moderne
pourrait à peine surpasser. Il est probable que quiconque s'est
occupé de l'anatomie ou de la physiologie, ne voudra pas croire
que de telles diversités aient pu se produire entre cette époque
reculée et le déluge de Noé » ; et il conclut, par conséquent, que
la race humaine ne peut pas descendre d'un seul couple. Car,

(1) Prichard, *Researches into the physical history of Mankind*, vol. V, p. 553.
(2) *Loc. cit.*, p. 117.

de même que les difficultés philologiques n'embarrassent certainement pas ceux qui croient au pied de la lettre à la création miraculeuse des langages à la tour de Babel; de même « la brièveté de la période assignée par la chronologie sacrée au développement des variétés physiques qui distinguent les diverses races d'hommes » (1), la théorie que toute l'espèce humaine descend d'un seul couple n'embarrasse pas ceux qui croient à l'existence d'espèces distinctes d'hommes.

Mais je ne puis que faire allusion à ces questions, et rentrer tout de suite dans les considérations archéologiques et géologiques qui tombent plus strictement dans le cadre de cet ouvrage.

J'ai toujours été frappé, en me trouvant au pied des glaciers, des immenses moraines qui les terminent et du temps qu'a dû nécessiter leur formation. Prenons pour exemple le glacier de Nigaard, dans le Yustedal, sur le Sognefjord. Les glaciers norvégiens, sans doute, couvraient anciennement un espace beaucoup plus considérable que celui qu'ils occupent actuellement. A mesure que le froid diminuait, ils ont reculé; mais nous avons déjà vu que l'homme habitait l'Europe occidentale, alors que la température ordinaire était inférieure de plusieurs degrés à ce qu'elle est aujourd'hui. Nous serons probablement près de la vérité en supposant que le glacier de Yustedal a reculé d'au moins un mille depuis l'époque des graviers diluviens et l'apparition de l'homme en Europe. Or, la moraine finale du glacier couvre tout cet espace de grands blocs de pierre qu'on peut compter par centaines de mille, et cependant, quoique toutes ces pierres aient été probablement transportées pendant la période humaine, je n'ai pu voir que quelques blocs à l'extrémité inférieure du glacier lui-même.

Quant au Danemark, il faut nous appuyer principalement sur le double changement qui a eu lieu dans la végétation. Les forêts de hêtres sont actuellement l'orgueil de ce pays, et, selon la tra-

_____

(1) Prichard, *loc. cit.*, p. 552.

dition, il en a toujours été ainsi. Mais les tourbières nous prouvent que c'est là une erreur. Les grands marais tourbeux ne nous apprennent presque rien; mais il y a, dans beaucoup de forêts, des dépressions profondes remplies de tourbes et appelées *skovmöse*. Comme il est facile de le comprendre, ces dépressions contiennent les arbres qui croissaient sur les bords, et qui ont fini par y tomber. Au fond se trouve ordinairement de la tourbe amorphe, au-dessus une couche de sapins, essence qui, à notre époque, ne croît pas naturellement au Danemark. Plus haut, les sapins disparaissent, et sont remplacés par les chênes et les bouleaux blancs, deux essences rares aujourd'hui dans ce pays; enfin, la couche supérieure consiste principalement en *Betula verrucosa*, et correspond à la période actuelle que nous pourrions nommer la période des hêtres. Le professeur Steenstrup a trouvé des instruments de pierre au milieu des troncs de sapins, et comme on a trouvé dans les kjökkenmöddings le coq de bruyère qui se nourrit de jeunes pousses de pin, on peut tout au moins supposer que ces amas de coquilles appartiennent à la période des pins, et que les trois grandes époques de la civilisation correspondent jusqu'à un certain point aux trois grandes périodes de la végétation forestière. Il faut évidemment un temps considérable pour qu'une espèce d'arbre en remplace ainsi une autre et soit à son tour remplacée par une troisième, mais nous n'avons encore aucune donnée qui nous permette d'estimer ce laps de temps.

Si du Danemark nous passons à la Suisse, nous trouverons dans ce dernier pays deux cas où l'on a essayé d'arriver à une estimation plus déterminée. Il ne faut pas, il est vrai, avoir une entière confiance dans les résultats de ces calculs; mais si, cependant, des calculs basés sur des données différentes produisent les mêmes résultats, nous pourrons enfin arriver à quelque conclusion approximative.

Nous devons à M. Morlot le premier de ces calculs. Le torrent de la Tinière a graduellement élevé un cône de gravier et d'alluvions à l'endroit où il se jette dans le lac de Genève, auprès de

Villeneuve. Ce cône a été coupé en deux sur une longueur de
1000 pieds et sur une profondeur, dans la partie centrale, d'environ 32 pieds 6 pouces, quand on a fait le chemin de fer. La
section du cône ainsi obtenue offre une structure très-régulière,
ce qui prouve que la formation en a été graduelle. Il se compose des mêmes matériaux (sable, gravier et grands blocs)
que ceux actuellement transportés par le torrent. La quantité
de détritus varie un peu, il est vrai, d'année en année, mais,
en somme, les différences se compensent, de telle sorte qu'en
considérant de longues périodes et la structure de la masse tout
entière, on peut négliger les influences des variations temporaires dues à des causes météorologiques. Des documents
conservés dans les archives de Villeneuve prouvent qu'en
l'année 1710, le courant fut endigué et son cours légèrement
changé, ce qui rend le cône actuel un peu irrégulier. Le fait
que du côté où le cône est protégé par les digues, la terre
végétale affectée par la culture n'excède pas 2 ou 3 pouces
d'épaisseur, prouve aussi que le changement n'est pas très-
ancien. La tranchée du chemin de fer a exposé trois couches
de terre végétale du côté ainsi protégé par les digues ; chacune de
ces couches doit à une certaine époque avoir formé la surface du
cône. Ces couches sont régulièrement intercalées dans le gravier,
et sont exactement parallèles l'une à l'autre, aussi bien qu'à la
surface actuelle du cône, qui offre une courbe très-régulière. On
a suivi au côté sud du cône la première de ces anciennes surfaces
sur une superficie de 15 000 pieds carrés ; elle avait une épaisseur de 4 à 6 pouces, et se trouvait à une profondeur de 4 pieds
($1^m,14$), mesurés à la base de la couche, au-dessous de la
surface actuelle du cône. Cette couche, qui appartenait à la
période romaine, contenait des tuiles et une pièce de monnaie
romaine.

La seconde couche, suivie sur une superficie de 25 000 pieds
carrés, avait une épaisseur de 6 pouces, et se trouvait à une
profondeur de 10 pieds ($2^m,97$), y compris l'épaisseur de la

couche. On y trouva plusieurs morceaux de poterie non vernissée et des pinces de bronze. La troisième couche, suivie sur une superficie de 3500 pieds carrés, avait 6 ou 7 pouces d'épaisseur, et se trouvait à une profondeur de 19 pieds (5ᵐ,69) au-dessous de la surface actuelle ; on y trouva des fragments de poterie très-grossière, quelques morceaux de charbon, des ossements brisés, et un squelette humain, avec un crâne petit, rond et très-épais. On a même trouvé des fragments de charbon un pied plus bas, et il est aussi digne de remarque qu'on ne trouva pas de tuiles plus bas que la couche supérieure.

Les trois couches disparaissent vers le centre du cône, car, en cet endroit, le torrent a plus de force èt a déposé des matériaux plus grossiers, des blocs même de 3 pieds de diamètre. Plus nous nous éloignons de ce centre, plus les matières déposées sont petites, et plus facilement une couche de terre formée depuis les dernières grandes inondations pourrait être recouverte par de nouveaux dépôts. Ainsi, on a découvert deux instruments de bronze à une profondeur de 10 pieds, dans le gravier au sud du cône, à un endroit où la couche de terre appartenant à l'âge de bronze avait déjà disparu. Probablement leur poids les avait retenus quand la terre qui les recouvrait avait été emportée par le courant. Après avoir disparu vers le centre du cône, les trois couches reparaissent du côté nord, à une profondeur un peu plus grande, mais avec la même régularité et la même position relative. La couche de l'âge de pierre n'est que légèrement interrompue, et celle de l'âge de bronze se distingue facilement par son caractère et sa couleur.

M. Morlot, en présence de ces phénomènes si réguliers et si bien définis, a pensé pouvoir les calculer, en espérant arriver à des résultats approximatifs assez certains. Il tient compte de plusieurs faits. En admettant, par exemple, trois cents ans, au lieu de cent cinquante, pour la période qui s'est écoulée depuis l'endiguement ; en admettant, en outre, que la période romaine représente une antiquité de seize à dix-huit siècles, il obtient

pour l'âge de bronze une antiquité de 2900 ans, pour l'âge de
pierre de 4700 à 7000 ans, et pour le cône entier une antiquité
de 7400 à 11 000 ans. M. Morlot pense qu'on serait presque
dans le vrai en déduisant seulement deux cents ans pour l'action
des digues, et en attribuant à la couche romaine une antiquité de
seize siècles, c'est-à-dire en l'attribuant au milieu du III° siècle.
Ceci donnerait une antiquité de 3800 ans pour l'âge de bronze
et de 6400 ans pour l'âge de pierre ; mais, en somme, il est disposé à attribuer au premier une antiquité de 3000 à 4000 ans,
et au dernier de 5000 à 7000 ans.

M. Gilliéron, professeur au collége de Neuveville, a fait un
essai non moins ingénieux, afin de fixer la date des habitations
lacustres du pont de Thièle. Ce cours d'eau réunit le lac de
Neufchâtel au lac de Bienne. Pendant la première partie de son
cours, la vallée est étroite, et le pont auprès duquel on a découvert le village lacustre est situé à l'endroit le plus étroit de la
vallée. Un peu plus bas, la vallée s'élargit tout à coup, et garde
alors la même largeur, jusqu'à ce qu'elle rejoigne le lac de
Bienne. Il est évident que la vallée, aussi loin que le pont sur
la Thièle, était autrefois occupée par le lac, qui a été graduellement obstrué par l'action de forces encore en opération. Si
donc nous pouvions savoir quelle période a dû s'écouler pour la
production de ce changement, nous connaîtrions approximativement la date des débris trouvés au pont de Thièle, débris qui
sont évidemment ceux d'un village lacustre. L'abbaye de Saint-
Jean, qui se trouve dans cette vallée, à environ 375 mètres du
bord actuel du lac, a été fondée, d'après d'anciens documents,
entre 1090 et 1106, et a par conséquent environ 750 ans. Il
se peut que l'abbaye n'ait pas été construite sur le bord même
du lac ; mais, dans ce cas même, le gain de la terre aura seulement été de 375 mètres en 750 ans. Le professeur Gilliéron ne
compare pas à cette distance tout l'espace qui se trouve entre
le couvent et le village lacustre, parce que, dans la partie étroite
de la vallée où ce dernier est situé, le gain a pu être plus rapide ;

mais, si l'on se reporte seulement jusqu'à l'endroit où le bassin se contracte, on a une distance de 3000 mètres, qui, d'après les données que nous venons d'expliquer, indiquerait une antiquité de 6750 ans au minimum. Ce calcul se base sur la supposition que le fond de la vallée était uniforme dans l'origine. M. Morlot est d'accord avec le professeur Gilliéron pour le croire, et cette supposition me semble raisonnable, d'après la configuration générale de la vallée. En outre, les sondages qu'a faits M. Hisely dans le lac de Bienne prouvent que la profondeur en varie fort peu. Ces deux calculs, donc, paraissent prouver qu'il y a 6000 ou 7000 ans, la Suisse était déjà habitée par des hommes qui se servaient d'instruments de pierre polie; mais depuis combien de temps y étaient-ils, combien de siècles se sont écoulés avant que le métal fût découvert? Ce sont questions auxquelles il nous est impossible de répondre faute de preuves.

Les recherches de M. Horner en Égypte, recherches entreprises sous les auspices de la Société royale de Londres et du gouvernement égyptien, indiquent une antiquité plus considérable encore. Chacun sait que la vallée du Nil est inondée chaque année, et au temps même d'Hérodote il était admis que l'Égypte avait anciennement été un bras de mer comblé graduellement et converti en terre sèche par le limon apporté par le fleuve.

Les savants français qui ont accompagné l'expédition de Napoléon en Égypte essayent d'estimer, dans le grand ouvrage qu'ils ont publié sur ce pays, l'élévation séculaire ainsi produite, et ils la fixent à 5 pouces par siècle. Cette moyenne générale, cependant, peut varier considérablement dans différents endroits; aussi M. Horner ne crut-il pas devoir appliquer cette estimation à des cas particuliers. Il préféra examiner l'accumulation produite autour de monuments dont l'époque d'érection est connue, et il en choisit deux, l'obélisque à Héliopolis et la statue de Ramsès II à Memphis. « L'obélisque a été, dit-on, élevé 2300 ans avant J. C.; si l'on ajoute 1850, année où l'observation fut faite (juin 1851, avant l'inondation de cette année),

on obtient 4150 ans, pendant lesquels 11 pieds de sédiment se
sont déposés, c'est-à-dire 3,18 pouces par siècle (1). » Mais
M. Horner lui-même admet « qu'il ne faut pas ajouter foi
entière à cette conclusion, parce qu'il se peut que le site choisi
pour le temple et la ville d'Héliopolis fût quelque peu élevé
au-dessus du niveau du reste du désert. » Il base donc principalement ses calculs sur les preuves que lui fournit la statue
colossale à Memphis. Dans ce cas, la surface actuelle du sol est
élevée de 10 pieds 6 pouces 3/4 au-dessus de la base de la plate-
forme sur laquelle reposait la statue. En admettant que la
plate-forme fût enfoncée de 14 pouces 3/4 au-dessous de la surface du sol à l'époque de l'érection, il reste un dépôt de sédiment de 9 pieds 4 pouces. Lepsius suppose que Ramesès régna
de 1394 à 1328 avant J. C., ce qui donnerait une antiquité
de 3215, et par conséquent un dépôt moyen de 3 pouces 1/2 par
siècle. Ayant ainsi obtenu une mesure approximative des
dépôts dans cette partie de la vallée du Nil, M. Horner creusa
plusieurs puits d'une profondeur considérable ; dans l'un d'eux,
tout près de la statue, à une profondeur de 39 pieds, il trouva
un morceau de poterie, ce qui, d'après les données ci-dessus,
indiquerait une antiquité d'environ 13 000 ans.

Dans plusieurs autres excavations, on trouva des morceaux
de poteries et d'autres preuves de la présence de l'homme à des
profondeurs plus grandes encore, mais il faut avouer que plusieurs raisons rendent les calculs douteux. Par exemple, il est
impossible de savoir à quelle profondeur le piédestal de la statue
était enfoncé dans le sol. M. Horner indique 14 pouces 3/4 ;
mais s'il était plus profondément enfoncé, la moyenne du dépôt
séculaire serait moindre et l'antiquité plus grande. Si, d'un autre
côté, la statue était placée sur un terrain élevé, ce serait le contraire.

On a, en outre, prétendu que les anciens Égyptiens avaient
l'habitude d'entourer de digues les endroits sur lesquels ils éle=

vaient leurs temples, leurs statues, etc., afin de les préserver
des eaux du Nil.

« Chaque fois, dit Sir Charles Lyell, que les eaux finissent par
pénétrer dans de semblables dépressions, elles y emportent avec
elles une grande quantité de boue enlevée sur les bords plus élevés,
de telle sorte qu'une plus grande quantité de limon s'y dépose en
quelques années, peut-être, que pendant des siècles dans la grande
plaine où de semblables obstacles n'existent pas. » Mais la rapidité du dépôt sera en proportion du délai, et tendra seulement
à élever la surface déprimée au niveau général. Supposons, par
exemple, que le monument de Ramesès élevé sur la plaine plate
de Memphis, il y a 3200 ans, ait été protégé par des digues pendant les 2000 premières années, et que pendant ce temps
la plaine extérieure se soit graduellement élevée de 5 pieds
10 pouces, soit, en moyenne, 3 pouces 1/2 par siècle ; quand la
digue céda, l'espace défendu a dû se combler bien vite, arriver
au niveau général, et un dépôt de 5 pieds 10 pouces a pu s'y
faire en quelques années. Cependant ce dépôt exceptionnellement rapide ne serait que le complément du défaut exceptionnel qui l'a précédé ; et conséquemment, dès que le niveau de
la plaine environnante a été atteint, alors, quoique le limon
couvrant la base de la statue ait pu se déposer en quelques
centaines d'années, c'est-à-dire depuis que les digues ont cédé,
l'épaisseur du dépôt n'en sera pas moins la mesure de l'élévation générale qui a eu lieu sur la plaine environnante depuis
l'érection du monument.

En admettant même que la digue soit restée intacte jusqu'à ce
jour, et que le monument se soit trouvé dans la dépression ainsi
formée, le raisonnement de M. Horner n'en serait pas faussé,
il serait plutôt confirmé. La profondeur de la dépression nous
montrerait l'étendue du dépôt qui a eu lieu depuis l'établisse-
ment de la digue. Or, si le monument avait été élevé dans un
terrain déjà déprimé par l'action de digues plus anciennes
encore, le calcul serait vicié ; mais, dans ce cas, la moyenne

des dépôts semblerait plus considérable qu'elle ne l'est réellement, et l'antiquité calculée serait au-dessous de ce qu'elle est
réellement. Mais il y a d'autres causes qui m'empêchent d'accepter sans réserves les conclusions de M. Horner, quoique ses
recherches aient une grande importance, et que tous nos remercîments soient dus au gouvernement égyptien, pour la libéralité avec laquelle il a aidé M. Horner et la Société royale.

Nous avons déjà indiqué sur quelles preuves M. Morlot s'appuie
pour calculer l'âge du cône de la Tinière, calculs qui assignent
environ 6000 ans à la couche inférieure de terre végétale, et
10 000 ans au cône tout entier. Mais au-dessus de ce cône, il y
en a un autre formé alors que le lac était à un niveau supérieur
au niveau actuel, et que M. Morlot attribue à la période des graviers diluviens. Or, ce dernier cône est environ douze fois aussi
considérable que celui qui se forme actuellement, et semblerait,
par conséquent, indiquer une antiquité de plus de 100 000 ans.

Dans ses *Voyages dans l'Amérique du Nord*, Sir Ch. Lyell a
essayé d'estimer l'âge du delta du Mississippi : « Le docteur
Riddle, dit-il, m'a communiqué à la Nouvelle-Orléans les résultats d'une série d'expériences qu'il avait faites pour calculer la
proportion de sédiment contenu dans les eaux du Mississippi. Il
conclut que le rapport de la quantité moyenne de matières
solides avec l'eau est de $\frac{1}{1245}$ en poids, ou environ de $\frac{1}{3000}$ en
volume. Il a fait depuis une autre série d'expériences, et les
tables qu'il a obtenues montrent que la quantité de boue en
suspension augmente régulièrement avec la hauteur et la
vitesse du courant. En somme, en comparant la saison des
inondations avec celle de l'eau la plus claire, les expériences
continuées jusqu'en 1849 donnent une moyenne annuelle de
matières solides quelque peu inférieure à sa première évaluation,
sans cependant en différer beaucoup. On a calculé d'après ces
observations et celles du docteur Carpenter et de M. Forskey
(éminent ingénieur dont j'ai déjà parlé), sur la largeur moyenne,
la profondeur et la vélocité du Mississippi, la quantité moyenne

d'eau et de sédiment que décharge ce fleuve. J'estimais alors à 528 pieds, ou la dixième partie d'un mille, l'épaisseur probable du dépôt de boue et de sable dans le delta ; je fondais cette opinion sur la profondeur du golfe du Mexique, entre la pointe méridionale de la Floride et les Balizes, qui est en moyenne de cent brasses, et aussi sur quelques sondages poussés à une pro- fondeur de 600 pieds, dans le delta auprès du lac Pontchartrain, au nord de la Nouvelle-Orléans, sans qu'on ait, dit-on, atteint le fond des alluvions. La superficie du delta étant environ de 13 600 milles carrés, et la quantité de matières solides appor- tées annuellement par le fleuve étant de 3 702 758 400 pieds cubes, il aurait fallu 67 000 ans pour la formation du tout. Si les alluvions de la plaine au-dessus du delta ont 264 pieds d'épaisseur, ou moitié de celle du delta, il aurait fallu 33 500 ans pour son accumulation, en admettant que la superficie de cette plaine soit seulement égale à celle du delta, alors qu'au con- traire elle est beaucoup plus considérable. » En outre, comme Sir Charles lui-même l'a fait remarquer, une proportion con- sidérable de la boue apportée par le fleuve n'est pas déposée dans le delta, mais est entraînée dans le golfe. Dans l'*Antiquité de l'homme* (1), il se reporte au calcul ci-dessus, et admet que la quantité d'eau a été estimée au-dessous de sa valeur par les premiers observateurs. MM. Humphreys et Abbot, qui ont récemment étudié le delta, « remarquent aussi que le fleuve pousse dans le golfe une certaine quantité de sable et de gra- vier, quantité qui, d'après leur évaluation, doit augmenter d'un dixième à peu près le volume des matières solides. » Ceci, bien entendu, réduirait de beaucoup le temps nécessaire ; mais si l'on met en ligne de compte la quantité de boue transportée à la mer dont on ne s'est pas occupé dans le premier calcul, Sir Charles Lyell considère encore 100 000 ans comme une estimation très- modérée, et il pense que « l'alluvium de la Somme, qui contient

(1) Appendice à la troisième édition de l'*Antiquité de l'homme*, p. 16.

des instruments de silex et les débris du mammouth et de l'hyène, n'est pas moins ancien ».

Sir Charles Lyell (1) a aussi essayé d'évaluer la durée de l'époque glaciale, en supposant que les différents mouvements de soulèvements et d'affaissements se produisent au taux de 2 pieds et demi par siècle. Il indique les changements suivants comme « la série la plus simple de changements dans la géographie physique qui puisse expliquer les phénomènes de l'époque glaciale » :

« D'abord, une période continentale, vers la fin de laquelle florissait la forêt de Cromer, alors que la terre était au moins à 500 pieds au-dessus de son niveau actuel, peut-être même beaucoup plus haut, et son étendue probablement plus grande que celle indiquée sur la carte (fig. 44). » Dans cette carte, les îles Britanniques, y compris les Hébrides, les Orcades, les Shetland, sont réunies les unes aux autres et avec le continent, la mer du Nord tout entière se trouvant au-dessus des eaux.

« Secondement, une période d'affaissement, pendant laquelle les terres, au nord de la Tamise et de la mer d'Irlande, deviennent graduellement un archipel tel que celui représenté dans la carte (fig. 60); enfin, la mer finit par prévaloir comme dans la carte (fig. 39), et il ne reste plus au-dessus de l'eau que le sommet des montagnes. Ce fut la période du grand affaissement et des glaces flottantes, alors que la flore scandinavienne, qui couvrit les terrains inférieurs pendant la première période continentale, dut se répandre, à l'exclusion de toute autre, sur les seules terres qui n'étaient pas couvertes de neiges perpétuelles.

» Troisièmement, une seconde période continentale, alors que le lit de la mer Glaciale, avec ses coquilles marines et ses blocs erratiques, est mise à sec et que l'étendue des terres égale celle de la première période. »

Il est évident que de semblables changements durent nécessiter

(1) *Antiquity of Man*, pages 282, 285.

un laps de temps considérable. Sir Ch. Lyell admet que le changement moyen de 2 pieds 1/2 par siècle est purement arbitraire, et
une simple conjecture qu'il y a bien des cas où le changement
a pu se monter à 6 pieds par siècle; il pense cependant que le
taux qu'il indique par siècle est plutôt au-dessus qu'au-dessous
de la moyenne, et je crois que sur ce point tous les géologues sont
d'accord avec lui.

D'après cette hypothèse, un affaissement de 1400 pieds du pays
de Galles demanderait 56 000 ans; mais « si, selon l'opinion du
professeur Ramsay, on adopte l'évaluation de 800 pieds de plus,
cette élévation étant nécessaire pour le dépôt de quelques parties
stratifiées, il faut une période additionnelle de 32 000 ans, ce
qui fait un total de 88 000 ans; le même laps de temps serait
en outre nécessaire pour réélever les terres à leur présente hauteur. Mais si, pendant la seconde période continentale, la terre
ne s'éleva pas plus de 600 pieds au-dessus du niveau actuel,
ceci..... nécessiterait une autre période de 24 000 ans; cette
grande oscillation comprenant l'affaissement et le soulèvement nécessiterait en chiffres ronds une période de 224 000 ans pour sa
complétion; et cela, en admettant même qu'il n'y ait pas eu de
période stationnaire, alors que le mouvement d'affaissement cessa
et avant qu'il se convertît en un mouvement ascensionnel. »

Quelque considérables que soient ces chiffres, ils n'ont rien
d'improbable pour le géologue. Tous les faits géologiques tendent à indiquer une antiquité dont nous ne nous faisons encore
qu'une vague idée. Prenons, par exemple, une seule formation
bien connue, la craie. Elle consiste entièrement de coquilles et
de fragments de coquilles déposés au fond d'une ancienne mer,
loin de tout continent. Une telle formation doit être fort lente;
nous serions probablement en dehors de la vérité, si nous suppo-
sions un dépôt de 10 pouces par siècle. Or, la craie a plus de
1000 pieds d'épaisseur; il a donc fallu plus de 120 000 ans pour
qu'elle se formât. Les couches à fossiles de la Grande-Bretagne
ont en somme plus de 70 000 pieds d'épaisseur; et bien des

couches qui, dans notre pays, n'ont que quelques pouces d'épaisseur, ont une immense profondeur sur le continent, tandis que
d'autres, ayant ailleurs une grande importance, font défaut en
Angleterre : car il est évident que durant les différentes périodes
où la Grande-Bretagne était terre sèche, des couches se sont
formées (comme on le voit chaque jour à présent) sur le continent, et non dans notre pays. En outre, nous devons nous rappeler que bien des couches qui existent actuellement ont été produites aux dépens de plus anciennes : ainsi, tous les graviers de
silex du sud-est de l'Angleterre sont dus à la destruction de la craie.
C'est là encore une opération fort lente. On a calculé qu'une
falaise haute de 500 pieds diminue d'un pouce à peu près par
siècle. Ceci peut sembler fort lent; mais il faut se rappeler que
sur quelque ligne de côtes que ce soit, il y a comparativement
peu de points qui soient attaqués à la fois, et que même alors
qu'une falaise s'est écroulée, les débris protégent la côte jusqu'à
ce qu'ils aient été enlevés par les vagues. La vallée de Wealden
a 22 000 milles de largeur, et l'on a calculé que la dénudation du
Weald a nécessité plus de 150 000 000 d'années.

Chacun reconnaîtra l'intérêt de ces calculs, qui ont d'ailleurs
le grand mérite de définir nos idées. Nous ne devons cependant
pas leur attribuer une valeur que les savants qui les ont faits
repoussent eux-mêmes. « Dans tous les cas, dit M. Morlot, il doit
être bien entendu que l'auteur n'expose le présent calcul que
comme une première, imparfaite et hasardeuse tentative, sans
valeur absolue en elle-même, tant qu'elle n'aura pas été vérifiée
au moyen d'autres essais de même genre. » Nous devons, en
outre, nous rappeler que ces calculs nous sont présentés, non pas
comme une preuve, mais comme une évaluation de l'antiquité.
Notre croyance à l'antiquité de l'homme repose, non pas sur des
calculs isolés, mais sur les changements qui ont eu lieu depuis
qu'il existe; changements dans la géographie, dans la faune et
dans le climat de l'Europe. Des vallées se sont creusées, élargies
et en partie remplies de nouveau; des cavernes à travers les-

quelles coulaient autrefois des rivières souterraines sont actuellement desséchées; la configuration même des terres a changé, et
l'Afrique finalement séparée de l'Europe.

Notre climat est devenu meilleur et la faune s'est singulièrement transformée. Dans quelques cas, comme, par exemple,
l'hippopotame et l'éléphant d'Afrique, les causes principales de
leur disparition sont sans doute la diminution de nourriture et la
présence de l'homme; peut-être l'extinction du mammouth, de
l'*Elephas antiquus* et du *Rhinoceros tichorhinus* est-elle due aux
mêmes influences; mais la retraite du renne et du bœuf musqué
provient probablement du changement de climat. Bien que ces
faits et des faits semblables ne nous donnent aucun moyen de
mesurer le temps, ils n'en impliquent pas moins l'idée d'une
vague et effrayante antiquité. Tous les géologues sont actuellement prêts à admettre que l'homme a vécu beaucoup plus longtemps sur la terre qu'on ne le croyait tout récemment encore.

Mais il y a tout lieu de douter que les géologues eux-mêmes
conçoivent encore la grande antiquité de notre race.

« Quand on examine, dit Sir Ch. Lyell (1), la longue série d'événements qui se sont accomplis pendant la période glaciale et la
période post-glaciale, l'imagination s'alarme à l'idée de l'immen-
sité du temps requis pour interpréter les monuments de ces
époques pendant lesquelles vivaient toutes les espèces actuellement existantes. Afin d'abréger le nombre des siècles, qui autrement seraient indispensables, on est tout disposé à magnifier
la rapidité des changements dans les temps antéhistoriques, en
attribuant aux causes qui ont modifié le monde ancien et inanimé une énergie extraordinaire et excessive..... Nous, hommes
de la présente génération, nous reculons devant ce que nous
considérons d'abord comme une dépense de temps inutile,
quand il nous faut compter les siècles par milliers, pour expliquer les événements de ce qu'on appelle la période moderne. »

(1) Discours à l'Association Britannique, 1864, p. 21, Bath.

Si nous examinons actuellement l'ethnologie du diluvium, nous

FIG. 143.

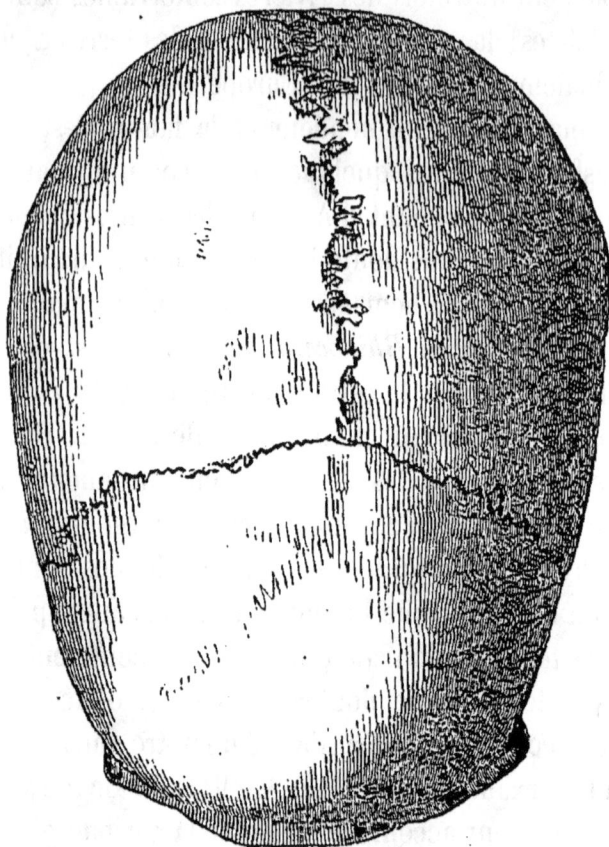

Le crâne d'Engis.

ne trouvons que deux crânes qu'on puisse, avec quelque degré

FIG. 144.

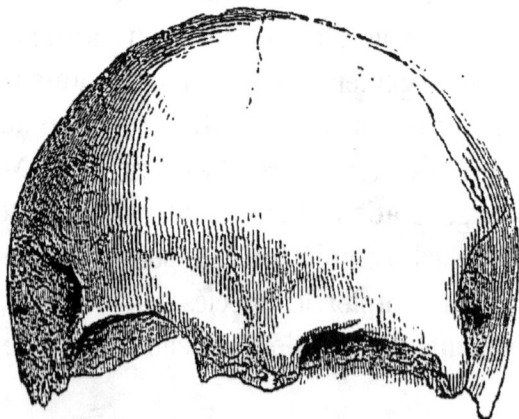

Le crâne d'Engis.

de certitude, attribuer à l'époque des mammifères éteints. L'un

Fig. 145, 146, 147.

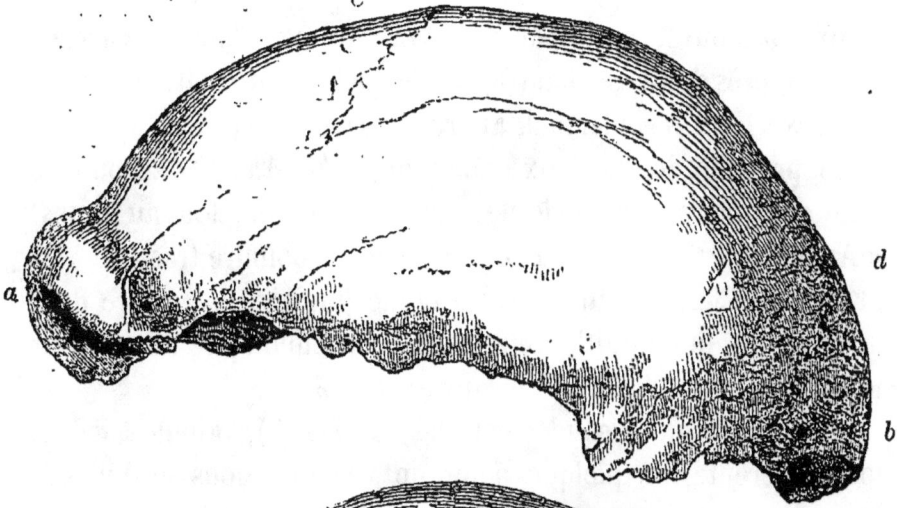

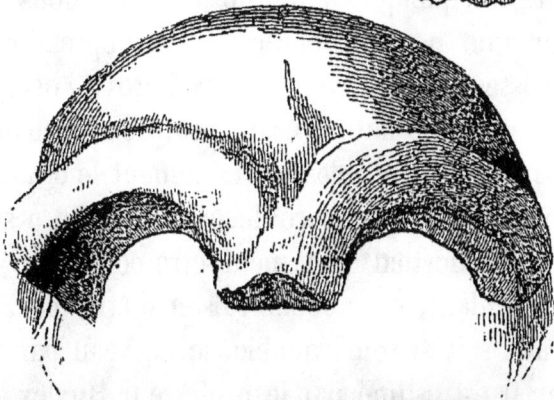

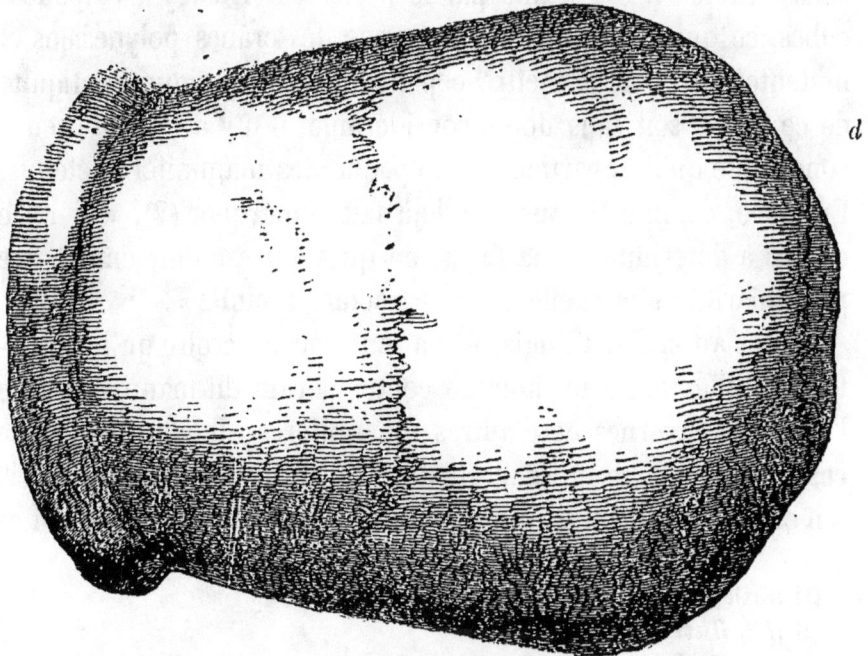

Le crâne de Neanderthal.

d'eux fut trouvé, par le docteur Schmerling, dans la caverne d'Engis, près de Liége; l'autre, par le docteur Fuhlrott, aussi dans une caverne à Neanderthal, auprès de Dusseldorf.

Le premier de ces deux crânes (fig. 143, 144) aurait pu être celui d'un Européen moderne, quant à la forme, tout au moins. « Aucune partie de sa structure n'offre la moindre trace de dégradation. C'est, en un mot, un crâne humain qui rentre dans la moyenne, qui aurait pu être celui d'un philosophe ou contenir le cerveau inintelligent d'un sauvage (1). »

« Le crâne de Neanderthal (fig. 145–147), ajoute-t-il, est tout différent. De quelque point de vue que nous examinions ce crâne, soit que nous en observions la dépression verticale, l'énorme épaisseur des arcades sourcilières, l'occiput fuyant ou la longue et droite suture écailleuse, nous trouvons partout les caractères du singe, et c'est certainement le crâne humain le plus pithécoïde qu'on ait encore découvert. » On a suggéré que ce crâne de Neanderthal était peut-être celui d'un idiot. Cette hypothèse, cependant, n'a aucune raison d'être; car, quoique la forme du crâne soit si remarquable, le cerveau paraît avoir été considérable : il est estimé par le professeur Huxley à 75 pouces cubes, ce qui est la capacité moyenne des crânes polynésiens et hottentots. Il faut admettre cependant que, quoique l'antiquité de ce crâne soit sans doute considérable, il n'y a pas de preuve concluante qu'il appartienne à l'époque des mammifères éteints. En outre, comme M. Busk l'a déjà fait remarquer (2), « il reste encore à déterminer si la forme en question est simplement une particularité individuelle ou un caractère typique ».

Quant au crâne d'Engis, il y a tout lieu de croire qu'il appartenait réellement à un homme contemporain du mammouth, de l'ours des cavernes et d'autres mammifères éteints, et dans ce cas, comme le professeur Huxley l'a si bien fait remarquer, « il est inutile que ceux qui adoptent, sous quelque forme que ce

(1) Huxley, *Man's place in Nature*, p. 156.
(2) *Nat. Hist. Rev.*, 1861, p, 172.

soit, la doctrine du développement progressif, cherchent plus longtemps dans les couches tertiaires nouvelles la souche primordiale d'où l'homme est sorti ; il faut la chercher à une époque plus éloignée de l'âge de l'*Elephas primigenius*, que celui-ci n'est éloigné de nous. »

Déjà M. Desnoyers(1) a appelé l'attention à des traces remarquées par lui sur des ossements trouvés dans les couches pliocènes supérieures de Saint-Prest, ossements appartenant à l'*Elephas meridionalis*, au *Rhinoceros leptorhinus*, à l'*Hippopotamus major*, à plusieurs espèces de daims (y compris le gigantesque *Megaceros Carnutorum*, Langel), et à deux espèces de *Bos*. M. Desnoyers a examiné un nombre considérable de ces ossements, et il conclut « que les entailles, que les traces d'incisions, d'excoriation ou de choc, que les stries transversales, rectilignes, ou sinueuses, ou elliptiques, plus aiguës à une extrémité qu'à l'autre, tantôt polies, tantôt subdivisées en plusieurs stries plus fines occupant la cavité des premières ; en un mot, que des traces tout à fait analogues à celles que produiraient les outils de silex tranchants à pointe plus ou moins aiguë, à bords plus ou moins dentelés, se voyaient sur la plupart de ces ossements. »

Parmi les ossements de daims se trouvaient plusieurs crânes, tous brisés de la même manière, c'est-à-dire par un coup violent porté entre les cornes et à leur base. M. Steenstrup a remarqué des fractures semblables sur d'autres crânes de ruminants moins anciens, et actuellement encore quelques tribus septentrionales traitent de la même façon les crânes des ruminants. Grâce à la courtoisie de M. Desnoyers, j'ai pu examiner quelques ossements entaillés de Saint-Prest. Les traces d'incisions s'accordent exactement avec la description qu'il en fait, et quelques-unes, au moins, me semblent d'origine humaine ; en même temps, et dans l'état actuel de nos

(1) *Comptes rendus*, 8 juin 1863.

connaissances, je ne serais pas prêt à affirmer que ces traces n'ont pas pu être faites d'une autre façon.

Sir Charles Lyell lui-même pense que nous pouvons nous attendre à trouver les restes de l'homme dans les couches pliocènes, mais là il tire une ligne de démarcation, et dit que, « si dans l'âge miocène, quelque être raisonnable représentant l'homme avait vécu, nous aurions certainement retrouvé quelques signes de son existence sous forme d'instruments de pierre ou de métal, plus fréquents et plus durables que les ossements des mammifères ».

Sans exprimer aucune opinion quant à l'état mental de nos ancêtres de l'époque miocène, il me semble évident que l'argument tiré de l'absence de restes humains, quelle que soit sa valeur, peut aussi bien s'appliquer à l'époque pliocène qu'à l'époque miocène. Mais ceux qui ont appris la géologie aux pieds de Sir Charles Lyell, et qui le regardent comme leur maître dans la science, seront ceux mêmes qui, sur ce point, seront le moins d'accord avec lui, car Sir Charles Lyell a déploré presque aussi vivement que M. Darwin l'imperfection des archives géologiques. Il est vrai qu'on n'a jusqu'à présent retrouvé que fort peu d'espèces ou même de genres actuellement existant dans les couches miocènes; mais si l'homme constitue, comme le pensent les plus hautes autorités de la science, une famille séparée de mammifères, alors, d'après toutes les analogies paléontologiques, il doit être représenté dans l'âge miocène. Il est inutile, cependant, de nous attendre à en trouver des preuves en Europe; nos plus proches parents dans le royaume animal vivent dans des contrées chaudes, presque tropicales, et c'est dans ces contrées qu'il faut aller chercher les premières traces de la race humaine.

CHAPITRE XI

DES SAUVAGES MODERNES.

Les sauvages modernes. — Aucune preuve de dégradation. — *Hottentots :* Habillements, demeures, ustensiles ; manière de tuer le gibier ; métallurgie ; caractère. — *Veddahs* de Ceylan. — *Habitants des îles d'Andaman.* — *Australiens :* Nourriture, habillement, ornements ; radeaux ; marteaux, couteaux, lances, bâton de trait, boomerang ; feu ; polygamie ; superstitions ; sépultures ; recensement. — *Tasmaniens.* — *Vitiens :* Nourriture, armes, demeures ; religion ; canots, poterie, jeux ; agriculture ; femmes ; habillements ; tattoo, sépultures ; superstitions ; cannibalisme, meurtre. — *Les Maories :* Nourriture, habillements, ornements, demeures ; fortifications, armes ; canots ; sépultures ; musique ; caractère, religion ; cannibalisme. — *Tahitiens :* Ustensiles, hameçons, filets, paniers, paillassons, étoffes, costumes, ornements ; demeures ; canots ; musique ; ameublement, armes ; nourriture, feu, cuisine ; ava ; le dîner d'un chef ; repas solitaires ; médecine ; sépultures, religion, caractère. — *Les insulaires de Tonga.*

Quoique la connaissance des temps anciens ait fait de grands progrès dans ces dernières années, elle est encore très-imparfaite, et nous ne devons négliger aucune source possible d'informations. Il est évident que l'histoire ne peut jeter beaucoup de lumière sur la condition primitive de l'homme, parce que la découverte, ou, pour mieux dire, l'usage du métal a, dans tous les cas, précédé l'usage de l'écriture. Même pour l'âge de bronze, nous en tirons peu de renseignements, et bien que, comme nous l'avons vu, on trouve de vagues allusions à l'âge de pierre dans les écrivains européens primitifs, on a généralement considéré leurs indications comme ayant le caractère de la fantaisie plutôt que de l'histoire : elles se réduisent, en réalité, à la mention pure et simple de ce fait, qu'il y a eu un temps où l'on ne connaissait point le métal.

A défaut de l'histoire, nous n'avons pas non plus le secours
de la tradition. En mettant les choses au mieux, elle mérite peu
de foi et est de courte durée. C'est ainsi qu'en 1770, les habitants de la Nouvelle-Zélande ne se souvenaient plus de la visite
de Tasman (1). Pourtant cette visite avait eu lieu en 1643,
moins de cent trente ans auparavant, et devait avoir été pour
eux un événement d'une importance et d'un intérêt tout particuliers. De même aussi chez les Indiens de l'Amérique du Nord
se perdit bientôt toute tradition de l'expédition de De Soto,
« si bien faite toutefois, par ses incidents extraordinaires, pour
frapper l'esprit des Indiens » (2).

Je ne veux pas dire que la tradition ne pourrait jamais conserver, durant une longue période de temps, le souvenir d'un
événement remarquable : les faits mentionnés plus haut prouvent seulement qu'elle ne le fera pas toujours; du reste, nous
n'avons pas besoin de discuter cette question, car il n'y a point
en Europe de tradition au sujet de l'âge de pierre, et, quand on
trouve des pointes de flèche, les paysans, dans leur ignorance,
les attribuent aux elfes ou aux fées; les haches de pierre sont
regardées comme les traits de la foudre, et l'on s'en sert, tant en
Europe que dans diverses autres parties du monde, pour des
pratiques de sorcellerie.

En conséquence, privé, relativement à l'âge de pierre, de tout
secours historique, mais débarrassé en même temps du con-
cours gênant de la tradition, l'archéologue ne peut que suivre
les procédés qui ont si bien réussi au géologue : les grossiers
ustensiles d'os et de pierre des âges passés sont pour l'un ce que
les restes des animaux sont pour l'autre. On peut même pousser
l'analogie plus loin. Beaucoup de mammifères qui n'existent plus
en Europe ont des représentants qui vivent encore dans d'autres
contrées. Nos pachydermes fossiles, par exemple, ne pourraient

(1) *Premier voyage de Cook autour du monde* (*Voyages de Hawkesworth*, vol. II,
p. 388).

(2) *Les Tribus indiennes,* par Schoolcraft, vol. II, p. XII.

presque pas être compris sans les espèces qui habitent encore
certaines parties de l'Asie et de l'Afrique; les marsupiaux secondaires s'expliquent par les représentants qu'ils ont actuellement
dans l'Australie et dans l'Amérique du Sud : si, par le même
procédé, nous voulons arriver à comprendre clairement les antiquités de l'Europe, nous devons les comparer avec les armes et
les ustensiles grossiers dont se servent aujourd'hui, ou dont se
servaient, dernièrement encore, les races sauvages dans les autres
parties du monde. En réalité, le naturel de l'île de Van Diemen
et l'Américain du Sud sont, pour l'antiquaire, ce que l'opossum
et le paresseux sont pour le géologue.

Un chapitre, consacré à l'examen des sauvages modernes, ne
sera donc pas hors de propos, et quoique un tel sujet, pour
être traité convenablement, demande des volumes, on peut,
toutefois, ne fût-ce qu'en quelques pages, recueillir un certain
nombre de faits qui jetteront quelque lumière sur les antiquités
trouvées en Europe et sur la condition des races qui ont primitivement habité notre continent. Mais, afin de limiter ce sujet
autant que possible, je me propose, sauf une exception, de ne
décrire que « les sauvages non métalliques » (si l'on veut bien
me passer cette expression) et même, parmi eux, quelques-uns
seulement des plus utiles à connaître, ou de ceux qui ont été
observés avec soin par les voyageurs.

L'opinion commune est que les sauvages ne sont, en thèse
générale, que les misérables restes de nations autrefois plus civilisées; mais, quoiqu'il y ait quelques cas bien établis de déca-
dence de nations, rien ne nous autorise scientifiquement à
admettre que ce soit là le cas général. Sans doute, il y a beaucoup d'exemples de nations qui, autrefois progressives, ont non-
seulement cessé d'avancer en civilisation, mais ont même reculé.
Et pourtant, si nous comparons les relations des premiers voyageurs avec l'état de choses actuellement existant, nous ne trouverons pas de preuve à l'appui de cette théorie d'un déclin général. Les Australiens, les Boschimans et les naturels de la terre

de Feu vivaient, à l'époque où on les observa pour la première
fois, presque exactement comme ils font aujourd'hui. Chez plusieurs tribus sauvages, nous trouvons même des traces de progrès ; les Bachapins, quand Burchell les visita, venaient d'introduire chez eux l'art de travailler le fer ; le plus grand bâtiment
de Taïti fut construit par la génération contemporaine de la
visite du capitaine Cook, et ils avaient, depuis peu, renoncé à la
pratique du cannibalisme (1) ; on dit aussi que les boute-hors
ont été récemment adoptés par les insulaires des îles Andaman,
et si certaines races, comme par exemple plusieurs des tribus
américaines, ont rétrogradé, ce résultat est peut-être moins dû
à une tendance inhérente qu'au mauvais effet de l'influence des
Européens. D'ailleurs, si le cap de Bonne-Espérance, l'Australie,
la Nouvelle-Zélande, etc., avaient jamais été habités par une
race d'hommes plus avancés que ceux que nous avons l'habitude de considérer comme les aborigènes, il en serait certainement resté quelque preuve : or, comme ce n'est pas le cas,
aucun de nos voyageurs n'ayant observé ni ruines, ni autres
traces d'une culture plus avancée, il ne semble pas qu'il y ait
une raison suffisante pour supposer que ces misérables êtres
soient d'aucune façon inférieurs à leurs ancêtres.

LES HOTTENTOTS.

Généralement parlant, on peut dire que l'usage du métal est
connu depuis longtemps en Europe, en Asie et en Afrique, tandis que, en Amérique, en Australie et dans les îles de l'Océan,
tous les ustensiles, ainsi que les armes, étaient, jusqu'à ces trois
derniers siècles, faits de bois, d'os, de pierre ou d'autres matières
semblables.

Les nations demi-civilisées de l'Amérique centrale formaient,

---

(1) Forster, *Observations faites durant un voyage autour du monde*, p. 327.
Voyez aussi Ellis, *Recherches sur la Polynésie*, vol. II, p. 29.

il est vrai, une remarquable exception à la règle, puisqu'elles connaissaient l'usage du bronze. Les Indiens de l'Amérique du Nord avaient aussi des cognées de cuivre, mais elles étaient simplement façonnées à coups de marteau, sans qu'on eût recours au feu. Ici donc nous entrevoyons, en quelque sorte, la manière dont nos ancêtres peuvent avoir acquis la connaissance du métal. Sans doute la possession du fer marque généralement un grand progrès dans la civilisation, mais la manière de s'en servir comporte beaucoup de degrés; et il y a des nations qui, bien que pourvues d'instruments de métal, ne sont néanmoins que peu éloignées de l'état de barbarie.

Ainsi, les Hottentots qui connaissaient non-seulement l'usage, mais encore la fabrication du fer, et qui possédaient de grands troupeaux de moutons et de gros bétail, comptaient pourtant, à beaucoup d'égards, parmi les sauvages les plus repoussants. Kolben lui-même, qui, en général, les voit sous un jour favorable, avoue qu'ils sont, sous beaucoup de rapports, le peuple le plus sale du monde (1). Nous pourrions aller plus loin, et dire les plus sales animaux : ce serait, je crois, faire tort à une espèce quelconque de mammifères que de la comparer avec eux sous ce rapport. Leur corps est couvert de graisse, ils ne lavent jamais leurs vêtements; « leur tête semble coiffée d'une croûte de mortier noir, tant leur chevelure, de jour à autre, amasse de suie, de graisse, de poussière, et autres substances malpropres, que, par défaut de soin, ils laissent s'y coaguler et s'y durcir (2). » Ils couvrent leur dos d'une peau de bête, attachée par devant. Ils portent ce vêtement toute leur vie, et, quand ils meurent, c'est là leur linceul. Le reste de leur costume se réduit à un morceau de peau, de forme carrée, qu'ils fixent autour de la taille à l'aide d'un cordon, et qu'ils laissent pendre devant eux. Néanmoins, pendant l'hiver, ils

(1) Kolben, *Histoire du cap de Bonne-Espérance*, vol. I, p. 47.
(2) Id., *loc. cit.*, p. 188.

mettent quelquefois un bonnet. En guise d'ornements, ils portent des anneaux de fer, de cuivre, d'ivoire ou de cuir. Ces derniers offrent l'avantage de servir de nourriture dans les temps difficiles.

Leurs huttes sont généralement ovales, d'environ 14 pieds sur 10 de diamètre, et dépassant rarement une hauteur de 4 ou 5 pieds. Elles sont faites de bâtons et de nattes. Ils courbent les bâtons pour en ficher les deux extrémités dans le sol; si ceux-ci ne sont pas assez longs, ils les accouplent deux à deux en les réunissant par le haut. Une des extrémités de la hutte est laissée libre pour fermer la porte. Les nattes sont faites de joncs et de glaïeuls séchés au soleil, et d'un tissu si serré, que les plus fortes pluies peuvent seules le pénétrer (1). « Quant au mobilier domestique, dit Thunberg, ils en ont peu ou point. Le même vêtement, qui couvre une partie de leur corps pendant le jour, leur sert aussi de couche pour la nuit (2). » Ils font bouillir leur nourriture à l'eau dans des sacs de cuir, au moyen de pierres chauffées; mais quelquefois ils emploient des pots de terre (3). Le lait est conservé dans des sacs de cuir, des vessies d'animaux, ou des paniers de jonc absolument imperméables. Ces objets, une bourse de peau pour mettre du tabac, une pipe de pierre ou de bois et leurs armes, voilà de quoi se compose toute la liste de leurs meubles. Suivant Kolben, tantôt ils mangent leur viande grillée, tantôt ils la font bouillir dans du sang, en y ajoutant souvent du lait, « ce qu'ils considèrent comme un mets recherché ». Néanmoins, ils font leur cuisine à la fois avec malpropreté et avec négligence; ils mangent souvent la viande à moitié gâtée, et plus d'à moitié crue (4). Leurs armes consis-

---

(1) Thunberg, *Voyages de Pinkerton*, vol. XVI, p. 33. — Kolben, *loc. cit.* p. 221. — Sparrman, vol. I, p. 195.

(2) Page 141.

(3) Toutefois, ils semblent avoir emprunté cet usage aux Européens.

(4) Thunberg, p. 141. — Kolben, p. 203. — Harris, *Wild Sports of Africa*, p. 142.

tent en arcs et flèches empoisonnées, lances, javelines ou
zagaies, pierres et bâtons de trait ou *kirris* longs de 3 pieds
environ et épais d'un pouce. Ils sont très-habiles à se servir
de ces armes et ne craignent point d'attaquer l'éléphant, le
rhinocéros, ni même le lion. Ils tuent aussi quelquefois les gros
animaux dans des trappes de 6 à 8 pieds de profondeur sur
4 environ de diamètre. Au milieu est fiché un pieu énorme
et pointu. « L'éléphant enfonçant les pieds de devant dans ce
trou, qui n'est pas assez grand pour recevoir tout son corps, a le
cou et la poitrine traversés par le pieu, et est mis ainsi hors d'état
de nuire » (1), car le pieu pénètre d'autant plus profondément
que l'animal fait plus d'efforts pour se dégager. Ils pêchent à
l'hameçon et au filet. Ils mangent aussi des fruits sauvages et
des racines de différentes sortes, que cependant ils ne prennent
pas la peine de cultiver.

Les animaux domestiques des Hottentots sont le bœuf, le
mouton et le chien. On serait tenté de supposer que tout le monde
a fait servir les bœufs au même usage. Ils semblent évidemment
destinés au trait ou à notre alimentation. Quant aux chiens, c'est
différent; nous-mêmes nous les employons de diverses manières,
et l'on éprouve par conséquent moins de surprise en voyant les
différents services qu'ils rendent aux différentes races de sauvages. Mais il en est de même aussi pour ce qui concerne les
bêtes à cornes; en outre de ce qu'on peut appeler leur utilité
normale, les Veddahs, c'est-à-dire les habitants sauvages de
Ceylan, se servent des bœufs pour la chasse, et les Hottentots
en dressent plusieurs à remplir, comme nous dirions, les fonctions de chiens de berger, c'est-à-dire à garder et à gouverner les
troupeaux; d'autres sont élevés pour la guerre, fonction qui
paraît incompatible avec le caractère de ces animaux, mais où
cependant ils semblent être très-utiles.

Les Hottentots, dans ces dernières années, non-seulement se

(1) Kolben, p. 250.

servaient d'armes de fer, mais ils en fabriquaient pour leur usage. Ils faisaient fondre le minerai de la manière suivante (1) : « Dans un terrain élevé, ils font un trou assez large pour contenir une bonne quantité de minerai de fer, que l'on trouve çà et là en abondance dans le pays des Hottentots ; c'est dans ce trou qu'ils extraient le fer de la gangue. A un pied et demi environ du premier trou, en descendant, ils en creusent un autre, un peu plus petit ; celui-ci est le récipient du fer fondu qui y coule par un étroit canal pratiqué d'une cavité à l'autre. Avant de mettre le minerai dans le trou où doit s'opérer la séparation du fer par la fusion, ils y allument du feu jusqu'au bord, afin de chauffer parfaitement la terre qui l'environne. Quand ils supposent que la terre est suffisamment échauffée, ils remplissent le trou de minerai jusqu'en haut à peu près, et font ensuite par-dessus un grand feu, qu'ils alimentent de temps en temps avec du combustible, jusqu'à ce que le fer soit fondu et qu'il ait coulé en totalité dans le récipient ; aussitôt que le fer, qui s'est rendu dans ce second trou, s'est refroidi, ils l'en retirent et le brisent en morceaux avec des pierres. Ce sont ces morceaux que les Hottentots, à l'occasion, soumettent à d'autres feux, et battent avec des pierres, pour leur donner la forme d'armes. Ils se servent rarement du fer pour un autre usage. »

Je ne décris pas les coutumes des Hottentots, parce que peu d'entre elles peuvent être publiées avec convenance. Elles sont toutefois extrêmement curieuses, et on les trouve exposées tout au long dans Thunberg (2), Kolben (3), Cook (4), Sparrman (5), et d'autres voyageurs. On peut à peine dire que les Hottentots eussent une religion (6), quoiqu'ils semblent avoir possédé quelque

(1) Kolben, *loc. cit.*, p. 239.

(2) Id., *loc. cit.*, pages 141, 142.

(3) Pages 113, 115, 118, 121, 153, 252.

(4) Hawkesworth, *Voyages*, vol. III, p. 791.

(5) Vol. I, p. 357.

(6) Thunberg, *loc. cit.*, p. 141, etc. — Kolben, pages 37, 93, etc. — Beeckman

notion de la Divinité. Kolben, lui-même, admet qu'ils n'avaient
« aucun culte constitué. » Les premiers écrivains considéraient,
il est vrai, certaines de leurs danses comme des cérémonies religieuses; mais cette opinion était formellement démentie par les
naturels eux-mêmes (1), ce qui n'empêche pas Kolben de nous
assurer « que c'étaient des actes religieux » et d'ajouter naïvement
« quoi qu'en disent les Hottentots ». Ils aiment beaucoup à fumer
et sont très-adonnés à la boisson ; seulement, il est juste de dire
que Kolben rend un bon témoignage de leur honnêteté, de leurs
mœurs, de leur fidélité et de leur libéralité; il nous affirme qu'ils
sont certainement, dans leurs rapports les uns avec les autres, le
peuple le plus serviable, le plus libéral et le plus bienveillant qui
ait jamais paru sur la terre (2). En même temps, il est difficile de
voir comment il peut concilier cette assertion avec le fait avéré :
qu'aussitôt qu'un individu, homme ou femme, est mis par l'âge
hors d'état de travailler « et ne peut plus, je cite les paroles même
de Kolben, rendre aucune espèce de service, on le bannit de la
société de ses semblables et on le relègue dans une hutte solitaire,
à une distance considérable du kraal, avec une petite provision
de vivres laissée à sa portée, mais sans que personne l'assiste et
lui vienne en aide, jusqu'à ce qu'il meure de vieillesse, de faim,
ou sous la dent des bêtes féroces » (3). Ce n'est pas là, il faut
s'en souvenir, une atrocité exceptionnelle, mais un usage général
qui s'applique aussi bien au riche qu'au pauvre, car si un vieil-
lard a quelque bien, on l'en dépouille. L'infanticide est, en
outre, très-commun parmi eux, et n'est pas regardé comme un
crime. Les filles en sont les victimes les plus ordinaires, et quand
une femme donne le jour à deux jumeaux, le plus mal conformé
des deux est presque toujours exposé ou enterré vivant. Cela se

croit qu'ils n'avaient pas de religion du tout. (*Voyages de Pinkerton*, vol. II,
p. 153.) — Voyez aussi Harris, *Chasses sauvages en Afrique*, p. 160. — Sparrman,
vol. I, p. 207.

(1) Sparrman, vol. I, p. 212. — Kolben, *loc. cit.*

(2) *Loc. cit.*, p. 334.

(3) *Loc. cit.*, p. 321.

fait du consentement de tout le kraal, « qui généralement l'autorise, sans prendre la peine d'y regarder de bien près » (1). La misère et les souffrances qu'ils ont à endurer pourraient être des circonstances atténuantes pour ces deux coutumes contre nature; mais il y en a une autre que je rapporterai aussi sur la foi de Kolben (2), et qui me paraît tout à fait incompatible avec la bonté qu'il prête aux Hottentots. Quand un garçon atteint l'âge de la puberté, il est admis dans la société des hommes, avec certaines cérémonies burlesques et si dégoûtantes, qu'il est difficile d'imaginer ce qui a pu leur donner naissance; après quoi il est entièrement exclu de la société des femmes; il ne lui est permis ni de manger, ni de boire avec elles, ni de prendre part à aucune de leurs réunions. Mais voici qui est pis : « Le Hottentot, ainsi délivré de la tutelle de sa mère, peut l'insulter impunément, quand bon lui semble. Il peut la bâtonner à son gré, par pur caprice, et sans encourir de responsabilité ; et ces faits se sont passés plusieurs fois à ma connaissance. Des extravagances si dénaturées, ajoute Kolben, n'excitent pas le moindre scandale. » Je n'en dirai pas plus du caractère des Hottentots.

Les Boschimans ressemblent aux Hottentots sous beaucoup de rapports, mais ils sont encore moins civilisés. Ils n'ont ni connaissances métallurgiques, ni animaux domestiques, ni canots. Ils volent souvent le bétail de leurs voisins plus avancés, mais toujours ils tuent et mangent leur butin aussi vite que possible. Leurs principales armes sont des arcs et des flèches empoisonnées.

LES VEDDAHS.

Les Veddahs, ou tribus sauvages qui habitent l'intérieur de Ceylan, ont été décrits par Knox (3), Tennent (4), et Bailey (5).

---

(1) Kolben, *loc. cit.*, p. 144.
(2) *Loc. cit.*, p. 122.
(3) Knox, *Relation historique de Ceylan*, 1681.
(4) Tennent, *Ceylan.*
(5) *Transactions de la Société ethnologique*, nouvelle série, vol. II, p. 278.

Ils vivent dans des huttes très-grossièrement faites de branches d'arbres et d'écorce, et cultivent de petits champs de chena, mais le fond de leur nourriture se compose de miel et du produit de leur chasse. Leurs armes consistent en haches, arcs et flèches. Ils ne sont pas très-habiles à se servir de ces dernières, car ils ne chassent que le gros gibier, et l'art de la vénerie consiste pour eux à se glisser en rampant près de leur proie et à la saisir à l'improviste. Ils chassent très-bien le daim à l'affût, et, outre d'excellents chiens, ils ont aussi des buffles pour la chasse. Ces animaux sont si bien dressés qu'ils se laissent conduire avec une corde passée autour de leur corne. C'est la nuit qu'on les emploie. Le buffle broute, l'homme se tient tapi derrière lui, et ainsi, sans être vu, sans éveiller de soupçon, il se jette sur sa proie.

Ils n'ont point de poterie et leur cuisine est des plus primitives. C'est à peine s'ils portent des vêtements : tout leur costume se réduit à un sordide haillon retenu sur le devant par un cordon qui fait le tour de la taille. Peut-être le vêtement des femmes est-il un peu plus grand que celui des hommes, mais à cela se borne, semble-t-il, toute la différence. Ces indigènes sont très-sales et très-petits; la taille ordinaire des hommes est de 4 pieds 6 pouces à 5 pieds 1 pouce, celle des femmes de 4 pieds 4 pouces à 4 pieds 8 pouces. Au jugement de M. Bailey, il serait impossible d'imaginer un plus barbare échantillon de la race humaine.

Ils offrent toutefois une particularité remarquable qu'il serait injuste de passer sous silence. Ils sont doux, affectueux et fidèles dans leurs rapports conjugaux; ils abhorrent la polygamie et ont un proverbe qui dit : la mort seule peut séparer le mari et la femme. A cet égard ils diffèrent beaucoup de leurs voisins plus civilisés (1). Un intelligent chef kandien, qui accompagnait

(1) Il est juste d'ajouter que les Kandiens ont, dit-on, fait beaucoup de progrès sous ce rapport depuis quelques années.

M. Bailey dans sa visite à ces Veddahs, « se montra très-scanda-
lisé de cette barbarie qui consiste à n'avoir qu'une seule femme,
et à ne la quitter que séparé d'elle par la mort. » C'est disait-il,
« absolument comme les Wanderoos » (singes). Toutefois, jusque
dans leurs relations matrimoniales, les Veddahs ne sont pas de
tout point recommandables, car il est, ou il était jusqu'à ces
derniers temps, très-ordinaire de les voir épouser leur sœur
cadette. Ce fait est d'autant plus étrange que le mariage avec
une sœur aînée leur semble aussi horrible qu'à nous. Ils ne
paraissent pas avoir de religion.

LES INSULAIRES DES ILES ANDAMAN.

Les Mincopies ou habitants des îles Andaman ont été décrits
par le docteur Mouatt (1) et le professeur Owen, qui les considèrent comme « étant peut-être le peuple le plus primitif, celui
qui occupe le plus bas échelon de la civilisation humaine ».
Leurs huttes se réduisent à quatre poteaux; les deux de devant
ont de 6 à 8 pieds de hauteur, ceux de derrière n'ont que
1 ou 2 pieds. Ouvertes sur les côtés, ces cabanes ont un toit de
bambou, ou de feuilles de palmier, étroitement reliées entre
elles. Ces Mincopies vivent surtout de fruits, de mangues et de
crustacés. Quelquefois, cependant, ils tuent les cochons de petite
taille qui courent à l'état sauvage dans les jungles.

Ils ont des canots creusés dans un seul tronc d'arbre, avec
une hache en forme de P et probablement aussi à l'aide du feu.
Ils connaissent l'usage des boute-hors, lesquels toutefois semblent avoir été récemment introduits chez eux, car les premiers
écrivains n'en font pas mention (2). Leurs flèches et leurs lances
se terminent généralement, aujourd'hui, par des pointes de fer

(1) Mouatt, *Recherches et aventures chez les insulaires des Andaman.* — Voyez
aussi les *Comptes rendus de la Société ethnologique,* nouvelle série, vol. II, p. 42.
(2) Mouatt, *loc. cit.,* p. 317.

ou de verre qu'ils tirent des bateaux naufragés et qui, chez eux, ont remplacé l'os. Leurs harpons, comme ceux de tant d'autres sauvages, ont un dard mobile, et une longue corde, qui permet de le tenir encore, après qu'il s'est enfoncé dans les flancs de la victime (1). Ils sont très-habiles à tirer de l'arc et « s'en servent à 40 ou 50 mètres avec une sûreté infaillible ». Leurs filets sont d'un travail adroit et très-propre. Ils n'ont point de poteries : des écailles ou des morceaux de bambou leur tiennent lieu de vais-selle pour contenir l'eau. Ils tuent le poisson avec le harpon, ou, à l'aide de petits filets à main, ils prennent tous ceux que dépose la marée. On dit même qu'ils savent plonger, et aller les saisir dans l'eau de leurs propres mains (2).

Ils se couvrent de boue et se tatouent, mais ne portent point de vêtements. Ils semblent, en effet, dépourvus de tout senti-ment de pudeur, et beaucoup de leurs habitudes ressemblent à celles de la brute. Ils n'ont ni idée d'un Être suprême, ni religion, ni croyance à une vie future. Après la mort, le cadavre est enterré assis. Quand on suppose que les chairs en sont entière-ment détachées, on exhume le squelette et chacun des parents du défunt s'approprie un ossement. Si c'est un homme marié, la veuve prend le crâne et le porte suspendu par une corde autour de son cou (3).

Ils ne possèdent ni chiens, ni animaux domestiques, à moins qu'on ne donne ce nom à leur volaille.

LES AUSTRALIENS.

Les naturels de l'Australie étaient à peine, s'ils l'étaient seule-ment, plus avancés en civilisation que ceux des îles Andaman. Les « maisons » observées par le capitaine Cook « à Botany bay, où se trouvait ce qu'il y avait de mieux en ce genre, étaient

(1) Mouatt, *loc. cit.*, p. 326.
(2) Id., *loc. cit.*, pages 310, 333.
(3) Id., *loc. cit.*, p. 327.

juste assez hautes pour qu'un homme pût s'y tenir debout, mais
n'étaient pas assez larges pour lui permettre de s'étendre de tout
son long dans aucun sens : elles avaient la forme d'un four et
étaient faites de baguettes flexibles, épaisses à peu près comme
le pouce d'un homme; la demeure est formée en enfonçant dans
le sol les deux bouts de ces baguettes et les couvrant ensuite de
feuilles de palmier et de larges morceaux d'écorce; la porte
n'est qu'un vaste trou pratiqué à l'une des extrémités. » En
avançant vers le nord où le climat est plus chaud, on rencontrait
des huttes moins solides encore, et qui, complétement ouvertes
d'un côté, méritaient même à peine ce nom de huttes, n'étant
guère qu'un abri contre le vent. Enfin, les indigènes, observés
par Dampier, près du cap Lévêque, sur la côte nord-ouest,
paraissaient n'avoir pas de demeures du tout. Autour de leurs
lieux de résidence, le capitaine Cook remarqua « d'énormes
monceaux de coquillages, dont le poisson, à ce que nous suppo-
sâmes, leur avait servi de nourriture » (1). Le capitaine Grey
décrit aussi des tas de coquillages analogues (2), dont plusieurs
couvraient l'étendue d'un demi-acre et n'avaient pas moins de
10 pieds de haut. C'est Dampier, toutefois, qui semble les avoir
mentionnés le premier (3).

La nourriture des sauvages de l'Australie varie beaucoup suivant les différentes parties du continent. En général, on peut
dire qu'ils se nourrissent de racines diverses, de fruits, de cham-
pignons, de crustacés, de grenouilles, d'insectes, d'œufs d'oiseaux,
d'oiseaux, de poissons, de tortues, de kangourous, de chiens, et
quelquefois de veaux marins et de baleines (4). Cependant,
autant que je puis le savoir, ils ne sont pas capables de tuer
eux-mêmes des baleines, mais lorsqu'un de ces cétacés vient
s'échouer sur le rivage, c'est une véritable aubaine que le ciel

(1) Cook, *Premier voyage*, vol. III, p. 598.
(2) Grey, *loc. cit.*, vol. I, p. 110. Voyez aussi King, *Australie*, vol. I, p. 87.
(3) Dampier, *Voyages de Pinkerton*, vol. II, p. 473.
(4) Grey, *Explorations dans l'Australie du nord-ouest et de l'ouest*, p. 263.

leur envoie. On allume aussitôt des feux pour répandre la nouvelle du joyeux événement. Alors, ils se frottent de graisse par tout le corps et font subir la même toilette à leurs épouses favorites; après quoi ils s'ouvrent un passage à travers le gras jusqu'à la viande maigre, qu'ils mangent tantôt crue, tantôt grillée sur des bâtons pointus. A mesure que d'autres indigènes arrivent, « leurs mâchoires travaillent bel et bien, dans la baleine, et vous les voyez grimpant deçà et delà, sur la puante carcasse, à la recherche des fins morceaux ». Pendant des jours entiers, « ils restent près de la carcasse, frottés de graisse fétide des pieds à la tête, gorgés de viande pourrie jusqu'à satiété, portés à la colère par leurs excès et engagés ainsi dans des rixes continuelles, affectés d'une maladie cutanée que leur donne cette nourriture de haut goût, offrant enfin un spectacle dégoûtant. Il n'y a rien au monde, ajoute le capitaine Grey, de plus repoussant à voir, qu'une jeune indigène aux formes gracieuses, sortant de la carcasse d'une baleine en putréfaction ». Comme nous l'avons déjà remarqué, les Australiens écrasent aussi les os pour en extraire la moelle. Ils sont excessivement friands de substances grasses.

Dans une caverne de la côte nord-est, M. Cunningham observa certaines « figures passables de requins, marsouins, tortues, lézards, trépangs, étoiles de mer, massues, canots, calebasses, et de quelques quadrupèdes qui avaient, sans doute, la prétention d'être des kangourous et des chiens » (1). Il est douteux, toutefois, que ce soit l'œuvre des indigènes d'aujourd'hui. Les Alfouras, loin d'en réclamer l'honneur, les attribuent à une intervention diabolique. En outre, ils sont, suivant le témoignage de M. Oldfield, « absolument incapables de comprendre les reproductions artistiques les plus frappantes de vérité. Comme on leur faisait voir une grande gravure coloriée représentant un aborigène de la Nouvelle-Hollande, l'un déclara que c'était un

_____

(1) King, vol. II, p. 26. — Grey, vol. I, p. 259.

vaisseau, un autre, un kangourou, et ainsi du reste; pas un, sur une douzaine, ne reconnut dans ce portrait quelque ressemblance avec lui-même (1) ».

Les Australiens observés par Cook et Dampier étaient entièrement dépourvus de vêtements, et leur principal ornement consistait en un os long de 5 ou 6 pouces et épais d'un 1/2 pouce, qu'ils se passaient dans le cartilage du nez. Ils ne se tatouaient pas. Sur la côte nord-ouest, King remarqua chez plusieurs des naturels une décoration très-singulière. De 3 pouces en 3 pouces, depuis le haut de la poitrine jusqu'au nombril, le corps présentait des incisions horizontales, dont les cicatrices avaient au moins 1 pouce de diamètre et formaient une saillie d'un 1/2 pouce au-dessus de la peau (2). Certains d'entre eux attachaient à leurs cheveux, avec de la gomme, des dents de kangourous ou même d'hommes, des queues de chiens, des os de poisson, des morceaux de bois, et autres objets qu'ils considéraient comme des ornements. Souvent ils portaient sur eux des lambeaux de la dépouille de l'opossum ou du kangourou, non toutefois par un motif de décence, mais pour se tenir chaud, et pour se garantir, à la chasse, contre les épines. Cependant, suivant d'Urville, les naturels de la Nouvelle-Galles du Sud ne trouvaient pas décent que les jeunes enfants allassent tout nus (3).

Sur les côtes nord-est, ils se servent de canots faits d'un seul tronc d'arbre, creusé probablement à l'aide du feu. « Ces canots sont longs d'environ 14 pieds, très-étroits, et pourvus d'un boute-hors (4). » Vers le sud, les embarcations se réduisaient à un morceau d'écorce, dont les extrémités étaient reliées ensemble, et dont le milieu était maintenu ouvert au moyen de petits arcs-boutants de bois. Les tribus occidentales n'ont pas de

(1) Oldfield, *Des aborigènes de l'Australie. Comptes rendus de la Société ethnologique*, nouvelle série, vol. III.

(2) *Loc. cit.*, p. 42.

(3) D'Urville, *Voyage de l'Astrolabe*, vol. I, p. 471.

(4) Freycinet, *Voyage autour du monde*, vol. II, p. 705.

canots (1), parce que, suivant King (2), le gros bois y manque (3). Elles remplacent la pirogue par une longue bûche, sur laquelle on se met à cheval, en ramant de chaque main avec un morceau d'écorce. Quelques tribus attachent ensemble quatre ou cinq troncs de manglier, de manière à former, dans des proportions restreintes, une sorte de train de bois, ou de radeau. La tribu observée par Dampier était encore inférieure sous ce rapport; elle n'avait « ni bateaux, ni canots, ni même la bûche qui ailleurs en tient lieu ». Pourtant c'était une population voisine de la mer, qui vivait surtout de poisson, et qui allait à la nage d'une île à l'autre. Il est très-curieux de constater l'absence de canots chez des gens dont les habitudes étaient si aquatiques, et dont la nourriture était presque exclusivement tirée de la mer.

Leur mobilier est très-simple. Ils n'ont aucune connaissance de la poterie, et portent l'eau dans un petit vase d'écorce. Ils ne connaissent même pas l'eau chaude, dont la vue les remplit d'étonnement (4). « Plusieurs portent un petit sac rappelant les dimensions moyennes d'un de nos réseaux à choux, et composé de mailles engagées les unes dans les autres, comme les bourses que tricotent chez nous les dames. Ce sac, l'homme le porte flottant sur le dos et suspendu par un petit cordon qui entoure la tête. Il contient généralement un ou deux morceaux de couleur et de résine, des hameçons et des lignes, un ou deux coquillages, dont on fait des hameçons, quelques pointes de dards, et leurs ornements accoutumés : voilà toutes les richesses terrestres du plus opulent de ces sauvages. »

Le capitaine Grey dresse un inventaire analogue, en y ajoutant, toutefois, une pierre plate pour broyer les racines (5). Ils ont

(1) Cook, *Premier voyage*, vol. III, p. 643.
(2) *Loc. cit.*, vol. I, pages 38, 43, 49; vol. II, pages 66, 69.
(3) Toutefois, dans sa vue de Careening bay, le pays paraît bien boisé.
(4) D'Urville, vol. I, p. 461.
(5) *Loc. cit.*, p. 266.

aussi, en pierre, des hachettes, des marteaux et des couteaux ; plus des cailloux et des baguettes pour déterrer les racines.

FIG. 148.

Le marteau sert à tuer les veaux marins ou les autres animaux, et à briser l'écaille des crustacés. Le manche est long de 12 à 15 pouces : l'une de ses extrémités est pointue, l'autre est garnie de chaque côté d'une pierre solide, attachée au bois avec de la gomme. Les couteaux ont un manche semblable : le bout est armé d'une rangée de morceau de quartz ou de caillou fixés avec de la gomme, de même que pour le marteau.

Les naturels de Botany bay avaient des hameçons, mais point de filets ; au contraire, le capitaine Grey, dans la description qu'il fait des indigènes de l'Australie occidentale, mentionne des filets, mais point d'hameçons, et, selon Dampier, les naturels du nord-ouest « n'avaient pas d'engins pour la pêche du gros poisson » ; ceux qui ont été vus par King étaient également dépourvus de filets et d'hameçons (1). Dans tout le continent, ils ignoraient l'emploi de la fronde, de l'arc et des flèches. En revanche, ils avaient des lances, des massues (fig. 148), des boucliers et deux armes très-singulières, savoir, le bâton de trait et le boomerang (fig. 149). La lance, toutefois, est leur arme nationale. «Elle est longue d'environ 10 pieds, très-mince, faite de roseau ou de bois et terminée par une pointe barbelée. Étant donnée sa légèreté, on aurait peine à croire qu'elle pût avoir quelque force de projection : cela serait impossible, en effet, sans le secours du wummera, sorte de bâton droit et plat, long de 3 pieds et terminé par un tuyau d'os ou de peau, dans lequel est fixé l'extrémité de la lance. On prend la wummera dans la main droite avec trois doigts, tandis qu'on tient

Massue.

la lance entre le pouce et l'index. Avant de lancer l'arme, on

(1) *Loc. cit.*, vol. II, 137.

lui imprime un mouvement vibratoire qui, à ce qu'on suppose, permet de viser avec plus de précision : quand on lâche la lance, le wummera reste dans la main, et l'usage de ce procédé si simple ajoute beaucoup à la force de projection du trait. Ils se servent de ces armes en gens fort expéri-mentés (1). » Le capitaine Grey nous dit, en effet, qu'il les a souvent vus tuer un pigeon avec une lance, à la distance de 30 mètres, et le capitaine Cook dit « qu'à 50 mètres de distance, ces Indiens étaient plus sûrs de leur coup que nous ne pourrions l'être avec une seule balle » (2). Pour lancer leurs longs javelots, les Australiens n'ont point recours au wummera, mais à la force du bras seul. Ils ont aussi plusieurs autres sortes de traits; l'un d'eux, employé dans la chasse à la tortue, porte une lame mobile et barbelée, attachée au bout de l'arme par une ficelle; quand la tortue est frappée, le javelot se détache de sa pointe, qui reste enfoncée dans le corps de la victime, tandis que le manche sert tant à empêcher les mouvements de la tortue qu'à indiquer sa position, comme le liége de la ligne. Une arme semblable est en usage chez les Esqui-maux, les Mincopies, les Indiens du Brésil, et autres sauvages. Mais l'arme la plus extraordinaire, et qui est tout à fait propre à l'Australie, c'est le boomerang. On appelle ainsi un bâton de forme courbe, généralement arrondi d'un côté, plat de l'autre, long d'en-viron 3 pieds, et large de 2 pouces sur 3/4 de pouce d'épais-

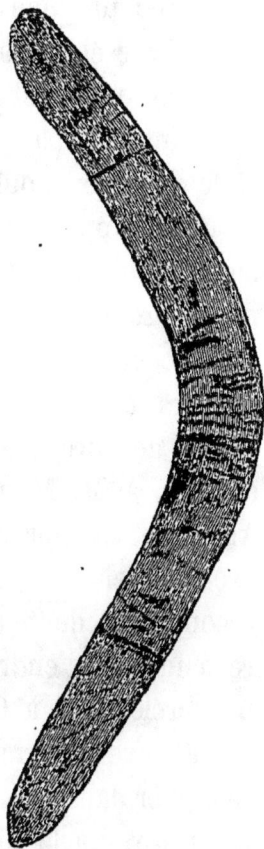

FIG. 149.

Boomerang.

---

(1) *United States explor. Exp.*, vol. I, p. 191.
(2) Cook, *loc. cit.*, p. 642.

seur. A première vue, il ressemble à une épée de bois très-grossièrement faite. Il est employé également à la chasse et à la guerre. « On le prend par un bout dans la main droite, et on le jette comme une faucille, soit en l'air, de bas en haut, soit de haut en bas, de façon qu'il frappe la terre à quelque distance de celui qui l'a lancé. Dans le premier cas, il vole avec un mouvement de rotation indiqué par sa forme; après s'être élevé dans l'air à une grande hauteur, il décrit soudain une orbite elliptique qui le ramène à un endroit voisin de son point de départ. Si on le jette en bas sur le sol, il rebondit en ligne droite en poursuivant un mouvement de ricochet, jusqu'à ce qu'il frappe l'objet que l'on veut atteindre. On tue de cette façon les oiseaux et les petits animaux, ainsi que les canards. La plus singulière courbe décrite par cette arme a lieu quand elle est lancée en l'air, au-dessus d'un angle de 45 degrés; invariablement, alors, elle revient en arrière, et l'indigène qui la lance, au lieu de faire face à l'objet qu'il veut atteindre, lui tourne le dos (1). » M. Merry, gentleman qui résida quelque temps en Australie, m'apprend qu'un jour, voulant s'assurer de l'habileté avec laquelle on pouvait se servir du boomerang, il offrit une récompense de 6 pence pour chaque fois que le boomerang reviendrait à l'endroit d'où on l'aurait jeté. Il traça sur le sable un cercle de 5 à 6 pieds de diamètre, et, quoique l'arme fût lancée avec beaucoup de force, l'indigène réussit à la faire retomber dans le cercle cinq fois sur douze. M. Oldfield (2), au contraire, parle bien moins favorablement du boomerang. Il n'est, dit-il, que peu usité à la guerre, et les naturels « n'y recourent jamais pour tuer un oiseau ou un animal isolé ». En revanche, dans les localités marécageuses où les poules d'eau se réunissent par grandes troupes, le boomerang est d'un usage essentiel, car si l'on en jette beaucoup à la fois au milieu d'une

(1) *United States explor. Exp.*, loc. cit.
(2) *Comptes rendus de la Société ethnologique*, nouvelle série, vol. III, p. 264.

bande considérable de poules d'eau, on est sûr de prendre bon nombre de ces oiseaux. »

Ils se procurent du feu en frottant deux morceaux de bois l'un contre l'autre. Toutefois, comme cette opération est très-fatigante, surtout quand le temps est humide, ils prennent grand soin d'empêcher le feu, une fois allumé, de s'éteindre. Pour cela, ils emportent souvent avec eux une pomme de banksia, qui brûle lentement, comme de l'amadou (1).

Les Australiens observés par le capitaine Cook « n'avaient nulle idée du trafic et, dit-il, nous ne pouvions leur en communiquer aucune : ils recevaient les objets que nous leur donnions, mais ils ne paraissaient jamais comprendre nos signes, quand nous leur demandions quelque chose en retour. La même indifférence qui les empêchait d'acheter ce que nous avions, les empêchait aussi d'essayer de nous voler : s'ils avaient eu plus de convoitises, ils auraient été moins honnêtes » (2). Néanmoins, dans d'autres endroits, ils sont plus avancés sous ce rapport. Diverses espèces de couleurs, des plumes, des coquillages, des ustensiles et, en particulier, des cailloux, tels sont les principaux articles de leur commerce.

La polygamie est permise, mais on regarde comme un acte d'égoïsme et de déraison de prendre plus de deux épouses. Si un homme marié meurt, son frère hérite de la veuve, qui « se rend dans la hutte de son second mari trois jours après la mort du premier ». Cette coutume ne témoigne pas que leurs affections soient bien solides.

Ils n'ont ni religion, ni idée de la prière ; mais la plupart croient aux mauvais esprits, et tous ont grand peur des sorciers. Une superstition remarquable chez eux, c'est de s'imaginer que personne ne meurt jamais de mort naturelle.

Le capitaine Wilkes (3) décrit, comme il suit, un enterrement

---

(1) D'Urville, vol. I, p. 194.
(2) Cook, *loc. cit.*, p. 635.
(3) Wilkes, *loc. cit.*, vol. II, p. 195. — Fitzroy, *loc. cit.*, vol. II, p. 628.

australien. Presque immédiatement après la mort, on arrange
le cadavre dans la position assise, les genoux ramenés contre
le corps, et la tête fléchie en avant; le cadavre tout entier est
enveloppé dans un linceul. On creuse alors une tombe ovale,
d'environ 6 pieds de long, sur 3 de large et 5 de profondeur.
Au fond est un lit de feuilles couvert d'un manteau de peau
d'opossum, et d'un sac de peau de kangourou rembourré,
pour servir d'oreiller; le corps est déposé là-dessus avec les
armes et les autres objets qui ont appartenu au défunt. On
répand ensuite sur le cadavre des feuilles et des branches
d'arbre, puis on comble la fosse avec des pierres. Enfin, la terre
qu'on a retirée est remise sur le tout, et forme un monticule de 8 ou 9 pieds de haut. Selon d'Urville, les naturels de la
Nouvelle-Galles du Sud enterrent les jeunes et brûlent les
vieux (1). D'autres tribus en usent différemment avec leurs
morts; mais, nulle part, les Australiens ne s'adonnent au
cannibalisme comme à un fait d'habitude ou volontaire, bien
qu'assez souvent ils y soient poussés par l'absence d'une autre
nourriture.

Rien, peut-être, ne nous donne une idée plus nette de la condition intellectuelle de ces misérables sauvages, que le fait qu'ils
sont incapables de compter leurs propres doigts, ceux même
d'une seule main. M. Crawford (2) a examiné la numération de
trente dialectes australiens « et, dans aucun cas, ils ne semblent
dépasser le nombre quatre ». M. Scott Nind, il est vrai, a donné
une relation des Australiens du détroit du Roi-George. Il y a
ajouté un vocabulaire contenant les noms de nombre, et ceux-ci
atteignent jusqu'à cinq. Mais le terme qui traduit ce dernier
chiffre équivaut à notre mot « beaucoup ». En réalité, le mot
« cinq » éveille dans leur esprit l'idée d'un grand nombre,
comme chez nous « cent » ou « mille ».

(1) D'Urville, vol. 1, p. 472.
(2) *Comptes rendus de la Société ethnologique*, nouvelle série, vol. II, p. 84.

LES TASMANIENS.

Les habitants de la terre de Van-Diemen étaient absolument aussi misérables que ceux de l'Australie. Suivant le témoignage du capitaine Cook, ils n'avaient ni maisons, ni vêtements, ni canots, ni engins pour pêcher le gros poisson, ni filets, ni hameçons; ils vivaient de moules, de pétoncles, de bigorneaux, et leur seule arme était une perche droite, dont un des bouts était aiguisé (1). M. Dove nous apprend qu'ils sont entièrement dépourvus « d'idées et de sentiments moraux ». C'est à peine, en effet, s'il semble les considérer comme des êtres doués de raison (2). Ils ne peuvent exprimer des idées abstraites et n'ont pas même de mot pour exprimer « un arbre ». Quoiqu'ils connaissent bien le feu, plusieurs tribus au moins paraissent ignorer comment on se l'est procuré à l'origine, et comment on pourrait le rallumer s'il venait à s'éteindre. « Dans toutes leurs courses, dit M. Dove, ils emportent, avec un soin tout particulier, de quoi alimenter le feu. Leur mémoire ne leur fournit point d'exemple d'un temps où ils fussent obligés de faire appel à leurs ressources d'invention pour ressusciter un élément aussi indispensable que l'est la flamme, à leur santé et à leur bien-être. Comment cet élément est venu primitivement en leur possession, ils ne le savent pas. Que ce soit un présent de la nature ou un produit de l'art et de l'industrie humaine, ils ne peuvent se rappeler une époque où il leur ait manqué.... Ce sont les femmes qui sont spécialement chargées de porter en main un tison, dont elles ravivent avec soin la flamme de temps en temps, quand elle menace de s'éteindre » (3).

(1) Cook, *Troisième voyage*, vol. I, p. 100.
(2) Dove, *Tasmanian Journ. of nat. Sc.*, vol. I, p. 249.
(3) Dove, *Tasmanian Journ. of nat. Sc.*, vol. I, p. 250.

Les îles de l'océan Pacifique renferment deux races d'hommes très-distinctes : la race nègre et la race polynésienne. L'espace dont je dispose ne me permet pas d'entrer dans les questions intéressantes qui concernent leurs rapports et leurs affinités.

Les habitants des îles Viti ont été comptés, par beaucoup d'écrivains, parmi les nègres. Ils sont plus noirs que les Polynésiens. Ils ont aussi les mâchoires plus larges, et leur chevelure, sans être précisément laineuse, est frisée. C'est une race puissante, mais moins gracieuse que les Polynésiens. Toutefois, leur langue est plutôt polynésienne que nègre. Leurs institutions, leurs coutumes et leurs mœurs les rapprochent en partie de l'une, en partie de l'autre de ces deux races (1). Il est remarquable qu'ils ne prononcent point les consonnes *b*, *d*, *g*, sans les faire précéder de *m* ou de *n*. Ainsi, ils disaient *Mbau*, *Nduandua*, *Ngata*. Or, on sait combien ces sons se rencontrent fréquemment dans les mots nègres.

La nourriture des insulaires de Viti se compose de poisson, de tortues, de crustacés, de crabes, de chair humaine, toutes les fois qu'ils peuvent s'en procurer, de taro, d'ignames, de mandrai, de bananes et de noix de coco. Les hautes classes y ajoutent à l'occasion du porc et de la volaille. L'*ava* est leur boisson habituelle, et celle dont ils usent dans toutes leurs cérémonies.

Leurs armes consistent en lances, frondes, massues, arcs et flèches. Ces lances ont de 10 à 15 pieds de long, et elles sont généralement faites de bois de cocotier ; l'extrémité est pointue et durcie au feu ; quelquefois, mais rarement, la pointe est faite d'un os aigu. Ils ont plusieurs espèces de massues, toutes de bois de fer. La plus estimée a environ 3 pieds de

(1) Latham, *Variétés de l'espèce humaine*, p. 226.

long et porte un nœud pesant à son extrémité. Une autre offre à peu près la forme d'une pelle, et peut s'appeler plutôt une courte épée. L'*ula* est une massue courte et pesante, longue d'environ 18 pouces, et pourvue d'un *nœud* gros et lourd. On s'en sert comme de projectile, et les naturels le lancent avec autant de force que de justesse. Telles sont leurs principales armes, car les arcs et les flèches sont faibles et légers. Cependant, on en fait usage à la guerre, aussi bien que pour tuer le poisson. Les villes fortifiées des Vitiens ont « un rempart de terre, de 6 pieds environ d'épaisseur, revêtu de grosses pierres, surmonté d'une palissade de roseaux ou de troncs de cocotier, et entouré d'un fossé bourbeux » (1).

Leurs maisons sont oblongues, mesurant une longueur de 20 à 30 pieds, et une hauteur de 15. Elles sont construites en bois de cocotier et en fougère, et quelquefois très-bien bâties. Elles ont, aux extrémités opposées, deux portes de 3 à 4 pieds de haut sur 4 de large; les murs sont faits de poteaux isolés, laissant entre eux environ 3 pieds d'intervalle, qu'on remplit avec des claies d'osier. Le toit a une pente très-inclinée; les solives sont ordinairement de bois de palmier, couvertes de cannes à sucre sauvages, sous lesquelles on met des feuilles de fougère. Une natte sert de porte, et quelques pierres plates, au centre de la maison, tiennent lieu du foyer. On voit rarement des maisons divisées par des cloisons, mais les deux extrémités de l'habitation dépassent d'un pied environ le niveau général; c'était là que les naturels couchent sur des lits denattes.

Leurs temples affectent la forme pyramidale et sont souvent bâtis sur des monticules, comme ceux de l'Amérique centrale (2). Ils adorent aussi certaines pierres verticalement disposées (3), analogues à celles que nous considérons comme druidiques. « Les Vitiens, dit M. Hazlewood, considèrent les

(1) Williams, *Viti et les Vitiens*, vol. I, p. 48.
(2) B. Seemann, *Dans le touriste en vacances*, 1861, p. 269.
(3) Williams, *Viti et les Vitiens*, vol. I, p. 220.

dieux comme des êtres animés des mêmes passions qu'eux. Ils aiment et ils haïssent; ils sont orgueilleux et vindicatifs; ils font la guerre, se tuent et se mangent l'un l'autre; ils sont, en un mot, des sauvages et des cannibales, comme les Vitiens. » « La cruauté, dit le capitaine Erskine (1), la soif du sang, et en particulier l'appétit pour la chair humaine : voilà les traits caractéristiques des dieux. » Pourtant les Vitiens regardent avec horreur les insulaires de Samo, parce que ceux-ci n'ont point de religion, n'admettent ni de pareilles divinités, ni aucun des rites sanguinaires qui dominent dans d'autres îles.

Les canots des Vitiens sont très-bien construits. Ils sont généralement accouplés deux à deux, et d'inégale grandeur, le plus petit servant de boute-hors. Les plus considérables ont quelquefois plus de 100 pieds de long. Les canots jumeaux sont réunis par une plate-forme large d'ordinaire d'environ 15 pieds, et débordant de 2 ou 3 pieds sur les côtés. Le fond de chaque embarcation est fait d'une seule planche. Les côtés sont assemblés en queue d'aronde, et rapprochés étroitement par des liens passés à travers les rebords laissés à chacun des morceaux. Les jointures sont closes avec de la gomme d'arbre à pain. Les voiles sont larges et faites de nattes. Le mât a généralement la moitié environ de la longueur du canot, et la vergue et le boute-hors deux fois la longueur du mât. Leur principal outil est une doloire, primitivement de pierre, aujourd'hui généralement de fer. Pour percer des trous, ils se servent des longues épines de l'oursin, d'os pointus, et, quand ils peuvent en avoir, de clous. Pour découper, ils emploient de petites dents, celles par exemple des rats et des souris. Leurs couteaux sont faits avec l'écorce d'un morceau de bambou, auquel on donne la forme convenable, lorsqu'il est encore vert. Devenu sec, il est durci au feu, et acquiert ainsi tant de dureté et de tranchant, qu'on peut s'en servir pour des opérations chirurgicales.

(1) Erskine, *Journal d'une croisière dans les mers occidentales du Pacifique,* p. 247.

A la différence des Polynésiens, ils font usage, dans leur cuisine, de poterie de terre. Ces pots sont gracieux et bien faits, quoiqu'ils ne connaissent point la roue du potier; toute la poterie est faite par les femmes. Les instruments destinés à cette fabrication sont très-simples; ils consistent en une petite pierre ronde et plate destinée à façonner le dedans, et en un maillet plat, ou spatule, pour la surface qu'elles arrondissent presque aussi bien que peut le faire un tour. L'usage des fourchettes chez les Vitiens paraît remonter très-haut : circonstance remarquable, si l'on se rappelle, qu'elles furent inconnues dans l'Europe septentrionale jusqu'au xviie siècle.

Les Vitiens ont plusieurs sortes d'amusements. Ils aiment beaucoup à se balancer à l'escarpolette, et à viser un but avec des pierres ou des fruits; ils possèdent aussi un jeu qui ressemble aux quilles. Leurs danses, comme celles de tant d'autres peuples, ne sont rien moins que décentes. En fait d'instruments de musique, ils ont la *conque marine*, la flûte nasale, le chalumeau, une espèce de guimbarde faite avec du bambou, et diverses variétés de tambours. Ils sont également passionnés pour la poésie.

Leurs instruments de culture ont été décrits par M. Williams. C'est avec le bois d'un jeune manguier qu'ils font les bâtons dont ils se servent pour bêcher. Ces bâtons ont la dimension moyenne des fourches à faner le foin. « L'extrémité inférieure est amincie d'un côté et affecte la forme d'un cure-dents de plume. Quand on creuse, ce côté aplati est tenu en bas. Lorsqu'ils préparent une pièce de terre à recevoir de l'igname, ils se mettent à plusieurs, répartis en groupes de trois ou quatre; chaque homme, muni de son outil, l'enfonce dans le sol, de manière à former un cercle d'environ 2 pieds de diamètre. Quand, par des coups répétés, les bâtons sont arrivés à une profondeur de 18 pouces, on s'en sert alors comme de leviers pour soulever la masse de terre qu'ils enfermaient (1). » Les mottes sont ensuite brisées par des enfants

(1) Williams, *Viti et les Vitiens*, vol. 1, p. 63.

armés de petits bâtons. Ils sarclent à l'aide d'un instrument dont l'emploi est analogue à celui de la houe hollandaise; l'ouvrier s'accroupit de façon à mettre le manche presque au niveau du sol. La lame consistait primitivement en un os extrait du dos d'une tortue ou en un fragment de sa caparace; d'autres fois on se servait de l'écaille d'une grosse huître ou d'une *pinna* de grande espèce. Dans les îles sous le vent, ils font usage d'un grand plantoir de 8 pieds de long sur 18 pouces environ de cir-conférence, et terminé en pointe. Ils ont aussi des serpes faites d'une écaille de tortue piquée au bout d'une perche de 10 pieds de long. Ils sont habiles à faire des paniers et ont de bons et solides filets faits de plantes grimpantes ou de garcette.

Les femmes sont tenues dans une grande sujétion. « Les hommes les attachent souvent pour leur donner le fouet. Comme toute autre propriété, une épouse peut être vendue à plaisir, et le prix ordinaire est un fusil. Ceux qui les achètent peuvent en user avec elles comme il leur plaît, et même les assommer. » Toutefois, Erskine fournit un témoignage plus satisfaisant de la condition des femmes, et il semble qu'elles sont en général plus chastes que dans plusieurs des autres îles du Pacifique : c'est quelque chose, mais, assurément, ce n'est pas beaucoup dire.

Quoique peu vêtus, les Vitiens montrent, dit-on, beaucoup de soin dans leur toilette et dans leur peinture. Ils tirent surtout vanité de leur chevelure, et si elle est trop courte, ils y sub-stituent une perruque ; plusieurs de ces perruques sont faites avec beaucoup d'art. Les hommes portent le « tapa », sorte de vêtement fabriqué avec l'écorce intérieure du mûrier à papier, et qui a la forme d'une ceinture de 3 à 100 mètres de lon-gueur. Toutefois, la dimension ordinaire est de 6 ou de 10 mètres. Ce vêtement est passé entre les jambes et autour de la taille (1). Les femmes n'ont pas le droit de porter le « tapa », et leur cos-tume est encore plus léger que celui des hommes : il se réduit en

(1) Williams, *Viti et les Vitiens*, vol. I, p. 156.

effet à un morceau d'écorce d'Hibiscus, appelé « liku, » qui s'attache autour de la taille. Ce vêtement est bordé d'une frange que les jeunes filles portent courte, mais qui s'allonge après le mariage. Néanmoins, quoique presque nus, les Vitiens sont, dit-on, pleins de pudeur, et si quelqu'un était trouvé entièrement dépouillé de vêtement, le capitaine Wilkes croit que le coupable serait immédiatement puni de mort.

Le tatouage est restreint aux femmes qui s'ornent ainsi les doigts, les coins de la bouche, et, chose assez bizarre, les parties du corps que couvre le « liku ». L'opération est très-douloureuse; mais on regarde comme un devoir religieux de s'y soumettre (1).

Les tombes des gens du peuple ne sont signalées à la vue que par quelques pierres; mais sur celles des chefs, on bâtit de petites cabanes de 2 à 6 pieds de haut, ou bien, dans certains cas, on élève de grands tas de pierres, « lesquels sont parfois aussi destinés à marquer la place où un homme est mort » (2). Le corps est enterré dans la position assise. On se coupe ordinairement, en signe de deuil, la chevelure ou la barbe, et quelquefois l'une et l'autre. Très-souvent aussi on se fait lever des ampoules sur la peau, et l'on se retranche la dernière phalange du petit orteil et du petit doigt.

Chez les Vitiens, le parricide n'est pas un crime, mais un usage. Les parents sont généralement tués par leurs enfants. Parfois les personnes âgées se mettent dans l'esprit que le temps de mourir est venu; parfois ce sont les enfants qui avertissent leurs parents que ceux-ci leur sont à charge. Dans l'un ou l'autre cas, on fait venir les amis et les proches, on tient conseil et l'on fixe un jour pour la cérémonie, qui commence par un grand festin. Les missionnaires ont souvent été témoins de ces horribles tragédies. Un jour, un jeune homme invita M. Hunt à assister aux obsèques de sa mère, lesquelles allaient justement avoir lieu.

(1) Williams, *Viti et les Vitiens*, p. 160. — Wilkes, *loc. cit.*, p. 355.
(2) *Ibid.*, vol. I, p. 192.

M. Hunt accepta l'invitation ; mais, quand parut le cortége funèbre, il fut surpris de ne point voir de cadavre, et comme il en demandait la raison, le jeune sauvage « lui montra sa mère (1) qui marchait avec eux, aussi gaie, aussi allègre qu'aucun des assistants, et apparemment aussi contente..... Il ajouta que c'était par amour pour sa mère qu'il agissait ainsi, qu'en conséquence de ce même amour, ils allaient maintenant l'enterrer, et qu'eux seuls pouvaient et devaient remplir un devoir aussi sacré..... Elle était leur mère, ils étaient ses enfants : *ils devaient* donc la mettre à mort. » En pareil cas, la tombe est creusée à 4 pieds environ de profondeur, les parents et les amis commencent leurs lamentations, disent un adieu affectueux à la pauvre victime, et l'enterrent toute vive. On est surpris après cela de voir que M. Hunt considère les Vitiens comme pleins de tendresse et de piété filiale. En réalité pourtant, « ils regardent cet usage comme une si grande preuve d'affection, qu'on ne peut trouver que des fils pour s'en acquitter. Le fait est que non-seulement ils croient à une vie future, mais qu'ils sont persuadés qu'ils renaîtront dans le même état où ils ont quitté cette terre (2). Ils ont donc un puissant motif pour abandonner ce monde avant d'être affaiblis par la vieillesse, et si générale est cette croyance, si considérable l'influence qu'elle exerce sur eux, que dans une ville de plusieurs centaines d'habitants, le capitaine Wilkes ne vit pas un seul homme qui dépassât la quarantaine : comme il s'informait des vieillards, on lui répondit que tous avaient été enterrés. D'autre part, durant la première année du séjour de M. Hunt à Somo-Somo, il n'y eut qu'un seul cas de mort naturelle, toutes les personnes âgées, tous les malades ayant été étranglés ou enterrés vivants.

Quand un chef meurt, il est d'usage « d'envoyer avec lui » plusieurs de ses femmes et de ses esclaves. A la mort de Ngavindi,

---

(1) Wilkes, *loc. cit.*, p. 95.
(2) Williams, *Viti et les Vitiens*, vol. I, p. 183.

M. Calvert alla à Mbau, dans l'espoir « d'empêcher l'étran-
glement des femmes, mais il était trop tard. Trois avaient été
égorgées. Thakombau proposait d'étrangler sa sœur, l'épouse
favorite du défunt, selon l'usage accoutumé, mais le peuple de
Lasakau demanda qu'elle fût épargnée et que son fils devînt leur
chef. La mère de Ngavindi s'offrit à sa place et fut étranglée.
Le chef mort, revêtu de tous ses ornements, était étendu sur une
estrade, ayant à ses côtés le cadavre d'une de ses femmes, et, sur
un cercueil, à ses pieds, celui de sa mère; un esclave égorgé
reposait sur une natte au milieu de la maison. On creusa une
vaste tombe dans les fondations d'une maison voisine, et l'on
y mit d'abord le corps de l'esclave, puis les trois autres enveloppés ensemble » (1). En pareille circonstance, les femmes
meurent d'ordinaire volontairement, car elles croient que de
cette façon seulement elles peuvent espérer le ciel. Si horribles
que soient ces faits, ils montrent du moins combien doit être
forte leur croyance à une seconde vie.

Toutefois, et quoiqu'on puisse alléguer le mérite de l'intention pour atténuer l'horreur de semblables atrocités, il faut
reconnaître que la vie humaine n'est que peu respectée dans
les îles Viti. Non-seulement l'infanticide, mais encore les sacrifices humains y sont très-communs et forment l'accompagne-
ment obligé de presque tout ce qu'on entreprend. Le roi
lance-t-il un canot à la mer, on immole dix hommes, ou plus,
sur le pont, pour le laver avec du sang humain. Mais ce qui reste
à dire est pis encore. Le cannibalisme est invétéré chez les
Vitiens, et ils aiment tellement la chair humaine, qu'ils ne
peuvent donner de plus grand éloge à un mets, que de dire
« il est tendre comme de l'homme mort ». Telle est la délicatesse de leur goût, qu'ils dédaignent la chair des blancs (2),
préfèrent celle des femmes à celle des hommes, et considè-

(1) Williams, *Viti et les Vitiens*, vol. II, p. 301.

(2) Ainsi faisaient aussi les Australiens, les habitants de Tonga et les Néo-
Zélandais.

rent l'avant-bras et la cuisse, comme les morceaux les plus friands; dans leur gourmandise, ils réservent cette nourriture pour les hommes, trouvant les femmes indignes de s'en repaître. Quand le roi donne un festin, un des plats est toujours composé de cet aliment, et bien que les corps des ennemis tués sur le champ de bataille soient toujours mangés, ils ne suffisent point, et l'on engraisse des esclaves pour les vendre au marché. Quelquefois, ils les font rôtir tout vivants pour les manger immédiatement, tandis que dans d'autres cas ils conservent les corps jusqu'à un état de décomposition avancée. Ra Undre-Undre, chef de Raki-Raki avait, dit-on, mangé à lui tout seul, neuf cents personnes, sans qu'il eût permis, à qui que ce fût, d'en prendre sa part (1).

Ce n'est pas le manque de nourriture qui rend les Vitiens cannibales. Dans une occasion, ils offrirent au dieu de la guerre « dix mille ignames (pesant de 6 à 12 livres chacune), trente tortues, quarante racines de yakona (plusieurs très-grosses), plusieurs centaines de poudings du pays (deux tonneaux), cent cinquante huîtres géantes, quinze melons d'eau, des noix de coco, une grande quantité de crabes de terre violets, de taro et de bananes mûres » (2). A un repas public, M. Williams vit une fois « deux cents hommes occupés pendant près de six heures à réunir et à entasser des aliments apprêtés. Il y avait six monceaux d'ignames, de taro, de vakalolo, de porcs et de tortues : le tout montait à environ cinquante tonneaux d'ignames cuits et de taro, quinze tonneaux de pouding doux, soixante-dix tortues, cinq charretées de yakona, et environ deux cents tonneaux d'ignames frais. A un festin donné à Lakemba, un pouding mesurait 21 pieds de circonférence ». Pourtant le cannibalisme est devenu chez eux si habituel, que tous les mots qui signifient cadavre impliquent une idée de comes-

(1) Williams, *Viti et les Vitiens*, vol. I, p. 213.
(2) *Ibid.*, vol. I, p. 44.

tible. Ils appellent la chair humaine « puaka balava », c'est-à-dire « long porc » (1). « Quand on examine, dit Erskine (2), le caractère de ce peuple extraordinaire, on demeure frappé d'étonnement et d'effroi, à la vue de ce système politique si savamment compliqué, de ces mœurs raffinées, de cette politesse cérémonieuse, qui s'unissent à une férocité et à des vices sauvages dont on ne trouverait probablement pas d'exemple dans aucun autre endroit du monde. » « Le meurtre, dit M. Williams, loin d'être à Viti un fait accidentel, est habituel, systématique et compte parmi les événements ordinaires de la vie (3). » Ailleurs, il nous dit qu'un Vitien ne se croit jamais en sûreté quand il a un étranger derrière lui (4), et que « l'ambition la plus grande d'un insulaire de ces îles, c'est d'arriver à être un assassin reconnu » (5). Dans l'île de Vanua-Levu, même parmi les femmes, « il y en avait peu qui n'eussent, de manière ou d'autre, commis un meurtre » (6). On les y forme dès leur enfance. « Une des premières leçons qu'on donne à un enfant, c'est de lui apprendre à frapper sa mère. » A Somo-Somo, M. Williams vit des mères conduire leurs enfants « près des cadavres des ennemis, pour les leur faire fouler aux pieds et les insulter » (7). Il n'y a pas à s'étonner que sous l'influence d'une telle éducation, « le bonheur et la concorde règnent très-rarement dans une famille ». Cela est à peu près impossible, en effet, car, par une convention qui semble à peine croyable, « il est

(1) Erskine, loc. cit., p. 260. Quand d'autres mammifères furent importés dans les îles de la mer du Sud, ils reçurent des noms indiquant une comparaison avec le principal quadrupède de ces contrées : ainsi le cheval fut appelé « le cochon qui porte l'homme ». A Taïti, on appelait le mouton « le cochon qui a des dents sur le front ». (Forster, loc. cit., p. 384.)

(2) Erskine, loc. cit., p. 272.

(3) Williams, Viti et les Vitiens, vol. I, p. 134.

(4) Loc. cit., p. 133.

(5) Loc. cit., p. 112.

(6) Loc. cit., p. 180.

(7) Loc. cit., p. 177.

défendu respectivement aux frères et aux sœurs, aux cousins germains, aux beaux-pères et aux gendres, aux belles-mères et aux brus, aux beaux-frères et aux belles-sœurs, de se parler et de manger à la même table (1). » Pourtant, malgré tout ce que ses mœurs ont d'odieux, le Vitien n'est pas absolument inhumain. Si sa haine est profonde, son affection est sincère ; si son ressentiment est implacable, sa fidélité et sa loyauté sont solides et durables. Thakombau était un Vitien pur sang. Presque jusqu'au bout, il résista aux missionnaires. Il n'était pas seulement païen, mais antichrétien. A la fin, il se convertit et rassembla son peuple en Église : « Quelle congrégation il avait, dit M. Calvert. Des maris dont il avait déshonoré les femmes ! des veuves dont il avait tué les maris ! des sœurs dont les proches avaient été étranglés par ses ordres ! des parents dont il avait mangé les amis ! et des enfants, fils de ceux qu'il avait égorgés, et qui avaient juré de venger les malheurs de leurs pères (2) ! » Cependant, cet homme même, un adultère, un parricide, un cannibale, dont les mains étaient souillées de cent meurtres, avait encore en lui quelque chose de noble et de sympathique, puisque, en dépit de tous ses crimes, il sut se concilier l'affection, l'amitié, et jusqu'au respect d'un aussi excellent homme que M. Calvert.

LES MAORIES.

Les Néo-Zélandais sont les représentants les plus méridionaux de la grande famille polynésienne. Leur principale nourriture consiste en racines de fougère, qu'ils passent au feu et frappent ensuite avec un bâton pour en détacher l'écorce et l'enveloppe sèche ; ce qui reste est une substance molle, légèrement gluante et douce, qui ne serait pas désagréable au goût, si elle

(1) *Loc. cit.*, p. 136.
(2) Williams, *Viti et les Vitiens* (*loc. cit.*, vol. II, p. 357).

n'était mêlée de nombreux filaments fibreux (1). Dans les districts du nord, il y avait de grandes plantations d'ignames et de patates douces. Ils cultivaient aussi des courges, qui leur servaient de vases, car ils n'avaient point de poterie. Leur unique instrument aratoire était « un pieux long et étroit, aiguisé par un bout. A peu de distance de ce bout était attachée une petite pièce de bois transversale qui permettait de l'enfoncer en pressant avec le pied. » Leur nourriture animale consistait principalement en poisson et en crustacés, et le capitaine Cook remarqua près de leurs habitations de vastes monceaux d'écailles. Ils tuaient aussi quelquefois, mais rarement, des râles, des pingoüins, des nigauds et autres oiseaux. Ils se procuraient le feu avec deux morceaux de bois à la manière ordinaire (2). Une doloire de pierre de la Nouvelle-Zélande est représentée dans les figures 82, 84 (page 73).

Les seuls quadrupèdes de ces îles étaient des chiens et des rats. Ils n'avaient point de porcs, et les chiens servaient exclusivement à l'alimentation. Il est singulier que, bien que si supérieurs en civilisation, sous tant de rapports, aux Colombiens de Nootka, et quoique la nourriture animale fût si rare, ils ne semblent pas avoir imaginé un moyen de tuer les baleines qui fréquentaient leurs parages. Ils étaient toutefois très-habiles pêcheurs, ayant d'excellentes lignes, des hameçons faits d'os et de coquillages, et de très-grands filets faits avec les feuilles d'une espèce de chanvre découpées en bandes de la largeur convenable et liées ensemble. Pour faire les lignes, « on racle les feuilles avec une écaille qui en enlève la partie supérieure ou partie verte, et laisse intactes les fibres longitudinales, fortes et blanches, qui les traversent par dessous (3). » Ils préféraient même cette espèce de cordage à celui qu'on tire du chanvre d'Europe.

(1) Dieffenbach, *Nouvelle-Zélande*, vol. II, p. 11.
(2) D'Urville, vol. II, p. 479.
(3) Fitzroy, *Voyage of the Adventure and Beagle*, vol. II, p. 599.

C'était aussi de ces feuilles que se composaient la plupart de leurs vêtements, car, quoiqu'ils connussent la manière d'employer l'écorce à cet usage, les habillements ainsi fabriqués étaient rares, et portés seulement comme ornement. Les feuilles étaient partagées en trois ou quatre morceaux, qu'on entrelaçait de façon à former une sorte d'étoffe qui tenait le milieu entre le filet et le drap. Le poil laineux du chien était aussi appliqué au même usage (1). Le costume ne différait pas pour les deux sexes, et se réduisait à deux pièces : un morceau de leur grossière étoffe (si l'on peut l'appeler ainsi) était noué sur leurs épaules et descendait jusqu'aux genoux, rattaché par devant au moyen d'un cordon ou d'une aiguille d'os; l'autre pièce était nouée autour de la ceinture et atteignait presque jusqu'à terre. Toutefois ce vêtement n'était porté par les hommes que dans des circonstances particulières.

Pour ornements ils portaient des peignes de bois ou d'os, des plumes, des colliers, des bracelets, des anneaux d'os ou de coquillages, qui entouraient la cheville, et des boucles d'oreilles faites de duvet d'albatros. Beaucoup d'entre eux avaient, en outre, de grotesques petites figures de jade qu'ils se suspendaient au cou, et auxquelles ils attachaient un très-grand prix. Les Néo-Zélandais se tatouaient aussi avec autant de dextérité que d'élégance, non-seulement le corps, mais même le visage, ce dont l'effet général, en beaucoup de cas, était loin d'être disgracieux. Mais l'opération était extrêmement pénible, à ce point qu'on ne pouvait la supporter tout d'une fois, et qu'on y mettait souvent des mois entiers, ou même des années. Les lèvres et le coin de l'œil étaient les parties les plus sensibles. Cependant c'eût été un déshonneur que de se soustraire à cette souffrance.

Leurs maisons avaient environ 18 ou 20 pieds de long, sur 8 ou 10 de large et 5 ou 6 de haut. Les parois descendaient jusqu'à terre, à la différence des habitations de Taïti, laissées

(1) D'Urville, vol. II, p. 500.

ouvertes sur les côtés. Ce n'était pas qu'ils cherchassent à être plus retirés, mais bien en vue de se garantir de la pluie et du vent. Les murs étaient faits de bâtons couverts de gazon et de foin, en guise de chaume. A l'une des extrémités, se trouvait la porte, juste assez haute pour laisser passer un homme marchant à quatre pattes. Un autre trou servait à la fois de fenêtre et de cheminée. Le toit était souvent orné de sculptures, et l'on avait l'habitude d'attacher au faîte une figure monstrueuse, représentant le propriétaire de la demeure (1).

Leurs villages étaient tous fortifiés. Ils choisissaient les plus fortes positions naturelles, et ils les entouraient d'une palissade d'environ 10 pieds de haut. Les côtés faibles étaient aussi défendus « par deux fossés : le fossé intérieur est garni d'un talus et d'une palissade additionnelle ». Les pieux étaient plantés obliquement dans le sol, de manière à surplomber sur le fossé qui, « depuis le fond jusqu'au haut, ou au couronnement du talus, a 24 pieds. Immédiatement après la palissade intérieure, est une estrade, haute de 20 pieds, longue de 40, et large de 6 ; elle est supportée par de forts poteaux, et destinée à être pour les assiégés un poste d'où ils puissent accabler les assaillants de traits et de pierres, dont on tient en réserve des monceaux à cet effet. Une autre estrade de même genre, et également dans l'enceinte de la palissade, commande l'avenue escarpée au revers de la position (2). » Dans l'intérieur de ces palissades, ils avaient ramené le terrain « à différents niveaux s'étageant les uns sur les autres, comme un amphithéâtre, et chacun investi de son retranchement distinct. » Ces diverses plates-formes ne communiquaient ensemble que par d'étroits passages, si bien que chacune d'elles était capable de se défendre séparément, et elles étaient pourvues de provisions considérables de poisson séché, de racines de fougère, etc. Comme ces naturels, quand on les découvrit, n'avaient ni arcs, ni flèches, ni frondes même, en un

(1) Dieffenbach, loc. cit., p. 69.
(2) Cook, Premier Voyage, p. 343.

mot, « aucune arme de trait, à l'exception de la lance qu'on envoyait avec la main », de telles positions doivent avoir été presque imprenables. Leur principale arme était le patoo-patoo (fig. 150), qu'ils s'attachaient au poignet par une forte courroie, de crainte qu'il ne leur fût arraché. Ils n'avaient point d'armure défensive, mais, outre leurs armes, les chefs portaient un « bâton de commandement » (1).

Fig. 150.

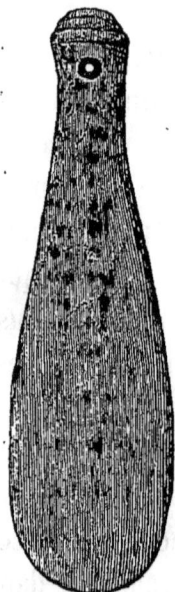

Patao-patao.

Leurs canots étaient bien construits et ressemblaient à ceux des autres îles. Beaucoup, toutefois, étaient assez larges pour naviguer sans boute-hors. Les deux extrémités offraient souvent d'ingénieuses sculptures.

Les cadavres étaient enveloppés dans la toile du pays, et enterrés dans la position assise, ou bien exposés pendant quelque temps sur de petites plates-formes carrées; quand la chair s'était décomposée, les os étaient lavés et finalement déposés dans une petite boîte fermée qu'on avait l'habitude de placer sur une colonne dans le village ou aux environs (2). Dans certains districts, toutefois, il était d'usage de jeter les cadavres à la mer, à l'exception de ceux des hommes morts en combattant. Ceux-là étaient ordinairement mangés par l'ennemi. Aucun des objets qui avaient servi au défunt durant sa dernière maladie n'était employé après sa mort (3); on avait coutume de les briser ou de les enterrer avec lui. On a trouvé un jour un œuf de *moa* entre les mains d'un Maori mort et inhumé, suivant l'usage, dans une position assise. L'œuf était dans un état parfait de conservation (4), et avait peut-être été destiné à servir de nourriture au mort.

(1) *Observations* de Forster, *loc. cit.*, p. 326.
(2) Dieffenbach, *loc. cit.*, p. 63. — Fitzroy, *loc. cit.*, p. 579.
(3) D'Urville, vol. II, p. 536.
(4) *Le Zoologiste*, février 1865, p. 9454.

Leur principal instrument de musique était la flûte, dont ils possédaient trois ou quatre variétés. D'Urville (1) remarqua aussi, chez eux, une sorte de lyre à trois ou quatre cordes. Ils se servaient encore, en guise de trompette, de grands coquillages. Ils aimaient beaucoup le chant, la poésie et la danse. Celle-ci avait deux formes : elle était guerrière ou amoureuse.

Les Néo-Zélandais avaient un caractère fier, jaloux, irascible, cruel et implacable, mais en même temps sensible, généreux, sincère, hospitalier et affectueux. Comme d'autres Polynésiens, les Maories étaient fort adonnés à l'infanticide (2). Les jeunes filles jouissaient, avant le mariage, d'une grande liberté. Une fois mariées cependant, les femmes étaient fidèles et attachées à leurs maris, qui, en revanche, les traitaient généralement avec bonté et respect. En somme, il faut reconnaître que la condition de la femme, dans la Nouvelle-Zélande, était loin d'être mauvaise. Les Maories étaient continuellement en guerre durant leur vie, et ils espéraient y être encore après la mort. Ils considéraient le ciel comme un lieu où il y aurait d'éternels festins de poisson et de patates douces ; où ils seraient toujours en lutte et toujours victorieux. Peut-on dire qu'ils avaient une religion, oui ou non ? Cela dépend du sens que l'on attache au mot. Ils croyaient à l'immortalité de l'âme, mais non à la résurrection du corps : c'était là un article de foi que, suivant M. Marsden, les missionnaires ne pouvaient pas leur faire admettre. Ils n'avaient point l'idée d'un Dieu tout-puissant, mais ils croyaient à un esprit nommé Atoua, qui était, comme eux, un féroce cannibale. Quand quelqu'un était malade, on le supposait dévoré intérieurement par Atoua, et l'on s'efforçait d'éloigner le mauvais esprit en l'effrayant par des malédictions et des menaces (3). On peut

(1) D'Urville, *loc. cit.*, vol. II, p. 501.

(2) Dieffenbach, *loc. cit.*, p. 16.

(3) *Missionary Register*, novembre 1819.

regarder cela comme une sorte de culte négatif, mais, dans certaines occasions, ils lui offraient positivement des sacrifices humains et autres, dans le vain espoir d'apaiser sa colère. Ils n'adoraient point d'idoles, mais beaucoup de leurs prêtres semblent avoir cru sincèrement qu'ils avaient été en communication réelle avec Atoua, et plusieurs des premiers missionnaires étaient disposés à croire que Satan avait pu obtenir la permission de les tromper, afin d'affirmer son pouvoir. Si extraordinaire que cela puisse paraître, le cas était le même à Taïti. « En outre, dit M. Ellis, de la fausse conviction que conservent encore beaucoup de gens qui étaient sorciers ou agents des pouvoirs infernaux, et d'autres qui ont été victimes des enchantements, plusieurs des premiers missionnaires sont portés à croire que le fait était réel (1). » M. Ellis lui-même partageait cette opinion. Avec d'aussi basses idées de la Divinité, il n'est peut-être pas surprenant que certains chefs aient été, même de leur vivant, regardés comme des dieux. Les blancs et leurs montres étaient aussi, à l'origine, considérés comme des divinités : pour les premiers, l'erreur était assez naturelle, puisqu'ils se présentaient armés du tonnerre et des éclairs.

Le cannibalisme offrait un tout autre caractère chez les Néo-Zélandais que chez les Vitiens. Sans doute, les premiers trouvaient du plaisir à manger de la chair humaine : il en est ainsi, paraît-il, de tous les peuples qui ont une fois surmonté l'horreur naturelle inspirée, à ce qu'on doit croire, par le premier essai de cette nourriture. Mais le cannibalisme, dans la Nouvelle-Zélande, était moins un repas qu'une cérémonie; son objet ne se réduisait pas à une pure satisfaction des sens; il faut le regarder comme un acte religieux, comme une sorte de sacrement impie. Ce qui le prouve, c'est qu'après une bataille, les corps qu'on préférait n'étaient pas ceux des jeunes gens aux formes potelées, ni des tendres jeunes filles, mais ceux des chefs

_____

(1) Ellis, *Recherches sur la Polynésie*, vol. II, p. 226.

les plus célèbres, quelque vieux et quelque coriaces qu'ils pussent être (1). Ils croyaient, en effet, qu'ils ne s'assimilaient pas seulement la substance matérielle, mais encore le courage, l'habileté et la gloire de celui qu'ils dévoraient. Plus ils avaient mangé de cadavres, plus ils espéraient une position élevée dans l'autre monde. Une telle croyance rehaussait cette coutume d'une certaine noblesse diabolique, qui la mettait bien loin, à tout prendre, de l'ignoble sensualité des Vitiens. Être mangé était, d'un autre côté, le plus grand malheur qui pût arriver à un Néo-Zélandais, puisqu'il croyait que par là son âme était détruite en même temps que son corps. Le chef assez heureux pour tuer et pour dévorer son ennemi n'avait plus rien à craindre de lui, ni dans cette vie, ni dans la vie future; au contraire, la force, l'habileté et le prestige, contre lesquels il avait eu à lutter, il ne les avait pas seulement vaincus, mais, par cet horrible procédé, il se les était incorporés et les avait ajoutés à sa personnalité.

Dans d'autres occasions, on tuait des esclaves et on les mangeait en l'honneur des dieux. Les Maories affirmaient que les criminels seuls étaient ainsi traités. En admettant que ce fût vrai, un pareil usage était encore assez horrible; mais les persécutions religieuses ont à peine cessé en Europe aujourd'hui, et il n'y a pas si longtemps que le bûcher et le gibet étaient regardés comme nécessaires au maintien du christianisme même. Évidemment, E'hongui considérait que toutes les analogies de la nature plaidaient en faveur du cannibalisme. Il était surpris de l'horreur qu'en éprouvait d'Urville. Les gros poissons, disait-il, mangent le fretin; les insectes dévorent les insectes; les grands oiseaux se nourrissent des petits : c'est en conformité avec toutes les analogies de la nature que les hommes doivent manger leurs ennemis (2).

(1) D'Urville, vol. II, p. 547.
(2) D'Urville, vol. II, p. 548.

TAÏTI.

Taïti, la reine des îles, a excité l'étonnement et l'admiration de presque tous ceux qui l'ont visitée. A quelques égards, les Taïtiens sont inférieurs à d'autres insulaires des mers du Sud, les Vitiens, par exemple, qui, comme nous l'avons vu, connaissent la poterie ; mais en général on peut les considérer comme représentant le plus haut degré de civilisation auquel l'homme se soit élevé en aucun pays avant la découverte ou l'introduction des intruments de métal. Il n'est nullement probable, en effet, qu'une population quelconque des grands continents ait été aussi avancée durant son âge de pierre. Sans doute les insulaires des îles de la Société ne seraient pas restés sans métal, si le pays leur eût fourni les moyens de se le procurer. D'un autre côté, les habitants primitifs de l'Europe ne furent réduits à se servir d'armes de pierre que jusqu'à ce qu'ils eussent reconnu la supériorité du cuivre, du bronze ou du fer, et appris l'art de les travailler. Or il est évident que, selon toutes les probabilités, une nation découvrirait l'usage du métal avant d'avoir atteint le plus haut point de civilisation auquel l'humanité puisse atteindre sans un tel secours.

Les ustensiles des Taïtiens, au moment où on les découvrit, étaient faits de pierre, d'os, d'écaille ou de bois. Ils n'avaient pas la moindre idée du métal. Quand on leur donna pour la première fois des clous, ils les prirent pour de jeunes pousses d'un bois très-dur, et espérant que la vie ne les avait peut-être pas complétement abandonnées, ils en plantèrent précieusement plusieurs dans leurs jardins (1).

Toutefois, au bout de très-peu de temps, les ustensiles primitifs furent entièrement remplacés par des ustensiles de fer, et, dans son dernier voyage, le capitaine Cook nous dit (2)

(1) Ellis, *Recherches sur la Polynésie*, p. 298.
(2) Cook, *Voyage dans l'océan Pacifique*, vol. II, p. 137.

« qu'une hachette de pierre est à présent aussi rare parmi eux
qu'une de fer l'était il y a huit ans, et qu'on ne pouvait plus
voir de ciseaux d'os ou de pierre. » Les haches, ou plutôt les
doloires de pierre étaient de dimensions diverses : celles avec
lesquelles on abattait les arbres pesaient six ou sept livres; les

FIG. 151.

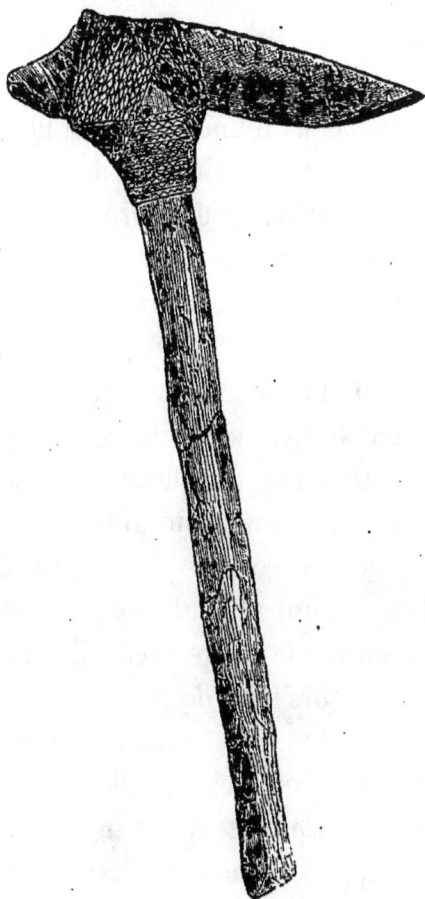

Hache de pierre emmanchée de bois.

FIG. 152.

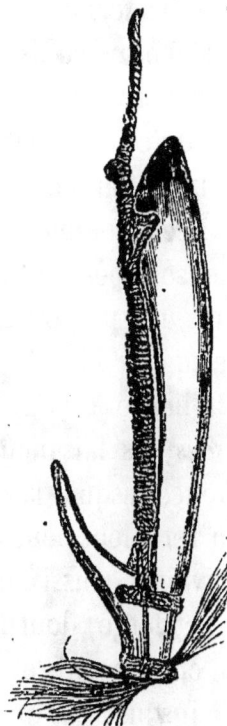

Hameçon de la mer du Sud.

petites, qui servaient à des travaux de ciselures, ne pesaient que
quelques onces. Toutes avaient besoin d'être continuellement
aiguisées, et une pierre était toujours tenue en réserve pour cet
usage. Les naturels étaient très-adroits à se servir de leurs
doloires, néanmoins il leur fallait plusieurs jours pour abattre

un arbre. Les ciseaux ou gouges étaient faits d'os, et généralement de l'os du bras humain, entre le poignet et le coude. On employait des morceaux de corail comme râpes, et des éclats de bambou comme couteaux. Pour cultiver la terre, ils avaient des instruments de bois dur, longs d'environ 5 pieds, étroits, armés de pointes et de tranchants. Ils en usaient comme de bêches ou de houes (1). Ils avaient des hameçons de nacre de perle, et chaque pêcheur faisait les siens. Ces engins servaient à la fois de crochet et d'amorce (2). « On coupe d'abord l'écaille en morceaux carrés avec le tranchant d'une autre écaille, et on lui donne la forme extérieure d'un hameçon, à l'aide d'un fragment de corail suffisamment raboteux pour faire fonction de lime ; on perce ensuite un trou au milieu : la première pierre pointue qu'on rencontre sert de foret. On la fixe au bout d'un morceau de bambou, et l'on tourne entre ses mains cette vrille improvisée, comme un moulin au chocolat, jusqu'à ce que l'écaille soit percée et le trou suffisamment large ; alors on y introduit une petite lime de corail, par l'application de laquelle l'hameçon est bientôt terminé : il n'en coûte guère plus d'un quart d'heure à l'ouvrier. Avec l'écorce du *poerou*, variété de l'*Hibiscus*, ils faisaient des cordes qui avaient depuis l'épaisseur d'un pouce jusqu'à la dimension d'une petite ficelle d'emballage ; ils s'en servaient pour fabriquer leurs filets de pêche. »

Ils avaient aussi une espèce de seine « faite d'une herbe épaisse et large, dont les feuilles ressemblent à celles du glaïeul : ils les entrelacent et les lient ensemble d'une manière assez lâche, jusqu'à ce que le filet, qui a environ la largeur d'un grand sac, ait atteint une longueur de 60 à 80 brasses. Ils halent ce filet dans des bas-fonds, et son propre poids le tient si près de la terre, que c'est à peine si un seul poisson peut échapper. » Ils employaient aussi certaines feuilles et certains fruits qui, jetés dans l'eau, enivraient les poissons à tel point,

(1) Wilson, *Voyage d'un missionnaire au sud du Pacifique*, p. 245.
(2) Cook, *Voyage autour du monde*, vol. I, p. 483; vol. II, p. 218.

que ceux-ci se laissaient prendre à la main (1). Leurs lignes étaient fabriquées avec l'écorce de l'*erowa*, espèce d'ortie qui croît sur les montagnes, et elles sont représentées comme étant les meilleures du monde, meilleures même que nos plus fortes lignes de soie. Ils se servaient aussi des fibres du cocotier pour faire les cordes avec lesquelles ils attachaient les diverses pièces de leurs canots. Ils étaient très-habiles à faire des paniers et des ouvrages d'osier « de mille modèles différents, et dont beaucoup étaient très-soignés ». Ils faisaient encore plusieurs sortes de nattes avec du jonc, de l'herbe ou de l'écorce, le tout d'un tissu très-net et très-régulier, quoique fait entièrement de main d'homme, sans métier ni mécanique (2). Mais leur principale denrée manufacturée était une sorte d'étoffe faite d'écorce, et dont il y avait trois variétés, suivant qu'elle était tirée du mûrier à papier, — c'était la meilleure, — de l'arbre à pain et d'une espèce de figuier. Cette dernière, quoique moins élégante que les deux autres, rendait plus de services, parce qu'elle avait sur elles l'avantage de ne point prendre l'eau. Ces trois sortes d'étoffes se faisaient de la même manière, la seule différence entre elles consistait dans la matière première. Quand les arbres avaient atteint la croissance convenable, c'est-à-dire 6 ou 8 pieds de haut, et un peu plus de l'épaisseur du pouce d'un homme, on les arrachait et l'on coupait leurs branches et leurs racines.

L'écorce, après avoir été fendue dans le sens de la longueur, se détachait promptement, et on la laissait alors tremper pendant quelque temps dans de l'eau courante. Après quoi la partie extérieure et verte était grattée avec une écaille, et l'on étendait les fibres le soir, pour sécher, en les plaçant les unes à côté des autres, « de manière à former un pied de largeur; on superposait aussi deux ou trois couches ». Dès le matin, une grande partie de l'eau s'était séchée ou évaporée, et « les diverses fibres

(1) Forster, *Observations faites durant un voyage autour du monde*, p. 463. — Ellis, vol. II, p. 288.

(2) Ellis, vol. II, p. 179, 180.

adhéraient ensemble, si bien que le tout pouvait être enlevé de terre d'un seul morceau ». La matière ainsi préparée était placée ensuite sur la surface polie d'une longue pièce de bois, et des esclaves femelles la battaient avec un instrument de bois qui avait la forme d'un cuir à rasoir carré, et qui était long d'environ un pied. « Les quatre côtés de cet instrument étaient sillonnés, dans le sens de la longueur, de petites rainures ou rides, qui présentaient différents degrés de ténuité. Sur un côté, ces rainures étaient assez larges et assez profondes pour recevoir une simple ficelle d'emballage, mais sur les autres elles allaient en s'amincissant suivant une gradation régulière, si bien que les dernières avaient la finesse d'un fil de soie. » On battait l'écorce, d'abord avec le côté le plus grossier, et ensuite avec les autres, en finissant par le plus fin : cette opération l'élargissait beaucoup, et pouvait la rendre presque aussi légère que la mousseline. Les diverses fibres étaient de la sorte unies si étroitement entre elles, qu'on pouvait laver et tordre l'étoffe, sans crainte de la déchirer ; mais si cela arrivait par hasard, la réparation ne souffrait aucune difficulté : il suffisait de coller une pièce dessus à l'aide d'un gluten extrait de la racine du pois. Cela se faisait si proprement, qu'on ne pouvait en découvrir la place. Cette étoffe était fraîche et agréable au toucher, plus douce même que notre drap fin. Il est à peine nécessaire de dire que la finesse était réglée sur la destination de l'objet. Les deux premières qualités se blanchissaient aisément, et pouvaient ensuite recevoir diverses teintures, généralement rouge et jaune. Ces deux couleurs étaient végétales et peu durables.

Ils portaient, dans les grandes occasions, diverses toilettes étranges et compliquées, mais leur habillement ordinaire était très-simple et se composait de deux pièces. L'une était un morceau d'étoffe « avec un trou au milieu pour passer la tête », et assez long pour aller de l'épaule au genou. L'autre, nouée autour de la ceinture, pendait, comme un jupon, jusqu'au genou : on l'appelait le *parou*. Souvent aussi ils portaient un morceau d'étoffe roulé autour de la tête en forme de turban. Ellis décrit ainsi le costume de la reine (1) : Elle portait un vêtement léger, lâche et flottant, fait d'étoffe indigène, mais d'une blancheur éclatante. Gracieusement ajusté sur l'épaule gauche, il descendait jusqu'à la cheville. Les cheveux de la reine étaient plus blonds qu'en général ceux des naturels. Sa tête était coiffée d'un bonnet du pays, léger et élégant, de feuilles de cocotier vertes et jaunes ; chaque oreille était percée, et dans l'ouverture étaient insérées deux ou trois fleurs de jasmin odoriférant du Cap. » Le costume des hommes ressemblait fort à celui-là ; seulement le jupon des femmes, ils le portaient entre les jambes : cela s'appelait le *maro* (2). En temps de chaleur, et à midi, les deux sexes allaient presque nus, ne portant que le vêtement qui entourait la taille. Outre les turbans et les coiffures de feuilles, ils portaient parfois de longues tresses de cheveux, qu'ils roulaient autour de la tête de façon à produire un très-bel effet. Ils étaient très-soigneux de la propreté de leurs personnes et de leurs habits, se lavant régulièrement trois fois par jour. Les hommes aimaient, autant que les femmes, à se charger d'ornements, qui consistaient en plumes, fleurs, morceaux d'écailles et perles. Le tatouage était aussi d'un usage presque universel, et quelqu'un qui n'eût pas été convenablement tatoué « eût encouru le même blâme et la même animadversion que si, chez nous, il se fût promené tout nu à travers les rues » (3). Ils s'oignaient fréquemment la tête avec de l'huile de coco parfumée, mais ils n'avaient point de peignes, ce dont la privation devait se faire vivement sentir dans un pays si chaud. Malgré cela, les personnes sorties de l'enfance savaient arranger très-proprement leur chevelure.

(1) *Loc. cit.*, p. 148.

(2) Les insulaires des îles Sandwich avaient de petits éventails carrés de natte ou d'osier, avec des manches de même matière ou de bois.

(3) Wilson, *loc. cit.*, p. 355.

Leurs maisons leur servaient surtout pour dormir. Elles étaient faites de bois, et avaient généralement 24 pieds environ de long, 11 de large et 9 de haut. Elles n'avaient point de murs de côté, mais le toit descendait jusqu'à 3 pieds 1/2 environ du sol. Ils employaient des feuilles de palmier en guise de chaume, et le plancher était ordinairement couvert de foin nouveau.

Les canots ressemblaient à ceux des Vitiens, mais, dit-on, ils n'étaient guère aussi bien construits. Ce n'était déjà pas une tâche aisée que de préparer les planches, et la plus grande difficulté était de les attacher ensemble. On y arrivait au moyen de « fortes lanières tressées, que l'on passait à plusieurs reprises dans des trous percés avec une gouge ou une tarière d'os » (1). La longueur des canots variait de 90 pieds à 10, « mais la largeur n'est nullement en proportion, car ceux de 10 pieds ont environ un pied de large, et ceux de plus de 70 en ont 2 à peine (2). » Toutefois les plus larges n'étaient pas employés seuls, mais ils étaient accouplés deux à deux, de la manière que nous avons déjà décrite. Un canot sans boute-hors leur paraissait une impossibilité (3). La construction de ces canots devait entraîner de grandes fatigues, néanmoins les insulaires des mers du Sud en possédaient une grande quantité. Un jour, le capitaine Cook en vit plus de trois cents réunis dans le même lieu, sans compter les petites embarcations ; il estimait l'ensemble de la force maritime des îles de la Société à 1700 canots de guerre, montés par 68 000 hommes d'équipage (4).

Leur principal instrument de musique était le tambour : il était fait d'un morceau de bois solide, évasé et recouvert d'une peau de requin. Ils avaient aussi une espèce de trompette faite d'un grand coquillage, dont le petit bout était percé d'un trou dans lequel ils enfonçaient un roseau de bambou d'environ

---

(1) Cook, *Premier Voyage*, p. 225. — Forster, *loc. cit.*, p. 459.
(2) Cook, *Premier Voyage*, p. 221.
(3) Ellis, *loc. cit.*, vol. II, p. 55.
(4) Cook, *Second Voyage*, vol. I, p. 349.

3 pieds de long. Leurs flûtes étaient de bambou, et l'on en jouait par le nez. Ils avaient différentes sortes de jeux, dont plusieurs paraissaient ressembler à notre *hockey* et à notre balle au pied. Ils aimaient aussi beaucoup la danse.

Ils ignoraient complétement la poterie, mais ils avaient de grands plats de bois poli. Les coquilles des noix de coco servaient de bouteilles à eau et de coupes. On les raclait pour les amincir; on les polissait, non sans les orner souvent de ciselures très-ingénieuses, et on les tenait extrêmement propres. Générale-ment, les naturels de Taïti étaient assis, les jambes croisées, sur des nattes qui couvraient le sol, mais les chefs avaient souvent des tabourets à quatre pieds. C'était aussi sur des nattes qu'ils couchaient; avec un oreiller de bois qui ressemblait fort à un petit tabouret. La partie supérieure était inclinée comme le siége d'un tabouret, pour recevoir la tête. Chaque maison renfermait aussi un mince poteau fiché dans le sol et garni de branches auxquelles étaient pendus les divers plats, calebasses à eau, paniers de vivres, etc. (1).

Leurs armes étaient redoutables, quoique simples. Elles con-sistaient en frondes, en piques terminées par une pierre, et en longues massues d'un bois dur et pesant. Ils étaient fort adroits à se servir de la première de ces armes. Leurs pierres de fronde étaient de deux sortes : « les unes lisses, polies par le frotte-ment dans le lit d'une rivière; les autres pointues, anguleuses et rudes; on les appelait *ofai ara :* pierres plates ou pierres ai-guës » (2). Nous avons déjà dit (p. 77) que deux sortes de pierres de fronde, exactement correspondantes à celles-ci, étaient en usage chez les habitants primitifs de l'Europe. Il serait intéressant de connaître les avantages respectifs de ces deux espèces, dont, à coup sûr, l'emploi devait être différent. Ils avaient aussi des arcs et des flèches, mais dont la force n'était pas suffisante pour qu'ils

(1) Ellis, *loc. cit.*, vol. II, p. 184.
(2) Ellis, *loc. cit.*, vol. II, p. 49.

pussent servir à la guerre. La corde de l'arc était faite avec l'écorce du *raova* (1). Les insulaires des îles de la Société étaient, dit-on, cruels à la guerre, mais, suivant le capitaine Cook, « ils sont rarement troublés par des luttes extérieures ou intestines ». Quoiqu'ils ne soient point lâches, « ils trouvent bien moins honteux de prendre la fuite devant l'ennemi, en conservant l'intégrité de leurs membres, que de se battre et d'être blessés » (2).

« En fait d'animaux domestiques, ils n'avaient que des porcs, des chiens et de la volaille (3). Il n'y avait pas non plus d'animaux sauvages dans l'île, à l'exception des canards, des pigeons, des perroquets et de quelques autres oiseaux, ainsi que des rats ; point d'autre quadrupède et aucun serpent (4). » On n'élevait les chiens que pour l'alimentation, et le capitaine Cook nous assure « qu'un chien des mers du Sud n'était guère inférieur en qualité à un agneau d'Angleterre ; ils doivent probablement l'excellence de leur goût aux soins qu'on prend d'eux et à leur nourriture, exclusivement composée de végétaux ». Ces indigènes préféraient la viande du chien à celle du porc. La mer leur fournissait des poissons et des crustacés excellents. Ils avaient aussi des arbres à pain, des bananiers, des plantains, des ignames, des cocotiers, des patates, des cannes à sucre, un fruit assez semblable à la pomme, et plusieurs autres plantes qui, en leur procurant du fruit, n'exigeaient que très-peu de culture. L'arbre à pain leur fournissait en abondance du fruit frais pendant huit mois, et durant les quatre autres ils mangeaient du *mahie*, espèce de pâte aigre qu'on obtenait en faisant fermenter le fruit mûr de cet arbre. Il est probable que les neuf dixièmes de leur alimentation se composaient de nourriture végétale, et que le bas peuple ne goûtait presque jamais ni du porc, ni du chien, bien que les premiers semblent avoir été très-abondants.

(1) Wilson, *loc. cit.*, p. 368.
(2) Wilson, *loc. cit.*, p. 363.
(3) Wallis, *Voyage autour du monde.* — Hawkesworth, *Voyages,* vol. I, p. 482.
(4) Cook, *Voyage autour du monde,* p. 187.

Ils se procuraient du feu par le frottement. Quand le bois était tout à fait sec, l'opération ne prenait pas plus de deux minutes, mais en temps d'humidité elle était très-ennuyeuse. N'ayant point de poterie, ils ne faisaient point bouillir leur nourriture. « Ils témoignèrent, dit Wallis, un étonnement impossible à décrire, quand ils virent le canonnier, qui, tandis qu'il gardait le marché, avait coutume de dîner sur le rivage, préparer son porc et sa volaille en les faisant bouillir dans un pot; comme ils n'avaient, ainsi que je l'ai déjà fait observer, aucune vaisselle capable d'aller au feu, ils n'avaient point d'idée de l'eau chaude (1). » Le capitaine Cook dit aussi en termes exprès « qu'ils n'avaient que deux manières d'appliquer le feu à leur cuisine : ils grillaient ou cuisaient leurs aliments au four » (2). Toutefois M. Tylor a montré (3) qu'ils connaissaient l'usage des pierres à bouillir, et que par conséquent ils ne pouvaient absolument avoir ignoré l'eau chaude. Pour cuire un porc, ils faisaient dans le sol une petite fosse qu'ils pavaient de larges pierres, sur lesquelles ils allumaient ensuite un feu. Quand les pierres étaient assez échauffées, ils retiraient les braises, balayaient les cendres, et couvraient les pierres de feuilles vertes de cocotier. L'animal qu'il s'agissait d'apprêter, après avoir été nettoyé et mis en état, était enveloppé dans des feuilles de plantain et couvert de braises chaudes; là-dessus, on plaçait des fruits de l'arbre à pain et des ignames, le tout également enveloppé de feuilles de plantain. On couvrait cela avec le reste des braises et quelques pierres chaudes, et en dernier lieu on répandait sur le tout une couche de terre. La viande ainsi cuite était, dit-on, tendre et succulente; il est de fait que Wallis et Cook la trouvaient « meilleure à tous égards que quand elle est préparée d'une autre manière ». En guise de sauce, ils prenaient de l'eau salée, sans laquelle ils ne mangeaient jamais rien, et une sorte de pâte épaisse faite avec le noyau

---

(1) Wallis, *loc. cit.*, vol. I, p. 484.
(2) Cook, *Second Voyage*, vol. II, p. 197.
(3) Tylor, *Histoire primitive de l'humanité*, p. 266.

de la noix de coco. A leurs repas, ils buvaient de l'eau ou du jus de coco. Les insulaires des Sandwich aimaient beaucoup la viande salée, et ils avaient de véritables salines sur le rivage de la mer (1).

Leur seule liqueur enivrante était l'ava, infusion faite avec la racine, la tige et les feuilles d'une espèce de poivre. Toutefois cette boisson, heureusement pour eux, était entièrement interdite aux femmes, et rarement permise aux classes inférieures. Dans certaines îles, on la préparait d'une façon très-dégoûtante. Les racines étaient mises en morceaux, nettoyées, mâchées, et placées ensuite dans une tasse de bois, avec une certaine quantité d'eau, pour être remuées à la main. Toutefois, à Taïti, on se dispensait de la mâcher. Les bols de bois dans lesquels les chefs buvaient leur ava étaient souvent de très-beaux échantillons de ciselure. Ceux des îles Sandwich sont représentés « comme ayant ordinairement un diamètre d'environ 8 à 10 pouces, parfaitement ronds et bien polis. Ils sont supportés par de petites figures humaines, au nombre de trois et quelquefois de quatre, dans des attitudes variées. Plusieurs de ces caryatides soutiennent leur fardeau sur les mains élevées au-dessus de la tête, d'autres sur la tête et les mains, d'autres sur les épaules. » Ces figures « se distinguent autant, dit-on, par l'exactitude des proportions que par la perfection du travail, et même l'anatomie des muscles tendus dans l'effort était bien rendue » (2).

Le capitaine Cook (3) fait une description intéressante de la manière dont dînaient les chefs. Ils n'avaient point de table, et chacun mangeait seul et en silence. Quelques feuilles étaient étendues sur le sol, en guise de nappe, et à côté du chef était placé un panier contenant ses provisions, lesquelles, chair ou poisson, étaient enveloppées de feuilles. Deux coquilles de noix de coco étaient près de lui, contenant, l'une de l'eau salée, et

(1) *Troisième Voyage*, vol. III, p. 151.
(2) *Troisième Voyage*, vol. III, p. 148.
(3) Cook, *Premier Voyage*, vol. II, p. 200.

l'autre de l'eau douce. Il se lavait d'abord avec soin les mains et la bouche avec de l'eau .douce, et cet exercice « il le répétait presque continuellement durant tout le repas. Il tirait ensuite du panier une partie de ses vivres, qui consistaient généralement en un ou deux petits poissons, deux ou trois fruits de l'arbre à pain, quatorze ou quinze bananes mûres, ou bien six ou sept pommes. »

Il commençait par manger du fruit de l'arbre à pain, rompant en même temps un des poissons dans l'eau salée. Puis il retirait les morceaux avec ses doigts, de manière à amener avec eux le plus d'eau salée possible, et très-souvent il buvait une gorgée de cette eau dans la noix de coco ou dans sa main. Quelquefois aussi il buvait du jus de coco. Quand il avait fini le fruit de l'arbre à pain et le poisson, il entamait son plantain ou ses pommes, après quoi il mangeait d'une sorte de pâte faite du fruit de l'arbre à pain, et généralement mêlée de bananes ou autres fruits qui lui donnaient du goût. Une écaille ou un éclat de bambou lui tenait lieu de couteau, et pour finir, il se lavait de nouveau les mains et la bouche. Ils ignoraient complétement l'usage des fourchettes, et le capitaine Wallis (1) nous dit que, durant sa visite dans ces îles, un des naturels qui « essaya de manger avec cet instrument ne put le guider, mais que la force de l'habitude ramena sa main à sa bouche, tandis que les morceaux qui pendaient au bout de sa fourchette allèrent à son oreille. » Ils ne se servaient pas non plus d'assiettes. Poulaho, chef des îles des Amis, dînant un jour à bord du vaisseau, fut tellement stupéfait de voir des assiettes d'étain, que le capitaine Cook lui en donna une. Il ne songea pas toutefois à l'employer à la manière ordinaire, mais il dit que « toutes les fois qu'il aurait occasion de visiter une autre île, il laisserait en partant cette assiette à Tongataboo, pour le représenter pendant son absence » (2).

(1) Wallis, *Voyage autour du monde*, p. 482.

(2) *Troisième Voyage*, vol. I, p. 326.

Le capitaine Cook remarqua, avec beaucoup de surprise, qu'un peuple si sociable, et qui trouvait tant de plaisir dans le commerce des femmes, ne prenait jamais ses repas en commun. Frères et sœurs même avaient chacun leur panier, et quand ils voulaient manger, ils sortaient, « allaient s'asseoir par terre à deux ou trois mètres de distance l'un de l'autre, et, détournant la tête, prenaient leur nourriture sans échanger un seul mot ». Ils mangeaient seuls, disaient-ils, « parce que c'était comme il faut. » Mais pourquoi était-ce comme il faut? c'est ce qu'ils ne pouvaient expliquer. Nous devons, toutefois, nous souvenir que ces insulaires étaient ensemble beaucoup plus que nous ne le sommes. Nous aimons à dîner en société, parce que nos nombreuses occupations nous tiennent séparés dans les autres moments; mais chez des gens dont les besoins exigeaient si peu d'efforts pour être satisfaits, des gens qui étaient tout le long du jour ensemble, et qui n'avaient point d'appartements où ils pussent se retirer pour trouver la solitude, ce devait être un grand point que d'avoir un moyen d'échapper à ses amis, et d'être laissé tranquille, sans blesser personne. Comme il n'y avait pas d'heure fixée pour les repas, un homme qui voulait être seul n'avait qu'à emporter son panier de provisions, et il pouvait être sûr qu'on ne viendrait pas le déranger. Cet usage semble donc avoir été à la fois ingénieux et convenable (1).

Quoiqu'ils allassent ordinairement se coucher à la nuit tombante, les indigènes de Taïti n'étaient pourtant pas entièrement dépourvus de chandelles. Ils employaient, pour cet usage, l'amande d'une sorte de noix huileuse. « Ils les fichent l'une à

(1) Depuis que les lignes ci-dessus ont été écrites, j'ai rencontré dans Burchell le passage suivant : « J'avais un motif suffisant pour admirer un des usages des Bachapins, à savoir que, bien qu'en tout autre temps, ils ne me laissassent jamais seul, ils se retiraient toujours au moment où l'on m'apportait mon déjeuner ou mon dîner. Cela me reposait quelques instants de la fatigue d'une incessante conversation. » (*Voyages dans l'Afrique méridionale*, vol. II, p. 408.)

la suite de l'autre, sur une brochette plantée au milieu d'eux. »
Ces chandelles brûlaient lentement et fournissaient, dit-on, une
assez bonne lumière. Les insulaires des îles de la Société con-
fondaient la médecine avec la sorcellerie, mais on raconte des
histoires étonnantes de leur habileté chirurgicale. Je vais donner
celle qui est peut-être la plus extraordinaire. « On raconte, dit
M. Ellis (quoiqu'il ajoute avec le plus grand sérieux : « j'avoue
que je puis à peine le croire »), que dans de certains cas de
lésion au cerveau, aussi bien qu'à la boîte osseuse, ils ont ouvert
le crâne, retiré la partie malade de la cervelle, et après avoir
tué un porc qu'ils tenaient prêt pour cet usage, ont introduit
la cervelle de l'animal dans la tête de l'homme, et refermé le
crâne (1). »

Le nez des filles était souvent écrasé ou aplati dès l'enfance,
parce qu'ils considéraient un nez plat comme un signe de
beauté. C'est ainsi que les enfants-mâles avaient quelquefois le
front et le derrière de la tête écrasés, de manière à donner à la
partie supérieure du crâne la forme d'un coin. On supposait
que cela rendait leur aspect plus formidable à la guerre (2).

Les morts n'étaient pas inhumés immédiatement, mais on
les plaçait sur une estrade élevée de plusieurs pieds au-dessus
du sol, et proprement entourée d'une balustrade de bambou.
Le corps était couvert d'un drap et abrité par une toiture.
A côté étaient déposées les armes du défunt, ainsi qu'une provision de vivres et d'eau. Quand le cadavre avait subi une décomposition complète, les os étaient recueillis, nettoyés avec soin
et enterrés, suivant le rang du mort, soit au dedans d'un
« moraï », soit au dehors (3). Le plus grand moraï observé par
le capitaine Cook, était celui qu'on avait préparé pour Oamo
et Oberea, les souverains du moment. C'était, de fait, « le prin-

(1) *Loc. cit.*, vol. II, p. 277.
(2) Ellis, *loc. cit.*, vol. I, p. 343.
(3) Dans certains cas, la tête n'était pas enterrée avec les autres ossements,
mais déposée dans une espèce de boîte.

cipal morceau d'architecture de l'île. Il consistait en un monceau de pierres, élevé en forme de pyramide, sur une base oblongue ou carrée, longue de 267 pieds et large de 87. Sa construction ressemblait à celle de ces petites éminences pyramidales sur lesquelles nous plantons quelquefois le poteau d'un cadran solaire, et dont chaque côté est une suite de degrés ; toutefois ceux-ci étaient plus larges sur les côtés qu'à l'extrémité, si bien que le monument, au lieu de se terminer par un carré reproduisant la même figure qu'à la base, finissait en forme de faîte, comme le toit d'une maison. Il y avait onze degrés de 4 pieds de haut chacun, ce qui donnait pour hauteur totale 44 pieds. Chaque degré était fait d'un seul bloc de corail blanc, équarri et poli soigneusement. Le reste de la masse, car l'édifice n'était point creux à l'intérieur, se composait de petits cailloux ronds, dont la régularité semblait accuser le travail de l'homme (1). » Plus récemment, Wilson (2) a donné une description presque identique de ce moraï, sauf qu'il en fait l'étendue et la hauteur un peu plus considérables ; et quand on songe que les ouvriers n'avaient ni outils de fer pour tailler les pierres, ni ciment pour les fixer ensemble, il est impossible de n'être point frappé d'admiration à la vue de la grandeur de l'entreprise, et de l'habileté qu'on a dû déployer pour la mener à terme. De tous les monuments construits exclusivement à l'aide d'instruments de pierre, c'est peut-être le plus important que l'on connaisse, et celui qui rend la moins invraisemblable l'opinion que plusieurs des vastes tumuli et autres anciens monuments de l'Europe peuvent appartenir à l'âge de pierre. Quand

(1) Cook, *Voyage autour du monde*, vol. II, p. 166. Des moraïs semblables, mais un peu plus petits, ont été observés dans les îles Sandwich (*Troisième Voyage*, vol. III, p. 6). Dans les îles des Amis, d'Urville vit un mausolée semblable bâti de blocs de pierre dont plusieurs avaient vingt pieds de long, six ou huit de large, et deux de haut. Ils étaient parfaitement équarris. (*Loc. cit.*, vol. IV, p. 106.)

(2) Wilson, *loc. cit.*, p. 207.

un chef mourait, ses parents et ses serviteurs se tailladaient et se déchiraient le corps d'une manière effrayante. Ils se passaient des lances à travers les cuisses, les bras et les joues, et se donnaient des coups de massue sur la tête, « jusqu'à faire jaillir des ruisseaux de sang » ; souvent aussi, dans ces occasions, ils se coupaient le petit doigt : coutume bizarre qu'on retrouve également dans les îles des Amis.

A Tiarrabou, le capitaine Cook vit un grossier ouvrage de vannier, figurant la forme humaine, et haut d'environ 7 pieds. Cet objet était censé représenter un des dieux inférieurs ; mais, dit-on, c'était le seul de ce genre qui existât dans l'île, car les naturels, quoique adorant de nombreuses divinités, auxquelles ils offraient même parfois des sacrifices humains, n'étaient pourtant pas idolâtres. Cependant Ellis vit chez eux beaucoup d'idoles grossières (1). Le capitaine Cook trouva leur religion, « comme celle de la plupart des autres pays, enveloppée de mystère, et embarrassée d'apparentes contradictions ». (2). Ils croyaient à l'immortalité de l'âme, et à « deux situations où le bonheur différerait de degré, quelque chose d'à peu près analogue à notre ciel et à notre enfer » ; mais, bien loin de les considérer comme des lieux de récompense et de punition, ils croyaient que le sort le plus heureux était naturellement destiné aux chefs et aux classes supérieures, tandis que l'autre était réservé aux gens de condition inférieure (3). Ils ne supposaient pas que leurs actions d'ici-bas eussent la moindre influence sur leur état futur ; si bien que leur religion n'agissait point sur eux par promesses, ni par menaces, et « que l'adoration et le respect qu'ils exprimaient par des paroles ou par des actes naissaient uniquement de l'humble sentiment de leur propre infériorité et de l'ineffable excellence de la perfection divine ». Quelles qu'aient pu être leurs erreurs sur plusieurs points, et quelque

(1) Ellis, *loc. cit.*, vol. I, p. 526. — Wilson, *loc. cit.*, p. 242.
(2) Voyez aussi Forster, *loc. cit.*, p. 539.
(3) Cook, *Premier Voyage*, vol. II, p. 239. — Ellis, vol. I, p. 518.

mauvais que nous paraissent sans doute beaucoup de leurs usages, à coup sûr une croyance comme celle-là rend les bonnes actions doublement vertueuses, et donne à la vertu elle-même un nouvel éclat.

Ils n'avaient ni lois, ni cours de justice. On ne s'inquiétait que médiocrement, chez eux, de la sécurité personnelle et des droits de la propriété privée. Les chefs et les prêtres exerçaient une autorité fondée sur la crainte et la superstition. Ils n'avaient point de mot dans leur langue pour dire « loi » (1). Il faut rendre aux chefs cette justice, d'ajouter qu'ils n'étaient point oisifs, et qu'ils considéraient comme une honte de ne point se distinguer dans toutes les branches de travail (2). Quant au caractère, les habitants de Taïti, d'après le capitaine Cook, « étaient libéraux, braves, francs et candides, point défiants ni perfides, point cruels ni haineux » (3). Ils tenaient beaucoup à l'éducation. Les femmes étaient affectionnées, tendres et obéissantes; les hommes doux, généreux, lents à se mettre en colère et prompts à s'apaiser. La santé des deux sexes était très-bonne. « Jamais, dit Forster (4), je n'ai vu dans toute la nation quelqu'un d'un caractère maussade, chagrin ou ennuyé; tous joignent à leur humeur enjouée une politesse et une élégance qui s'unissent heureusement à la plus innocente simplicité de mœurs. » Les meurtres étaient très-rares parmi eux, et, quoiqu'on accordât beaucoup de licence aux jeunes filles avant le mariage, les femmes mariées, suivant le capitaine Cook (5), se conduisaient aussi bien « que dans tout autre pays ». Ils étaient très-enclins au vol, mais nous devons tenir compte des tentations immenses auxquelles ils étaient en butte, et de la valeur, à leurs yeux inestimable, des objets qu'ils dérobaient. Comme les autres sauvages, ils ressemblaient, sous

---

(1) Ellis, *loc. cit.*, vol. II, p. 427.
(2) Ellis, *loc. cit.*, vol. II, p. 178.
(3) Cook, *Premier Voyage*, vol. II, p. 188.
(4) Forster, *loc. cit.*, p. 582.
(5) Cook, *Voyage au pôle sud*, vol. I, p. 187.

beaucoup de rapports, à des enfants : leurs chagrins étaient
fugitifs, leurs passions se traduisaient avec fougue et énergie. Un
jour, Oberea, la reine, alors âgée d'environ quarante ans, prit
fantaisie d'avoir une grande poupée, dont en conséquence on
lui fit cadeau. Peu de temps après, on rencontra Tootahah, un
des principaux chefs, et celui-ci devint si jaloux de la poupée
d'Oberea, qu'on se vit obligé de lui en donner une aussi.

Il n'y a guère de nation, soit barbare, soit civilisée, où les
relations des deux sexes soient tout à fait satisfaisantes. Les sauvages, presque sans exception, traitent leurs femmes comme des
esclaves, et trop souvent les peuples civilisés n'évitent cet abus
que pour tomber dans d'autres.

Les habitants de Taïti étaient, dit-on, absolument dépourvus
de toute idée de décence, ou plutôt, comme s'exprime avec plus
de justesse peut-être le capitaine Cook, « d'indécence ». Sans
doute, cela venait en partie de ce que leurs maisons étaient tout
ouvertes, et non divisées en appartements séparés. Quoi qu'il en
soit, là où il n'y avait point de mal, ils ne voyaient point de
honte, et il faut avouer qu'en beaucoup de cas, l'idée qu'ils se
faisaient du mal était très-différente de la nôtre. Toutefois, avant
de les condamner, souvenons-nous qu'ils eussent été aussi scandalisés d'un dîner en société que nous le sommes de beaucoup
de leurs coutumes. Si la liberté de langage et d'action qu'ils se
permettaient nous semble prêter à plus d'une objection, nous ne
devons pas oublier que nos idées de délicatesse excluent de la
conversation générale beaucoup de sujets d'un intérêt et d'une
importance considérables.

Il y avait à Taïti une association nombreuse formée des personnes les plus distinguées des deux sexes, et qu'on appelait les
« Arreoy ». Tous les membres étaient regardés comme mariés
l'un à l'autre. Si une des femmes de la société avait un enfant,
il était presque invariablement mis à mort; mais, quand on le
laissait vivre, le père et la mère étaient considérés comme défi-
nitivement engagés l'un à l'autre, et on les bannissait de l'asso-

ciation : la femme étant, dès lors, connue comme « une porteuse d'enfants », ce qui, chez ce peuple extraordinaire, était une qualification injurieuse. L'existence d'une telle société montre les différences fondamentales qui peuvent exister dans l'idée de vertu, suivant les divers pays. Pourtant les femmes mariées étaient fidèles à leurs époux et remplies de modestie. On ne saurait les acquitter de l'accusation d'infanticide, crime auquel nous pouvons trouver une cause, mais non une excuse. Je ne fais pas allusion à la loi curieuse d'après laquelle un enfant, à peine né, héritait des titres, rang et biens de son père, de telle façon qu'un homme qui, hier, était chef, pouvait se voir ainsi réduit immédiatement à la condition de particulier; je ne parle pas non plus de ce fait que toute Arreoy qui épargnait son enfant était à l'instant exclue de l'association. Nous ne pouvons pas supposer que de tels usages n'aient pas eu leur influence, mais il y a peut-être une raison plus puissante à tirer de cette observation, que Taïti étant déjà très-peuplée, les moyens d'existence limités, et, d'autre part, la guerre ou la maladie n'enlevant que peu de personnes, la population eût bientôt dépassé toute proportion avec les ressources du pays, si l'on n'eût pris des mesures pour en restreindre l'accroissement (1). Quoi qu'il en soit, l'infanticide paraît avoir atteint chez eux un effrayant développement. On a estimé que les deux tiers des enfants étaient mis à mort par leurs propres parents (2), et MM. Nott et Ellis s'accordent à dire que, durant tout leur séjour dans l'île, jusqu'à l'adoption du christianisme, ils n'ont pas connu une seule mère qui ne fût point coupable de ce crime.

Selon Wilson (3), le mot « merci » n'existait point dans leur vocabulaire, et Cook lui-même reconnaît qu'ils n'avaient point de respect pour la vieillesse. Fitzroy va plus loin encore : il nous assure qu' « ils ne se faisaient aucun scrupule de faire mourir

---

(1) Voyez, par exemple, Kotzebue, *Nouveau Voyage*, vol. I, p. 308.
(2) Ellis, vol. I, p. 334, 336.
(3) Wilson, *loc. cit.*, p. 365.

ceux d'entre eux qui étaient âgés ou malades, et jusqu'à leurs propres parents, quand ceux-ci étaient affaiblis par la vieillesse ou la maladie » (1). Toutefois les écrivains primitifs ne portent point contre eux cette accusation, ce qui fait croire que les faits de ce genre étaient probablement très-rares, et que, comme chez les Vitiens, ils avaient peut-être pour cause une affection mal dirigée plutôt qu'une cruauté raisonnée.

Ils n'avaient point d'argent, et quoiqu'il fût facile de se procurer les choses nécessaires à la vie, il était presque impossible d'amasser des richesses. En outre, l'absence de liqueurs spiritueuses et les relations qui existaient entre les sexes (bien que fâcheuses à d'autres égards) écartaient d'eux plusieurs des mobiles ordinaires du crime. En général donc, si, pour les juger, nous empruntons les idées des mers du Sud, les naturels des îles de la Société paraissent très-purs d'actions criminelles.

Malgré les différends qui s'élevèrent quelquefois par suite du penchant de ces indigènes pour le vol, et aussi peut-être, en grande partie, faute de pouvoir bien se comprendre réciproquement, le capitaine Cook et ses officiers vécurent avec les naturels « sur le pied de la plus cordiale amitié », et ne prirent congé d'eux qu'avec beaucoup de regret. M. Ellis, au contraire, nous assure « qu'aucune portion de la race humaine n'est peut-être jamais tombée plus bas dans la licence brutale et dans la dégradation morale que ce peuple isolé » (2). Une telle assertion ne s'accorde point, à coup sûr, avec ce qu'il dit de leur désir de posséder des exemplaires de la Bible, quand elle eut été traduite dans leur langue. « Ils les jugeaient, dit-il, plus précieux que l'or, oui, que l'or le plus pur », et « ce livre devenait immédiatement leur compagnon de toutes les heures, la source de leurs plus vives jouissances » (3).

---

(1) Fitzroy, *loc. cit.*, vol. II, p. 551.
(2) Ellis, *loc. cit.*, vol. II, p. 25.
(3) Ellis, *loc. cit.*, vol. I, p. 393-408.

Les habitants des îles des Amis ou de l'archipel de Tonga, et ceux des îles Sandwich, ont aussi été très-bien décrits par le capitaine Cook, mais ils appartenaient à la même race que ceux de Taïti et de la Nouvelle-Zélande, et ils leur ressemblaient par la religion, la langue, les canots, les maisons, les armes, la nourriture, les habitudes, etc. Il est assez remarquable que les insulaires des Sandwich, en plusieurs points, par exemple dans leurs danses, leurs demeures, leur tatouage, etc., offraient plus de ressemblance avec les Néo-Zélandais qu'avec les indigènes des îles de la Société et des Amis, leurs voisins plus rapprochés. Dans les îles des Amis, le capitaine Cook observa un genre de mollesse très-singulier, auquel se livraient les chefs. Quand l'un d'eux voulait dormir, deux femmes venaient s'asseoir à côté de lui, « et lui donnaient de vigoureux coups de poing sur le corps et sur les jambes, comme sur un tambour, jusqu'à ce qu'il tombât dans le sommeil ; elles continuaient cet exercice toute la nuit, à quelques intervalles près ». Quand le chef est profondément endormi, elles prennent quelquefois un moment de repos, « mais elles recommencent dès qu'elles remarquent qu'il a l'air de s'éveiller » (1). Wilson dit la même chose dans son *Voyage d'un missionnaire* (2). Dans toutes les îles, les chefs paraissent avoir été traités avec un respect qui n'était pas moins profond, pour s'exprimer d'une manière qui nous semble bizarre. L'un de ces témoignages de respect consistait à se découvrir le corps depuis la ceinture : se découvrait-on par en haut où par en bas ? c'était, paraît-il, une question indifférente ou plutôt laissée à la convenance de chacun (3). Dans les îles des Amis, on considérait comme une marque de grossièreté extrême de rester debout en parlant au roi.

Il y avait aussi un certain commerce entre les différentes îles.

(1) *Troisième Voyage*, vol. I, p. 323.
(2) Wilson, *loc. cit.*, p. 237.
(3) Cook, *Premier Voyage*, vol. II, p. 125.

Bora-Bora et Otahaw produisaient beaucoup d'huile de noix de coco, que l'on échangeait à Taïti contre des vêtements. Le mûrier à papier ne poussait pas bien dans les basses îles, mais celles-ci avaient, en revanche, une race de chiens au poil long et soyeux, qui était fort estimée dans les autres îles.

CHAPITRE XII

LES SAUVAGES MODERNES (SUITE).

Les Esquimaux : demeures, cuisine, aliments, feu, ustensiles, armes, arcs et flèches, lances, harpons ; manière de chasser et de pêcher ; traîneaux, bateaux, le kajak et l'umiak ; costumes, ornements, musique, jeux, religion, sépultures, caractère. — *Indiens de l'Amérique du Nord* : costumes, ornements, déformités de la tête ; religion, mariage, caractère, cruauté, infanticide ; ustensiles, armes, canots ; feu, demeures, agriculture, aliments, sépultures. — *Les Indiens du Paraguay* : armes, huttes, habitudes, religion, infanticide. — *Les Patagons* : huttes, costumes, armes, aliments, sépultures, religion. — *Les habitants de la Terre de Feu* : aspect, aliments et habitudes, cannibalisme, absence de religion, ignorance de la poterie, costumes, feu.

Les Esquimaux, et les Esquimaux seuls, parmi les races sauvages, occupent à la fois l'ancien et le nouveau monde. Ils habitent les rivages de l'océan Glacial arctique, depuis la Sibérie jusqu'au Groenland, et, à travers cette vaste étendue de territoire, la langue, l'aspect, les occupations, les armes et les habitudes des naturels sont les mêmes, et il faut ajouter qu'elles sont très-ingénieuses. Le langage des Innuits, ou Esquimaux, ressemble, pour la construction, à celui des Indiens de l'Amérique du Nord, tandis que les traits du visage, et en particulier les yeux, offrent une ressemblance marquée avec ceux des Chinois et des Tartares.

Ils ont deux sortes d'habitations. L'été, ils vivent sous des tentes ou wigwams, dont l'entrée est au sud ou au sud-est. Dans les cas observés par le capitaine Parry, les pieux destinés à soutenir les tentes étaient, faute de bois, faits de cornes de cerfs ou d'os attachés ensemble. Les bords inférieurs des peaux étaient fixés au sol par de grosses pierres. La forme de ces tentes était quelquefois un cercle régulier de 8 à 9 pieds de diamètre ; la hauteur était de 4 à 5 pieds (1). On avait d'abord supposé que ces cercles n'étaient que l'emplacement des maisons d'hiver, mais on reconnut ensuite qu'ils servaient exclusivement pour tendre les peaux des tentes pendant l'été. Près de ces « huttes circulaires », on a remarqué plusieurs fois de longues rangées de pierres droites (2). Dans les régions du sud, les demeures d'hiver sont construites en terre ou en bois flottant, lequel est très-abondant en certains endroits. Au nord, toutefois, le bois devient extrêmement rare. Les Esquimaux situés à l'extrémité septentrionale de la baie de Baffin (3), n'ayant en fait de bois que des pousses de bruyère naine, connaissaient si peu la nature du bois de construction, que plusieurs d'entre eux saisirent, à diverses reprises, sur l'*Isabelle*, le mât de hune de rechange, évidemment avec l'intention de le voler, et dans la parfaite ignorance de son poids. Vu le manque de bois, ils bâtissent leurs maisons avec la glace et la neige ; celles de glace sont belles et presque diaphanes, si bien que, même à quelque distance, on peut voir tout ce qui s'y fait. Elles sont beaucoup plus froides que celles de neige, qui, pour cette raison, sont généralement préférées. A l'ouest des montagnes Rocheuses, les habitations d'hiver sont ordinairement souterraines. Un « *yourt* » kamtchadale est ainsi décrit par le capitaine Cook (4) : « On creuse dans la terre, à environ 6 pieds de profondeur, un carré long, de dimensions proportionnées au nombre de personnes qu'il doit recevoir (car il est à propos d'observer que plusieurs familles vivent ensemble dans le même yourt). A l'intérieur, on enfonce dans le sol, à des distances convenables, de forts poteaux ou des piliers

(1) *Voyage de Parry*, 1821-1823, p, 17, 51.

(2) *Loc. cit.*, p. 62, 285, 363.

(3) Ross, *Baie de Baffin*, p. 122.

(4) Cook, *Voyage dans l'océan Pacifique*, vol. III, p. 374. Voyez aussi vol. III, p. 450.

de bois, d'où partent les traverses destinées à soutenir la toiture, laquelle est formée de solives reposant d'un côté sur le sol, de l'autre sur les traverses. Les intervalles entre les solives sont remplis par de fortes claies d'osier, et le tout est couvert de gazon, ce qui donne extérieurement à un yourt l'aspect d'un monticule arrondi et peu élevé. On laisse au milieu un trou servant à la fois de cheminée, de fenêtre et de porte, et les habitants y entrent et en sortent au moyen d'un pieu solide qui tient lieu d'échelle, et qui est assez profondément entaillé pour donner quelque prise à l'orteil. » Toutefois, le plus souvent, l'entrée est un passage souterrain.

Comme règle générale, nous pouvons dire que les yourts de l'ouest sont souterrains, tandis que ceux des tribus qui vivent à l'est des montagnes Rocheuses sont généralement au-dessus du sol. Le capitaine Parry a admirablement décrit la manière dont les Esquimaux construisent leurs *igloos* de neige. Ils choisissent (1) un morceau de neige dure et compacte, dans lequel ils taillent des tranches oblongues de 6 à 7 pouces d'épaisseur et d'environ 2 pieds de long. Avec ces matériaux ils construisent un mur circulaire, arrondi intérieurement, de manière à former un dôme, qui quelquefois n'a pas moins de 9 à 10 pieds de haut et de 8 à 15 pieds de diamètre. On perce alors une petite porte au midi. Elle a environ 3 pieds de haut, 2 pieds 1/2 de large, et donne sur un passage d'environ 10 pieds de long, avec une marche au milieu, car, à mi-chemin de la hutte, le niveau s'abaisse au-dessous du parquet de la hutte et du passage extérieur. Pour avoir de la lumière, on pratique dans le toit une ouverture ronde, où l'on insère une plaque de glace circulaire de 3 ou 4 pouces d'épaisseur et de 2 pieds de diamètre. Si plusieurs familles ont l'intention de vivre ensemble, on construit d'autres chambres qui s'ouvrent sur la première, et après qu'une bonne quantité de neige a été accumulée sur l'extérieur, le

(1) Parry, *loc. cit.*, p. 500.

gros œuvre de la hutte est fini. Il s'agit ensuite, à l'intérieur,
d'élever un banc de neige de 2 pieds 1/2 de haut, tout autour
de l'habitation, sauf à l'endroit de la porte. Ce banc sert de lit.
On y dépose d'abord du gravier, et là-dessus des rames, des
pieux de tentes, des morceaux de baleine, des verges de bouleau et d'*Andromeda*, etc.; enfin des peaux de renne, ce qui
forme une couche douce et moelleuse. Ils n'ont point de foyer
proprement dit, c'est-à-dire point d'âtre, mais chaque famille
a sa lampe à elle, sorte de vase peu profond de lapis ollaris,
dans lequel ils brûlent de l'huile de veau marin, avec une mèche
faite de mousse sèche.

Quoiqu'ils ne connaissent point la poterie, le capitaine Cook
vit à Unalashka des vases « faits d'une pierre plate, avec des
parois d'argile, ce qui les faisait ressembler quelque peu à la
croûte ferme d'un pâté » (1). Nous pouvons ici nous faire une
idée de la manière dont l'usage de la poterie s'est peut-être
développé. Après avoir employé l'argile pour faire les parois
de leurs vases de pierre, on s'est dit naturellement que la même
substance servirait aussi bien pour le fond, et la pierre a pu
être remplacée par une matière plus commode.

Les maisons de neige fondent à chaque printemps, mais, dans
certains endroits, les Esquimaux, en conservant le même plan,
construisent leurs habitations sur des fondements de pierre, avec
des os de baleine et de morse, et les recouvrent de terre. Les
demeures faites de neige sont naturellement assez propres
d'abord, mais elles deviennent ordinairement très-sales. Les
huttes bâties d'os sont encore plus malpropres, parce qu'elles
durent plus longtemps. « Autour des huttes, dans toutes les directions, dit le capitaine Parry, le sol était jonché d'innombrables
ossements de morses et de veaux marins, mêlés à des crânes de
chiens, d'ours et de renards, dont beaucoup gardaient encore
des lambeaux de chair en putréfaction, qui exhalaient les

(1) Cook, *Voyage dans l'océan Pacifique*, vol. II, p. 510.

miasmes les plus infects (1). » Il observa même un grand nombre
d'ossements humains gisant avec les autres (2). L'intérieur des
huttes, « à cause du manque d'air et par suite des ordures qui
s'y accumulaient, répandait une puanteur presque insuppor-
table, à laquelle ne contribuaient pas peu d'abondantes provisions de chair de morse crue et à demi pourrie » (3).

Sur les rivages nord-ouest de l'Amérique, les naturels trouvent
beaucoup de bois flottant, et les parquets de leurs yourts sont
faits, selon Belcher, de fragments de bois parfaitement aplanis,
et soigneusement calfatés avec de la mousse. Au-dessous il y
a souvent une vaste cave destinée à serrer les provisions, car
l'été, ils tuent beaucoup de rennes, de baleines, de morses, de
veaux marins, de cygnes, de canards, etc., dont la plus grande
partie est mise en réserve pour la mauvaise saison. Sir E. Belcher a décrit ainsi, d'une manière frappante, quoique un peu
rapide, un de ces magasins d'hiver (4) : « La congélation en
avait fait une masse solide par en bas, mais *lâche à la surface*,
qui semblait, par un procédé inexpliqué, s'être condensée en
une sorte de neige gélatineuse. Ils la grattaient aisément avec
la main, et la mangeaient d'un air de satisfaction : — l'huile de
poisson y dominait. Il n'y avait ni puanteur, ni décomposition.
A combien d'années pouvait remonter la masse inférieure : c'est
ce que je ne parvins pas à déterminer ; mais en estimant les
subsistances d'un yourt proportionnées à dix personnes, — ce qui
est le chiffre moyen de la population de chaque yourt, — la proportion journalière pour l'ensemble des provisions donnerait trois
cents jours, ou environ 24 livres par âme. » Il estime la quantité de viande solidifiée, dans ce seul magasin, à 71 424 livres.
Le capitaine Ross mentionne (5) aussi les vastes approvision-

(1) Parry, *loc. cit.*, p. 280.
(2) Voyez aussi le *Journal de Lyon*, p. 236.
(3) Parry, *loc. cit.*, p. 358.
(4) *Transactions de la Société ethnologique*, nouvelle série, vol. I, p. 132.
(5) Ross, *Récit d'un second voyage*, p. 251, et *Appendice*, p. 21. — Voyez aussi

nements de nourriture que les Esquimaux de Boothia Felix faisaient pendant l'été pour l'usage de l'hiver. Toutefois cette habitude ne paraît pas générale chez les Esquimaux, quoique tous aient des «caches» de viande sous des tas de pierres.

Charlevoix fait dériver le nom d'Esquimaux du mot indien *Eskimantsik*, qui veut dire « mangeurs de nourriture crue »; beaucoup de ces tribus septentrionales étant dans l'usage de manger leur viande sans la cuire. Nous devons rappeler, pour être juste envers eux, que plusieurs de nos expéditions dans l'océan Arctique ont adopté la même coutume, laquelle semble effectivement, sous ces latitudes, fort utile à la santé (1).

Leur nourriture, quand elle subit une cuisson, est grillée ou bouillie. Leur vaisselle, faite de pierre ou de bois, ne va point au feu, mais ils y mettent des pierres chauffées, jusqu'à ce que l'eau soit assez chaude et que leurs aliments soient cuits. Le produit naturel d'une telle cuisine est un mélange de suie, de boue et de cendres qui, suivant nos idées, serait à peine mangeable; mais si la puanteur de leurs maisons n'ôte point l'appétit à un homme, il n'y a rien qui puisse le faire. Ils ne lavent jamais leurs pots ni leurs chaudrons : les chiens leur épargnent cette peine. Ceux qui sont arrivés à avoir une conscience obscure de leur malpropreté, ne font généralement qu'empirer les choses; car, s'ils veulent traiter un hôte « avec distinction, ils commencent par lécher avec leur langue le morceau de viande qu'ils lui destinent, afin d'enlever le sang et la crasse dont il s'est couvert dans le chaudron, et quiconque ne l'accepterait point de bonne grâce, serait regardé comme un homme mal élevé, pour dédaigner ainsi leur politesse » (2). Les Esquimaux observés par le docteur Rae,

---

Vie de Hall chez les Esquimaux, vol. II, p. 311. — Kane, *Explorations dans l'océan Arctique*, vol. II, p. 133.

(1) Voyez, par exemple, Kane, *Explorations dans l'océan Arctique*, vol. II, p. 14.

(2) Crantz, p. 168. — Parry, *Second Voyage*, p. 293. — *Journal de Lyon*, p. 142.

à Repulse-bay, avaient toutefois des habitudes beaucoup plus propres.

Leur nourriture consiste principalement en rennes, bœufs musqués, morses, veaux marins, oiseaux et saumons. Du reste, ils mangent la chair de tous les animaux. Ils aiment beaucoup la graisse, ainsi que la moelle, qu'ils se procurent en broyant les os avec une pierre. Les tribus du sud trouvent quelques baies pendant l'été, mais celles qui habitent le nord n'ont guère d'autre nourriture végétale que celle qu'ils retirent à demi digérée de l'estomac du renne, et ils la regardent comme une grande friandise (1). Les Esquimaux de l'extrême nord, étant incapables de tuer le renne, sont entièrement privés de nourriture végétale. Ils boivent du sang ou de l'eau, dont ils absorbent de grandes quantités; ils font fondre de la neige à la chaleur d'une lampe qui est généralement faite de lapis ollaris.

« Je me trouvai là (2), dit le capitaine Cook, un jour que le chef d'Unalashka dîna de la tête crue d'un grand flétan qu'on venait de prendre. Avant que rien fût servi au chef, deux de ses serviteurs mangèrent les ouïes, se bornant pour tout apprêt à en exprimer les matières visqueuses. Cela fait, l'un d'eux coupa la tête du poisson, la porta à la mer, la lava, revint ensuite avec elle, et s'assit auprès du chef, non sans avoir d'abord arraché du gazon dont il fit deux parts, l'une sur laquelle il déposa la tête, l'autre qu'il étendit devant le chef. Il coupa alors de grandes tranches sur la face du flétan, et les approcha du grand homme, qui les avala avec autant de plaisir que nous en aurions à avaler des huîtres fraîches. Quand il eut fini, les restes de la tête furent coupés en morceaux et donnés aux serviteurs, qui déchiquetèrent la chair avec leurs dents et rongèrent les os comme eussent fait des chiens. »

Le capitaine Lyon donne une relation plus dégoûtante encore

(1) Ross, *Récit d'un second voyage*, p. 352.
(2) Cook, *Troisième Voyage*, vol. II, p. 511.

d'un repas d'Esquimaux : « Kooilittuck (1) me fit connaître, dit-il, un nouveau genre d'orgie des Esquimaux. Il avait mangé jusqu'à ce qu'il fût ivre, et à chaque moment il s'endormait, le visage rouge et brûlant, et la bouche ouverte : à côté de lui, était assise Arnalooa (sa femme), qui surveillait son époux, pour lui enfoncer, autant que faire se pouvait, un gros morceau de viande à moitié bouillie dans la bouche, en s'aidant de son index : quand la bouche était pleine, elle rognait ce qui dépassait les lèvres. Lui mâchait lentement, et à peine un petit vide s'était-il fait sentir, qu'il était rempli par un morceau de graisse crue. Durant cette opération, l'heureux homme restait immobile, ne remuant que les mâchoires, et n'ouvrant pas même les yeux ; mais il témoignait de temps à autre son extrême satisfaction par un grognement très-expressif, chaque fois que la nourriture laissait le passage libre au son. La graisse de ce savoureux repas ruisselait en telle abondance sur son visage et sur son cou, que je pus aisément me convaincre qu'un homme se rapproche plus de la brute en mangeant trop qu'en buvant avec excès. Les femmes, après avoir donné de leur mieux la pâtée à leurs maris, jusqu'à ce que ceux-ci se soient endormis, et ne s'étant pas négligées elles-mêmes, n'avaient plus maintenant qu'à caqueter et à mendier, selon leur habitude. »

Crantz (2) décrit ainsi un festin chez quelques Esquimaux plus civilisés du Groenland : « Un commissionnaire, invité à un grand dîner chez plusieurs Groenlandais de distinction, compta les plats suivants : 1° harengs secs ; 2° chair de veau marin séchée ; 3° *dito* bouillie ; 4° *dito* à moitié crue et gâtée, et qu'on appelle *mikiak* ; 5° des guillemots bouillis ; 6° morceau de queue de baleine à moitié gâtée : c'était le plat principal, ou la cuisse de venaison, qui était l'attrait particulier du repas ; 7° saumon sec ; 8° renne séché ; 9° dessert de camarines mêlées au chyle

---

(1) *Journal de Lyon*, p. 181. — Voyez aussi Ross, *loc. cit.*, p. 448.
(2) Crantz, *Histoire du Groenland*, vol. I, p. 172.

extrait de la panse d'un renne; 10° le même, à l'huile de baleine. »

Pendant la plus grande partie de l'année, ils ont beaucoup de peine à se procurer la quantité d'eau suffisante pour se désaltérer. Il peut sembler étrange qu'un peuple entouré de neige et de glace souffre de la privation d'eau ; mais la somme de chaleur nécessaire pour fondre la neige est si grande, qu'un homme dépourvu des moyens de faire du feu pourrait mourir de soif au milieu de ces régions polaires, tout aussi bien que dans les déserts sablonneux de l'Afrique. « Toute tentative directe, dit Kane, pour se rafraîchir à l'aide de la neige amenait le sang aux lèvres et à la langue ; on était brûlé comme par un caustique (1). » Quand les Esquimaux visitaient le capitaine Parry, ils demandaient toujours de l'eau, et ils en buvaient de telles quantités, « qu'il était impossible de leur fournir la moitié de ce qu'ils eussent voulu » (2). Dans l'extrême nord, une des principales fonctions des femmes, pendant l'hiver, consiste à faire fondre de la neige au-dessus de leurs lampes, en nourrissant la mèche d'huile, si la flamme ne s'élève pas bien d'elle-même (3) ; la chaleur naturelle de la chambre n'est point suffisante pour liquéfier la neige, car les huttes sont toujours maintenues, autant que possible, à une température inférieure à celle de la glace. Toutefois, au sud du Groenland, les huttes sont construites en gazon, etc., et sont très-chaudes (4). Mais il faut se souvenir que le froid est plus nécessaire que la chaleur à ceux des Esquimaux qui habitent des demeures de neige, parce que, si la température s'élève à 32 degrés, le suintement continuel du toit produit beaucoup d'inconvénients; et, en fait, la saison la plus malsaine est le printemps, lorsqu'il fait trop chaud pour rester sous des huttes de neige et trop froid pour vivre sous la tente. Ainsi donc

(1) Kane, *Exploration dans l'océan Arctique*, vol. I, p. 190.
(2) Parry, *loc. cit.*, p. 188.
(3) *Journal arctique d'Osborne*, p. 17.
(4) Egede, *loc. cit.*, p. 116.

les Esquimaux, quoique habitant un climat si rigoureux, seraient, par la nature même de leurs demeures, privés de l'usage du feu, quand même ils posséderaient du bois de chauffage. « Jamais, dit Simpson, ils ne paraissent songer au feu comme à un moyen de donner de la chaleur (1). » Ils se servent de leurs lampes pour cuisiner, s'éclairer, faire fondre la neige et sécher les vêtements, bien plus que pour échauffer l'atmosphère (2); et, comme la température du corps des Esquimaux est presque la même que la nôtre, il est évident qu'ils ont besoin de beaucoup de nourriture animale. La quantité de viande qu'ils consomment est étonnante, et il est à remarquer que, par suite de la rareté du bois dans l'extrême nord, ils emploient la même substance comme nourriture et comme combustible; la matière calorifique est la même — savoir, la graisse de baleine, — qu'il s'agisse d'obtenir de la chaleur par digestion ou par combustion; que cette matière doive être mise dans une lampe pour brûler, ou dans l'estomac pour être digérée. Toutefois, l'été, quand il est moins nécessaire de tenir abaissée la température générale, ils brûlent quelquefois des os bien saturés d'huile. Pour obtenir du feu, les Esquimaux se servent généralement de pyrites de fer et de morceaux de quartz, dont ils font jaillir des étincelles sur de la mousse qui a été préalablement bien séchée et frottée entre les mains (3). Ils connaissent aussi le moyen de s'en procurer par la friction (4), ce qui est une opération plus longue et plus fatigante. Il paraît, pourtant, que tel est le procédé communément employé par les Esquimaux du Groenland (5).

C'est une opinion vulgaire que, sans le secours du feu, l'homme pourrait à peine vivre dans les climats tempérés, et ne

(1) Simpson, *Découvertes dans l'Amérique du Nord*, p. 346.

(2) Kane, *loc. cit.*, vol. II, p. 202.

(3) Kane, *loc. cit.*, vol. I, p. 379. — Parry, *loc. cit.*, p. 504. — Ross, *loc. cit.*, p. 513.

(4) *Journal de Lyon*, p. 290.

(5) Egede, *loc. cit.*, p. 138.

vivrait certainement pas dans les régions arctiques. Cependant, en présence des faits ci-dessus, ainsi que d'autres que nous allons bientôt rapporter, on peut douter qu'il en soit réellement ainsi. Les Esquimaux n'emploient pas le feu pour chauffer leurs habitations; la cuisson des aliments est chez eux un raffinement, et la fonte même de la neige pourrait s'effectuer par la chaleur naturelle du corps. Il est de fait que ceux des Esquimaux qui vivent plutôt de renne que de veau marin, ayant peu de graisse, ne font guère usage du feu.

Au sud, les objets à la disposition des hommes sont des arcs et des flèches, des harpons, des lances, des lignes, des hameçons, des couteaux, des *coupe-neige*, des ciseaux à fendre la glace, des bêches pour enlever la neige, des outils à faire des rainures, des archets, des forets, etc. Les femmes ont des lampes et des chaudrons qu'on chauffe avec des pierres, de la mousse pour la lampe, des morceaux de pyrites de fer, des aiguilles d'os, des nerfs pour faire des ligatures, des grattoirs (fig. 76-78), des cuillers de corne, des vases de peau de veau marin, des os pointus, des cuillers à recueillir la moelle, et des couteaux. Généralement aussi elles ont, suivant le docteur Rae, un petit morceau de pierre, d'os ou d'ivoire, long d'environ 6 pouces et épais d'un demi-pouce, qui est destiné à arranger la mèche dans la lampe.

Kane donne l'inventaire suivant d'une hutte d'Esquimaux qu'il visita : une coupe de peau de veau marin pour recueillir et conserver l'eau; une omoplate de morse pour servir de lampe, une large pierre plate pour la recevoir; une autre pierre large, mince et plate, pour recevoir la neige fondante; une pointe de lance avec une longue corde de boyau de morse; une penderie pour les vêtements; enfin les vêtements eux-mêmes : tels étaient tous les biens terrestres de cette pauvre famille (1). Dans leurs voyages, il leur faut moins encore : de la viande crue et un sac de cuir, voilà tout ce dont ils ont besoin.

(1) Kane, *Explorations dans l'océan Arctique*, vol. I, p. 381.

Les ustensiles des Esquimaux sont simples et en petit nombre, mais très-ingénieux. Les femmes se servent de couteaux demi-circulaires, et offrant beaucoup de ressemblance avec les curieux couteaux en forme de croissant, qui sont si communs dans le Danemark. Maintenant, toutefois, ils sont faits de métal, depuis que les Esquimaux du sud ont pu, quoique en petite quantité, en obtenir des Européens.

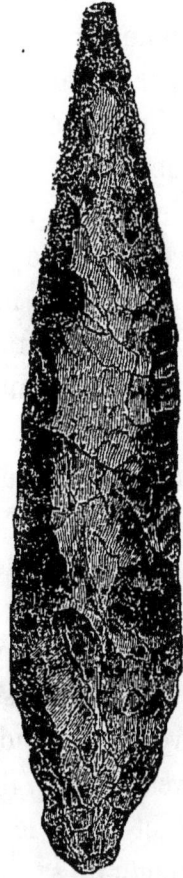

Quelques-uns de ces indigènes brisent aussi des fragments d'aérolithes de fer, qu'ils aiguisent à coups de marteau, et fixent ensuite dans un manche de corne ou d'os. Les pointes de flèche sont d'espèces et de formes diverses. On les fabrique, non par percussion, mais par pression, et, pour ce travail, on se sert de l'extrémité d'un bois de renne inséré dans un os : l'os lui-même ne serait pas assez dur. Le bois des flèches est court : on lui donne une forme droite en le soumettant à la va-peur, et on le garnit de plumes à son extrémité supérieure. Ces plu-mes sont attachées avec des nerfs de renne. Les arcs sont générale-ment de bois, soit faits d'un seul morceau roidi à la fumée, soit com-posés de trois parties qui sont très-adroitement rapprochées et assujetties ensemble avec de l'os ou des nerfs. Quand on ne peut se procurer du bois, on a recours à l'os ou à la corne. Ils ne paraissent pas être de très-bons archers ; mais le capitaine Parry (1) croit qu'ils atteindraient généralement un renne à une distance de 40 ou 45 mètres, si l'animal restait en

Fig. 154.

Fig. 153.

Pointe de flèche.   Pointe de lance.

(1) Parry, *loc. cit.*, p. 511.

repos (1). Les lances sont faites comme les flèches, mais plus grandes; les pointes aussi sont souvent barbelées, et, dans beaucoup de cas, adaptées au bois d'une façon lâche, mais solidement attachées à une longue courroie de cuir qui est liée à l'extrémité du javelot. Pour lancer le harpon, ils font usage d'un manche court, ou bâton de trait, long d'environ 2 pieds, étroit par en bas, large de 4 pouces par en haut, et pourvu, sur chaque côté, d'une entaille destinée à recevoir le pouce et l'index. Avec de telles armes, ils ne craignent pas d'attaquer, non-seulement le veau marin et le morse, mais encore la baleine. Autant que possible, ils lancent contre la baleine un grand nombre de harpons à la fois, « harpons auxquels pendent des vessies faites de grandes peaux de veau marin, et dont plusieurs gênent et embarrassent tellement l'animal, qu'il ne peut plonger très-profond. Quand il est à bout de forces, ils l'achèvent alors avec leurs petites lances. » Kane donne la figure d'une de ces lances, dont le tranchant ressemble exactement à la lame des « haches » plus longues qu'on retrouve dans les amas de coquilles du Danemark (2).

Les Esquimaux ont trois procédés principaux pour tuer les veaux marins. Le plus souvent, ils emploient le harpon et la vessie. Quand un Esquimau, dans son kayak, « découvre un veau marin, il essaye de le surprendre à l'improviste, en se mettant à dos le vent et le soleil, de manière à n'être ni vu ni entendu de sa proie. Il tâche de se cacher derrière une vague et se dirige en hâte, mais sans bruit, vers l'animal, jusqu'à ce qu'il n'en soit plus qu'à une distance de quatre, cinq ou six brasses; pendant ce temps il prend bien soin que le harpon, la corde et la vessie soient tout prêts (3). » Aussitôt que le veau marin est

(1) Les Esquimaux du Groenland ont depuis longtemps abandonné l'arc et les flèches, pour se servir de fusils que leur procurent les Danois. A beaucoup d'autres égards aussi, leurs anciennes habitudes se sont modifiées, et leur état s'est fort amélioré par suite de ces relations.

(2) Kane, *Explorations dans l'océan Arctique*, vol. II, p. 129.

(3) Crantz, p. 154.

frappé, la pointe du javelot se détache du bois et, au même moment l'Esquimau jette à l'eau la grosse vessie gonflée d'air. Elle est souvent entraînée sous les flots pendant quelque temps, mais c'est un si lourd obstacle, que la bête blessée est bientôt obligée de revenir sur l'eau. « Le Groenlandais se hâte vers l'endroit où il voit reparaître la vessie, et frappe le veau marin, dès qu'il se montre », avec la grande lance ou « angovigak ». Celle-ci n'est pas barbelée, et, par conséquent, ne reste pas dans le corps de la victime, mais on peut s'en servir à plusieurs reprises, jusqu'à ce que l'animal soit épuisé. La seconde manière est la « chasse aux battements de mains ». Si les Esquimaux trouvent

Fig. 155.

Harpon d'os.

des veaux marins dans une crique ou dans une passe, ou qu'ils puissent les y pousser, ils les effrayent en poussant des cris, en claquant des mains, en jetant des pierres, chaque fois que ces pauvres bêtes viennent à la surface pour respirer, jusqu'à ce qu'enfin, à bout de forces, elles se laissent tuer aisément. L'hiver, lorsque la mer est gelée, les veaux marins, obligés de mettre le nez à l'air de temps en temps, tiennent ouverts quelques trous qui leur permettent de venir respirer : quand l'Esquimau en a découvert un, il attend patiemment l'apparition de l'animal, et alors il le tue immédiatement avec son harpon.

Les Esquimaux chassent très-bien à l'affût, et sont fort secondés par l'habileté avec laquelle ils parviennent à imiter le cri du renne. Les poissons sont pris tantôt à l'hameçon et à la ligne, tantôt au moyen de petits filets, quand ils viennent en troupes au rivage pour frayer, tantôt enfin avec le javelot. Les filets se composent de « petits cercles ou anneaux de baleine fortement unis ensemble par d'autres anneaux de même substance » (1).

(1) Parry, loc. cit., p. 100.

Les lignes de pêche sont aussi faites de baleine (1). Le saumon est quelquefois si abondant, que dans Boothia Felix, le capitaine Ross en acheta une tonne pour un couteau. Ils tuent les oiseaux avec un instrument qui ressemble, à plusieurs égards, aux « bolas » de l'Amérique du Sud : il consiste en un certain nombre de pierres ou de dents de morse attachées à de courts morceaux de ficelle, qui tous, par l'autre bout, sont reliés ensemble (2). Les javelots destinés à être lancés aux oiseaux ou autres petits animaux se bifurquent à leur extrémité, outre qu'ils offrent vers le milieu trois autres pointes barbelées dirigées en sens divers. Si donc les deux du bout manquent leur but, un des trois dards du centre peut encore frapper la victime. On prend aussi les oiseaux aquatiques dans des nœuds coulants de baleine, mais « l'époque de la mue amène la grande récolte d'oiseaux, car quelques personnes, traversant à gué les lacs peu profonds, peuvent bientôt mettre à bout les hôtes de ces eaux, et les saisir à la main » (3).

Toutefois ceux qu'on appelle « les montagnards des terres arctiques » n'ont, dit-on, aucun moyen de tuer le renne, quoiqu'il abonde dans leur pays, et ils ne savent point pêcher non plus, bien que, chose assez curieuse, ils prennent de grandes quantités d'oiseaux avec de petits filets à la main. Les veaux marins, les ours, les morses et les oiseaux constituent presque toute leur alimentation (4). Ni les Esquimaux Américains, ni ceux du Groenland, n'ont réussi à apprivoiser le renne. Ils n'ont d'autre animal domestique que le chien, qu'on emploie quelquefois pour la chasse, mais surtout pour l'attelage des traîneaux.

Les traîneaux varient beaucoup, quant à la forme et quant

(1) Egede, *loc. cit.*, p. 107.
(2) Simpson, *loc. cit.*, p. 156.
(3) *Journal de Lyon*, p. 338.
(4) Kane, *Explorations arctiques*, vol. II, p. 208, 210. — Voyez aussi Richardson, *Expédition arctique*, vol. II, p. 25. — Simpson, *Découvertes dans l'Amérique du Nord*, p. 347. — Ross, *loc. cit.*, p. 585.

aux matériaux dont on les fait; selon le capitaine Lyon, les meilleurs sont faits avec des mâchoires de baleine sciées à une épaisseur de 2 pouces environ et à une profondeur de 6 pouces à un pied. Ce sont là les supports qui sont doublés d'une surface plane de la même matière.

Les côtés sont rattachés par des morceaux d'os, de corne ou de bois, fortement unis ensemble. Dans la Boothia, le capitaine Ross vit des traîneaux dont les supports étaient faits de saumons empaquetés en forme de cylindre, roulés dans des peaux, et congelés de manière à offrir une masse compacte. Au printemps, on fait des sacs avec les peaux, et l'on mange le poisson (1). Quoi qu'il en soit, ces traîneaux sont admirablement construits, si l'on songe à la simplicité des instruments qui aident à leur confection.

Leurs bateaux sont aussi d'un travail très-ingénieux. Il y en a de deux sortes : le kajak, ou bateau des hommes, et l'umiak, qui est celui des femmes. Le premier est long de 18 à 20 pieds, large de 18 pouces au milieu, et va en s'amincissant aux deux extrémités. Il a à peine un pied de profondeur. N'ayant point de boute-hors, il est par conséquent très-difficile de s'y tenir en équilibre. Il est entièrement ponté, à l'exception d'un trou au milieu, où l'Esquimau passe les jambes. Le bateau ne saurait donc se remplir d'eau, et même, s'il chavire, il suffit, pour le redresser, d'un prompt coup d'aviron ou plutôt de pagaie. Un Esquimau habile exécutera avec la plus grande aisance des sauts périlleux avec son embarcation. Malgré cela, ils se noient souvent, et la navigation est si dangereuse, qu'ils vont généralement par couples, de façon à pouvoir s'aider mutuellement dans les circonstances critiques, car les bords du kajak, faits de peau, sont très-minces, et s'ils viennent à se heurter contre un banc de glace, ou l'un de ces trains de bois flottant qui abondent dans les mers du Groenland, ils peuvent être mis en pièces : en

(1) Ross, *loc. cit.*, Appendice, p. 24.

pareil cas, le malheureux Esquimau n'a guère chance de se
sauver. L'umiak est beaucoup plus large, et il a un fond plat.
Il est fait de lattes minces ajustées ensemble avec des baleines
et couvertes de peaux de veau marin. Les Esquimaux que Ross
observa à l'extrémité septentrionale de la baie de Baffin étaient
absolument dépourvus de canots, « et ne se souvenaient même
pas d'avoir vu un bateau » (1). Il est extraordinaire, comme il le
remarque avec raison, de trouver « un peuple maritime et
adonné à la pêche dénué de tout moyen de naviguer » ; mais
nous devons nous rappeler qu'ils ne possédaient point de bois,
et qu'il n'y avait dans l'année que quelques semaines où la mer
fût dégelée. Rien de surprenant à ce qu'on prît les vaisseaux de
Ross pour des créatures vivantes (2), et à ce que ces bateaux
excitassent un étonnement et une admiration sans bornes.
Kane (3) confirme aussi l'absence de bateaux, mais il ajoute
« qu'ils avaient la tradition du kajak. »

Pour préparer les peaux, les Esquimaux usent de certains
instruments de pierre (fig. 76, 78) qu'on a souvent méprisés
à cause de leur simplicité, mais qui pourtant offrent un intérêt
particulier, par suite de leur exacte ressemblance avec certains
ustensiles anciens très-communs dans diverses parties de l'Europe,
et dont nous avons déjà donné la description à la page 72. La
magnifique collection de M. Christy contient trois de ces outils
à gratter les peaux, qui viennent de chez les Esquimaux situés
au nord du détroit de Behring. Ils sont d'ivoire fossile. Il en
possède un autre, trouvé dans un tombeau du Groenland, qui
ne remonte probablement pas au delà du xve siècle, et qui
appartient à la période de pierre, amenée par la suspension des
rapports avec la Norvége. Plusieurs archéologues avaient cru
que les « grattoirs » étaient « probablement des couteaux qu'on
tenait à la main, entre le doigt et le pouce, par leur gros bout

(1) Ross, *Baie de Baffin*, p. 170.
(2) Ross, *loc. cit.*, p. 118.
(3) Kane, *Explorations arctiques*, vol. II, p. 135, 210.

allongé, ou que peut-être on attachait à un petit manche de bois (1). » Toutefois la comparaison des anciens grattoirs avec ces spécimens modernes auxquels ils sont parfaitement identiques en a expliqué de tout point la véritable nature et l'objet. La manière de préparer les peaux est à la fois curieuse et ingénieuse, mais très-malpropre.

Les vêtements des Esquimaux sont faits de peaux de renne, de veau marin et d'oiseaux, cousues ensemble avec des nerfs. Ils emploient comme aiguilles des os d'oiseau ou de poisson, et pourtant, malgré la grossièreté de ces instruments, leurs coutures étaient très-solides et très-bonnes. Le vêtement de dessus, pour les hommes, ressemble à un court surtout, avec un capuchon qu'on peut ramener sur la tête, et qui tient lieu de chapeau ou de bonnet. Leurs vêtements de dessous, ou chemises, sont faits de peaux d'oiseaux ou de bêtes, dont on retourne intérieurement les plumes ou les poils; quelquefois, cependant, ils y ajoutent une autre chemise faite avec les entrailles du veau marin. Les chausses « dont pendant l'hiver ils portent aussi deux paires, disposées semblablement quant au poil (2), sont ou de peau de veau marin ou de peau de renne, et pour leurs bas ils emploient la dépouille d'animaux très-jeunes. Les bottes sont de cuir de veau marin, doux et noir, et parfois, en mer, ils portent un grand pardessus de même substance. Leurs habits sont généralement très-gras et très-sales, et ils fourmillent de vermine. Le costume des femmes ne diffère pas beaucoup de celui des hommes.

Leurs principaux ornements sont les « labrets », morceaux de pierre ou d'os poli qu'ils portent à la lèvre inférieure ou aux joues. Le trou est fait dès la première enfance et élargi peu à peu par une série de « cônes » (3). Toutefois les tribus de l'est ne font pas usage de ces « labrets ». Selon Richardson, on les

---

(1) Voyez *Archæologia*, vol. XXXVIII, p. 415.

(2) Parry, *loc. cit.*, p. 495.

(3) *Voyage de Vancouver*, vol. VII, p. 230 ; voyez aussi p. 408. — Belcher, *loc. cit.*, p. 141.

porte depuis le détroit de Behring jusqu'au fleuve Mackenzie (1).
Les autres ornements consistent en bandes de fourrures de
diverses couleurs, et en guirlandes de dents, ordinairement celles
du renard ou du loup. Chez les Esquimaux que visita le capitaine Lyon, les hommes se réservaient toutes les parures (2).
Quelques tribus ont l'habitude de se tatouer.

Les hommes vont à la chasse et à la pêche. Ils fabriquent les
armes et les ustensiles et préparent le bois pour les bateaux. Les
femmes (3) font la cuisine, préparent les peaux, et font les vêtements. Ce sont elles aussi qui exécutent les réparations des
maisons, des tentes et des canots, car les hommes ne font que
la charpente. Quoiqu'elles ne paraissent pas être traitées très-
durement, néanmoins la condition des femmes est « pénible et
presque celle des esclaves », bien que peut-être, après tout, elles
ne soient pas plus malheureuses que les hommes.

Les Esquimaux ne sont pas tout à fait sans musique. Ils ont
une espèce de tambour, et ils chantent, soit seuls, soit en chœur.
Ils connaissent plusieurs sortes de jeux (4), tant de force que
d'adresse, et ils sont passionnés pour les danses, lesquelles sont
souvent très-indécentes. Un de leurs jeux ressemblait à notre
cat's-cradle (5), et Kane vit les enfants, dans le détroit de
Smith, jouer au *hockey* sur la glace. Les Esquimaux ont aussi
beaucoup d'aptitude naturelle pour le dessin. Dans plusieurs
cas, ils ont fait pour nos officiers des cartes grossières qui étaient
matériellement exactes.

D'après Crantz, les Esquimaux du Groenland « n'ont ni religion, ni culte idolâtrique, et l'on ne remarque chez eux aucune
cérémonie qui y tende (6). Cette assertion a été confirmée par

---

(1) Richardson, *Expédition arctique,* vol. I, p. 355.
(2) *Journal de Lyon,* p. 314.
(3) Crantz, p. 164.
(4) Egede, *loc. cit.,* p. 162.
(5) Hall, *loc. cit.,* vol. VII, p. 316.
(6) Crantz, *loc. cit.,* p. 197.

plusieurs autres observateurs (1). Toutefois leurs cérémonies
funèbres ont paru indiquer une croyance à la résurrection.
Généralement ils disposent le corps dans la position assise, en
ramenant les genoux sous le menton, et ensuite ils enveloppent
le cadavre dans une de leurs meilleures peaux. Pour la sépulture,
ils choisissent un lieu élevé, et sur le corps ils entassent un monceau de pierres. Près de la personne décédée, quelques-uns
placent ses ustensiles, et même parfois, si c'est un homme, son
kajak, croyant, à ce qu'on a dit, qu'il s'en servira dans le nouveau monde où il va entrer. Mais Egede (2) nie formellement que
telle soit leur pensée en agissant ainsi. Cette manière de voir est
également confirmée par Wall, suivant lequel les Esquimaux ont
une répugnance superstitieuse à employer et même à toucher
quoi que ce soit qui ait été dans une maison où il y a eu un
cadavre (3). Quand donc une personne est mourante, ils placent
à ses côtés tout ce qui peut adoucir et soulager ses derniers
moments, puis ils abandonnent l'igloo, ou maison, qu'ils ferment
de façon à le convertir ainsi en tombeau. Crantz nous dit « qu'ils
déposent une tête de chien près de la tombe d'un enfant, parce
que l'âme d'un chien sait trouver son chemin partout, et montrera à l'ignorant baby la route du pays des âmes ». Ce fait est
admis par Egede. Le capitaine Cook vit des monticules funèbres
de terre et de pierres à Unalashka. Un de ces derniers était
près du village, et il remarqua que chaque passant y jetait une
pierre (4). Les enfants, s'ils ont le malheur de perdre leur mère,
sont toujours enterrés avec elle, et les personnes âgées et languis-
santes sont quelquefois enterrées toutes vives, ce qui est considéré comme un bienfait destiné à leur épargner les souffrances

---

(1) Ross, *Baie de Baffin*, vol. I, p. 175. — *Voyage de découverte*, p. 128. —
Parry, *loc. cit.*, p. 551. — Richardson, *Expédition arctique*, vol. II, p. 44. —
Egede, *loc. cit.*, p. 183.

(2) Egede, *loc. cit.*, p. 151.

(3) Hall, *loc. cit.*, vol. I, p. 201; vol. II, p. 221.

(4) Cook, *Voyage dans l'océan Pacifique*, vol. II, p. 521.

d'une mort lente. Une idée superstitieuse des Esquimaux observés par le capitaine Parry, c'est que tout poids pesant sur un cadavre causerait au défunt une sensation douloureuse. Une telle croyance eût naturellement, dans un pays plus favorisé, donné lieu à des tombeaux voûtés ; mais dans l'extrême nord, elle n'a d'autre résultat que de faire couvrir très-légèrement les corps morts : aussi les renards et les chiens les déterrent fréquemment et les mangent. Les naturels regardent cette profanation avec la plus profonde indifférence ; ils laissent les ossements humains gisants près de leurs huttes pêle-mêle avec ceux des animaux qui leur ont servi de nourriture : autre raison de douter que leurs usages funéraires puissent être considérés comme une preuve satisfaisante de quelque croyance générale et bien définie à une résurrection, ou qu'en enterrant certains objets avec le corps de leurs amis, ils supposent réellement que ceux-ci en feront usage. En somme, les pratiques funèbres chez les Esquimaux offrent une ressemblance curieuse avec celles que nous attestent les anciens tombeaux de l'Europe septentrionale et occidentale.

Quant au caractère, les Esquimaux sont un peuple tranquille et paisible. Ceux que Ross a observés dans la baie de Baffin « ne pouvaient comprendre ce qu'on entendait par guerre, et ils n'avaient aucune arme de combat » (1). Comme d'autres sauvages, ils ressemblent aux enfants sous un grand nombre de rapports. Ils sont si faibles en arithmétique, que « compter jusqu'à dix est une fatigue, et jusqu'à quinze une impossibilité pour beaucoup d'entre eux » (2). Le docteur Rae, dont on connaît la partialité à l'endroit des Esquimaux, nous assure que si l'on demande à un homme combien il a d'enfants, il est d'ordinaire fort embarrassé. Après avoir compté quelque temps sur ses doigts, il consultera probablement sa femme, et tous deux dif-

(1) Ross, *loc. cit.*, p. 186.
(2) Parry, *loc. cit.*, p. 251.

fèrent souvent dans leur calcul, lors même que leur famille ne se monte pas à plus de quatre ou cinq personnes.

Ils sont excessivement sales. En considérant quelle difficulté ils ont à se procurer assez d'eau, même pour boire, durant la plus grande partie de l'année, nous ne pouvons peut-être pas nous étonner qu'ils ne songent jamais à se laver. Leur mot pour dire saleté, *eberk,* n'emporte aucun sens odieux ni désagréable (1), mais, pour être juste, il ne faut pas oublier que la rigueur du froid, en empêchant la putréfaction, leur épargne une des principales raisons qui nous sollicitent à la propreté, et qu'en même temps elle rend l'eau si rare, qu'il leur devient presque impossible de se laver. En général, on ne peut avoir aucune confiance dans leurs promesses, non pas tant parce qu'ils ont l'intention de tromper, qu'à cause du caractère inconstant et mobile qui leur est commun avec tant d'autres sauvages. Entre eux, le chasseur ou le pêcheur qui a eu de la chance est toujours prêt à partager son veau marin ou son morse avec ses voisins moins favorisés du sort, mais il attend, comme chose toute naturelle, un service réciproque, le cas échéant. Ils ne donnent jamais rien sans espérer quelque chose d'équivalent en retour; et comme ils sont incapables d'imaginer une autre manière d'agir, il en résulte qu'ils manquent complétement de reconnaissance. Toutefois le capitaine Ross et le docteur Rae observent que les Esquimaux qu'ils ont rencontrés n'étaient ni ingrats, ni d'un égoïsme particulier. A d'autres égards aussi, ils paraissent avoir montré la race sous un jour très-favorable. Sans être cruels, les Esquimaux semblent quelque peu dépourvus de cœur. A la vérité, ils n'éprouvent aucun plaisir à faire du mal, mais ils ne se soucient guère de faire cesser ni de soulager la souffrance d'autrui. Ce sont, en outre, de grands voleurs; toutefois, ainsi que l'observe avec raison le capitaine Parry (2), « il faut tenir compte du degré de tentation auquel ils étaient chaque jour exposés, au milieu des richesses

(1) Kane, *Explorations arctiques,* vol. II, p. 116.
(2) Parry, *loc. cit.,* p. 522.

infinies qu'ils croyaient voir dans nos vaisseaux ». Selon Hall (1),
cependant, ils sont entre eux d'une stricte honnêteté, bons, généreux et dignes de confiance. Leurs femmes n'ont pas une excellente réputation. La polygamie et la polyandrie semblent exister
l'une et l'autre. Un homme qui est fort ou habile a plus d'une
femme ; une femme belle ou adroite a, dans certains cas, plus
d'un mari (2). De plus, prêter temporairement son épouse passe
pour un témoignage d'amitié intime, mais l'avantage n'est pas
tout entier d'un côté, car une famille nombreuse, loin d'être une
charge, est, chez les Esquimaux, chose fort avantageuse (3).

LES INDIENS DE L'AMÉRIQUE DU NORD.

Les aborigènes de l'Amérique du Nord, ou au moins les habitants antérieurs à la découverte de l'Amérique par Colomb, se
rangent naturellement en trois classes : les Esquimaux à l'extrême
nord, les tribus indiennes au centre, et les Mexicains, comparativement civilisés, au sud. Les tribus centrales, qui occupaient
incontestablement la plus grande partie du continent, étaient à
leur tour divisées par les montagnes Rocheuses en deux groupes,
dont celui de l'ouest était à beaucoup près réduit à la condition
la plus abjecte. Quoique sans doute il y eût et il y ait encore une
immense différence entre les diverses tribus, notamment entre
les nations semi-agricoles de l'ouest et les grossiers barbares du
nord de la Californie, pourtant M. Schoolcraft, à qui nous devons un excellent ouvrage sur « *l'histoire, la situation et l'aspect
des tribus indiennes* » (4), montre que « leurs mœurs et leurs
coutumes, leurs idées et leurs habitudes, partout où on les a
étudiées, avaient, dès les dates les plus anciennes, beaucoup de

(1) Hall, *loc. cit.*, vol. II, p. 312.
(2) Ross, *loc. cit.*, p. 273.
(3) Ross, *loc. cit.*, p. 515.
(4) Publié par ordre du congrès (Philadelphie, 1853).

traits communs. Il y a une grande similitude dans la manière de faire la guerre, dans le culte, la chasse et les amusements. Le sacrifice des prisonniers de guerre ; la loi du talion ; le caractère sacré attaché aux transactions publiques qu'a solennisées le calumet ; l'adoption dans les familles de personnes prises à la guerre ; les danses auxquelles on se livre dans presque toutes les occasions qui peuvent exciter la sympathie humaine ; le style maigre et sans art de la musique ; le lien générique qui unit les membres d'une même famille ; l'ensemble des symboles et des figures gravés sur les poteaux funéraires, les arbres et quelquefois les rochers : tout cela témoigne d'une parfaite identité de principes, d'arts et d'opinions. La vie nomade et la guerre des buissons les tenaient seules dans l'état sauvage, quoique le maïs fût pour eux un élément de civilisation commune avec leurs voisins (1). »

Beaucoup de chefs indiens avaient de magnifiques costumes de peaux et de plumes. Plusieurs tribus, il est vrai, n'étaient point vêtues, mais c'était rarement le cas pour les femmes, et même les hommes portaient généralement un vêtement autour des reins. Toutefois ils s'habillaient plus ou moins, suivant le degré de la température. Dans les plaines et les forêts des latitudes tropicales et méridionales, « l'Indien ne porte que peu ou point de vêtements pendant une grande partie de l'année » ; mais il n'en était point de même sur les montagnes et dans le nord, où le costume ordinaire se composait de chausses et de mocassins, avec une peau de buffle jetée sur les épaules. Les habitants de l'île de Vancouver avaient des nattés faites, soit de poil de chien seulement, soit d'un tissu de poil de chien et de duvet d'oie, soit encore de fil provenant de l'écorce du cèdre. Ils portaient souvent « des colliers de coquilles, des griffes d'animaux ou wampums, des plumes sur la tête, et des bracelets, ainsi que des bijoux aux oreilles et au nez » (2). Beaucoup de tribus

(1) Schoolcraft, vol. II, p. 47.
(2) Loc. cit., vol. III, p. 65.

indiennes sont propres sur leur personne, et font un usage fréquent des bains de vapeur et des bains froids; d'autres sont représentées comme d'un extérieur repoussant et d'une grande malpropreté sur elles-mêmes et dans leurs vêtements.

. Les tribus de l'est n'ont point coutume de se défigurer artificiellement, sauf par l'usage de la peinture, mais tel n'est point le cas dans l'ouest. Les Indiens Sachet du détroit de Fuca portent des morceaux d'os ou de bois passés à travers le cartilage du nez. Les Indiens Classet se coupent le nez quand ils prennent une baleine. Chez les Babines, qui vivent au nord du fleuve Columbia, on juge de la beauté d'une femme par la dimension de sa lèvre inférieure (1). Dès l'enfance, on perce cette lèvre, et dans le trou on insère un petit os; de temps en temps l'os est remplacé par un plus gros, jusqu'à ce qu'enfin on introduise dans l'ouverture un morceau de bois de 3 pouces de long et de 1 pouce 1/2 de large, ce qui donne à la lèvre une saillie effrayante. L'opération semble être très-douloureuse.

Grâce à l'usage presque universel d'attacher les enfants sur une planche-berceau, ce qui caractérise les crânes américains, c'est l'aplatissement de l'occiput. Cette particularité ne s'observe pas maintenant sur les têtes européennes, mais on la constate sur beaucoup d'anciens crânes provenant des diverses parties des vieux continents, et elle atteste, comme l'ont remarqué Vesalius, Gosse et Wilson, que le berceau-planche, quoique abandonné depuis longtemps, fut à une certaine époque en usage dans l'Europe occidentale, comme il l'est encore aujourd'hui chez les Indiens de l'Amérique du Nord. La coutume étrange de mouler la forme de la tête était aussi commune à plusieurs tribus indiennes. Elle régnait au Mexique et au Pérou, dans les îles des Caraïbes et parmi les tribus sauvages de l'Orégon. Chez les Natchez, suivant l'historien de l'expédition de de Soto, la déformation consiste à amincir le crâne jusqu'à ce

(1) Kane, *Les Indiens de l'Amérique du Nord*, p. 242. — Vancouver, *loc. cit.*, vol. II, p. 280, 408.

qu'il se termine en pointe. Les Choctaws, quoique ennemis des Natchez, modifiaient leurs têtes de la même façon. Ils plaçaient les enfants sur une planche, et leur mettaient sur le front un sac de sable. « Cette pression légère et continue fait quelque peu ressembler le front à une brique depuis les tempes jusqu'en haut ; ils obtiennent ainsi des fronts élevés et fuyants (1). » Un usage pareil aurait été également en vigueur chez les Waxsaws, les Muscogees ou Creehs, les Catawbas, et les Altacapas. Il n'y avait toutefois que les enfants mâles à qui on fît subir ce traitement. Chez les Colombiens Nootka, l'aplatissement de la tête était une pratique universelle. L'enfant était placé dans une boîte ou berceau garni de mousse. L'occiput réposait sur une planche fixée à la partie supérieure de la boîte, et l'on mettait sur le front une autre planche solidement attachée à la tête de l'enfant. L'opération durait jusqu'à ce que le patient pût marcher. A ce moment, la description qu'on en fait est hideuse. « Les yeux sont démesurément éloignés l'un de l'autre », les prunelles débordent en avant et sont dirigées verticalement ; la tête est très-large et affecte presque la forme d'un coin. Les Newatees, tribu située à l'extrémité septentrionale de l'île de Vancouver, obligeaient la tête à prendre une forme conique, au moyen d'une corde de peau de daim rembourrée avec l'écorce intérieure du cèdre. Cette corde, qui a environ l'épaisseur d'un pouce, est roulée autour de la tête de l'enfant, et lui donne peu à peu l'aspect d'un cône pointu (2). Chez les Péruviens, le front était écrasé et rejeté en arrière à l'aide de ligatures. Ces ligatures, à ce qu'il semble, étaient généralement au nombre de deux, laissant un intervalle entre elles, et produisant ainsi un sillon bien marqué qui faisait transversalement le tour du crâne. De cette façon, tandis que l'on empêchait le front de s'élever, et les côtés de la tête de s'élargir, une pleine liberté de croissance était laissée à la région occipitale, et le développement du cerveau était dévié

---

(1) Schoolcraft, *loc. cit.*, vol. II, p. 324.

(2) Wilson, *De l'ethnologie physique* (*Smithsonian Report*, 1862, p. 288).

de sa direction naturelle. Tel était le changement produit; si bizarre est la forme de ces crânes anormaux, que plusieurs ethnologues ont été portés à les considérer comme appartenant à une race particulière. Toutefois on a clairement démontré la fausseté de cette théorie, qui est maintenant abandonnée de tout le monde. Il est très-remarquable qu'une opération si contraire à la nature ne paraît porter aucun préjudice à l'intelligence de ceux qui y sont soumis (1).

. Les tribus indiennes, en général, croyaient à l'existence d'un Grand-Esprit et à l'immortalité de l'âme, mais elles ne semblent guère avoir eu de pratiques religieuses, et moins encore d'édifices sacrés. Burnet (2) n'a jamais trouvé chez les Comanches l'ombre d'un culte. Les Dacotahs ne prient jamais le Créateur; s'ils veulent du beau temps, ils implorent le temps lui-même. Ils croient que le Grand-Esprit a tout fait, excepté le tonnerre et le riz, mais ils ne nous disent pas sur quel motif ils fondent ces deux singulières exceptions.

La condition sociale des femmes semble avoir été dégradée parmi les tribus aborigènes de l'Amérique du Nord. « Leurs épouses, ou leurs chiens, comme plusieurs Indiens les appellent », sont bien traitées aussi longtemps qu'elles font tout l'ouvrage et qu'il y a abondance de vivres; mais dans tout le continent, comme chez tous les sauvages, les occupations serviles sont leur lot, et les hommes n'ont d'autre besogne que la chasse et la guerre, quoique, pour être juste envers eux, il faille se souvenir que la première au moins de ces deux occupations était de la plus haute importance, et que leurs principaux moyens d'existence en dépendaient. La polygamie régnait généralement; le mari avait un pouvoir absolu sur ses épouses, et le mariage ne durait que tant qu'il lui plaisait. Chez quelques Indiens de la

---

(1) Beecher, *Voyage autour du monde*, vol. I, p. 308. — Wilson, in *Smithsonian Report*, 1862, p. 287.

(2) Schoolcraft, vol. I, p. 237. — Voyez aussi Richardson, *Expédition arctique*, vol. II, p. 21.

Californie septentrionale, on ne trouve pas juste de battre les femmes, mais les hommes « se réservent le privilége de les tuer quand ils en sont fatigués » (1). Chez les Dogribs et autres tribus du nord, les femmes sont la propriété du plus fort. On considère que c'est pour chacun un droit légal et moral à la fois de prendre l'épouse d'un homme plus faible que lui. Il est de fait que les hommes se battent pour la possession des femmes, comme les cerfs et les mâles d'autres espèces d'animaux.

« L'impassibilité (2), dans toutes les situations de la vie, est un des traits les plus frappants et les plus généraux du caractère indien. Se rendre maître de ses muscles, de manière à ne manifester aucune émotion, tel semble être le point à atteindre, et on l'observe particulièrement dans les occasions publiques. Ni la crainte, ni la joie, ne doivent altérer cette égalité d'âme à laquelle ils sont formés. » Même entre parents « il est rare qu'on s'abandonne à de chaleureuses effusions de tendresse. La fierté et le stoïcisme du chasseur et du guerrier s'y opposent. La fierté de l'épouse, créature faite pour tout souffrir, s'y oppose également. »

Mais la preuve la plus évidente, peut-être, de ce qu'on vient de lire, est dans le fait que le dialecte algonquin, l'un des plus riches pourtant, ne renfermait point de mot pour dire « aimer », et quand Elliot traduisit la Bible à l'usage de ce peuple en 1661, il fut obligé d'en forger un. Pour combler cette lacune, il introduisit le mot « womon ». La langue Tinnee (3) ne contient, elle, aucun terme qui rende « cher » ou « bien-aimé ». Il est juste d'ajouter que Kane trouva les Indiens Creebs jurant en français, car leur propre idiome ne leur fournissait aucune formule de serment (4). M. Schoolcraft veut prouver qu'ils ont réellement des sentiments affectueux : « Un jour, dit-il, m'étant aventuré

(1) Col. M'Kee, dans les *Tribus indiennes* de Schoolcraft, vol. III, p. 127.
(2) Schoolcraft, vol. III, p. 58.
(3) Richardson, *Expédition arctique*, vol. II, p. 24.
(4) *Loc. cit.*, p. 339.

à son insu, non loin du wigwam d'un Indien Renard, je le vis prendre son fils dans ses bras et l'embrasser à plusieurs reprises (1). » Mais en mentionnant ce fait d'une manière spéciale, il produit une impression contraire à celle qu'il se proposait. Néanmoins, parmi les meilleures tribus, beaucoup sans doute sont capables de fortes affections, et l'on cite même des cas où un père a racheté son fils du supplice en se faisant brûler pour lui.

Par suite de la haine que développaient des guerres presque incessantes, peut-être aussi excités par ce stoïque mépris de la douleur qu'ils mettaient leur orgueil à affecter, les Indiens de l'Amérique du Nord étaient très-cruels envers les prisonniers de guerre. L'habitude de scalper semble avoir régné universellement, et l'on dit même que les Sioux dévoraient quelquefois le cœur de leurs ennemis : chaque guerrier, si c'était possible, en mangeait une bouchée.

L'infanticide était commun dans le nord, mais il ne paraît pas avoir atteint, chez les tribus du sud, de grandes proportions. Jusqu'à l'arrivée des Européens, ils semblent n'avoir point connu les liqueurs fermentées. Les Sioux, les Assiniboines et autres tribus riveraines du Missouri, avaient, dit-on, l'habitude d'abandonner ceux que l'âge ou les infirmités mettaient dans l'impuissance de suivre les camps de chasse. Le même cas se présentait fréquemment parmi les tribus du nord.

En tant que race, les Américains du Nord disparaissent rapidement. Laissés à eux-mêmes, ils auraient peut-être donné naissance à une civilisation indigène, mais ils étaient impropres à la nôtre. Trop inférieurs aux Européens pour rivaliser avec eux, et trop fiers pour se réduire à un rôle subalterne, le seul endroit où ils aient profité du contact avec la race supérieure, c'est dans la baie d'Hudson, où le gouvernement paternel de la Compagnie les a protégés à la fois contre les colons et contre eux-mêmes,

(1) Schoolcraft, *loc. cit.*, vol. III, p. 64.

a favorisé la chasse, mis fin aux guerres, empêché la vente des esprits, et pourvu aux subsistances dans les temps de disette. Bientôt, peut-être, les derniers restes du sang indien n'existeront plus que sur les territoires appartenant à la Compagnie de la baie d'Hudson.

On trouve le cuivre à l'état natif dans les régions du Nord, et, même avant l'arrivée des Européens, on s'en servait pour faire de petites haches, des bracelets, etc. Néanmoins il était employé plutôt comme pierre que comme métal, c'est-à-dire qu'au lieu de le chauffer, de le couler dans des moules, ou de le travailler en fusion, les Indiens se bornaient à profiter de sa malléabilité, et le façonnaient à coups de marteau, sans recourir au feu. Les vases de métal étaient tout à fait inconnus des aborigènes de l'Amérique septentrionale.

Wyeth donne la description du mobilier des Shoshonees, ou Indiens Serpents. Il se réduisait à « un pot, un arc et des flèches, des couteaux, des outils à greneler le cuir, des alênes, un instrument pour déterrer les racines, des lances pour tuer les poissons, des filets, une espèce de bateau ou de radeau, une pipe, des nattes pour s'abriter, et les instruments destinés à produire le feu » (1).

Le pot était fait « de racines longues et dures, pliées autour d'un point-central, et dont la circonférence extérieure allait en se rétrécissant, de manière à former un vase semblable à une ruche renversée. Telle était la perfection du travail, que cette vaisselle était absolument imperméable, et, quoique naturellement elle ne pût aller au feu, on s'en servait néanmoins pour faire bouillir, de la manière que nous avons déjà décrite à propos d'autres sauvages. Les Dacotahs faisaient, dit-on, quelquefois bouillir des animaux dans leur peau : après l'avoir enlevée, ils la suspendaient par les quatre coins, et faisaient usage de pierres à bouillir, comme à l'ordinaire. Ils avaient aussi des vases de

(1) Schoolcraft, vol. I, p. 212.

pierre, mais ceux-ci étaient rares, et sans doute employés uniquement comme mortiers.

Leurs arcs sont très-habilement faits avec la corne des brebis
de montagne ou de l'élan, ou quelquefois de bois. « La corde
est de nerf tressé ; on la tient lâche, et ceux qui se servent de
cet arc ont besoin d'un garde-main pour se protéger. » La flèche
est envoyée avec tant de force, qu'elle passe à travers le corps
d'un cheval ou d'un buffle (1), et, dans la relation de l'expédition de de Soto, on lit qu'un jour une flèche traversa la selle et
la housse d'un cheval, et pénétra d'un tiers dans le corps de
l'animal. Quoique, sous tous les rapports, bien inférieur au fusil,
l'arc a pourtant, à la chasse, le grand avantage de ne pas faire
de bruit. Chez plusieurs tribus, la fabrication des flèches constituait une profession spéciale. Les pointes de flèche sont d'obsidienne ; elles sont longues d'environ trois quarts de pouce, larges
d'un demi-pouce et très-minces. La base, élargie, est reçue dans
une fente qu'on pratique à l'extrémité de la hampe, et maintenue
en place par une ligature de nerf. La hampe a environ 2 pieds 1/2
de long. S'il s'agit d'une arme de chasse, elle s'élargit à l'extrémité, de sorte que, quand on retire le bois de la blessure, on
retire en même temps la pointe ; mais les flèches de guerre sont
autrement faites : le bout de la hampe est aminci, de manière
que la pointe reste dans la plaie quand on les retire.

Les couteaux, grossièrement faits d'obsidienne, sont quelquefois
fixés dans des manches de bois ou de corne. Les outils à greneler, destinés à la préparation des peaux, sont tantôt d'os, tantôt
d'obsidienne. M. Wyeth ne décrit pas leur forme. Les alènes
étaient d'os ; parfois aussi on se servait, pour cet usage, de
grosses épines. Les instruments à déterrer les racines, quand ils
ne sont pas faits de corne, sont des bâtons recourbés, pointus et
durcis au feu. « Le harpon est un engin aussi simple qu'ingé-

<hr/>

(1) Schoolcraft, *loc. cit.*, vol. III, pages 35, 46. — Kane, *Indiens de l'Amérique du Nord*, p. 141. — Catlin, *loc. cit.*, vol. I, p. 31 ; vol. II, p. 212. — Mac
Kean et Hall, *Tribus indiennes*, vol. II, p. 4.

nieux. La pointe est d'os ; au milieu, est attachée une petite
ficelle solide qui la relie à la hampe, à 2 pieds environ de la
pointe. A l'extrémité inférieure de ce que nous appellerons le fer
de la lance, il y a un petit creux peu profond et dirigé dans le
sens de la pointe. C'est dans ce trou qu'on fait entrer le bout de la
hampe. » Celle-ci, fabriquée avec du bois de saule léger, a environ
10 pieds de long. Lorsque le poisson est frappé, on tire à soi le
bois de la lance, et la corde fait prendre immédiatement une
position transversale à l'os qui sert de pointe. Les filets pour la
pêche sont faits d'une écorce dont on obtient des cordes très-
solides, et sont de deux sortes : l'écope et la seine. Toutefois on
en ignore l'usage dans les tribus du Nord, à l'ouest du fleuve
Mackenzie (1). Les bateaux des Shoshonees méritent à peine
ce nom, et ne semblent guère employés que comme bacs. Ils
ont environ 8 pieds de long et sont construits en roseaux, mais
on n'essaye nullement de les empêcher de prendre l'eau. D'autres tribus ont cependant des canots beaucoup meilleurs, soit
d'écorce, soit creusés dans un tronc d'arbre. Les pipes sont
grandes, et le fourneau est généralement de terre à foulon. Les
nattes ont environ 4 pieds de long, sont faites de joncs, et servent
soit comme lits, soit pour la construction des wigwams.

Ils se procurent le feu en tournant un morceau de bois dans
un trou. Les Chippeways et les Natchez avaient, dit-on, une
corporation de personnes spécialement chargées d'entretenir un
feu perpétuel.

Les huttes ou wigwams sont généralement de deux sortes :
l'une pour l'été et l'autre pour l'hiver. Schoolcraft décrit ainsi le
wigwam d'hiver des Dacotahs : « Pour en construire un, il suffit
de couper quelques jeunes arbres d'environ 15 pieds de long,
dont on place le gros bout à terre suivant un cercle, et en laissant
les cimes se rejoindre de manière à former un cône. On jette
alors sur cette charpente des peaux de buffle cousues ensemble

---

(1) Richardson, *Expédition arctique*, vol. II, p. 25.

en forme de bonnet et assujetties avec des éclisses. Sur le sol, au centre du wigwam, on fait le feu, et la fumée sort par une ouverture pratiquée au sommet. Ces wigwams sont chauds et commodes. L'autre espèce de hutte est faite d'écorce, ordinairement celle de l'orme (1). » Les huttes des Mandans (2), Minatarees, etc., affectaient la forme circulaire, et avaient de 40 à 60 pieds de diamètre. On creusait la terre à une profondeur d'environ 2 pieds. La charpente était en gros bois, couverte de branches de saule, mais laissant un espace libre au milieu, pour servir à la fois de cheminée et de fenêtre. Sur la construction, on plaçait une épaisse couche de terre, et sur le tout une sorte d'argile dure, à l'épreuve de l'eau, et capable, avec le temps, d'acquérir beaucoup de consistance, à ce point que, quand il faisait beau, toute la tribu se livrait au *far-niente* sur le toit des huttes. Quoique ces habitations fussent quelquefois très-propres et très-bien tenues (3), ce n'était pas toujours là le cas. En parlant des Indiens du détroit de Nootka, le capitaine Cook (4) dit ce qui suit : « La saleté et la puanteur de leurs maisons sont au moins égales à la confusion qui y règne. En effet, comme c'est chez eux qu'ils font sécher leur poisson, c'est là aussi qu'ils le vident; ce qui, joint aux os et aux morceaux jetés par terre pendant les repas, ainsi qu'à toutes sortes d'autres ordures, forme partout des tas d'immondices, lesquels ne sont enlevés, je crois, que quand ils sont devenus assez considérables pour gêner la circulation. En un mot, leurs demeures sont aussi malpropres que des étables à porcs : tout, au dedans comme au dehors, sent le poisson, l'huile de baleine et la fumée. »

Les Indiens Wallawalla (5) de la Colombie creusent dans le

(1) Schoolcraft, *loc. cit.*, vol. II, p. 191.

(2) Cette tribu, l'une des plus intéressantes, a été entièrement détruite par la petite vérole.

(3) Catlin, *Indiens de l'Amérique*, vol. I, p. 82.

(4) Cook, *Troisième Voyage*, vol. II, p. 316.

(5) Kane, *Indiens de l'Amérique du Nord*, p. 272. — *Expédition d'exploration dans les États-Unis*, vol. IV, p. 452.

sol un trou circulaire d'environ 10 à 12 pieds de profondeur, et de 40 à 50 pieds de tour, qu'ils couvrent de bois flotté et de boue. Sur un côté, on laisse une ouverture pour servir de porte, et une perche entaillée tient lieu d'échelle. C'est là que douze ou quinze personnes se terrent pendant la mauvaise saison : elles n'ont besoin que de très-peu de feu, car elles mangent généralement leur saumon cru, et d'ailleurs la place est très-chaude par suite du nombre d'hôtes qu'elle contient, et de l'absence de ventilation. L'été, leurs logements sont faits de joncs ou de nattes déployées sur des pieux. Cette tribu vit surtout de saumon, et elle le préfère gâté.

Au sud du golfe de Saint-Laurent et à l'ouest des montagnes Rocheuses, presque toutes les tribus semblent avoir plus ou moins cultivé le maïs. Dans les deux Carolines et dans la Virginie, les Indiens en récoltaient de grandes quantités, et « tous y comptaient comme sur un moyen de subsistance assuré » (1). Les Delawares avaient de vastes champs de maïs à l'époque de la découverte de l'Amérique. En 1527, de Vaca le rencontra en faible quantité dans la Floride, et de Soto, douze ans plus tard, le trouva abondant chez les Muscogees, les Chactaws, les Chickasaws et les Cherokees. Un jour, son armée, durant un espace de deux lieues, ne traversa que des champs de maïs. On sait que cette plante était cultivée par les Iroquois en 1610, et dans de petites proportions par « les communautés de chasseurs de l'Ohio, du Wabagh, du Miami et de l'Illinois », ainsi que par les naturels qui habitaient les deux rives du Mississippi. Nous avons déjà dit un mot des preuves de l'ancienneté de cette agriculture dans le chapitre relatif à l'archéologie de l'Amérique du Nord ; le maïs paraît avoir été la seule plante qu'ils aient réellement cultivée, mais plusieurs tribus tiraient en grande partie leur subsistance de racines, etc. Le riz sauvage croissait aussi en abondance dans les lacs peu profonds, et dans les cours d'eau du

(1) Schoolcraft, loc. cit., vol. I, p. 6. — Voyez aussi Richardson, Expédition arctique, vol. II, p. 51.

Michigan, du Wisconsin, de l'Iowa et du Minnesota, ainsi que dans les vallées supérieures du Mississippi et du Missouri. Il était récolté par les femmes, et constituait une des principales branches de leur alimentation. Elles traversaient les rivières en canot, et prenant les tiges par poignées, elles les courbaient sur les bords de leur embarcation pour en extraire le grain à coups de pagaie.

Toutefois les Indiens de l'Amérique du Nord ont longtemps demandé au règne animal la plus grande partie de leur nourriture. Ils sont essentiellement chasseurs et pêcheurs, se nourrissant surtout de buffle, de daim et de saumon. Les buffles étaient tantôt poussés dans des fourrières, tantôt tués à coups de flèches en pleine prairie. Contre les poissons, ils se servaient, soit de lances, soit de filets, etc., soit quelquefois de flèches. Les Macaws et les Clallums, sur la côte du Pacifique, tuaient même de temps à autre des baleines. Pour cela, ils employaient de grands harpons d'os barbelés, avec une corde et un solide sac de peau de veau marin gonflé d'air. Ils faisaient de cet appareil le même usage que les Esquimaux. Comme toutes les races carnivores, les Indiens passent alternativement de l'extrême abondance à l'extrême disette. En général, il y a beaucoup de gibier, et Noka, un des plus célèbres chasseurs, tua, dit-on, le même jour, seize élans, quatre buffles, cinq daims, trois ours, un porc-épic et un lynx. C'était là naturellement un cas bien exceptionnel. Cependant il y a d'ordinaire une saison de l'année où l'on abat plus de gibier que n'en exigent les besoins de la consommation immédiate. En pareille occurrence, le surplus est séché et changé en pemmican. L'hiver, néanmoins, ils sont souvent très à court de vivres. Back fait un tableau terrible de leurs souffrances dans les temps de famine (1), et Wyeth nous dit que les Shoshonees « meurent presque de faim chaque année, et qu'en hiver et au printemps ils sont réduits à la dernière maigreur. Les trappeurs

---

(1) Back, *Expédition aux terres arctiques*, p. 194-226. — Voyez aussi Richardson, *Expédition arctique*, vol. II, p. 96.

croyaient généralement que tous finissaient par périr d'inanition, en devenant vieux et infirmes (1). »

Comme on peut naturellement s'y attendre, le mode des funérailles varie beaucoup suivant les différentes parties de l'Amérique du Nord. Dans la Colombie, « on place d'ordinaire les morts sur le sol, couverts de leurs vêtements et cousus dans une peau ou couverture; les objets qui ont appartenu personnellement au défunt sont déposés près du corps; sur le tout, on met quelques planches qui forment une sorte d'abri contre les intempéries de l'air » (2). Chez ces tribus, le cadavre est plié en deux. Près du cap Orchard, dans le même district, on mettait les corps dans des canots, qu'on dépose au milieu des branches d'arbres. Les Mandans et la plupart des Indiens de la prairie suspendent aussi les cadavres en l'air. Chez les Indiens du lac Clair, les Carriers, etc., on avait l'habitude de les brûler, tandis qu'en Floride on les enterrait dans la posture d'un homme assis. Chez d'autres tribus, les os étaient recueillis tous les huit ou dix ans, et inhumés dans un cimetière commun.

L'art ne leur fait pas absolument défaut, car ils savent faire certaines sculptures grossières, et tracer des ébauches non moins grossières sur leurs wigwams, leurs costumes de cérémonie, etc.; mais quant aux portraits, ils ont des idées singulières. Ils pensent qu'un artiste acquiert une sorte de pouvoir mystérieux sur celui dont il a pu saisir la ressemblance, et un jour qu'il était ennuyé par des Indiens, M. Kane s'en débarrassa immédiatement en menaçant de faire le portrait de quiconque resterait. Pas un ne s'y hasarda. Si le portrait est fidèle, tant pis; il est, à ce qu'ils s'imaginent, à demi-vivant, et cela aux dépens du modèle. D'après leur raisonnement, on ne peut mettre tant de vie dans le tableau qu'en le retirant à l'original. Ils croient encore que, si le tableau subit quelque injure, en vertu d'une relation mysté-

(1) Schoolcraft, vol. I, p. 216.
(2) *Expédition d'exploration dans les États-Unis*, vol. IV, p. 389.

rieuse, l'original y est sensible. Mais la plus bizarre peut-être
de toutes leurs idées à cet égard est consignée dans un récit de
Catlin. Il provoqua une vive émotion parmi les Sioux en dessinant
de profil un de leurs grands chefs. « Pourquoi a-t-on laissé de
côté la moitié de son visage? » demandaient-ils. « Mahtocheega
n'a jamais craint de regarder un blanc en face. » Mahtocheega
lui-même ne parut point en avoir été blessé, mais Shonka, le
Chien, profita de la circonstance pour l'insulter. « L'Anglais sait
bien, dit-il, que tu n'es qu'une moitié d'homme; il n'a peint
qu'une moitié de ton visage, parce qu'il sait que le reste ne vaut
rien. » Cette explication amena une rixe dans laquelle le pauvre
Mahtocheega reçut un coup de fusil, et, comme par une sorte de
fatalité, la balle qui le tua traversa justement cette partie de son
visage que l'artiste avait négligé de reproduire. Il en résulta de
grands embarras pour M. Catlin, qui eut beaucoup de peine à se
tirer de là, et vécut pendant plusieurs mois craignant pour ses
jours. L'affaire ne fut terminée qu'après que Shonka et son frère
eurent été tués, en représailles du meurtre de Mahtocheega.

LES INDIENS DU PARAGUAY.

On a, des Indiens du Paraguay, une description par don Félix
de Azara (1), qui vécut longtemps au milieu d'eux. Il les trouva
divisés en plusieurs nations ou tribus différentes, ayant au moins
quarante idiomes distincts, et des coutumes diverses. Un certain nombre vivaient de la pêche, mais la plupart tiraient leur
subsistance des chevaux sauvages et du bétail : aussi doivent-ils
avoir eu d'autres habitudes avant la découverte de l'Amérique
par les Européens. Leurs principales armes étaient de longues
lances, des massues, des arcs et des flèches. Quelques tribus
toutefois, par exemple celles des Pampas, au lieu de faire usage
des arcs et des flèches, leur préfèrent les *bolas*. En guerre, les

---

(1) Azara, *Voyages dans l'Amérique méridionale*, 1809.

Indiens du Paraguay ne faisaient point de quartier aux hommes, ils n'épargnaient que les femmes et les enfants.

Leurs maisons, si l'on peut les appeler ainsi, étaient des plus simples : ils coupaient trois ou quatre branches d'arbre, les plantaient par les deux bouts dans le sol, et les couvraient d'une peau de vache. Leur lit consistait en une autre peau; ils n'avaient ni chaises, ni tables, ni meubles d'aucune espèce. Les hommes portaient rarement des vêtements; le costume des femmes consistait d'ordinaire en un poncho, bien que chez certaines tribus, telles que les Nalicuégas, ce vêtement même ne fût pas usité. Il semble qu'ils aient complétement ignoré l'usage de se laver, quoique Azara reconnaisse que, dans les temps de grande chaleur, ils se baignaient quelquefois, mais plutôt, à ce qu'il paraît, pour la fraîcheur que pour la propreté. Il est donc inutile de dire qu'ils étaient excessivement sales, et fort incommodés par les poux, si toutefois on peut dire qu'ils fussent incommodés par ce qui leur procurait une de leurs plus grandes distractions; car, quoique beaucoup de tribus ne connussent ni danses, ni jeux, ni musique, il n'en était pas qui ne prît un plaisir extrême à chercher et à manger la vermine dont leur personne, leurs cheveux et leurs vêtements fourmillaient.

Ils n'avaient ni animaux domestiques, ni idée de l'agriculture. Leurs médecins ne possédaient qu'un remède, qu'ils appliquaient à toutes les maladies, et qui avait au moins le grand mérite d'être inoffensif, puisqu'il consistait « à sucer avec beaucoup de force l'estomac du patient, pour en tirer le mal » (1).

Beaucoup de tribus se peignaient le corps de différentes manières, et ils avaient l'habitude de se percer la lèvre inférieure, pour y introduire un morceau de bois, long d'environ 4 à 5 pouces, qu'ils n'enlevaient jamais.

Ils n'avaient ni forme de gouvernement déterminée, ni idées religieuses. Azara fait cette dernière remarque pour tous les

(1) Azara, *loc. cit.*, p. 25.

Indiens en général, et il la répète en particulier en ce qui concerne les tribus suivantes, savoir : les Charruas, les Minuanas, les Aucas, les Guaranys, les Guayanas, les Nalicuégas, les Guasarapos, les Guatos, les Ninaquiguilas, les Guanas, les Lenguas, les Aguilots, les Mocobys, les Abissons et les Paraguas.

Azara nous donne la langue des Guaranys comme la plus riche, et pourtant elle était à beaucoup d'égards très-pauvre. Ainsi ils ne pouvaient compter que jusqu'à quatre, et au delà de ce nombre n'avaient plus de mots, pas même pour dire cinq ou six. Il va sans dire que le lien conjugal était peu respecté parmi eux : ils se mariaient quand cela leur plaisait, et se séparaient à leur fantaisie.

L'infanticide, chez plusieurs tribus, était plutôt la règle que l'exception; les femmes n'élevaient chacune qu'un enfant, et comme elles n'épargnaient que celui qu'elles présumaient devoir être le dernier, il leur arrivait souvent de rester absolument sans enfants.

LES PATAGONS.

Les habitants des parties méridionales de l'Amérique du Sud, quoique divisés en un grand nombre de tribus différentes, peuvent être considérés comme appartenant à deux groupes principaux : les Patagons, ou Indiens Chevaux, à l'est, qui ont des chevaux, mais point de canots, et les Chonos, ainsi que les habitants de la Terre de Feu, ou Indiens Canots, qui ont des canots, mais point de chevaux, et qui habitent les îles orageuses du sud et de l'ouest.

Les Yacana-kunny, situés dans la partie nord-est de la Terre de Feu, sont moins, à proprement parler, des naturels de ce pays que des Patagons; ils leur ressemblent par le teint, la taille et les vêtements, sauf la particularité des bottes. Ils vivent maintenant à peu près comme vivait sans doute le peuple du continent avant l'introduction des chevaux. Leur nourriture

se compose surtout de guanacos, d'autruches, d'oiseaux et
de veaux marins. Pour chasser ces animaux, ils se servent
de chiens, d'arcs et de flèches, de bolas, de frondes, de lances
et de massues (1). Les habitudes des Patagons doivent s'être
beaucoup modifiées par suite de l'introduction du cheval, mais
nous ne pouvons nous occuper d'eux qu'au point de vue de
leur état actuel.

Il y a un contraste frappant, sous le rapport de la taille, entre
les Indiens Chevaux et les Indiens Canots : tandis que ceux-ci
sont petits, de mauvaise mine, et mal proportionnés, ceux-là
dépassent de beaucoup la taille moyenne, et sont dépeints par
les premiers voyageurs comme de véritables géants. Magellan,
qui les visita le premier en 1519, nous assure que beaucoup
d'entre eux avaient plus de 7 pieds (français) de haut. Garcia de
Loaisa les vit en 1525, et mentionne leur haute stature, mais
il ne paraît pas les avoir mesurés. Des observations semblables
ont été faites par Cavendish, Knevett, Sibald de Veert, Van
Noort, Spilbergen et Lemaire. Bref, sur les quinze premiers
voyageurs qui franchirent le détroit de Magellan, il n'y en a pas
moins de neuf pour attester le fait de la taille gigantesque des
Patagons, et leur témoignage est confirmé par celui de plusieurs
voyageurs subséquents. Falkner, en particulier, assure avoir vu
beaucoup d'hommes qui dépassaient 7 pieds.

Il est difficile de rejeter tout à fait ces renseignements, et
comme, à coup sûr, ils ne s'appliquent point à la race actuelle,
on peut croire qu'il s'est produit une diminution de taille due
à l'introduction et à l'usage général du cheval.

Les huttes ou « toldos » des Patagons « affectent la forme
rectangulaire. Elles ont environ 10 ou 12 pieds de long, 10 de
profondeur, 7 de hauteur sur le devant et 6 sur le derrière. La
bâtisse se réduit à des perches plantées en terre et fourchues à
l'extrémité pour recevoir des traverses sur lesquelles on place

(1) Fitzroy, loc. cit., vol. II, p. 137.

les solives destinées à supporter la toiture. Celle-ci consiste en peaux de bêtes, cousues ensemble de manière à être presque à l'épreuve du vent et de la pluie. Comme les pieux et les solives ne sont pas faciles à trouver, ils les emportent d'un lieu à l'autre dans toutes leurs migrations. Quand ils ont atteint leur bivouac, et choisi un emplacement, en ayant soin qu'il soit à l'abri du vent, ils creusent avec un morceau de bois dur et pointu les trous qui recevront les poteaux, et tout étant prêt, charpente et toiture, il ne leur faut que peu de temps pour construire une habitation (1). »

Ils n'ont point de poterie, et le transport de l'eau ne se fait qu'au moyen de vessies. Leur costume se compose surtout de peaux cousues avec des nerfs d'autruche, et offrant souvent sur un côté des peintures curieuses; mais, d'après Falkner (2), plusieurs tribus « se fabriquent ou tissent de beaux manteaux de laine, brillamment teints de couleurs variées ». Ils portent aussi un petit tablier de forme triangulaire, dont deux pointes se rejoignent autour de la taille, tandis que la troisième passe entre les jambes et se rattache par derrière. A cheval, ils ont une sorte de manteau ou poncho, fendu au milieu pour laisser passer la tête. En fait de bottes, ils portent « la dépouille enlevée aux cuisses et aux jambes des juments et des pouliches » ; ils lavent les peaux, puis, après les avoir fait sécher, les assouplissent avec de la graisse, et les mettent ensuite, sans les façonner ni les coudre (3). Ils font des brosses avec de l'herbe, des baguettes et des joncs, et emploient, en guise de peigne, une mâchoire de marsouin (4). Les femmes portent un manteau attaché sur la poitrine par une brochette de bois ou une épingle, et serré autour de la

(1) Fitzroy, *loc. cit.*, vol. I, p. 93.
(2) Falkner, *Patagonie*, p. 128.
(3) Quand on les visita la première fois, ils se servaient pour cet usage de la peau du guanaco, et ce fut à cause de ces souliers que Magellan les appela *Patagons*.
(4) Fitzroy, vol. I, p. 75.

taille. Elles ont aussi une espèce de tablier qui descend jusqu'aux genoux, mais qui ne les couvre que par devant. Leurs bottes sont faites de la même manière que celles des hommes. Comme d'autres sauvages, ils aiment les colliers, les plumes et les ornements de tout genre. Ils se peignent aussi en rouge, en noir et en blanc, ce qui toutefois, aux yeux d'un Européen, n'est rien moins qu'un agrément de plus. Leurs armes défensives consistent en un casque et un bouclier, faits tous deux d'un cuir épais, et assez fort pour résister à la flèche et à la lance.

Leurs arcs sont petits, et les flèches, terminées par une pointe de pierre ou d'os, sont, dit-on, quelquefois empoisonnées. Ils ont en même temps des massues et de longues lances de roseau, dont la plupart sont maintenant armées d'une pointe de fer. Mais l'arme la plus caractéristique des Patagons, celle qui leur appartient presque en propre, c'est la bola (1), dont on compte deux ou trois sortes. Celle qu'on emploie à la guerre se compose d'une seule pierre arrondie, ou d'une boule d'argile durcie, pesant environ une livre, et attachée à une courte courroie de nerf ou de peau. Quelquefois ils lancent à leur adversaire la corde et le reste, mais le plus souvent ils préfèrent le frapper à la tête avec la balle. A la chasse, ils se servent de deux pierres semblables reliées par une corde qui a généralement de 3 à 4 mètres de longueur. Ils prennent en main une de ces pierres, et alors, faisant tournoyer l'autre autour de leur tête, ils les jettent toutes deux à l'objet qu'ils veulent embarrasser. Parfois on fait usage d'un plus grand nombre de pierres, mais deux semblent être le nombre ordinaire. Ce n'est pas avec les balles elles-mêmes qu'ils cherchent à frapper leur victime, mais avec la corde, « et alors naturellement les balles se meuvent circulairement dans des directions différentes, et la courroie s'applique et s'enroule si bien autour du corps, que tous les efforts du captif ne font que le garrotter davantage » (2). On dit qu'un homme à

---

(1) Falkner, *loc. cit.*; p. 130.
(2) Fitzroy, *loc. cit.*, vol. II, p. 148.

cheval peut se servir avec succès de la bola à une distance de
80 mètres (1). Ils emploient aussi le lasso.

Sur la côte, le fond de leur alimentation consiste en poisson
qu'ils tuent, soit en plongeant, soit à coups de javelots. Pour les
guanacos et les autruches, ils les prennent avec la bola. Ils
mangent aussi de la viande de jument, ainsi que diverses espèces
de petit gibier, et au moins deux sortes de racines sauvages. Ils
n'ont point de liqueur fermentée, et la seule boisson préparée
dont ils fassent usage est une décoction de *châlas*, ou le jus du
fruit de l'épine-vinette mélangé d'eau.

La mort d'un indigène est suivie de cérémonies particulières.
Quand la chair a été, aussi bien que possible, détachée des os,
ceux-ci sont suspendus « en l'air, sur un lit de roseaux ou de
jeunes branches entrelacées, pour sécher et blanchir au soleil et
à la pluie ». C'est une des femmes les plus distinguées qu'on
choisit pour accomplir la tâche rebutante de faire le squelette.
Tant que dure l'opération, « les Indiens, couverts de longs manteaux de peau et le visage noirci à la suie, se promènent autour
de la tente, avec de longues perches ou des lances dans les
mains, chantant sur un ton lugubre, et frappant la terre pour
mettre en fuite les Valichus ou êtres méchants.... Les chevaux
du mort sont tués, afin qu'il puisse s'en servir pour chevaucher
dans l'Alhue Mapu, ou le pays des morts. » Au bout d'un an,
on rassemble les os dans une peau, et on les charge sur le dos
d'un des chevaux favoris du défunt, qu'on a laissé vivre pour
ce motif. C'est ainsi que les naturels portent ces restes, quelquefois très-loin, jusqu'à ce qu'ils arrivent au cimetière particulier
où gisent les ancêtres de la personne décédée. Les os sont repla-
cés dans leur position naturelle et rajustés avec de la ficelle.
Puis le squelette est déposé, au milieu des autres, dans une fosse
carrée, revêtu des plus beaux habits du défunt, orné de colliers,
de plumes, etc. Les armes du mort sont enterrées avec lui, et
autour du tombeau sont rangés plusieurs chevaux morts, dressés

(1) *Journal de Darwin*, p. 129.

sur leurs pieds, et soutenus au moyen de bâtons (1). Parfois on élève sur la tombe un monceau de pierres (2).

Falkner regardait les Patagons comme polythéistes, mais nous ne savons pas grand'chose de leur religion. Selon les missionnaires, ni les Patagons, ni les Araucans n'avaient aucune idée de prière, « aucune trace de culte religieux » (3).

LES HABITANTS DE LA TERRE DE FEU.

Les habitants de la Terre de Feu sont encore plus dégradés que ceux du continent : de fait, beaucoup de voyageurs les ont regardés comme occupant le dernier échelon de l'humanité (4). Adolphe Decker, qui visita la Polynésie et l'Australie sous Jacques l'Hermite, en 1624, les dépeint « moins comme des hommes que comme des bêtes, car ils mettent en pièces des corps humains, dont ils mangent la chair toute crue et toute sanglante. On ne peut découvrir chez eux la moindre trace de religion ni de gouvernement : au contraire, ce sont, sous tous rapports, des brutes. » Et il se met à en donner des preuves si convaincantes, que je n'ose les citer (5). « Les hommes vont complétement nus, et les femmes n'ont pour tout vêtement qu'un morceau de peau autour de la ceinture.... Leurs huttes, faites d'arbres, sont en forme de tentes, avec un trou au sommet, pour laisser sortir la fumée. Intérieurement, elles sont creusées à 2 ou 3 pieds de profondeur dans le sol, et la terre est rejetée au dehors. Leurs engins de pêche sont très-curieux, et leurs hameçons de pierre ont presque la même forme que les nôtres. Ils ont différentes armes : ceux-ci des arcs et des flèches terminées

(1) Falkner, *Patagonie*, p. 118, 119.

(2) Fitzroy, vol. II, p. 158.

(3) *The Voice of pity*, vol. II, p. 37, 95.

(4) Byron, *Voyage autour du monde*, p. 80. — Wallis, *Voyage autour du monde*, p. 392. — Cook, *Voyage au pôle sud*, vol. II, p. 187. — *Journal de Darwin*, p. 235.

(5) *Voyages de Callander*, vol. II, p. 307.

par une pointe de pierre; ceux-là, de longues javelines avec une pointe d'os; d'autres, de grandes massues de bois; d'autres encore, des frondes et des couteaux de pierre très-tranchants. » Leurs flèches sont de bois dur, droites et bien polies. Elles sont longues d'environ 2 pieds, et portent à leur extrémité un morceau d'agate, d'obsidienne ou de verre; la pointe, n'étant pas adhérente au bois, reste dans la blessure, lors même qu'on retire la flèche. Les arcs ont de 3 à 4 pieds de long, et sont tout à fait droits; la corde est faite de nerfs tressés.

Forster (1) les trouva « remarquablement stupides, incapables de comprendre aucun de nos signes, qui pourtant étaient parfaitement intelligibles aux nations de la mer du Sud ». Wallis, dans son *Voyage autour du monde* (2), les décrit de la manière suivante : « Ils étaient couverts de peaux de veau marin, qui exhalaient une puanteur abominable; plusieurs d'entre eux mangeaient de la chair pourrie et de la graisse de baleine crue avec un appétit vorace et d'un air de grande satisfaction. » Il dit encore : « Plusieurs de nos hommes, qui pêchaient avec un hameçon et une ligne, donnèrent à l'un d'eux un poisson un peu plus gros qu'un hareng, au moment même où il sortait de l'eau, c'est-à-dire encore vivant. L'Indien le saisit avidement, comme un chien ferait d'un os, et le tua aussitôt en lui donnant un coup de dent près des ouïes ; puis il se mit à le manger en commençant par la tête et en finissant par la queue, sans rien rejeter, ni les arêtes, ni les nageoires, ni les écailles, ni les entrailles (3). » Leur cuisine est plus dégoûtante encore, si c'est possible. Fitzroy nous dit que « la plume se refuse à la décrire », et la relation de Byron (4) confirme de tout point cette assertion.

Les hommes, dit Fitzroy (5), « sont de petite taille, de mau-

(1) Forster, *loc. cit.*, p. 251.
(2) Hawkesworth, *Voyages, loc. cit.*, p. 403.
(3) *Loc. cit.*, p. 403.
(4) Byron, *Perte du Wager*, p. 132.
(5) Fitzroy, *Voyages de l'Adventure et du Beagle*, vol. II, p. 137.

vaise mine et mal proportionnés. Leur couleur est celle de l'aca-
jou très-vieux, ou plutôt elle tient le milieu entre le cuivre foncé
et le bronze. Le tronc est large, eu égard aux membres, qui sont
tortus et cagneux. Leur chevelure noire, rude, inculte et extrêmement sale, cache à moitié, et pourtant embellit encore la plus
vilaine physionomie que puissent offrir des traits de sauvages.
La chevelure des femmes est plus longue, moins inculte, et, à
coup sûr, plus propre que celle des hommes. On la peigne avec
une mâchoire de marsouin, mais elle n'est ni tressée ni nouée,
et on la laisse pousser en toute liberté, sauf au-dessus des yeux,
où on la coupe. Elles sont petites, elles ont le corps trop large
pour leur taille ; leur visage, surtout quand elles sont vieilles, est
presque aussi désagréable que celui des hommes est repoussant.
quatre pieds et quelques pouces, voilà la taille de ces naturelles de
la Terre de Feu, que, par courtoisie, on appelle des femmes. Elles
ne se tiennent jamais droites en marchant ; une attitude courbée,
une démarche gauche : voilà leur allure naturelle. Elles peuvent
être les dignes compagnes d'êtres si grossiers, mais pour des
gens civilisés leur aspect est repoussant.... La fumée des feux de
bois, emprisonnée dans de petits wigwams, leur fait tant de mal
aux yeux, qu'ils en sont rouges et humides. Leur habitude de se
huiler ou de se graisser, pour se frotter ensuite le corps avec de
l'ocre, de la boue ou du charbon de terre, leur infâme nourriture, quelquefois pourrie, et d'autres usages abjects, ont des
effets qu'on peut facilement imaginer (1). » Leurs incisives, en
s'usant, deviennent plates (2), comme celles des Esquimaux et de
beaucoup de races anciennes.

« Les hommes pourvoient au gibier et au poisson de grosse
espèce, comme le veau marin, la loutre, le marsouin, etc. ; ils
cassent ou coupent le bois et l'écorce nécessaires pour faire le
feu ou pour construire les wigwams et les canots. Ce sont eux
qui sortent la nuit pour prendre des oiseaux ; qui *dressent les*

(1) *Loc. cit.*, p. 139.
(2) Fitzroy, *Appendice*, p. 144.

chiens, et qui naturellement entreprennent toutes les excursions de chasse ou de guerre. Les femmes nourrissent leurs enfants, veillent au feu, qu'elles entretiennent avec du bois mort plutôt qu'avec du bois vert, à cause de la fumée; fabriquent des paniers et des baquets pour mettre l'eau, ainsi que des lignes de pêche et des colliers; sortent dans leurs canots pour prendre le petit poisson, recueillent les crustacés, plongent à la recherche des œufs de mer; prennent soin de leurs canots; rament ordinairement pour leurs maîtres, tandis que ceux-ci restent en repos, et font toutes les autres corvées (1). »

La natation est le délassement favori, pendant l'été, des habitants de la Terre de Feu, mais les malheureuses femmes sont obligées d'entrer assez profondément dans l'eau, et de plonger à la recherche des œufs de mer, au cœur de l'hiver aussi bien qu'en été. Hommes, femmes et enfants sont excellents nageurs, mais ils nagent tous à la manière des chiens.

Quand ils en ont le temps, les naturels font rôtir leurs crustacés, et rôtissent à demi les autres aliments de nature solide; mais lorsqu'ils sont pressés, ils mangent cru le poisson aussi bien que la viande..... C'est dans leurs canots et avec la lance qu'ils tuent le veau marin et le marsouin. Une fois frappé, le poisson a coutume de s'enfoncer dans le cailloutis, entraînant la lance qui flotte sur l'eau, attachée par une petite corde à un crochet mobile : les hommes suivent alors avec leur canot, saisissent la lance et s'en servent pour remorquer leur proie, jusqu'à ce que celle-ci soit morte. Pour eux, la prise d'un veau marin ou d'un marsouin est une affaire aussi importante que l'est pour nos compatriotes la capture d'une baleine. La nuit, au clair de la lune, on prend les oiseaux quand ils sont perchés. Les hommes sont aidés dans cette chasse par leurs chiens qu'on envoie saisir les oiseaux endormis sur les rochers ou sur la plage. Ces chiens sont si bien dressés, qu'ils rapportent fidèlement à leurs maîtres

(1) Fitzroy, *loc. cit.*, p. 185.

tout ce qu'ils prennent, sans faire le moindre bruit, et se re-
mettent ensuite en quête de butin. Souvent aussi, pour tuer les
oiseaux, on se sert de la flèche et de la fronde, avec une sûreté
infaillible. Les naturels cherchent volontiers les œufs. Je puis
dire, en fait, que tout ce qui est mangeable, ils le mangent sans
s'inquiéter de l'état de fraîcheur de leurs comestibles et sans
se soucier de les cuire (1). »

D'après Byron, les chiens des Indiens Chonos sont employés
à la pêche comme à la chasse aux oiseaux. « Ce sont, dit-il, des
animaux qui ont l'air assez laid, mais qui sont très-intelligents,
et qu'on dresse aisément à cette besogne..... Le filet est tendu
par deux Indiens qui entrent dans l'eau; alors les chiens, décri-
vant un large circuit, plongent à la poursuite du poisson et le
poussent dans le filet; mais ce n'est que dans certains endroits
que la pêche a lieu de cette façon. » Il ajoute que « les chiens
y prennent beaucoup de plaisir, et expriment leur ardeur par
des aboiements, chaque fois qu'ils élèvent la tête au-dessus de
l'eau pour respirer » (2).

« L'hiver, quand la neige est épaisse, les gens de Tekeenica se
rassemblent en vue de chasser le guanaco, qui descend alors des
hautes terres pour chercher sa nourriture près de la mer. Les
longues pattes de l'animal s'enfoncent profondément dans la
neige, et dans la terre molle et vaseuse, ce qui ne lui permet pas
de s'échapper lorsque les indigènes et leurs chiens l'entourent de
tous côtés. Aussi devient-il promptement leur proie..... A d'autres
époques de l'année, ils se mettent quelquefois à l'affût et le percent
de flèches; ou bien ils montent sur un arbre placé au bord de
son chemin, et le tuent à coups de lance quand il passe sous les
branches. On montra à Low une flèche teinte de sang aux deux
tiers de sa longueur : elle avait blessé un guanaco, qui avait été
ensuite pris par les chiens. Low étendit sa jaquette, faisant en-

(1) Fitzroy, *loc. cit.*, p. 184.
(2) Byron, *Perte du Wager.* — Kerr, *Voyages et excursions*, vol. XVII,
p. 339, 368, 463.

tendre que la flèche ne la traverserait pas; sur quoi l'indigène le
visa à l'œil (1). » La figure 156 représente la pointe d'un harpon
de la Terre de Feu, laquelle ressemble exactement au spécimen
du harpon des anciens Danois, dont nous avons donné
la figure à la page 82.

FIG. 156.

En fait de nourriture végétale, ils ont très-peu de
chose : quelques baies, des canneberges, des arbouses
et une sorte de champignon qui pousse sur le hêtre,
telles sont les seules espèces qu'ils connaissent. Les
misérables insulaires de la Terre de Feu sont souvent
très-éprouvés par la famine. Dans une occasion où les
Chonos souffraient beaucoup de la disette, une petite
troupe se mit en route, et les naturels dirent qu'au bout
de quatre jours elle reviendrait avec des vivres. Le cinquième jour, les voyageurs étaient de retour, presque
morts de fatigue; « chaque homme avait deux ou trois
gros morceaux de graisse de baleine suspendus à ses
épaules en forme de poncho, avec un trou au milieu.
La graisse était à moitié pourrie, et l'on eût dit qu'elle
avait été enfouie sous terre ». Néanmoins on la coupa
par tranches, on la grilla et on la mangea. Un autre
jour, on trouva des masses de graisse dans le sable, où
sans doute elles avaient été mises en réserve pour un
cas de disette. Leur principale nourriture se compose
toutefois de patelles, de moules et autres crustacés.

L'amiral Fitzroy n'a aucun doute que les naturels de
la Terre de Feu ne soient cannibales. « Presque (2)
toujours en guerre avec les tribus voisines, il est rare

Harpon d'os.
qu'ils se rencontrent sans qu'il en résulte une bataille,
et les vaincus, s'ils ne sont pas déjà morts, sont tués
et mangés par les vainqueurs. Les femmes dévorent les bras et
la poitrine; les hommes se nourrissent des jambes, et le tronc

(1) Fitzroy, loc. cit., p. 187.
(2) Fitzroy, loc. cit., p. 183.

est jeté à la mer. » En outre, dans les hivers rigoureux, quand ils ne peuvent se procurer d'autre nourriture, « ils prennent la plus vieille femme de la troupe, lui tiennent la tête au-dessus d'une épaisse fumée qui provient d'un feu de bois vert, et l'étranglent en lui serrant la gorge. Ils dévorent ensuite sa chair, morceau par morceau, sans en excepter le tronc, comme dans le cas précédent ». Quand on leur demandait pourquoi ils ne tuaient pas plutôt les chiens, ils répondaient : « Le chien prend l'*iappo* », c'est-à-dire la loutre.

Comme Decker, l'amiral Fitzroy « n'a jamais assisté à aucun acte d'un caractère positivement religieux, et n'a jamais entendu parler d'aucun » (1). Pourtant plusieurs des naturels supposent « qu'il y a dans les bois un grand homme noir qui connaît tout, à qui on ne peut échapper, et qui fait le beau et le mauvais temps, suivant la conduite que tiennent les hommes ». Quand quelqu'un meurt, ils emportent le corps fort avant dans les forêts (2), « le déposent sur des branches cassées, ou sur des morceaux de bois solide, puis entassent des branchages en grande quantité sur le cadavre ».

Leurs canots sont faits de larges fragments d'écorce cousus ensemble. Dans le fond, ils disposent un foyer avec de l'argile, car ils tiennent toujours un feu allumé, quoique, au moyen de pyrites de fer, il leur soit facile de se procurer des étincelles en cas d'accident. Les Indiens Chonos, qui, sous tant de rapports, ressemblent aux indigènes de la Terre de Feu, ont des canots beaucoup mieux faits. Ces derniers se composent de planches, généralement au nombre de cinq : deux de chaque côté, et une au fond. Le long des bords de chaque planche il y a de petits trous, à environ un pouce de distance les uns des autres. Les planches sont assujetties avec du chèvrefeuille, et les trous comblés avec une sorte d'écorce réduite par le battement à l'état d'étoupe. Byron observe justement que, faute d'instruments de métal, « ce

---

(1) Voyez aussi Weddell, *Voyage au pôle sud*, p. 179. — *The Voice of pity*, vol. VI, p. 92, etc.

(2) *Loc. cit.*, p. 181.

doit être un rude travail que de tailler une seule planche dans un grand arbre, à l'aide d'écailles et de silex, lors même qu'on a recours au feu ».

Les habitants de la Terre de Feu n'ont point de poterie, mais, comme les Indiens de l'Amérique du Nord, ils se servent de vases faits de verges de bouleau, ou plutôt d'écorce de hêtre. Sur la côte orientale, beaucoup de naturels ont des peaux de guanaco, et sur la côte occidentale plusieurs portent des peaux de veau marin. « Chez les tribus du centre, les hommes ont généralement pour vêtement une peau de loutre ou un méchant haillon de la largeur d'un mouchoir de poche, qui n'est guère suffisant qu'à couvrir le dos jusqu'aux reins. Il se lace sur la poitrine, et passe d'un côté à l'autre au gré du vent (1). » Beaucoup, toutefois, même parmi les femmes, vont tout à fait sans vêtements. Pourtant, comme a soin de le remarquer le capitaine Cook, « quoiqu'ils soient satisfaits de la nudité, ils ont de grandes prétentions à l'élégance », car ils ornent le corps de raies rouges, noires et blanches, et les deux sexes portent aux bras et aux chevilles des anneaux d'or et de coquillages. Le docteur Hooker nous apprend qu'à l'extrême sud de la Terre de Feu, il a souvent vu au milieu de l'hiver les hommes endormis dans leurs wigwams sans le moindre vêtement, tandis que les femmes, nues, et plusieurs avec des enfants sur leur sein, étaient debout dans l'eau jusqu'à mi-corps, occupées à recueillir des patelles et autres crustacés, pendant que la neige tombait à gros flocons sur elles et sur leurs enfants également nus. Il ne semble pas, en réalité, que le feu leur soit nécessaire, et ils ne s'en servent point pour échauffer l'air de leurs huttes, comme nous le faisons dans nos maisons, quoique, par une sorte de raffinement, ils en profitent quelquefois pour approcher de la flamme leurs mains et leurs pieds. Sans doute pourtant, s'ils étaient privés de cette source de chaleur, ils mourraient de dénûment plus fréquemment que ce n'est au-

(1) Darwin, *Recherches sur la géologie et l'histoire naturelle*, p. 234.

jourd'hui le cas. S'ils ne sont pas au dernier rang, les naturels
de ce pays paraissent, à coup sûr, être un des plus misérables
échantillons de l'espèce humaine, et leurs habitudes offrent un
intérêt spécial par la ressemblance probable qu'elles offrent avec
celles des anciens Danois habitants des amas coquilliers. Ceux-ci
étaient néanmoins, à certains égards, un peu plus avancés, car
ils connaissaient la fabrication de la poterie.

CHAPITRE XIII

LES SAUVAGES MODERNES (CONCLUSION).

Habileté des sauvages modernes. — Flèches. — Harpons. — Aiguilles. — Art. — Statues,
Différences dans l'âge de pierre. — Différentes lignes de civilisation. — Différences dans
les armes. — Isolement des sauvages. — Inventions indépendantes. — Différences
d'habitudes. — Différents usages du chien. — Feu. — Méthodes différentes de sépultures. — Coutumes curieuses. — Différence des principaux sons. — Idées différentes
de la vertu. — Déification des hommes blancs par les sauvages. — Position sociale
des femmes. — Sauvages et enfants. — Infériorité morale des sauvages. — Infériorité
intellectuelle des sauvages. — Difficulté du dénombrement. — Absence de religion
chez bien des tribus sauvages. — Croyance à la sorcellerie. — Infériorité générale des
sauvages.

Quand on lit les récits de visites chez les sauvages, il est impossible de ne point admirer avec quelle habileté ils se servent
de leurs armes et de leurs grossiers instruments. L'Indien de
l'Amérique du Nord traverse de part en part avec une flèche,
un cheval et même un buffle. Le sauvage Africain tue l'éléphant,
et le Chinook ne craint même pas d'attaquer la baleine. Le capitaine Grey nous dit qu'il a vu souvent les Australiens tuer un
pigeon avec un javelot, à une distance de trente pas (1). Parlant
du même peuple, M. Stanbridge assure que « sur le Murray,
un de leurs exploits favoris consiste à plonger dans la rivière, la
lance à la main, et à reparaître en tenant un poisson au bout » (2).
Woodes Rogers dit que les Indiens de la Californie avaient coutume de plonger et de frapper le poisson sous l'eau, avec des
lances de bois (3); et Falkner nous affirme que plusieurs tribus de

(1) Grey, *loc. cit.*, vol. II, p. 285.
(2) *Des aborigènes de Victoria* (*Transactions de la Société ethnologique*, nouv.
série, vol. I, p. 293).
(3) *Voyages de Callander*, vol. III, p. 331.

la Patagonie vivent principalement de poisson « qu'elles prennent soit en plongeant, soit en le frappant avec leurs traits »(1). Wallace parle de la même manière des Indiens du Brésil (2). Les insulaires des mers du Sud ont une remarquable activité dans l'eau. Ils plongent à la recherche du poisson qui « se réfugie sous les rochers de corail; là le plongeur le poursuit, et le ramène à la surface, avec un doigt dans chaque œil » (3). Ils sont même plus forts que le requin, qu'ils ne craignent pas d'attaquer avec un couteau. S'ils sont sans armes, « ils l'entourent tous ensemble et le poussent à terre, pour peu qu'ils parviennent à l'attirer dans le ressac »; mais lors même qu'il s'échappe, ils continuent de se baigner sans la moindre crainte (4). Ellis, plus réservé, se contente de dire « qu'étant armés, on les a vus quelquefois attaquer un requin dans la mer » (5). On dit aussi que les insulaires des îles Andaman plongent et vont saisir le poisson sous l'eau (6); et Rutherford s'exprime de même sur le compte des Néo-Zélandais. L'Esquimau sur son kayak exécute dans l'eau des sauts périlleux. Skyring (7) vit un habitant de la Terre de Feu qui « lançait des pierres de chaque main avec une force et une adresse étonnantes. Sa première pierre frappa le maître d'équipage avec beaucoup de force, brisa une poire à poudre qu'il portait au cou, et faillit le renverser sur le dos. » Dans sa description des Hottentots, Kolben dit (8) que leur habileté à lancer « le *hassagaye* et le *rackum-stick* frappe de la plus grande admiration tous ceux qui en sont témoins..... Si un Hottentot, chassant un lièvre, un daim ou un bouc sauvage, arrive seulement à 30 ou 40 mètres de sa proie, le rackum-stick vole, et l'animal tombe, ordinairement le corps percé d'outre en

(1) *Patagonie*, p. 111.
(2) *Voyages sur l'Amazone*, p. 448.
(3) Wilson, *loc. cit.*, p. 385.
(4) Wilson, *loc. cit.*, p. 368.
(5) *Recherches polynésiennes*, vol. 1, p. 178.
(6) Mouat, *loc. cit.*, p. 310, 333.
(7) Fitzroy, *loc. cit.*, vol. I, p. 398.
(8) Kolben, *loc. cit.*, vol. I, p. 243.

outre ». La mort de Goliath est un exemple bien connu de l'habileté avec laquelle on peut se servir de la fronde, et l'on nous dit aussi qu'il y avait dans la tribu de Benjamin un corps choisi « de sept cents hommes gauchers, dont chacun atteignait sûrement avec la fronde un but de l'épaisseur d'un cheveu » (1). Les Indiens du Brésil tuent les tortues à coups de flèches ; mais s'ils visaient directement l'animal, l'arme ne ferait qu'effleurer l'écaille dure et polie : aussi décochent-ils leur flèche en l'air, de façon qu'elle tombe presque verticalement sur la carapace de la tortue et puisse ainsi la traverser (2).

Quelle longue pratique ne faut-il point pour acquérir une telle adresse ! Que de précision aussi doivent avoir les armes ! Il est de toute évidence, en effet, que pour tous les instruments de pierre, chaque espèce distincte a dû recevoir une destination spéciale. Ainsi les différentes variétés de pointes de flèche, de harpons et de haches de pierre ne peuvent pas avoir servi aux mêmes usages. Chez les Indiens de l'Amérique du Nord, les flèches de chasse étaient ainsi faites, que quand on retirait le bois de la blessure, la pointe en sortait en même temps, tandis que dans les flèches de guerre le bois allait s'amincissant à l'extrémité, si bien que quand on le retirait, la pointe n'en restait pas moins dans la plaie. Les diverses formes de harpons s'expliquent encore par les lances barbelées et non barbelées des Esquimaux (p. 409). Malheureusement nous n'avons que peu de renseignements de ce genre ; les voyageurs ont en général cru inutile d'observer ou de rapporter ces détails en apparence insignifiants. Ce qui prouve combien la connaissance que nous avons des ustensiles de pierre est encore incomplète, c'est la discussion qui s'est élevée entre les professeurs Steenstrup et Worsaæ, pour savoir si les prétendues « haches » des amas de coquilles étaient réellement des haches, ou si elles n'étaient pas plutôt des engins de pêche.

Nous pouvons espérer toutefois qu'à l'avenir, ceux qui auront

(1) *Juges*, xx, 16.
(2) Wallace, *l'Amazone*, p. 466.

l'occasion d'observer des instruments de pierre chez les sauvages modernes nous donneront des informations plus détaillées tant sur la manière précise dont on en fait usage que sur la façon dont on les fabrique ; nous espérons qu'ils ne recueilleront pas seulement des armes d'un beau travail, mais encore et surtout les modestes ustensiles de la vie journalière.

Plusieurs archéologues ont prétendu que les habitants des amas de coquilles du Danemark avaient dû posséder des armes plus redoutables qu'aucune de celles trouvées jusqu'ici chez eux. Au dire de ces savants, il leur eût été impossible, en effet, d'abattre de gros gibier, comme, par exemple, le taureau et le veau marin, avec les simples armes d'os et de pierre qui seules ont été découvertes jusqu'à ce jour. Le professeur Worsaæ, dans l'ouvrage bien connu intitulé : *Des antiquités primitives du Danemark* (1), ne craint même pas de dire ce qui suit : « Contre les oiseaux et autres petits animaux, ces flèches de pierre pourraient être efficaces, mais contre les espèces plus grosses, telles que l'aurochs, l'élan, le renne, le cerf et le sanglier, elles étaient évidemment insuffisantes, d'autant plus que ces animaux, à peine frappés, deviennent souvent furieux ». Il est clair qu'en formulant cette supposition, le professeur Worsaæ a commis une erreur complète.

M. Galton m'apprend que la dextérité avec laquelle les sauvages de l'Afrique méridionale égorgent et découpent de grands animaux, à l'aide des plus méchants couteaux, est réellement extraordinaire. Les Dammaras n'avaient d'ordinaire qu'un morceau de fer aplati et attaché à un manche, ou, à défaut de cet instrument, le tranchant de leurs lances plates. Pourtant, avec ces misérables outils, ils dépeçaient des girafes et des rhinocéros que même avec d'excellents couteaux de fabrique européenne M. Galton avait beaucoup de peine à entamer. D'autres tribus sauvages découpent aisément la chair avec des morceaux d'écaille ou de bois dur.

(1) Page 18.

Il est très-remarquable de voir avec quelle perfection savent coudre les Hottentots, les Esquimaux, les Indiens de l'Amérique du Nord, etc., alors que leurs alènes et leurs nerfs remplaceraient fort mal, entre nos mains, les aiguilles et le fil. Comme nous l'avons déjà mentionné à la page 255, certains archéologues timorés hésitaient à attribuer à l'âge de pierre les cavernes de rennes de la Dordogne, à cause des aiguilles d'os et des œuvres d'art qu'on y trouve. Les trous des aiguilles surtout ne pouvaient avoir été faits, à ce qu'ils pensaient, qu'avec des instruments métalliques. Le professeur Lartet leva ingénieusement ces doutes en fabriquant lui-même une aiguille semblable avec un caillou; mais il aurait pu invoquer le fait rapporté par Cook (1) dans son premier voyage, à savoir, que les Néo-Zélandais réussirent à percer de part en part un morceau de verre qu'il leur avait donné, en s'aidant dans ce travail, à ce qu'il suppose, d'un fragment de jaspe.

Les Brésiliens portent aussi des ornements de quartz imparfaitement cristallisé, d'une longueur de 4 à 8 pouces, et d'un diamètre d'un pouce environ. Si dure que soit cette substance, ils parviennent à la percer d'une extrémité à l'autre, en se servant pour ce travail de la feuille pointue du grand plantain sauvage, avec un peu de sable et d'eau. Le trou est ordinairement transversal, mais les ornements que portent les chefs sont percés dans le sens de la longueur, ce qui, selon M. Wallace, doit exiger des années entières (2).

Les œuvres d'art trouvées dans les cavernes de la Dordogne ne valent pas mieux que celles des Esquimaux ou des Indiens de l'Amérique du Nord. En fait, l'appréciation de l'art doit être regardée plutôt comme caractérisant la race que comme indiquant un degré particulier de civilisation. Nous voyons en outre que, dans beaucoup de cas, une certaine connaissance de l'agriculture

(1) Vol. III, p. 464.
(2) *Voyages sur l'Amazone*, p. 278.

a précédé l'usage des métaux, et les fortifications de la Nouvelle-Zélande, aussi bien que les vastes moraïs des îles de la mer du Sud, viennent à l'appui de la théorie qui attribue plusieurs de nos camps, de nos grands tumuli et autres restes druidiques, à la dernière période de l'âge de pierre. Nous avons déjà décrit le grand moraï d'Oberea, à Taïti (page 390). De plus, les célèbres statues de l'île de Pâques sont réellement colossales. L'une d'elles, qui s'est écroulée, mesure vingt-sept pieds de long, et d'autres paraissent plus grandes encore. Les maisons des îles des Larrons sont aussi fort remarquables. Les plus grandes étaient supportées par de fortes pyramides de pierre. Celles-ci étaient, suivant Frey-cinet (1), d'une seule pièce, faites de craie, de sable ou de grosses pierres, couchées dans une espèce de ciment. On les trouvait en grand nombre : dans un endroit, elles formaient une rangée de pierres longue de 400 mètres. Anson, qui le premier les a décrites, en a vu beaucoup de 13 pieds de haut, et l'une de celles qu'observa Freycinet ne mesurait pas moins de 20 pieds. Elles étaient carrées à la base, et reposaient sur le sol. Chaque pilier supportait un hémisphère dont le côté plat était tourné en haut. Les insulaires de la mer du Sud fournissent des exemples étonnants de ce qu'on peut exécuter avec des instruments de pierre. Leurs maisons sont grandes, souvent bien bâties, et leurs canots ont excité l'admiration de tous ceux qui les ont vus.

Donc, quoiqu'on puisse considérer l'usage de la pierre en tant que principale matière des instruments et des armes, comme le propre d'un état primitif de civilisation, il est évident toutefois que cet état comporte lui-même beaucoup de nuances. Par exemple, le Mincopie ou l'Australien n'est pas à comparer un seul instant avec le naturel demi-civilisé des îles de la Société. Dans l'ancien âge de pierre de l'Europe, nous trouvons également la preuve de nombreuses variétés. Les sauvages habitants

(1) Vol. II, p. 318.

des cavernes du sud de la France n'avaient, selon MM. Christy et Lartet, aucun animal domestique, et ne connaissaient ni la poterie, ni l'agriculture. Les habitants des amas de coquillages trouvés dans le Danemark avaient le chien; les habitants des lacs de la Suisse possédaient aussi cet animal, ainsi que le bœuf, le mouton, le porc, et peut-être même le cheval; ils avaient une certaine connaissance de l'agriculture, et n'ignoraient pas l'art de tisser. Ainsi, lors même que nous sommes convaincus que certains restes appartiennent à l'âge de pierre, nous ne sommes encore qu'au seuil de nos investigations.

Les voyageurs et les naturalistes sont fort divisés sur la question de savoir quelle est la race de sauvages qui doit prétendre à l'honneur peu enviable d'occuper le dernier degré dans l'échelle de la civilisation. Cook, Darwin, Fitzroy et Wallis penchaient décidément, si l'on peut ainsi parler, en faveur des habitants de la Terre de Feu. Burchell revendiquait le dernier rang pour les Boschimans; d'Urville opinait pour les Australiens et les Tasmaniens. Dampier regardait les Australiens comme « le peuple le plus misérable du monde ». Forster dit du peuple de Mallicollo « qu'il est le plus proche voisin de la tribu des singes ». Owen incline du côté des insulaires des Andaman; d'autres ont donné la préférence aux déterreurs de racines de l'Amérique septentrionale, et un écrivain français va jusqu'à insinuer que les singes sont plus rapprochés de l'homme que les Lapons.

En outre, il n'y a pas seulement, dans la civilisation de l'âge de pierre, des différences de degré; il y a aussi des différences de forme, car elle varie selon le climat, la végétation, la nourriture, etc.; d'où il suit évidemment, au moins pour tous ceux qui croient à l'unité de l'espèce humaine, que les habitudes actuelles des races sauvages ne doivent point être regardées comme dépendant directement de celles qui caractérisaient les premiers hommes, mais, au contraire, comme naissant de circonstances extérieures, et influencées jusqu'à un certain point par le caractère national, lequel n'est autre chose, après tout, que la résul-

tante de conditions extérieures agissant à la longue sur les générations.

Si nous prenons quelques-unes des choses les plus généralement utiles dans la vie sauvage, et en même temps les plus faciles
à acquérir, comme, par exemple, les arcs et les flèches, les
frondes, les bâtons de trait, les animaux domestiques, la poterie
ou la connaissance de l'agriculture, nous pourrons croire à priori
que leur acquisition a suivi une succession régulière. La table que
nous annexons page suivante, et à laquelle nous croyons qu'on
trouvera quelque intérêt, montre pourtant qu'il n'en a pas été
ainsi. Elle donne une idée du progrès réalisé par divers peuples
sauvages, au moment où les Européens les visitèrent pour la
première fois.

Plusieurs des différences indiquées sur cette table peuvent
aisément s'expliquer. Le sol glacé et la température arctique des
Esquimaux n'encourageaient, ne permettaient même pas l'agriculture. D'un autre côté, l'absence de porcs dans la Nouvelle-
Zélande, de chiens dans les îles des Amis, et de toute espèce de
mammifères dans l'île de Pâques, tient probablement à ce que
les colons primitifs ne possédaient pas ces animaux, et que leur
isolement les empêcha toujours, dans la suite, de s'en procurer.
Il faut aussi se souvenir qu'en général, le sauvage le plus arriéré
ne peut se servir que d'une ou deux armes. Il est limité à celles
qu'il peut emporter avec lui, et naturellement il préfère celles
qui offrent l'utilité la plus générale (1). Toutefois cette explication ne rend pas compte de tous les faits. Dans la Colombie, en
Australie, au cap de Bonne-Espérance et ailleurs, l'agriculture
était inconnue avant l'arrivée des Européens. L'île de Pâques, au
contraire, renfermait de vastes plantations de patates douces,
d'ignames, de plantain, de cannes à sucre, etc. Pourtant les
Chinooks de la Colombie avaient des arcs et des flèches, des
hameçons et des filets ; les Australiens avaient des bâtons de trait,

(1) Les armes de guerre, dépendant beaucoup du caprice des chefs, sont
probablement plus sujettes au changement que celles de chasse.

	HABITANTS DE L'ÎLE DE PAQUES.	HABITANTS DE LA TERRE DE FEU.	BOSCHIMANS.	HOTTENTOTS.	INSULAIRES DES ANDAMAN.	AUSTRALIENS. NORD-EST.	AUSTRALIENS. OUEST.	ESQUIMAUX. SUD.	ESQUIMAUX. NORD.	INDIENS DE L'AMÉRIQUE DU NORD. OUEST.	INDIENS DE L'AMÉRIQUE DU NORD. EST.	NOUVEAUX-ZÉLANDAIS.	INSULAIRES DE VITI.	INSULAIRES DES ILES DE LA SOCIÉTÉ.	INSULAIRES DES ILES DES AMIS.
Arcs et flèches....	.....	Faibles.	Faibles.	Faibles.	Bons.	.....	.....	Bons.	.....	Bons.	Bons.	.....	Bons.	Faibles.	Faibles.
Frondes..........	.....	Oui.	.....	.....	.....	.....	.....	Oui.	.....	Oui.	Oui.	.....	Oui.	Oui.	?
Bâtons de trait...	.....	.....	.....	.....	.....	Oui.	Oui.	Oui.	?	.....	.....	.....	.....	.....	.....
Boomerangs.....	.....	.....	.....	.....	.....	Oui.	Oui.	.....	.....	.....	.....	.....	.....	.....	.....
Bolas..........	.....	.....	.....	.....	.....	.....	.....	Oui.	?	.....	.....	.....	.....	.....	.....
Poterie........	.....	.....	.....	Oui.	.....	.....	.....	.....	.....	.....	Oui.	.....	.....	.....	.....
Canots.........	Mauvais	Mauvais	.....	.....	Bons.	.....	.....	Mauvais	Bons.	.....	.....	Très-bons.	Très-bons.	Très-bons.	Très-bons.
Agriculture......	.....	.....	.....	.....	.....	.....	.....	.....	.....	.....	Maïs.	.....	Oui.	Oui.	Oui.
Fortifications.....	.....	.....	.....	.....	?	.....	.....	.....	.....	.....	.....	Nombreuses	Oui.	Oui.	.....
Hameçons.......	.....	De pierre.	.....	De fer.	?	.....	Bien faits.	D'os.	.....	Oui.	Oui.	Os et écaille.	Os et écaille.	Os et écaille.	Écaille.
Filets..........	.....	.....	Oui.	Bons.	.....	.....	Bien faits.	Petits.	Pour prendre des oiseaux.	Oui.	Oui.	Grands.	Oui.	Grands.	Oui.
Chiens.........	.....	Pour la chasse.	Pour la chasse.	Pour la chasse.	.....	Pour la chasse.	Pour la chasse.	Pour le trait.	Pour le trait.	Pour la laine et la chas.	Pour la chasse.	Pour l'alimentation.	Pour l'alimentation.	Pour l'alimentation.	.....
Porcs (domestiques).	.....	.....	.....	.....	.....	.....	.....	.....	.....	.....	.....	.....	Quelq.-uns.	Beaucoup.	.....

des boomerangs, des hameçons et des filets; les Hottentots avaient des arcs et des flèches, des filets, des hameçons, de la poterie, et même une certaine connaissance du fer : toutes choses qui semblent avoir été inconnues aux habitants de l'île de Pâques, qui leur auraient rendu de grands services, et que, à l'exception du fer, ils auraient pu inventer et mettre en usage.

Si l'exemple de l'île de Pâques était le seul, l'absence d'arcs et de flèches s'expliquerait peut-être d'une façon plausible par le manque de gibier, la rareté des oiseaux et l'isolement de la petite île, qui en écartait presque tout risque de guerre. Mais un tel argument ne peut s'appliquer aux autres cas qui sont spécifiés dans la table. Comparons, par exemple, les tribus atlantiques des Indiens de l'Amérique du Nord, les Australiens, les Cafres, les Boschimans, les Néo-Zélandais et les insulaires de la Société. Tous ces peuples étaient constamment en guerre, et les deux premiers vivaient en grande partie du produit de leur chasse. Ils avaient donc au moins des besoins analogues. Pourtant les seules armes qui leur fussent communes étaient la lance, et peut-être la massue. Les Américains du Nord avaient de bons arcs et de bonnes flèches, les insulaires de la Société et les Boschimans en avaient de mauvais (ceux des premiers étaient, en effet, si faibles, qu'ils ne pouvaient être employés à la guerre); les Australiens, les Cafres et les Néo-Zélandais n'en avaient pas. D'autre part, les Australiens possédaient le bâton de trait et le boomerang; les insulaires de la Société se servaient de la fronde; enfin, les Néo-Zélandais, outre de puissantes massues, avaient de nombreuses et vastes fortifications. C'est une chose très-singulière, à coup sûr, que des peuples aussi belliqueux et, à bien des égards, aussi avancés que l'étaient les Maories et les Cafres n'aient point connu l'arc et la flèche, armes dont se servaient plusieurs races très-inférieures, telles que les naturels de la Terre de Feu, les Chinooks, les insulaires des Andaman et les Boschimans. Cela est d'autant plus étonnant, qu'on ne peut douter que les Néo-Zélandais au moins n'eussent trouvé l'arc fort

utile, et que celle de leurs tribus qui l'aurait inventé, n'en eût
retiré un immense avantage « dans la lutte pour l'existence »
D'autres contrastes semblables frapperont quiconque examinera
la table : mais peut-être est-il permis de dire que plusieurs de
ces cas sont explicables par l'influence de voisins plus civilisés ;
que, par exemple, la comparaison ci-dessus pourrait manquer de
justesse, en ce sens que les Néo-Zélandais étaient une race isolée,
tandis qu'il se pourrait que les Chinooks eussent emprunté la
connaissance des arcs et des flèches aux tribus orientales, lesquelles à leur tour auraient appris des nations demi-civilisées du
sud l'art de faire la poterie. On ne saurait nier qu'en plus d'un
cas cela ne soit vrai, car nous savons qu'à l'heure présente, la
plupart des sauvages possèdent des hachettes, des couteaux, des
grains de collier, qu'ils ont reçus des marchands, et qu'ils ne
peuvent encore fabriquer par eux-mêmes.

Certainement il se peut que les Chinooks aient reçu de leurs
voisins du nord la connaissance de l'arc, mais nous ne pouvons
guère supposer qu'ils la tiennent des Indiens rouges de l'est,
parce que, en ce cas, il est difficile de comprendre pourquoi ils
n'auraient pas également appris de ce peuple l'art, beaucoup
plus simple et presque aussi utile, de fabriquer la poterie. Il y
a d'ailleurs des cas où une telle idée ne peut même être mise en
question : ainsi, le bâton de trait est en usage chez les Esquimaux, les Australiens et certaines tribus brésiliennes ; la bola,
chez les Esquimaux et les Patagons ; le boomerang est propre
aux Australiens (1). Le *sumpitan*, ou tube des Malais, se rencontre aussi dans la vallée des Amazones. De plus, les diverses
races sauvages n'ont entre elles que peu de relations pacifiques.
Elles sont presque toujours en guerre. Si leurs habitudes sont
semblables, ce sont de mortelles rivales, car elles luttent pour les
meilleures pêcheries ou les meilleurs territoires de chasse ; si

(1) Toutefois les nègres du Niam-Niam ont des croissants de fer qui ressemblent au boomerang, et qu'ils lancent à la guerre.

leurs besoins sont différents, elles combattent pour avoir des
esclaves, des femmes, des ornements, ou, si elles ne s'en soucient
point, c'est alors pour le pur plaisir de se battre, pour obtenir
des chevelures, des têtes, et autres emblèmes considérés comme
glorieux. Dans de telles conditions de société, chaque tribu vit,
ou à l'état d'isolement, ou à l'état d'inimitié avec ses voisins.
Delenda est Carthago est la devise universelle, et les sauvages
ne peuvent vivre en paix que quand ils ont un petit monde à
eux. Tantôt une vaste mer, ou une haute chaîne de montagnes,
tantôt une large « marche » ou territoire neutre, remplissent les
conditions nécessaires, et les tiennent séparés. Ils ne se rencontrent que pour se battre, et ne peuvent pas, par conséquent,
apprendre grand'chose les uns des autres. Du reste, il arrive que
certaines tribus ont des armes absolument inconnues de leurs
voisins. Ainsi, chez les tribus du Brésil, nous trouvons l'arc et la
flèche, le tube, le lasso, et le bâton de trait. La première de ces
armes est la plus usitée ; mais les Barbados ne se servent que du
tube, les Moxos ont abandonné l'arc et la flèche pour le lasso,
et les Purupurus se distinguent de tous leurs voisins, en ce qu'ils
font usage, non de l'arc et de la flèche, mais du *palhetu*, ou
bâton de trait. Autres exemples : les Cafres n'ont pas adopté
généralement les arcs et les flèches des Boschimans ; l'art de
fabriquer la poterie n'a pas été transmis aux Esquimaux par les
Indiens de l'Amérique du Nord, ni aux tribus méridionales de la
Colombie par les Mexicains, leurs voisins septentrionaux.

En outre, beaucoup d'arts peu compliqués, comme par
exemple la manufacture de la poterie et des arcs, sont si utiles
et en même temps, quoique la conception en soit ingénieuse,
si simples d'exécution, qu'on ne peut guère supposer qu'une fois
acquis, ils puissent jamais se perdre. Nous l'avons vu, cependant,
les Néo-Zélandais et les Cafres n'avaient point d'arcs, et aucun
peuple polynésien ne connaissait la poterie, quoiqu'il soit évident,
d'après leur habileté à fabriquer d'autres objets, et leur état
général de civilisation, qu'ils n'y auraient éprouvé aucune diffi-

culté, pour peu qu'ils eussent une fois trouvé la manière. La *bola* est une arme très-efficace, et qui n'est certainement pas difficile à fabriquer; cependant les Patagons et les Esquimaux seuls semblent la connaître. On ne peut douter que l'art de la poterie ne se soit souvent communiqué d'une race à l'autre. Néanmoins il y a des cas, même parmi les races existantes (1), où l'on semble trouver l'indice d'une découverte indépendante, ou tout au moins des cas où l'art apparaît à un degré rudimentaire.

Donc, en résumé, d'après l'examen de tous ces faits et d'autres semblables que nous aurions pu mentionner, l'opinion qui nous paraît la plus probable, est que beaucoup des armes, des ustensiles, etc., les plus simples, ont été inventés isolément par diverses tribus sauvages, quoiqu'il y ait sans doute aussi des cas où une tribu les a empruntés à une autre.

L'opinion contraire a été adoptée par beaucoup d'écrivains, à cause de la similitude incontestable qui existe entre les armes employées par les sauvages, dans des régions fort différentes les unes des autres. Mais si paradoxale que puisse paraître cette assertion, malgré la ressemblance frappante que présentent les instruments et les armes des sauvages, les différences n'en sont pas moins en même temps très-curieuses. Sans doute, les nécessités de la vie sont simples, et se ressemblent sur toute la surface du globe. Les matériaux que l'homme a à mettre en œuvre sont aussi, à très-peu de chose près, les mêmes : le bois, l'os et jusqu'à un certain point la pierre, ont partout les mêmes propriétés. Les éclats d'obsidienne des Aztèques ressemblent aux éclats de silex de nos ancêtres, moins parce que les anciens Bretons ressemblaient aux Aztèques que parce que la cassure du silex est la même que celle de l'obsidienne. De même les os pointus employés comme poinçons sont nécessairement semblables dans tout l'univers. En réalité, la similitude existe plutôt dans la ma-

(1) Voyez, par exemple, page 404.

tière brute que dans l'objet manufacturé, et plusieurs des instruments de pierre, même les plus simples, sont très-différents chez les différentes races. Les hachettes en forme de doloires des insulaires de la mer du Sud ne sont pas les mêmes que celles des Australiens ou des anciens Bretons; ces dernières, à leur tour, diffèrent beaucoup du type qui caractérise la période du diluvium ou archéolithique.

Il n'y a pas non plus, en réalité, de très-grands rapports entre les mœurs et les habitudes des sauvages. Beaucoup de différences dont on a dû être frappé en lisant ce qui précède, proviennent évidemment et directement des conditions extérieures dans lesquelles sont placées les diverses races. Il est impossible que les habitudes de l'Esquimau et celles du Hottentot se ressemblent. Mais prenons un acte commun à plusieurs races et susceptible d'être accompli de plusieurs manières. Par exemple, la plupart des sauvages vivent en partie de la chair des oiseaux : comment s'en procurent-ils? Généralement avec l'arc et la flèche; mais, tandis que les Australiens prennent les oiseaux à la main, ou bien les tuent avec le simple javelot ou le boomerang, tandis que les naturels de la Terre de Feu ont à la fois la fronde et l'arc, les Esquimaux se servent d'un javelot complexe, projectile qui consiste en un certain nombre de dents de morse attachées ensemble par de petits morceaux de corde, et formant ainsi une espèce de bola. Les tribus septentrionales visitées par Kane employaient une autre méthode. Elles prenaient de grandes quantités d'oiseaux, — surtout de petits macareux, — dans de petits filets qui ressemblaient à nos filets de pêche, et étaient munis de longs manches d'ivoire. Et pourtant ce même peuple n'avait aucune connaissance de la pêche (1).

Prenons encore pour exemple l'usage qu'on fait du chien. D'abord, probablement, le chien et l'homme chassaient ensemble; l'intelligence de l'un secondait la célérité de l'autre, et ils par-

(1) Kane, *Explorations arctiques*, vol. II, p. 203, 243.

tageaient le produit de leurs communs efforts. Peu à peu l'esprit affirma sa prédominance sur la matière, et l'homme devint le maître. Le chien fut alors employé de diverses autres manières, . moins en rapport avec sa nature. L'Esquimau le força à s'atteler au traîneau ; le Chinook l'éleva pour avoir sa fourrure ; les insulaires de la mer du Sud, n'ayant pas de gibier, eurent des chiens pour les manger ; les Indiens Chonos leur apprirent à pêcher ; là où les tribus devenaient pastorales, les chiens devenaient bergers. Enfin, Pline rapporte que dans les temps anciens, on dressait des troupes de chiens pour la guerre. Le bœuf lui-même, quoique moins éducable que le chien, a reçu aussi une destination cynégétique et militaire.

D'autre part, pour obtenir du feu, on suit deux méthodes absolument différentes. Certains sauvages, tels que les habitants de la Terre de Feu, emploient la percussion, tandis que d'autres, comme les insulaires de la mer du Sud, frottent deux morceaux de bois l'un contre l'autre. On est partagé sur la question de savoir si nous connaissons réellement un peuple incapable de se procurer du feu. Nous avons déjà mentionné (p. 357) l'assertion de M. Dove concernant les Tasmaniens, qui, bien que connaissant le feu, ignoraient le moyen de l'obtenir. Dans son *Histoire de l'archipel des Larrons*, le père Gobien assure que le feu, « cet élément d'une utilité si universelle, leur était profondément inconnu, jusqu'à ce que Magellan, provoqué par leurs vols incessants, eût brûlé un de leurs villages. Quand ils virent flamber leurs maisons de bois, leur première pensée fut que le feu était une bête qui se nourrissait de bois, et plusieurs d'entre eux, qui s'étaient approchés outre mesure de l'incendie, ayant été brûlés, les autres se tinrent à distance, craignant d'être dévorés et empoisonnés par le souffle violent de ce terrible animal. » Ce fait n'est pas mentionné dans la relation originale du voyage de Magellan. Freycinet croit que l'assertion du père Gobien est entièrement dénuée de fondement. Le langage des habitants, dit-il, contient les mots équivalents à « feu, incendie, charbon de

terre, four, action de griller et de faire bouillir », etc.; et, avant
même l'arrivée des Européens, ils connaissaient la poterie (1).
Il est difficile, toutefois, de rejeter le témoignage contraire de
Gobien, d'autant plus qu'il est appuyé par des renseignements
semblables émanant d'autres voyageurs. Ainsi, Alvaro de Saa-
vedra dit que les habitants de certaines petites îles du Pacifique,
qu'il appelle « les Jardines », mais qu'il est impossible de déterminer aujourd'hui d'une manière satisfaisante, éprouvaient de
la terreur en face du feu, parce qu'ils n'en avaient jamais vu (2).
Wilkes nous dit encore (3) que dans l'île de Fakaafo, qu'il
appelle Bowditch, « il n'y avait pas trace de lieu pour faire la
cuisine, et nulle apparence de feu ».

Les naturels étaient aussi fort alarmés quand ils voyaient des
étincelles jaillir d'un caillou battu avec un briquet. Ici, du moins,
on pourrait croire que le cas est hors de doute et ne saurait soulever d'objection : il est presque impossible que la présence du feu échappe à l'observation, car les traces qu'il laisse
sont bien visibles. Si l'on ne peut ajouter foi à de telles informations, fournies par un officier de la marine des États-Unis, dans
le compte rendu officiel d'une mission dont le but était spécialement scientifique, il y a de quoi se décourager, et perdre toute
confiance dans les investigations ethnologiques. Cependant les
assertions de Wilkes sont contestées, et non sans une grande
apparence de raison, par M. Tylor (4). Dans l'*Ethnographie de
la mission d'exploration des États-Unis*, Hale donne une liste de
mots de Fakaafo, où nous trouvons *afi* pour « feu ». C'est évidemment le même mot que le Néo-Zélandais *ahi;* mais comme
il signifie lumière et chaleur, aussi bien que feu, on peut supposer que c'est ainsi qu'il est entré dans le vocabulaire de Fakaafo.
Cet argument n'a donc pas, à mes yeux, toute la force qu'il a

(1) *Loc. cit.*, vol. II, p. 166.
(2) Hackluyt, *Soc.*, 1862, p. 178.
(3) Wilkes. *Voyage d'exploration dans les États-Unis*, vol. V, p. 18.
(4) Tylor, *Histoire primitive de l'humanité*, p. 230.

aux yeux de M. Tylor. Il est évident, néanmoins, que le capitaine Wilkes ne s'est pas aperçu de l'importance de l'observation; autrement il eût, à coup sûr, essayé de résoudre la question, et puisque Hale, dans un ouvrage spécial sur l'ethnologie de l'expédition, ne dit pas un mot à ce sujet, il est clair qu'il n'imaginait point chez les habitants de Fakaafo une anomalie aussi curieuse. Le fait, s'il était établi, aurait beaucoup d'importance, mais on ne peut admettre comme suffisamment prouvé, ni qu'il existe actuellement, ni qu'il y ait eu, à une époque historique, une race d'hommes entièrement ignorante du feu. Ce qui est certain, c'est qu'en remontant aux plus anciens villages lacustres de la Suisse, et aux amas de coquillages du Danemark, on trouve l'usage du feu bien connu en Europe.

En outre, on imaginerait à peine un traitement applicable aux morts qui n'ait pas été adopté dans quelque partie du monde. Chez beaucoup de peuples, on se borne à enterrer le cadavre; d'autres le brûlent. Quelques tribus indiennes de l'Amérique du Nord échafaudent leurs morts sur des branches d'arbres. Certaines tribus les déposent dans des rivières sacrées, d'autres dans la mer. Chez les Dyaks maritimes, le chef défunt est placé dans son canot de guerre avec ses armes favorites et les principaux objets qui lui ont appartenu : dans cet état, il est abandonné à la dérive. D'autres tribus laissaient leurs morts devenir la pâture des bêtes sauvages, d'autres encore préféraient s'en nourrir elles-mêmes. Certaines tribus du Brésil *boivent* les morts (1). « Les Tarianas, les Tucanos et quelques autres peuples, un mois environ après les funérailles, exhument le cadavre, dont la décomposition est alors fort avancée, et le mettent sur le feu dans une grande poêle ou dans un four, jusqu'à ce que toutes les parties volatiles se soient évanouies en exhalant l'odeur la plus infecte, et en ne laissant qu'une masse noire et carbonisée. Celle-ci est réduite en une fine poussière, mêlée dans plusieurs

_____

(1) Wallace, *Voyage sur l'Amazone*, p. 498.

larges conques de caxiri, et bue par toute la compagnie assemblée. » On est pleinement convaincu que les vertus du défunt passent de la sorte à ceux qui le boivent. Les Cobeus absorbent aussi les cendres des morts de la même manière.

S'il y a, en effet, deux façons possibles de faire une chose, on peut être sûr que certains peuples préféreront celle-ci, et certains autres celle-là. Nous trouvons naturel que la généalogie suive la ligne masculine, mais il y a un très-grand nombre de nations qui la font remonter à la mère et non au père. Le mari ou le père nous paraît être le chef naturel de la famille. A Taïti, c'est le contraire : le fils entre immédiatement en possession des biens et titres de son père, qui, dès lors, ne les détient plus que comme gardien ou dépositaire, de sorte que, chez ce peuple étrange, ce n'est pas le père, mais le fils qui est en réalité le chef de la famille. Chez les Néo-Zélandais, M. Brown nous assure que le *plus jeune* fils hérite de la fortune paternelle (1). Dans beaucoup de pays, les parents à de certains degrés ne peuvent causer entre eux : coutume extraordinaire qui, comme nous l'avons vu (page 367), domine surtout parmi les insulaires de Viti.

Il nous paraît naturel qu'après l'accouchement, la femme garde le lit, et qu'autant que possible son mari la soulage momentanément des fatigues et des soins de la vie. Sur ce point, au moins, il était permis de penser que toutes les nations seraient d'accord. Pourtant il n'en est pas ainsi. Chez les Caraïbes, le père, à la naissance d'un enfant, se couchait dans son hamac et se mettait entre les mains du médecin, tandis que la mère allait à son ouvrage, comme d'habitude. Un usage semblable a été observé sur le continent de l'Amérique méridionale, parmi les Arawaks de Surinam, ainsi qu'en Chine, dans la province du Yunnan occidental. Strabon le mentionne comme existant de son temps chez les Ibères, et on le trouve encore

(1) Brown, *La Nouvelle-Zélande et ses aborigènes*, p. 26.

aujourd'hui chez les Basques, où l'on nous dit que dans certaines vallées, « les femmes se lèvent immédiatement après l'accouchement, et vaquent aux occupations du ménage, pendant que le mari tient le lit, ayant le nouveau-né avec lui, et recevant ainsi les compliments des voisins ». La même habitude a été remarquée aussi dans le sud de la France. Selon Diodore de Sicile, elle régnait de son temps en Corse. Enfin, « on dit qu'elle existe encore dans quelques cantons du Béarn, où cela s'appelle faire la couvade ». On trouvera une relation complète de cet usage vraiment extraordinaire dans l'*Histoire primitive de l'humanité* de Tylor : c'est sur la foi de cet auteur que je donne les détails ci-dessus (1).

L'amour de la vie, la crainte de la mort, comptent parmi les plus forts de nos sentiments. « Tout ce qu'un homme a, il le donnera en échange de sa vie. » Mais cet instinct n'est nullement universel. Selon Azara, les Indiens du Paraguay ont une grande indifférence pour la mort, et nous avons déjà vu qu'il en est de même des naturels de Viti. Chez les Chinois, un homme condamné au dernier supplice, s'il en obtient la permission, peut toujours, dit-on, trouver un remplaçant moyennant un salaire modéré.

En outre, les sons qui constituent le langage diffèrent extrêmement dans les diverses contrées du monde. Les gutturales des Hottentots en sont un frappant exemple. D'après M. de Lamanon (2), les Indiens de Port-au-Français, dans la Colombie, ne font point usage des consonnes *b*, *f*, *x*, *j*, *d*, *p*, et *v*. Les Australiens n'avaient point le son représenté par notre lettre *s* (3). Les naturels de Viti ne se servent point de la lettre *c*; le *k* manque dans le dialecte de Somo-Somo; le *t*, dans celui de Rakiraki et autres lieux (4). Les insulaires des îles de la Société

(1) Tylor, *loc. cit.*, p. 288.
(2) Lamanon, *Voyage de la Pérouse*, vol. II, p. 211.
(3) Freycinet, vol. II, p. 757. — D'Urville, vol. I, p. 188, 199, 481.
(4) *Viti et les Vitiens* vol. I, p. v, 257.

excluent l's et le *c* (1). En figurant la langue de la Nouvelle-
Zélande, les missionnaires pouvaient écarter treize de nos
lettres, savoir : *b, c, d, f, g, j, l, q, s, v, x, y,* et *z* (2).

Les signes même destinés à manifester les sentiments diffèrent beaucoup dans les différentes races. Le baiser nous apparaît
comme l'expression naturelle de l'affection; pourtant il était
entièrement inconnu des Taïtiens, des Néo-Zélandais (3), des
Papous (4), et des aborigènes de l'Australie; il n'était pas non
plus en usage chez les Esquimaux (5). Les Tongans et beaucoup
d'autres Polynésiens s'asseyent toujours pour parler à un supérieur; les habitants de Mallicollo « témoignent leur admiration
en sifflant comme des oies » (6); à Vatavulu, le respect exige
qu'on tourne le dos à un supérieur, surtout quand on s'adresse
à lui (7). Suivant Freyciuet, les larmes étaient considérées,
dans les îles Sandwich, comme un signe de joie (8); et tirer le
nez était, chez certains Esquimaux, une marque de respect (9).
Spix et Martius assurent que les Indiens du Brésil ne savaient
pas ce que c'était que rougir, et que ce fut seulement à la suite
de longs rapports avec les Européens, qu'un changement de
couleur devint chez eux l'indice d'une émotion de l'âme (10).

L'idée qu'on se fait de la vertu est sujette également à une
foule de variations. Ni la foi, ni l'espérance, ni la charité, ne
figurent parmi les vertus d'un sauvage. La langue Sichuana ne
contient pas d'expression pour remercier; l'Algonquin n'avait
pas de mot pour « amour »; le Tinnè n'en avait pas pour « bien-
aimé. » La pitié était pour les Indiens de l'Amérique du Nord une

(1) *Recherches polynésiennes,* vol. I, p. 77.

(2) Brown, *La Nouvelle-Zélande et ses aborigènes,* p. 100.

(3) D'Urville, vol. II, p. 561.

(4) Freycinet, vol. II, p. 56.

(5) *Journal de Lyon,* p. 353.

(6) Cook, *Second Voyage,* vol. II, p. 36.

(7) *Viti et les Vitiens,* vol. I, p. 154.

(8) Freycinet, *loc. cit.,* vol. II, p. 542, 589.

(9) Ross, *Baie de Baffin,* p. 118.

(10) Vol. I, p. 376.

duperie, et la paix un mal; le vol, dit Catlin, « ils l'appellent capture»; l'humilité est une idée qu'ils ne pouvaient comprendre. La chasteté n'était pas regardée comme une vertu par les Néo-Zélandais (1); elle était blâmée, mais pour des raisons très-différentes, par certaines tribus brésiliennes, par les habitants des îles des Larrons, et par ceux des îles Andaman. D'un autre côté, les Australiens auraient été scandalisés de voir un homme épouser une femme dont le nom de famille eût été le même que le sien. Chez les Abipones, c'était un péché à un homme que de prononcer son nom. Les Taïtiens trouvaient très-mauvais qu'on mangeât en compagnie, et ils furent saisis d'horreur en voyant un matelot anglais qui portait des vivres dans un panier placé sur sa tête. Ce préjugé était aussi celui des Néo-Zélandais (2); tandis que les Vitiens, qui avaient l'habitude du cannibalisme, qui considéraient la pitié comme une faiblesse, et la cruauté comme une vertu, étaient persuadés qu'une femme qui n'était pas tatouée d'une manière orthodoxe pendant sa vie, n'avait pas de bonheur à espérer après la mort. Cette idée curieuse se rencontre aussi chez les Esquimaux. Hall nous dit qu'ils se tatouent « par principe, croyant que les lignes faites de la sorte passeront, dans l'autre monde, pour un signe d'honnêteté » (3). Aux yeux des Veddahs, c'est la chose la plus naturelle du monde, qu'un homme épouse sa jeune sœur, mais le mariage avec une sœur aînée leur répugne autant qu'à nous. Dans les îles des Amis, le grand prêtre était jugé trop saint pour se marier, mais il avait le droit de prendre autant de concubines que cela lui plaisait, et les chefs mêmes n'osaient pas lui refuser leurs filles. Chez les naturels de la Nouvelle-Galles du Sud, quoique les femmes n'eussent point de vêtements, on trouvait indécent que les enfants allassent tout nus (4).

---

(1) Brown, *La Nouvelle-Zélande et ses aborigènes*, p. 35.
(2) D'Urville, vol. II, p. 533.
(3) Hall, *Séjour chez les Esquimaux*, vol. II, p. 315.
(4) D'Urville, vol. I, p. 471.

Je ne puis m'empêcher de penser qu'il y a plus de différences encore que de ressemblances à observer entre les peuples sauvages.

En essayant d'apprécier le caractère moral des sauvages, il faut se souvenir non-seulement que chez eux la règle du bien et du mal était, et est encore, en beaucoup de cas, fort éloignée de la nôtre, mais aussi que, suivant les renseignements des voyageurs, — et ici j'avoue que je suis fort indécis, — plusieurs d'entre eux peuvent à peine être regardés comme des êtres responsables, et ne possèdent aucune notion, même défectueuse et vague, de rectitude morale (1). Mais là où existent des notions de ce genre, elles diffèrent, comme nous l'avons vu, profondément des nôtres, et ce serait élargir outre mesure la question, que de rechercher si, dans tous les cas, notre règle est la bonne.

Quand nous examinons le caractère des femmes qui appartiennent aux races sauvages ou demi-sauvages, nous devons nous rappeler que les sauvages considéraient les blancs comme des êtres d'un ordre supérieur à eux-mêmes. Ainsi M. du Chaillu nous apprend que certains sauvages de l'Afrique le regardaient comme un être supérieur, et les insulaires de la mer du Sud vénéraient le capitaine Cook comme une divinité. Même après l'avoir tué et coupé en petits morceaux, les habitants d'Owhyhee s'attendaient pleinement à le voir reparaître, et se demandaient souvent « comment il les traiterait à son retour » (2). Si absurde et si extravagante qu'une telle croyance puisse sembler au premier abord, il faut reconnaître qu'elle est à bien des égards très-naturelle.

L'esprit des sauvages ne peut s'élever qu'à la conception d'un être de quelques degrés seulement supérieur à eux-mêmes, et le capitaine Cook était plus puissant, plus sage, et nous pouvons

(1) Voyez, par exemple, Burchell, vol. I, p. 461.

(2) Cook, *Voyage dans l'océan Pacifique*, par le capitaine King, F. R. S., vol. III, p. 69.

ajouter plus vertueux que la plupart de leurs prétendus dieux. Ces circonstances étant données, et quoiqu'il faille admettre que la chasteté des femmes n'est pas généralement fort en honneur parmi les sauvages, nous ne devons pas les condamner trop sévèrement là-dessus. Il n'y a pas lieu de s'étonner si un commerce avec les blancs tire plutôt à considération qu'à honte : les Européens occupaient en réalité, dans l'opinion publique, presque la même position qu'avaient les divinités galantes de l'ancienne mythologie.

En outre, pour les sauvages comme pour les enfants, le *temps* paraît plus long qu'il ne nous le semble ; aussi un mariage temporaire est-il aussi naturel et aussi honorable qu'un mariage permanent. De plus, l'hospitalité est souvent poussée si loin, qu'on se reprocherait de priver un hôte de quoi que ce soit qui pût contribuer à son bien-être : en conséquence, il est temporairement pourvu d'une femme pendant la durée de son séjour (1). Les Esquimaux considèrent comme une grande marque d'amitié entre deux hommes d'échanger leurs épouses pour un jour ou deux. Nous avons déjà rapporté que l'idée de n'avoir qu'une femme scandalisa au plus haut point un chef kandyan cité par M. Bayley. C'était, disait-il, « exactement comme les singes ». Quand le capitaine Cook était dans la Nouvelle-Zélande, ses compagnons contractèrent plusieurs mariages momentanés avec les femmes Maories. Les unions conclues décemment et en bonne forme étaient regardées par les Néo-Zélandais comme de tout point régulières et honnêtes (2). Regnard (3) assure que les Lapons préféraient épouser une jeune fille qui avait eu un enfant d'un blanc, pensant « que si un homme qu'ils croyaient doué d'un meilleur goût qu'eux-mêmes avait voulu donner des marques de son amour à une jeune fille de leur pays, c'est qu'elle

(1) Voyez, par exemple, le *Voyage d'un missionnaire*, de Wilson, p. 61, 141. 160, etc. — Freycinet, vol. II, p. 119.

(2) Cook, *Premier Voyage*, vol. III, p. 450.

(3) Pinkerton, *Voyage en Laponie*, vol. I, p. 166.

devait posséder quelque mérite secret. » Encore aujourd'hui, lady Duff Gordon dit ce qui suit dans son journal du Cap (1) : « Ce qu'on appelle les mœurs n'existe pas chez les noirs, et comment ou pourquoi cela existerait-il? C'est un honneur pour une jeune fille de cette race d'avoir un enfant d'un blanc. » Si l'on prend tous ces faits en considération, on trouvera, je pense, que les rapports qui se sont établis entre des Européens et des femmes de nations inférieures ne doivent pas être trop sévèrement condamnés, ou plutôt que le blâme en doit rejaillir sur nous et non sur elles. Mais, entre sauvages mêmes, il faut reconnaître qu'on n'attache souvent que peu d'importance à la vertu des femmes, comme cela est naturel, à la vérité, là où les femmes ne sont guère plus considérées que des animaux domestiques. Chez beaucoup de peuples, par exemple chez les Esquimaux et les insulaires de la mer du Sud, les danses indécentes sont non-seulement communes, mais encore exécutées par les femmes du plus haut rang, qui ne semblent pas se douter qu'il y ait là rien de mal ni d'inconvenant. Selon Ulloa (2), les Brésiliens n'approuvent pas la chasteté dans une femme non mariée, parce qu'ils la regardent comme une preuve que sa personne n'a aucun attrait. Les habitants des îles des Larrons (3) et des îles Andaman (4) aboutissent à la même conclusion, les derniers, toutefois, par une raison différente ; ils considèrent la chasteté comme une marque d'égoïsme et d'orgueil. Jugés d'après nos idées, ces faits sont abominables ; mais il faut ne pas oublier qu'ils n'avaient pas chez les sauvages d'aussi fatales conséquences que chez nous, et avant de les condamner trop sévèrement, rappelons-nous notre propre littérature et notre propre moralité, ne fût-ce qu'au dernier siècle.

La manière dure, pour ne pas dire cruelle, dont presque tous

(1) Duff Gordon, *les Touristes en vacance*, 1863, p. 178.
(2) Pinkerton, vol. XIV, p. 521.
(3) Freycinet, vol. II, p. 370.
(4) *Transactions de la Société ethnologique*, nouv. série, vol. II, p. 35.

les sauvages traitent leurs femmes, est une des taches qui dés-
honorent le plus leur caractère. A leurs yeux, le sexe faible ne se
compose que d'êtres d'un ordre inférieur, destinés à être de purs
esclaves domestiques. Un travail pénible, un régime rude, voilà
leur lot. Et ni ces fatigues ni ces souffrances ne sont compensées
par une grande affection de la part de ceux pour qui les malheureuses s'épuisent. Nous avons déjà vu que les Algonquins n'avaient
point de mot dans leur langue pour dire « amour », et que les
Indiens de Tinnè n'avaient pas l'équivalent de « cher » ni de
« bien-aimé ». « J'essayai, dit le capitaine Lefroy (1), de rendre
cela intelligible à Nannette, en supposant une expression telle
que « ma chère femme, ma chère fille ». Quand à la fin elle eut
compris, elle répondit avec beaucoup de force : « I' disent jamais
ça, i' disent ma femme, ma fille. » Spix et Martius (2) nous
apprennent que chez des tribus du Brésil le père n'a presque
aucune affection pour son enfant, et la mère n'a qu'une affection instinctive. — « *Uebrigens wächst das Kind, vom Vater gar
nicht, von der Mutter instinctartig geliebt, jedoch wenig gepflegt
auf.* » On ne saurait douter que la cruauté ne soit la règle presque universelle parmi les sauvages, et les seuls arguments que
nous puissions alléguer à leur décharge, c'est qu'ils sont moins
sensibles à la douleur que les peuples qui vivent la plupart du
temps renfermés dans les maisons, et qu'en beaucoup de cas,
ils n'hésitent pas à s'infliger à eux-mêmes les plus horribles
tortures.

On a souvent comparé les sauvages à des enfants, mais, en ce
qui concerne l'intelligence, un enfant de quatre ans leur est bien
supérieur ; pourtant, si nous prenons pour terme de comparaison un enfant appartenant à une race civilisée, *à un âge suffisamment primitif*, le parallèle est assez juste. Ainsi, ils n'ont
point de constance dans les résolutions. « Nous savons par expé-

---

(1) Lefroy, *Expédition arctique de Richardson*, vol. II, p. 24.
(2) *Reise*, vol. I, p. 381.

rience, dit Richardson (1) à propos des Indiens Dogrib, que, quelque récompense qu'ils attendissent en arrivant au lieu où on les
avait envoyés, on ne pouvait pas compter sur eux pour porter
une lettre. Un léger obstacle, la perspective d'un festin de venaison, ou l'envie soudaine d'aller voir un ami suffisait pour les
détourner de leur route pendant un temps indéfini. » Même chez
les insulaires de la mer du Sud, qui sont comparativement civilisés, il était très-facile d'observer ce caractère enfantin : « Leurs
larmes, comme celles des enfants (2), étaient toujours prêtes à
exprimer tout sentiment fortement éveillé en eux, et, comme les
enfants aussi, à peine les avaient-ils versées, qu'ils semblaient les
oublier. » D'Urville rapporte également qu'un chef Maorie, Tai-
wanga, se mit à crier comme un enfant, parce que les matelots
lui avaient gâté son manteau favori en le saupoudrant de farine (3).
« Il n'est pas étonnant, en effet, dit Cook, que les chagrins de ces
peuples naïfs soient peu durables, pas plus que de voir leurs passions se traduire avec soudaineté et violence. Ce qu'ils sentent,
on ne leur a jamais appris à le dissimuler, ni à l'étouffer, et comme
ils n'ont point l'habitude de penser, qui rappelle sans cesse le
passé et anticipe sur l'avenir, ils se livrent à toutes les impressions de l'heure présente et réfléchissent la couleur du temps avec
toutes ses variations. Ils n'ont point de ces projets que l'on poursuit de jour en jour, qui sont une cause d'anxiété et de sollici-
tude constante, dont l'idée vous obsède le matin dès votre réveil
pour ne vous quitter que la dernière, à l'heure du sommeil. Cependant si nous admettons qu'ils sont en général plus heureux que
nous, il faudra bien avouer que l'enfant est plus heureux que
l'homme, et que nous ne faisons que perdre à perfectionner
notre nature, à accroître nos connaissances et à élargir nos
vues. »

(1) Richardson, *Expédition arctique*, vol. II, p. 23.
(2) Cook, *Premier Voyage*, p. 103.
(3) D'Urville, vol. II, p. 398.— Voyez aussi Burton, *Région des lacs de l'Afrique centrale*, p. 332.

On sait quelle difficulté ont les enfants à prononcer certains sons : par exemple, ils confondent constamment *r* et *l*. C'est ce qui a lieu aussi chez les insulaires des îles Sandwich, et chez ceux des îles des Larrons, suivant Freycinet (1), à Vanikoro (2), chez les Dammaras (3), et dans les îles Tonga (4). La fréquente répétition d'une syllabe se remarque également dans les idiomes sauvages, et surtout dans les noms. M. Darwin a observé que les naturels de la Terre de Feu comprenaient très-difficilement une alternative, et tout le monde a pu constater la tendance des sauvages à former des mots par redoublement. C'est aussi un trait caractéristique de l'enfance chez les races civilisées.

D'ailleurs plusieurs des actes les plus brutaux qu'on a fait valoir contre eux peuvent être regardés moins comme des exemples de cruauté réfléchie que comme le fait de l'étourderie et de la spontanéité enfantine. Nous en avons une preuve frappante rapportée par Byron dans son récit de la perte du *Wager*. Un cacique des Chonos, qui était chrétien de nom, était sorti avec sa femme pour chercher des œufs de mer, et n'ayant eu que peu de succès, s'en revenait de mauvaise humeur. « Un de leurs petits enfants, âgé d'environ trois ans, qu'ils paraissaient aimer beaucoup, attendant le retour de son père et de sa mère courut à leur rencontre sur le ressac. Le père lui tendit un panier d'œufs, mais comme il était trop pesant à porter, l'enfant le laissa tomber. Sur quoi, le père sauta hors du canot, et saisissant son fils dans ses bras, le jeta avec la plus grande violence contre les pierres. Le pauvre petit être resta étendu inanimé et sanglant, et ce fut dans cet état que sa mère le releva, mais il mourut bientôt après (5). »

Bref, on peut à peu près résumer en quelques mots cette

(1) Freycinet, vol. II, p. 260, 549.
(2) Id., vol. V, p. 218.
(3) Galton, *l'Afrique tropicale*, p. 181.
(4) Mariner, *les Iles Tonga*, vol. I, p. 30.
(5) Byron, *Perte du Wager*. — Kerr, *Voyages*, vol. XVII, p. 374.

partie de la question, en disant que la conclusion la plus générale à laquelle il soit possible d'arriver est celle-ci : les sauvages ont le caractère des enfants, avec les passions et la force qui appartiennent aux hommes. Sans doute, le caractère diffère beaucoup, suivant les différentes races. Un Esquimau et un insulaire de Viti, par exemple, ont peu de traits communs. Mais, avec toute l'indulgence possible pour les sauvages, il faut, je crois, admettre qu'ils sont inférieurs moralement, comme sous d'autres rapports, aux races plus civilisées. Il n'y a pas, à la vérité, de crime atroce ni de vice mentionné par un voyageur qui ne puisse trouver ses analogues en Europe : mais ce qui, chez nous, est l'exception, chez eux est la règle; ce qui chez nous est condamné par le verdict général de la société, et n'est que le propre des gens vicieux et sans éducation, passe presque sans condamnation chez les sauvages, et souvent est considéré comme chose toute naturelle. Pour les indigènes de Viti, par exemple, le parricide est un usage, non un crime; et l'on a déjà mentionné d'autres faits du même genre.

Si, maintenant, nous examinons les différences intellectuelles qui existent entre les races civilisées et celles qui ne le sont pas, nous les trouverons très-marquées. En parlant d'une tribu de Boschimans, Burchell observe que « ces individus n'ont jamais montré s'ils sont capables ou non de réflexion » (1). Le révérend T. Dove dépeint les Tasmaniens comme se distinguant « par une absence complète d'idées et d'impressions morales. Toute idée relative à notre origine et à notre destinée d'êtres raisonnables semble effacée de leurs cœurs (2). » On remplirait aisément un volume avec les témoignages de stupidité excessive rapportés par différents voyageurs. Peut-être croira-t-on qu'il faut y voir moins l'indication du niveau général d'un peuple que des cas d'abrutissement individuel, mais la nature et la richesse de la langue permettent d'apprécier et de mesurer une nation dans ses

(1) Burchell, loc. cit., vol. I, p. 461.
(2) Révérend T. Dove, Journ. de la science nat. en Tasmanie, vol. I, p. 249.

esprits les plus élevés. Malheureusement, toutefois, les voyageurs ont eu assez de difficultés à se procurer les vocabulaires des mots en usage, et quant à ce qui est des mots pour lesquels les sauvages n'ont pas d'équivalents, ou des idées qu'ils ne possèdent pas, nous sommes souvent privés d'informations. J'ai pourtant déjà mentionné la pénurie de plusieurs idiomes de l'Amérique septentrionale en ce qui concerne les termes de tendresse. Ce fait montre sous un triste jour les relations domestiques, mais on peut encore le citer ici comme la preuve d'un état intellectuel aussi bas que l'état moral. Ce que Spix et Martius disent des tribus brésiliennes (1) paraît aussi être vrai pour beaucoup, sinon pour la plupart des races sauvages. Leur vocabulaire est riche, et ils ont des noms distincts pour les diverses parties du corps, pour les différents animaux et les différentes plantes qu'ils connaissent; bref, pour tout ce qu'ils peuvent voir et toucher. Pourtant ils manquent absolument de termes pour rendre les idées abstraites; ils n'ont pas d'expressions pour dire « couleur, ton, sexe, genre, esprit », etc. De même aussi les Tasmaniens n'avaient pas de mot pour « arbre », quoique chaque espèce eût un nom. Ils ne pouvaient pas non plus exprimer « les qualités, telles que : « dur, doux, chaud, froid, long, court, rond », etc. : pour « dur », ils disaient « comme une pierre »; pour « long », ils disaient « longues jambes », etc. ; pour « rond », ils disaient « comme une boule, comme la lune », et ainsi du reste » (2). D'après les missionnaires (3), les habitants de la Terre de Feu « n'ont pas de termes abstraits pour traduire les vérités de notre religion »; et dans les langues de l'Amérique du Nord, c'est une exception que de rencontrer un terme assez général pour signifier un « chêne » (4). Il n'était pas jusqu'aux habitants de Taïti, comparativement civilisés, qui manquaient, selon Forster, « de mots propres pour

(1) Spix et Martius, *Reise in Brazilien*, vol. I, p. 385.
(2) Milligan, *Proc. Roy. Society Tasmania*, vol. III, p. 281.
(3) *The Voice of pity*, vol. X, p. 152.
(4) Latham, *Variétés de l'espèce humaine*, p. 375.

exprimer les idées abstraites » (1). Les noms de nombre sont toutefois, chez les races inférieures, la vérification la meilleure, ou du moins la plus facile de la condition intellectuelle.

Nous avons vu que les Esquimaux ne peuvent que difficilement compter jusqu'à dix, et que certains individus ne peuvent aller au delà de cinq. « Quoi que puisse posséder leur langue, en pratique, les Dammaras ne vont certainement pas plus loin que trois dans la numération. Quand ils veulent exprimer quatre, ils ont recours à leurs doigts, qui sont pour eux des instruments de calcul aussi terribles qu'une équerre à tiroir pour un écolier anglais. Ils sont très-embarrassés après cinq, parce qu'il ne leur reste plus de main pour prendre et assujettir les doigts destinés à figurer les unités (2). » M. Crawfurd, à qui nous devons un mémoire intéressant sur ce sujet (3), n'a pas examiné moins de trente dialectes australiens, et il paraît qu'aucune des populations de ce vaste continent ne peut compter plus loin que quatre. Suivant M. Scott Nind, en effet, les nombres usités par les naturels du détroit du Roi-George atteignent à cinq, mais le dernier se réduit au mot « beaucoup ». Les Indiens du Brésil ne comptent que jusqu'à trois; pour tous les nombres supérieurs, ils emploient le mot « beaucoup » (4). C'est à peine si l'on peut dire que les habitants du cap York (Australie) dépassent le nombre deux. Voici leur numération :

Un	*Netat.*
Deux	*Naes.*
Trois	*Naes-netat.*
Quatre	*Naes-naes.*
Cinq	*Naes-naes-netat.*
Six	*Naes-naes-naes.*

En outre, l'état de leurs conceptions religieuses, ou plutôt l'absence de conceptions religieuses fournit une nouvelle preuve

---

(1) Forster, *loc. cit.*, p. 403.
(2) Galton, *l'Afrique tropicale*, p. 133.
(3) *Transactions de la Société ethnologique*, nouv. série, vol. II, p. 84.
(4) Spix et Martius, vol. I, p. 387.

de leur extrême infériorité intellectuelle. On a répété mainte et mainte fois qu'il n'y a point de race d'hommes assez dégradée pour être entièrement dépourvue de religion, privée de toute idée de la Divinité. Bien loin que cela soit vrai, c'est le contraire qui a lieu. Suivant le témoignage de la presque universalité des voyageurs, telle est la situation de beaucoup, pour ne pas dire de toutes les races les plus sauvages. Nous en avons déjà donné de nombreuses preuves, mais il serait facile de recueillir bien d'autres renseignements sur la question. Ainsi Burton dit que plusieurs tribus des régions du Lac, dans l'Afrique centrale « ne reconnaissent ni Dieu, ni ange, ni diable » (1). Les Tasmaniens n'avaient pas de mot pour dire Créateur (2). Au dire des missionnaires, les Indiens du Gran Chaco, dans l'Amérique méridionale, « n'ont aucune croyance religieuse ou idolâtrique, aucun culte quelconque; ils ne possèdent nulle idée de Dieu ni d'un Être suprême. Ne faisant point de distinction entre le bien et le mal, ils sont, par conséquent, sans crainte de châtiment et sans espoir de récompense dans le présent ou dans l'avenir. Il n'y a pas non plus chez eux la crainte mystérieuse d'un pouvoir surnaturel, qu'on puisse chercher à apaiser par des sacrifices ou des cérémonies superstitieuses (3). » Suivant Burchell (4), les Bachapins (Cafres) n'avaient aucune espèce de religion ni de culte. D'après eux, « tout se faisait soi-même, les arbres et les herbes poussaient par leur propre volonté ». Ils ne croyaient point à une bonne Divinité, mais ils avaient quelque vague idée d'un Être méchant. Effectivement, la première notion qu'on a de Dieu, est presque toujours celle d'un esprit mauvais. Dans les îles Pellew, Wilson ne trouva ni édifices consacrés au culte, ni trace de religion. Selon Spix et Martius, les Indiens du Brésil croyaient à l'existence d'un diable,

---

(1) *Transactions de la Société ethnologique*, nouv. série, vol. I, p. 323.
(2) Révérend T. Dove, *Journal scientifique de la Tasmanie*, vol. I, p. 249.
(3) *The Voice of pity*, vol. IX, p. 220.
(4) Burchell, *Voyages dans le sud de l'Afrique*, vol. II, p. 550.

mais non d'un Dieu (1). Plusieurs tribus, au rapport de Bates et de Wallace, étaient entièrement sans religion. Les Yenadies et les Villees, suivant le docteur Short, ne croient nullément à une vie future (2). Le capitaine Grant ne put trouver « de forme religieuse distincte » chez plusieurs tribus comparativement civilisées qu'il visita (3). En outre, Hooker nous dit que les Lepchas de l'Inde septentrionale n'ont pas de religion. Il en était de même des Topinambous du Brésil, mais si ce nom de religion s'applique « à des notions fantastiques d'êtres surnaturels et puissants, on ne saurait nier qu'ils n'eussent une croyance religieuse et même une sorte de culte extérieur ». Ils croyaient à l'existence d'un ciel pour ceux qui avaient tué et mangé beaucoup d'ennemis, tandis que les lâches seraient forcés d'habiter « avec Aygnan (le diable) auprès duquel ils sont perpétuellement tourmentés (4) ». Notons aussi que la plupart des voyageurs emportent en partant une opinion tout à fait contraire, et que la conviction ne se fait chez eux qu'en dépit de leur volonté.

Nous avons déjà observé un cas de ce genre chez Kolben qui, malgré les dénégations des naturels eux-mêmes, était intimement persuadé que certaines danses devaient avoir un caractère religieux « quoi qu'en disent les Hottentots ». M. Matthews, qui alla remplir les fonctions de missionnaire chez les habitants de la Terre de Feu, mais qui fut bientôt obligé de renoncer à une tâche désespérée, n'observa qu'un acte « auquel on pût prêter une intention religieuse ». « Plusieurs fois, dit-il, il entendit des hurlements bruyants ou des lamentations, le matin, vers le lever du soleil, et comme il demandait à Jemmy Button la cause de ces cris, il ne put obtenir de réponse satisfaisante, l'enfant se

(1) Spix et Martius, *Reise in Brasilien*, vol. I, p. 379.

(2) Short, *Gestion du gouvernement de Madras, département du Revenu*, mai 1864.

(3) Grant, *Promenade à travers l'Afrique*, p. 145.

(4) Freycinet, vol. I, p. 153.

bornant à dire : Eux très-tristes, crier beaucoup. » Cette explication paraît si naturelle et si suffisante, que, je dois l'avouer,
je ne saurais voir comment on peut attribuer à ces cris « une
intention religieuse ». Autre exemple : le docteur Hooker dit que
la tribu indienne des Khasias n'avait pas de religion. Le colonel
Yule (1), au contraire, dit qu'ils en ont une, mais il reconnaît
« que la principale pratique de leur culte consiste à casser des
œufs de poule ». Mais si la plupart des voyageurs s'attendaient
à trouver de la religion partout, et ont été convaincus, presque
malgré eux, du contraire, il est fort possible que d'autres se
soient trop pressés de nier l'existence d'une religion chez les
peuplades qu'ils visitaient. Quoi qu'il en soit, ceux qui soutiennent que les sauvages, même les plus dégradés, croient à une
divinité, affirment une chose en contradiction absolue avec
l'évidence. Le témoignage direct des voyageurs sur ce point
est indirectement confirmé par d'autres renseignements qu'ils
nous donnent. Comment, par exemple, un peuple incapable de
compter ses propres doigts, pourrait-il élever son esprit jusqu'à
admettre les premiers éléments d'une religion (2)? Le fétichisme,
qui est si répandu en Afrique, peut à peine s'appeler une religion;
et les insulaires de la mer du Sud, eux-mêmes, qui étaient à
beaucoup d'égards si avancés en civilisation, se fâchaient, dit-on,
sérieusement contre leur divinité, s'ils pensaient qu'elle les trai-
tait avec une sévérité imméritée, ou sans les égards convenables.
Selon Kotzebue, les habitants du Kamtschatka adoraient leurs
dieux « quand leurs souhaits étaient exaucés, et ils les insul-
taient quand leurs affaires allaient mal » (3). Lorsque les missionnaires apportèrent à Viti une presse à imprimer « les infidèles
déclarèrent aussitôt que c'était un Dieu » (4).

Le sauvage presque partout croit à la sorcellerie. Confondant

(1) Yule Des collines et de la population du Khasia, p. 18.
(2) Voyez, par exemple, Grey, Creed of Christendom, p. 212.
(3) Kotzebue, Nouveau Voyage autour du monde, vol. II, p. 13.
(4) Viti et les Vitiens, vol. II, p. 222.

les relations du subjectif et de l'objectif, il est en proie à de continuelles terreurs. Les nations les plus civilisées elles-mêmes n'ont pas non plus rejeté complétément la croyance aux sorciers. Jacques Ier pensait que, quand on fait fondre de petites images de cire, « les gens dont elles portent le nom sont sujets à être consumés par une fièvre continue ». Quant aux portraits, les idées les plus bizarres existent très-généralement parmi les sauvages ; ils répugnent à se laisser représenter, dans la pensée que, par là, l'artiste acquiert quelque puissance mystérieuse sur eux. Si la peinture est ressemblante, tant pis. D'après leur raisonnement, tant de vie ne peut être mise dans un portrait qu'aux dépens de l'original. Kane, un jour, se débarrassa de plusieurs Indiens qui l'importunaient, en menaçant de faire leur portrait s'ils ne se retiraient pas. J'ai déjà rappelé (p. 434) le danger où Catlin se trouva pour avoir esquissé un chef de profil, et l'avoir ainsi, dans l'opinion des Indiens, privé de la moitié de son visage. On suppose aussi qu'une relation mystérieuse existe entre une boucle de cheveux coupée, et la personne à laquelle elle appartient. Dans diverses contrées du monde, le sorcier se procure des rognures de cheveux ou des ongles de son ennemi, des restes de la nourriture que celui-ci a mangée, persuadé que le mal fait à ces objets, réagira sur leur précédent propriétaire. Un morceau du vêtement de la personne, ou la terre sur laquelle elle a marché, remplira le même but, et chez quelques peuples, on suppose que la simple connaissance du nom de quelqu'un donne sur lui un pouvoir mystérieux. Les Indiens de la Colombie anglaise redoutent horriblément de dire leurs noms. Chez les Algonquins, le véritable nom d'une personne n'est confié qu'à ses plus proches parents et à ses plus chers amis. Les étrangers, en lui parlant, ne la désignent que sous une sorte de sobriquet. Ainsi le vrai nom de la Belle Sauvage n'était pas Pocahontas, mais Matokes, nom que l'on craignait de laisser savoir aux Anglais. Ailleurs ces superstitions relatives aux noms revêtent une forme différente.

Suivant Ward, c'est un crime impardonnable à une femme hindoue de faire connaître le nom de son mari. Le même usage règne parmi les Cafres, ainsi que chez plusieurs peuples de l'Afrique orientale. En beaucoup de pays, on évite avec une horreur superstitieuse les noms des morts. C'est ce qui a lieu dans une grande partie des deux Amériques, en Sibérie, chez les Papous, chez les Australiens, et même dans les îles Shetland, où, dit-on, les veuves répugnent fort à nommer leurs maris défunts.

Dans toute l'Australie, chez plusieurs tribus du Brésil, dans quelques parties de l'Afrique, et dans diverses autres contrées, on regarde la mort naturelle comme une impossibilité. Aux Nouvelles-Hébrides, « quand un homme tombait malade, il croyait qu'un sorcier brûlait ses ordures, et le son des conques marines qu'on pouvait entendre à plusieurs milles de distance, avertissait les sorciers de s'arrêter et d'attendre les présents qu'on allait leur envoyer le lendemain matin. Chaque nuit, M. Turner avait coutume d'entendre la lugubre musique, invitant les enchanteurs à cesser de tourmenter leurs victimes (1). » Les sauvages ne savent jamais s'ils ne s'exposent pas à se placer sous la dépendance de ces terribles ennemis (2). Les souffrances et les privations qu'ils endurent de la sorte, les tortures horribles qu'ils s'infligent quelquefois à eux-mêmes, et les crimes qu'ils sont amenés à commettre, donnent matière aux plus douloureuses réflexions. On n'ira pas trop loin en disant que l'horrible frayeur d'un mal inconnu plane, comme un épais nuage, sur la vie sauvage, et en empoisonne tous les plaisirs.

Peut-être croira-t-on que dans le chapitre précédent j'ai choisi à dessein, dans divers ouvrages, tous les passages les plus défavorables aux sauvages, et que j'ai chargé leur portrait. En réalité, c'est tout le contraire. Leur vraie condition est pire encore, et

_____

(1) Tylor, *loc. cit.*, p. 129. — Turner, *Polynésie*, p. 18, 89, 424.

(2) Voyez Brown, *La Nouvelle-Zélande et ses aborigènes*, p. 80.

plus abjecte que je n'ai essayé de la peindre. J'ai eu soin de ne citer que des auteurs dignes de foi, mais parmi les détails rapportés par eux, il y en a beaucoup que je n'ai pas osé reproduire, et il y a d'autres faits que les voyageurs eux-mêmes rougissent de publier.

CHAPITRE XIV

DERNIÈRES REMARQUES.

Condition primitive de l'homme. — Unité de la race humaine. — Sélection naturelle appliquée à l'homme. — Influence de l'esprit. — Augmentation du bonheur indiquée par l'accroissement du nombre. — Souffrances des sauvages. — Souffrances qu'ils s'infligent à eux-mêmes. — Les bienfaits de la civilisation. — Diminution de la souffrance. — Avantages de la science. — L'avenir.

J'ai déjà exprimé mon opinion que les arts et les instruments les plus simples ont été inventés séparément par divers peuples et dans des parties du monde très-différentes. Même aujourd'hui, nous pouvons, je crois, nous faire une idée de la manière dont ils ont été ou dont ils ont pu être inventés. Certains singes se servent, dit-on, de massues, et jettent des bâtons ou des pierres à ceux qui les dérangent. Nous savons qu'ils emploient des pierres rondes pour briser les coquilles de noix ; de là à faire usage d'une pierre tranchante pour couper, il n'y a assurément pas loin. Quand le tranchant s'est émoussé, on jette la pierre et l'on en choisit une autre ; mais au bout de quelque temps le hasard, sinon la réflexion, montre qu'une pierre ronde brise d'autres pierres aussi bien que des noix, et ainsi le sauvage apprend à aiguiser des pierres pour son usage. D'abord, comme nous le voyons dans les spécimens du *diluvium*, elles sont rudes et grossières, mais peu à peu les morceaux rognés deviennent plus petits, les coups sont portés avec plus de précaution et de soin, et à la fin on trouve que la besogne peut être mieux faite par pression que par percussion. De la pres-

sion au poli il n'y a encore qu'un pas. Lorsqu'on travaille la pierre,
il se produit des étincelles; lorsqu'on la polit, on ne manque pas
d'observer qu'elle s'échauffe : il est aisé de voir par là comment
les deux procédés pour se procurer du feu ont pu prendre naissance.

Le chimpanzé se bâtit une maison ou un abri qui ne le cède
guère à celui de certains sauvages. Nos ancêtres primitifs peuvent
donc avoir possédé cet art, mais en admettant qu'ils ne l'aient
pas eu, quand ils s'adonnèrent à la chasse, et, comme nous
voyons que c'est le cas pour tous les peuples chasseurs, qu'ils
suppléèrent à l'impuissance de leurs armes par une connaissance
étonnante des mœurs et des coutumes des animaux dont ils faisaient leur proie, ils ne manquèrent point sans doute d'observer,
et peut-être, de copier les demeures que diverses espèces d'animaux construisent pour elles-mêmes.

Les Esquimaux n'ont pas de poterie : chez eux, des pierres
creuses en tiennent lieu, mais nous avons vu comment ils les per-
fectionnent quelquefois en y ajoutant un bord en argile. Étendre
ce bord, diminuer la pierre pour arriver, à la fin, à s'en passer,
c'est là une opération toute naturelle. Dans les contrées plus
chaudes on se sert, pour conserver les liquides, de vases de bois
ou d'écailles de fruits, tels que les noix de coco et les gourdes.
Cette vaisselle, naturellement, ne va point au feu, mais on l'y
rend propre en garnissant l'extérieur d'argile. On a des preuves
que ce facile perfectionnement a été imaginé par plusieurs peuples distincts, même dans les temps modernes (1). Il y aurait à
citer d'autres cas semblables de progrès importants obtenus par
des procédés très-simples et en apparence vulgaires. Ces acquisi-
tions une fois faites, il semble fort peu probable qu'on puisse les
perdre. Il n'y a pas d'exemple, dit M. Tylor (2), « d'un peuple
qui ait abandonné l'usage du fuseau pour tordre le fil à la main,

---

(1) Voyez Tylor, *Histoire primitive de l'humanité*, p. 269.
(2) *Loc. cit.*, p. 364.

ou qui, ayant l'habitude de se procurer le feu avec un lacet faisant tourner le bois, en soit revenu à la coutume primitive : on a même de la peine à imaginer que cela puisse arriver ». Que conclure de cet argument? Évidemment que les races les plus abaissées, parmi les sauvages modernes, doivent, toujours en supposant l'unité de l'espèce humaine, être au moins aussi avancées que l'étaient nos ancêtres quand ils se répandirent sur la surface de la terre.

Quel a donc dû être leur état? Ils ignoraient la poterie, car les Esquimaux, les Polynésiens, les Australiens, plusieurs peuples des deux Amériques, et bien d'autres races sauvages encore aujourd'hui n'en ont point, ou du moins n'en avaient pas jusqu'à ces derniers temps. Ils ne possédaient ni arcs ni flèches, car ces armes étaient inconnues aux Australiens et aux Nouveaux-Zélandais ; pour la même raison, leurs bateaux devaient être aussi grossièrement faits que possible ; ils étaient nus et ne savaient point l'art de filer; ils ne connaissaient pas l'agriculture et n'avaient probablement d'autre animal domestique que le chien. Ici pourtant l'argument est moins solide, vu que l'expérience acquise est le bien le plus facile à transporter. Ce qui toutefois est, selon moi, le plus probable, c'est que le chien fut longtemps le seul animal domestique. Quant aux armes d'un emploi plus rare, telles que le boomerang, le tube, la bola, etc., ils en étaient certainement privés. La fronde et le bâton de trait étaient certainement inconnus, et même, selon toute apparence, le bouclier n'était pas inventé. La lance, qui n'est qu'un prolongement du couteau, et la massue, qui n'est qu'un long marteau, voilà les seules armes que laisse subsister ce genre d'argumentation. Ce sont, en effet, les seules qui paraissent être d'un usage naturel et commun à tous les hommes.

On serait disposé à s'étonner que l'homme ait pu, dès l'abord, tuer du gibier, mais il ne faut pas oublier que si l'homme n'était pas adroit, les animaux n'étaient pas défiants. L'humeur familière des oiseaux dans les îles inhabitées est bien connue; la prudence des animaux et l'habileté de l'homme ont dû suivre une marche à peu près parallèle.

La même argumentation peut s'appliquer à la condition intellectuelle des sauvages. Il est fort peu probable que nos ancêtres primitifs aient été capables de compter jusqu'à dix, lorsqu'on songe que tant de races actuellement existantes ne peuvent aller au delà de quatre. D'un autre côté, il n'est nullement probable non plus qu'il ait pu exister pour l'homme un état inférieur à celui qu'indique ce rapprochement. Tant qu'il est resté, en effet, confiné dans les tropiques, il a pu trouver une succession continuelle de fruits, et vivre comme le font maintenant les singes. D'après Bates, tel est effectivement le cas pour plusieurs Indiens du Brésil. « Les singes, dit-il, mènent en réalité une vie semblable à celle des Indiens Pararauates ». Toutefois, aussitôt que nos ancêtres vinrent habiter les climats tempérés, ce genre de vie devint impossible, et ils furent obligés de demander leur nourriture, au moins en partie, au règne animal. Alors, sinon avant, le couteau et le marteau se modifièrent pour donner naissance à la lance et à la massue.

On a trop souvent supposé que le monde avait été peuplé par une série de « migrations ». Mais ce qu'on appelle proprement migrations n'est compatible qu'avec un degré d'organisation relativement élevé. En outre, il a été constaté que la distribution géographique des diverses races humaines coïncide d'une façon curieuse avec celle des autres races d'animaux, et l'on ne peut douter que l'homme, à son origine, ne se soit répandu sur la surface de la terre, peu à peu, année par année, absolument comme on voit aujourd'hui, par exemple, les mauvaises herbes de l'Europe couvrir lentement, mais sûrement, la surface de l'Australie.

Il va sans dire que l'argument précédent suppose l'unité de l'espèce humaine. Je ne puis en outre finir ce volume sans ajouter quelques mots sur cette grande question. On doit reconnaître que les principales variétés du genre humain remontent à une haute antiquité. Nous trouvons sur les plus anciens monuments de l'Égypte, dont plusieurs sont certainement antérieurs de 2400 ans à J.-C., « deux grands types distincts, l'Arabe à l'est et à l'ouest de l'Égypte, et le Nègre au sud ; le type égyptien occupe entre les deux une place intermédiaire. Ces figures représentées sur les monuments, quoique de convention, sont tellement caractéristiques, qu'il est tout à fait impossible de s'y méprendre ». Ces types distincts prédominent encore en Égypte et dans les contrées voisines. Ainsi donc, dit M. Poole, durant cet immense espace de temps, nous ne trouvons pas « que le moindre changement se soit opéré dans le Nègre, ni dans l'Arabe, et le type même, qui semble l'intermédiaire entre eux, est resté virtuellement identique. Ceux qui pensent que le temps peut, à la longue, modifier un type humain, feront bien de remarquer ce fait, que trois mille ans ne fournissent aucune preuve à l'appui de leur opinion » (1). Je ne sache pas cependant qu'aucune école d'ethnologues suppose que « le temps » seul, abstraction faite de tout changement dans les conditions extérieures, amène une altération du type. Passons maintenant aux exemples sur lesquels se fonde M. Crawfurd (2). « Les millions de nègres africains, dit-il, qui, pendant trois siècles, ont été transportés sur le continent et dans les îles de l'Amérique, ont la même couleur que les habitants actuels du pays qui fut la mère patrie de leurs ancêtres. Les créoles espagnols qui, depuis au moins aussi longtemps, se sont établis dans l'Amérique tropicale, sont aussi blancs de peau que les Aragonais et les Andalous ; leurs cheveux et leurs yeux sont du même ton que ceux de leurs aïeux. Les colons hollandais pur sang du cap de Bonne-Espérance, après avoir séjourné deux siècles au milieu des Cafres, qui sont noirs, et des Hottentots, qui sont jaunes, ne diffèrent point pour le teint d'avec le peuple de la

(1) Poole, *Transactions de la Société ethnologique*, nouv. série, vol. II, p. 261.

(2) Crawfurd, *Transactions de la Société ethnologique*, nouv. série, vol. II, p. 252.

Hollande. » Ici, au contraire de l'exemple précédent, nous avons un grand changement de circonstances extérieures, mais un laps de temps très-insuffisant, et, en fait, il n'y a pas de cas bien constaté où ces deux conditions se trouvent réunies. Toutefois, M. Crawfurd va trop loin quand il nie absolument toute modification du type. Malgré le temps relativement court qui s'est écoulé, malgré l'arrivée continuelle de nouveaux émigrants, il y a déjà une différence marquée entre les Anglais de l'Europe et ceux de l'Amérique, et il serait intéressant de s'informer si les nègres du nouveau monde croient eux-mêmes ressembler exactement à ceux de l'Afrique.

Mais il y a des raisons qui permettent de croire que les changements de conditions extérieures, ou pour mieux dire de pays, produisent moins d'effet aujourd'hui qu'autrefois. A présent, quand des hommes émigrent, ils emportent avec eux les usages et les habitudes de la vie civilisée. Ils construisent des maisons plus ou moins semblables à celles auxquelles ils sont accoutumés, ils emmènent des troupeaux, et acclimatent dans leur nouvelle patrie les principales plantes qui servaient à leur nourriture dans l'ancienne. S'il fait froid dans leur nouveau séjour, ils se vêtent davantage ; s'il fait chaud, ils se vêtent moins. Par ces moyens et mille autres du même genre, l'influence du déplacement ne se fait sentir que beaucoup plus tard.

Mais, comme nous l'avons vu, il n'en a pas toujours été ainsi. Quand l'homme se répandit pour la première fois sur la terre, il n'avait pas d'animaux domestiques, pas même le chien peut-être, il ne connaissait point l'agriculture, ses armes étaient des plus grossières, et ses demeures à peine dignes de ce nom. Son alimentation, ses habitudes et tout l'ensemble de sa vie variant donc nécessairement, à mesure qu'il passait d'un pays dans un autre, il a dû être bien plus soumis à l'action des circonstances extérieures, et selon toute probabilité, bien plus susceptible de changement. De plus, on peut supposer raisonnablement que le type humain, aujourd'hui fixé par une répétition qui dure depuis

de longs âges, a été lui-même plus modifiable autrefois que
maintenant.

S'il y a quelque vérité dans cette manière d'entendre la question, il s'ensuivra, nécessairement, que les principales variétés de
l'homme appartiennent à une haute antiquité, et, en réalité,
remontent presque à l'origine même de la race humaine. On
cessera donc de s'étonner que les figures primitives représentées
sur les tombeaux égyptiens se rapportent si exactement à plusieurs variétés actuellement existantes dans ces contrées, et que le
crâne d'Engis, probablement le plus ancien qu'on ait encore
trouvé en Europe, offre une telle ressemblance avec ceux qui se
peuvent voir encore en grand nombre à l'heure présente.

M. Wallace a poussé plus loin cet argument dans un admirable
mémoire *Sur l'origine des races humaines et l'antiquité de
l'homme déduites de la théorie de la sélection naturelle* (1). Il
a essayé de concilier les deux grandes écoles d'ethnologues
« dont les opinions sont si diamétralement opposées : l'une sou-
tenant positivement que l'homme est une espèce, et est essentiellement un, que toutes les différences ne sont que des variétés
locales et temporaires produites par les différents milieux physiques et moraux ; l'autre prétendant, non moins hardiment, que
l'homme est un genre divisé en plusieurs espèces, dont chacune est en fait incapable de se modifier, et a toujours été aussi
distincte, ou même plus distincte que nous ne les voyons aujour-
d'hui ». M. Wallace lui-même tient pour la première de ces deux
théories, tout en admettant qu'à présent, en apparence, « les
meilleurs arguments sont du côté de ceux qui soutiennent la
diversité primitive de l'homme ». Il montre que la vraie solution
du problème est dans la théorie de la sélection naturelle, qu'avec
sa modestie habituelle, il attribue sans réserve à M. Darwin, bien
que lui-même, comme tout le monde le sait, ait trouvé cette
idée isolément, et l'ait publiée à la même époque, mais non avec

(1) Wallace, *Revue anthropologique*, mai 1864.

le même développement. Après avoir expliqué la vraie nature de la théorie qui, il faut l'avouer, reste encore très-peu comprise, il montre que, tant que l'homme mena ce qu'on peut appeler une existence animale, il fut soumis aux mêmes lois, et varia de la même manière que les autres créatures, mais qu'à la longue, « par la faculté de se vêtir et de fabriquer des armes et des outils, il a arraché à la nature ce pouvoir qu'elle exerce sur tous les autres animaux, de changer la forme extérieure et la structure »....Du jour donc où les sentiments de sociabilité et de sympathie sont entrés en pleine activité, du jour où les facultés intellectuelles et morales ont atteint un développement suffisant, l'homme a cessé d'être soumis, dans sa forme et dans sa structure physique, à l'influence de la sélection naturelle. En tant qu'animal, il reste presque stationnaire; il n'est plus modifié, comme d'autres parties du monde organisé, par les changements de l'univers qui l'entoure. Mais du moment où son corps est devenu stationnaire, son esprit est affecté par ces mêmes influences auxquelles son être matériel vient d'échapper; chaque léger changement qui, en survenant dans sa nature intellectuelle et morale, lui permet de mieux garantir sa sécurité, de mieux assurer, de concert avec ses semblables, le bien-être et la protection mutuels, chacun, dis-je, de ces progrès est conservé et ajouté à d'autres. Ces spécimens, les meilleurs et les plus élevés de notre race, tendent donc à s'accroître et à se répandre, tandis que les plus bas et les plus brutaux leur cèdent la place, et disparaissent graduellement. Ainsi, grâce au rapide avancement de l'organisation intellectuelle, se sont élevées si haut au-dessus des bêtes, des races d'hommes, originairement très-abaissées, et qui différaient si peu de plusieurs d'entre elles sous le rapport de la structure physique. Ainsi s'est développée, tandis que la forme subissait des modifications à peine sensibles, l'intelligence merveilleuse des races germaniques.

Il me semble, toutefois, que M. Wallace pousse son argument un peu trop loin quand il dit que l'homme n'est plus affecté par la sélection naturelle, et que son corps est devenu stationnaire. Des changements lents et graduels ont encore lieu, bien que depuis longtemps « la structure purement corporelle » de l'homme le cède en importance « à cette force subtile que nous appelons l'esprit ». « Le corps de l'homme, comme dit éloquemment M. Wallace, était nu et sans protection ; c'est l'esprit qui l'a pourvu d'un vêtement contre les diverses intempéries des saisons. L'homme n'aurait pu lutter de rapidité avec le daim, et de force avec le taureau sauvage ; c'est l'esprit qui lui a donné des armes pour prendre ou dompter ces deux animaux. L'homme était moins capable que la plupart des autres animaux de se nourrir des herbes et des fruits que la nature fournit spontanément ; c'est cette admirable faculté qui lui a appris à gouverner la nature, à la diriger à ses fins, à lui faire produire de la nourriture, quand et où il l'entend. Dès le moment où la première peau de bête a été employée comme vêtement, où la première lance grossière a été faite pour servir à la chasse, la première semence semée, et la première pousse d'arbre plantée, dès ce moment une grande révolution a été accomplie dans la nature, une révolution qui n'avait pas eu sa pareille dans tous les âges précédents de l'histoire du monde, car un être maintenant existait, qui n'était plus nécessairement sujet à changer avec les changements de l'univers, un être qui était, dans un certain degré, supérieur à la nature, puisqu'il possédait les moyens de contrôler et de régler son action, et pouvait se maintenir en harmonie avec elle, non en modifiant sa forme corporelle, mais en perfectionnant son esprit.

» C'est donc ici que nous voyons la vraie grandeur et la vraie dignité de l'homme. En raison de ses attributs spéciaux, nous pouvons admettre que ceux mêmes qui revendiquent pour lui une place particulière dans la création, un ordre distinct, une classe ou un sous-règne, n'ont pas tout à fait tort. C'est, en effet, un être à part, puisqu'il n'est pas influencé par les grandes lois qui modifient d'une manière irrésistible tous les autres êtres

organisés. Je dis plus : cette victoire, par laquelle il s'est affran-
chi lui-même, lui donne une influence dirigeante sur d'autres
existences. L'homme n'a pas seulement échappé, en ce qui le
concerne, à la « sélection naturelle », mais il peut réellement
s'approprier une partie de ce pouvoir, qu'avant son apparition,
la nature exerçait sur l'univers entier. On peut prévoir le temps
où la terre ne produira plus que des plantes cultivées et des animaux domestiques, où la sélection de l'homme aura supplanté la
« sélection naturelle », où l'Océan sera le seul domaine sur lequel
puisse s'exercer dorénavant cette puissance, qui, depuis d'innombrables cycles d'âges, régnait en arbitre suprême sur la
terre ».

Ainsi donc, le grand principe de la sélection naturelle, qui est
à la biologie ce que la loi de la gravitation est à l'astronomie,
non-seulement jette sur le passé une lumière inattendue, mais
encore illumine l'avenir d'espérance ; et je ne puis m'empêcher
d'être surpris qu'une théorie qui nous enseigne l'humilité pour
le passé, la foi pour le présent, et l'espérance pour l'avenir, ait
été regardée comme contraire aux principes du christianisme,
ou aux intérêts de la vraie religion.

Mais quand même la théorie de la « sélection naturelle » serait
par hasard reconnue fausse, quand même ceux-là auraient raison, qui croient que ni nos esprits, ni nos corps, ne sont susceptibles d'un changement considérable, d'une amélioration importante, nous n'en serions pas moins, selon moi, fondés à croire
que le bonheur de l'homme est grandement en progrès. Il est
généralement admis que, si une espèce animale s'accroît, ce
doit être parce que les conditions lui deviennent plus favorables,
en d'autres termes, parce qu'elle est plus heureuse et plus à
l'aise. Maintenant, comment appliquerons-nous cette loi à
l'homme ? Schoolcraft estime (1) que dans une population qui
vit du produit de la chasse, chaque chasseur a besoin en

(1) Schoolcraft, *Tribus indiennes*, vol. I, p. 433.

moyenne de 50.000 acres, ou 78 milles carrés, pour son entre-
tien. Il nous dit aussi (1) que, sans compter le territoire du
Michigan, à l'ouest du lac Michigan et au nord de l'Illinois, il y
avait aux États-Unis, en 1825, environ 97 000 Indiens, occupant 77 millions d'acres ou 120 312 milles carrés. Cela donne
un habitant pour chaque 1.1/4 mille carré. En ce cas, toutefois,
les Indiens vivaient en partie des subsides que le gouvernement
leur fournissait comme indemnité de leur territoire, et la population était, par conséquent, plus nombreuse qu'elle ne l'eût été
si elle n'eût tiré sa subsistance que de la chasse. Il en est de
même, quoique dans une moindre mesure, des Indiens qui
habitent le territoire de la baie d'Hudson. Sir Georges Simpson,
dernier gouverneur des territoires appartenant à la Compagnie
de la baie d'Hudson, dans son rapport présenté au comité de
la Chambre des communes, en 1857, estimait ces tribus à
139 000 habitants, répartis sur une étendue que l'on suppose
être de plus de 1 400 000 milles carrés, auxquels il faut ajouter
13 000 pour l'île de Vaucouver, ce qui fait un total de plus de
900 000 000 d'acres : soit environ 6500 acres, ou 10 milles
carrés pour chaque individu. D'un autre côté, l'amiral Fitzroy
évalue à moins de 4000 le nombre des habitants de la Patagonie,
au sud du 40e degré, et sans compter Chiloe et la Terre de Feu :
or le nombre des acres s'élève à 176 640 000 ; ce qui donne plus
de 44 000 acres ou de 68 milles carrés par personne. Toutefois,
un écrivain, dans *The Voice of Pity*, pense que le chiffre de la
population pourrait bien atteindre à 14 000 ou 15 000 (2). Il
serait difficile de faire le recensement des aborigènes de l'Australie : M. Oldfield conjecture qu'il y a un naturel par 50 milles
carrés (3), et il est au moins évident que depuis l'introduction

(1) Schoolcraft, *loc. cit.*, vol. III, p. 575.
(2) *Loc. cit.*, vol. II, p. 93.
(3) Oldfield, *Transactions de la Société ethnologique*, nouv. série, vol. III,
p. 220.

de la civilisation la population totale de ce continent s'est beaucoup accrue.

En effet, la population s'accroît invariablement avec la civilisation. Le Paraguay, avec 100 000 milles carrés, a de 300 000 à 500 000 habitants, c'est-à-dire, environ 4 par mille carré. Les parties sauvages du Mexique contenaient 374 000 habitants, répartis sur un espace de 675 000 milles carrés, tandis que le Mexique propre, avec 833 600 milles carrés, avait 6 691 000 habitants. Le royaume de Naples avait plus de 183 habitants par mille carré; la Vénétie, plus de 200; la Lombardie, 280; l'Angleterre, 280; la Belgique, 320.

En dernier lieu, nous ne pouvons nous empêcher d'observer que, sous le régime de la civilisation, les moyens d'existence se multiplient plus rapidement encore que la population. Loin de souffrir du manque de vivres, les pays les plus peuplés sont précisément ceux où la nourriture est, je ne dis pas absolument, mais même relativement, la plus abondante. On dit que quiconque fait pousser deux brins d'herbe, là où il n'en poussait qu'un auparavant, est un bienfaiteur de la race humaine : que dirons-nous donc de ce qui permet à un millier d'hommes de vivre plantureusement, là où un sauvage trouverait à peine à subsister d'une façon misérable et précaire?

Il y a, à la vérité, beaucoup de gens qui doutent que la civilisation ajoute au bonheur, et qui vantent le sauvage libre et noble. Mais le vrai sauvage n'est ni libre, ni noble; il est l'esclave de ses besoins, de ses passions; faiblement protégé contre les intempéries de l'air, la nuit il souffre du froid, le jour, il souffre de la chaleur du soleil; sans connaissance de l'agriculture, vivant de la chasse, et imprévoyant dans la prospérité, il est toujours sous la menace de la faim, qui souvent le réduit à la terrible alternative de manger son semblable ou de mourir.

Les animaux sauvages sont toujours en danger. M. Galton, si compétent pour formuler une opinion, croit que la vie de toutes les bêtes à l'état sauvage est excessivement inquiète; « que l'Antilope, dans le sud de l'Afrique, doit, à la lettre, chercher son salut dans la fuite une fois tous les jours, ou tous les deux jours en moyenne, et que plusieurs fois en vingt-quatre heures il détale et court sous l'influence d'une fausse alerte » (1). Ainsi en est-il du sauvage : il est toujours défiant, toujours en danger, toujours sur ses gardes. Il ne peut compter sur personne, et personne ne peut compter sur lui. Il n'attend rien de son voisin, et il fait aux autres ce qu'il croit que les autres lui feraient. Ainsi, sa vie n'est qu'une longue scène d'égoïsme et de crainte. Dans sa religion même, s'il en a une, il se crée une nouvelle source de frayeurs, et il peuple le monde d'ennemis invisibles. La position de la femme sauvage est plus misérable encore que celle de son maître. Non-seulement elle en partage les souffrances, mais elle a encore à en supporter la mauvaise humeur et les mauvais procédés. On peut dire, en vérité, qu'il ne la traite guère mieux que son chien, qu'il ne l'aime guère mieux que son cheval. En Australie, M. Oldfield ne vit jamais une tombe de femme, et il croit que les naturels ne prennent pas la peine de les enterrer. Il pense même que bien peu d'entre elles sont assez heureuses pour mourir d'une mort naturelle : « on les dépêche généralement avant qu'elles ne deviennent vieilles et maigres, de peur de laisser perdre tant de bonne nourriture..... Bref, on y attache tellement peu d'importance, soit avant, soit après la mort, qu'il est permis de se demander si l'homme ne met pas son chien, quand celui-ci est vivant, absolument sur la même ligne que sa femme, et s'il pense plus souvent et plus tendrement à l'une qu'à l'autre, après qu'il les a mangés tous deux » (2).

Non contents, toutefois, de ces maux inhérents à leur genre de vie, les sauvages paraissent prendre un triste plaisir à s'infliger des souffrances. Outre l'habitude très-générale du tatouage, ils emploient les moyens les plus extraordinaires pour se défigurer et

(1) Galton, *Transactions de la Société ethnologique*, nouv. série, vol. III, p. 133.

(2) *Loc. cit.*, p. 248.

se torturer eux-mêmes. Les uns se coupent le petit doigt, les autres pratiquent un trou énorme dans leur lèvre inférieure, ou se percent le cartilage du nez. Les habitants de l'île de Pâques élargissent leurs oreilles jusqu'à ce qu'elles descendent sur leurs épaules. Les Chinooks et beaucoup d'autres tribus américaines se déforment le crâne; les Chinois, les pieds. Plusieurs peuples de l'Afrique se *cassent* les dents de différentes manières, chaque tribu ayant son procédé à elle. Les Nyambanas, nation cafre, se distinguent par une rangée de boutons ou de verrues obtenues artificiellement, qui ont environ la grosseur d'un pois, et qui s'étendent de la partie supérieure du front à l'extrémité du nez. « C'est de quoi ils tirent vanité (1). » Ceux des Bachapins qui se sont signalés au combat ont le droit « de se faire à la cuisse une longue cicatrice, rendue indélébile et de couleur bleuâtre au moyen de cendres de bois dont on frotte la plaie toute fraîche (2). » En Australie, le capitaine King vit un indigène orné de cicatrices horizontales qui lui traversaient la partie supérieure de la poitrine. Elles avaient au moins un pouce de diamètre et dépassaient la peau d'un demi-pouce (3). Dans certaines parties de l'Australie et de la Tasmanie, tous les hommes s'extraient une dent, et cela, par un procédé aussi maladroit que douloureux (4). « Les habitants de Tanna ont sur les bras et le ventre des cicatrices en saillie, représentant des plantes, des fleurs, des étoiles et divers autres objets. On les fait en coupant d'abord la peau avec un roseau de bambou aiguisé, puis en appliquant sur la blessure une certaine plante qui fait lever la cicatrice au-dessus du reste du corps. Les naturels de Tazavan, ou Formosa, par une opération très-cruelle, impriment sur leur peau des figures variées d'arbres, de fleurs et d'animaux. Les chefs en Guinée ont, en

---

(1) *Voyage d'exploration dans les États-Unis,* vol. I, p. 63.

(2) Burchell, *loc. cit.,* vol II, p. 478, 535.

(3) King, *Récit d'une exploration sur les côtes intertropicales et occidentales de l'Australie,* p. 42.

(4) Freycinet, vol. II, p. 705.

quelque sorte, la peau damasquinée, et dans le Décan, les femmes ont également des fleurs gravées sur le front, les bras et le sein : les cicatrices qu'on a fait lever sont mises en couleur, ce qui leur donne l'air d'un damas à fleurs (1). » Les femmes de la Nouvelle-Galles du Sud avaient coutume de se lier étroitement le petit doigt avec un cordon, qu'elles portaient jusqu'à ce que le petit doigt tombât en pourriture. Il en était peu qui échappassent à cette cruelle opération (2). Les Indiens de l'Amérique du Nord s'infligeaient aussi les plus horribles tourments. Ces pratiques, et bien d'autres aussi curieuses, n'en sont pas moins douloureuses, pour être volontaires.

Si nous examinons maintenant le beau côté de la question, toute l'analogie de la nature nous autorise à conclure que les plaisirs de l'homme civilisé l'emportent sur ceux du sauvage. A mesure que nous descendons plus bas dans l'échelle des êtres organisés, nous trouvons que les animaux se rapprochent de plus en plus de l'existence végétative dans leurs traits caractéristiques. Ils sont moins sensibles à la souffrance, et par conséquent aussi moins susceptibles de bonheur. On peut douter, en effet, si plusieurs de ces êtres, que leur anatomie nous force à classer dans le règne animal, ont beaucoup plus conscience de jouir, et même d'exister, qu'un arbre ou une algue marine. Mais chez les animaux mêmes qui possèdent un système nerveux clairement défini, il faut reconnaître des degrés de sensibilité très-différents. L'étude des organes sensitifs, dans les animaux inférieurs, offre de grandes difficultés, mais nous savons du moins qu'ils sont, en beaucoup de cas, peu nombreux et capables seulement de communiquer des impressions générales. Tout le monde admettra que l'acquisition d'un nouveau sens, ou l'accroissement d'un sens ancien est une vive source de bonheur possible ; mais en quoi, dira-t-on, cela touche-t-il à la question ? Il n'y a pas lieu d'espérer

(1) Forster, *loc. cit.*, p. 588.
(2) D'Urville, vol. I, p. 406.

que l'homme soit jamais doué d'un sixième sens, et bien loin de
pouvoir modifier l'organisation de l'œil ou de l'oreille, nous ne
pouvons pas même rendre un de nos cheveux blanc ou noir, ni
ajouter une coudée à notre taille. L'invention du télescope et du
microscope équivaut pourtant, quant aux résultats, à un immense
accroissement de l'œil, et découvre à notre vue des mondes nouveaux : sources fécondes d'intérêt et de bonheur. Nous ne pouvons pas non plus changer la structure physique de l'oreille, mais
nous pouvons faire l'éducation de cet organe; nous pouvons
inventer de nouveaux instruments de musique, composer de nouvelles mélodies. La musique des sauvages est rude et triste. Ainsi,
quoique l'oreille humaine ne puisse pas subir de modification
appréciable, le plaisir que nous pouvons en retirer a été immen-
sément accru. De plus, le sauvage est comme l'enfant qui ne voit
et n'entend que ce qui affecte directement ses sens. Au contraire,
l'homme civilisé questionne la nature, et, par les divers procédés
de la chimie, par l'électricité et le magnétisme, par mille inventions ingénieuses, il force la nature à lui révéler son mystère, il
y découvre des usages cachés et des beautés inattendues, presque comme s'il était doué d'un organe absolument nouveau.

L'amour des voyages est profondément inné dans le cœur
humain; c'est un plaisir immense que de visiter d'autres contrées et de voir de nouvelles races d'hommes. En outre, la découverte de l'imprimerie met quiconque le veut en communion avec
les plus grands esprits. Les pensées d'un Shakespeare ou d'un
Tennyson, les découvertes d'un Newton ou d'un Darwin deviennent immédiatement le bien commun de l'humanité. Déjà, les
résultats de ce procédé simple, mais tout-puissant, ont été équivalents à un accroissement immense de nos facultés intellectuelles,
et chaque jour, à mesure que les livres deviendront moins coû-
teux, que des écoles s'établiront et que l'éducation fera des progrès, les effets en seront de plus en plus grands.

Le proverbe bien connu : « à cheval donné, on ne regarde
pas la bouche » ne s'applique pas aux dons de la nature; ils

supportent l'examen le plus approfondi, et plus nous les observons, plus nous trouvons à les admirer. Ces nouvelles sources de
bonheur ne sont pas accompagnées d'une nouvelle aptitude à
souffrir : au contraire, tandis que nos plaisirs s'accroissent, nos
souffrances diminuent. Nous pouvons, de mille manières, éviter
ou adoucir des maux dont nos ancêtres supportaient tout le poids,
et auxquels ils ne pouvaient se soustraire. Que de douleurs, par
exemple, ont été épargnées à la race humaine rien que par la
découverte du chloroforme ! La faculté de souffrir, en tant
qu'elle peut servir d'avertissement, a gardé toute sa force, mais
la nécessité de souffrir a beaucoup diminué. En même temps
que grandira la connaissance des lois de la santé, et qu'on y fera
plus attention, la maladie deviendra de moins en moins fréquente. Ces prédispositions héréditaires que nous tenons de nos
ancêtres disparaîtront peu à peu, et, si l'on ne sème point de
nouveaux germes, le bienfait de la santé pourra un jour appartenir à notre race.

Ainsi donc, avec l'influence croissante de la science, nous
pouvons hardiment compter sur une grande amélioration dans
la condition de l'homme. Mais on peut dire que nos souffrances
et nos chagrins actuels proviennent principalement du péché, et
que tout perfectionnement moral doit découler de la religion, et
non de la science. Cette séparation des deux agents essentiels du
progrès est le grand malheur de l'humanité, et a, plus que toute
autre chose, contribué à retarder la marche de la civilisation.
Mais quand même nous admettrions, pour le moment, que la
science ne nous rend pas plus vertueux, elle doit assurément
nous rendre moins criminels. Sur 129 000 personnes que ren-
fermaient les prisons de l'Angleterre et du pays de Galles, pendant l'année 1863, 4829 seulement étaient en état de bien lire
et de bien écrire. En réalité, notre population criminelle se compose de purs sauvages, dont les crimes ne sont, en grande partie,
que des efforts insensés et désespérés pour agir en sauvages, au
milieu et aux dépens d'une société civilisée.

Les hommes ne pèchent point pour pécher : ils cèdent à la tentation. La plupart de nos maux viennent de ce que nous nous trompons dans la poursuite du plaisir, que nous nous méprenons sur ce qui constitue le vrai bonheur. Les hommes font le mal, soit par ignorance, soit dans l'espoir secret d'échapper au châtiment du péché, tout en jouissant du plaisir qu'il procure. Sous ce rapport, on ne saurait douter que l'enseignement religieux ne donne lieu ici à un sérieux malentendu. Le repentir est trop souvent considéré comme remplaçant la punition. On croit que le péché est suivi ou de l'un ou de l'autre. Toutefois, en ce qui concerne notre monde, il s'en faut bien qu'il en soit ainsi. Le repentir peut mettre un homme en état d'éviter, à l'avenir, le châtiment, mais il n'a aucun effet pour empêcher les conséquences du passé. Ces lois de la nature sont justes et salutaires, mais elles sont aussi inexorables. Tout le monde admet que « la mort est le prix du péché », mais on semble croire que c'est là une règle générale qui souffre beaucoup d'exceptions, et que certains péchés peuvent contribuer au bonheur : comme s'il pouvait y avoir des broussailles qui portassent du raisin, et des chardons qui produisissent des figues. La souffrance est la conséquence inévitable de la faute, aussi sûrement que la nuit suit le jour : voilà le sévère, mais utile enseignement de la science. Et, à coup sûr, si cette leçon était profondément gravée dans nos esprits, si nous croyions réellement que la punition est certaine, que le péché ne peut nous rendre heureux, la tentation, qui est la racine même du crime, serait extirpée, et l'humanité gagnerait nécessairement en innocence.

Ne pouvons-nous pas cependant aller plus loin encore, et dire que la science nous rendra aussi plus vertueux. « Passer son temps, dit lord Brougham (1), à étudier les sciences, à apprendre ce que d'autres ont découvert, et à reculer les bornes des connaissances humaines, c'est ce qui, à toutes les époques, a été con-

_____

(1) Brougham, *Objets, avantages et plaisirs de la science*, p. 39.

sidéré comme la plus noble et la plus heureuse des occupations humaines.... Aucun homme, avant d'avoir étudié la philosophie, ne peut se faire une idée juste des grandes choses pour lesquelles la Providence a organisé son intelligence, pas plus que de la disproportion extraordinaire qui existe entre sa force naturelle et les facultés de son esprit, et de la puissance qu'il tire de celles-ci ». Finalement, sa conclusion est que la science « rend la vie, non-seulement plus agréable, mais meilleure, et qu'un être raisonnable est obligé, par tous les motifs d'intérêt et de devoir, de diriger son esprit vers des recherches qui se trouvent conduire aussi sûrement à la vertu qu'au bonheur ».

En réalité, nous ne sommes qu'au seuil de la civilisation. Loin de montrer, par quelque symptôme, qu'elle est arrivée à sa fin, la tendance au progrès semble dernièrement s'être accusée par un redoublement d'audace et une accélération de vitesse. Pourquoi donc supposerions-nous qu'elle doive maintenant cesser? L'homme n'a certainement pas atteint la limite de son développement intellectuel, et il est positif qu'il n'a pas épuisé les capacités infinies de la nature. Il y a bien des objets auxquels notre philosophie n'a pas encore songé, bien des découvertes destinées à immortaliser ceux qui les feront, et à procurer à la race humaine des avantages que nous ne sommes pas encore peut-être en état d'apprécier. Nous pouvons dire encore, avec notre illustre compatriote, Sir Isaac Newton, que nous n'avons été jusqu'ici que comme des enfants, jouant sur le rivage de la mer, et ramassant çà et là un caillou plus lisse ou un coquillage plus joli que les autres, tandis que le grand océan de la vérité s'étend mystérieux devant nous.

Ainsi donc, toute l'expérience du passé justifie les plus hardies espérances pour l'avenir. Il n'est certainement pas raisonnable de supposer qu'un mouvement qui s'est continué pendant tant de milliers d'années va maintenant s'arrêter tout d'un coup, et il faudrait être aveugle pour s'imaginer que notre civilisation n'est pas susceptible de progrès, ou que nous avons atteint l'état le plus élevé auquel l'homme puisse arriver; si nous passons de l'expérience à la théorie, la même conclusion s'impose à nous.

Le grand principe de la sélection naturelle, qui, dans les animaux affecte le corps et semble n'avoir que peu d'influence sur l'esprit, dans l'homme affecte l'esprit et n'a que peu d'influence sur le corps. Chez les premiers, il tend surtout à la conservation de la vie; chez le second, à l'avancement de l'esprit, et, par conséquent, à l'augmentation du bonheur. Il détermine, suivant les expressions de M. Herbert Spencer, « un progrès constant vers un degré plus élevé d'habileté, d'intelligence et de moralité, — une meilleure coordination de nos actions, — une vie plus complète » (1). Toutefois, ceux mêmes que ne satisfait point le raisonnement de .M. Darwin, ceux qui croient que ni notre organisation spirituelle ni notre organisation matérielle ne sont susceptibles d'un changement considérable, ceux-là peuvent encore regarder l'avenir avec confiance. Ces découvertes et les progrès récents tendent moins à effectuer des changements rapides dans l'homme lui-même, qu'à le mettre en harmonie avec la nature; ils ont moins pour objet de lui conférer de nouvelles facultés, que de lui apprendre à appliquer les anciennes.

On admettra, je pense, que presque tous les maux dont nous souffrons peuvent être attribués à l'ignorance ou au péché. Que l'ignorance diminue par le progrès de la science, cela est évident de soi; qu'il en soit de même du péché, cela ne paraît guère moins certain. Ainsi, la théorie et l'expérience aboutissent donc à la même conclusion. Le bonheur futur de notre race, que les poëtes se hasardaient à peine à espérer, la science le prophétise hardiment. L'utopie, considérée si longtemps comme synonyme d'impossibilité notoire, regardée avec ingratitude comme « trop belle pour être vraie », l'utopie revient, au contraire, à être la conséquence nécessaire des lois naturelles, et une fois de plus

(1) Herbert Spencer, *Théorie de la population, déduite de la loi générale de la fécondité animale*, p. 34.

nous voyons que la simple vérité dépasse les plus brillantes fantaisies de l'imagination.

Dans notre temps même, nous pouvons nous flatter d'assister à quelques progrès, mais un esprit désintéressé trouvera sa plus haute satisfaction à croire que, quoi qu'il en soit de la génération contemporaine, nos descendants comprendront beaucoup de choses dont nous n'avons pas le sens aujourd'hui, apprécieront mieux la beauté du monde où nous vivons, éviteront beaucoup de ces souffrances auxquelles nous sommes soumis, jouiront de beaucoup de bonheurs dont nous ne sommes pas encore dignes, et échapperont à une foule de ces tentations que nous déplorons, mais auxquelles nous ne pouvons résister tout à fait.

APPENDICE

PAGE 39.

Le passage d'Avienus est le suivant :

Quæ Himilco Pœnus mensibus vix quatuor,
Ut ipse semet re probasse retulit
Enavigantem, posse transmitti adserit :
Sic nulla late flabra propellunt ratem,
Sic segnis humor æquoris pigri stupet.
Adjicit et illud, plurimum inter gurgites
Extare fucum, et sæpe virgulti vice
Retinere puppim dicit hic nihilominus
Non in profundum terga demitti maris,
Parvoque aquarum vix supertexi solum :
Obire semper huc et huc ponti feras,
Navigia lenta et languide repentia
Internatare belluas.

PAGE 51.

Le fort Staigue, dans le comté de Kerry, est « un enclos presque circulaire, dont le diamètre extérieur est de 114 pieds, et qui a dans l'intérieur des murs 88 pieds de l'est à l'ouest, et 87 du nord au sud. Les pierres sont entassées sans aucune espèce de mortier ni de ciment. Le mur a 13 pieds d'épaisseur à la base, et 5 pieds 2 pouces de largeur au sommet, à la partie la plus haute où l'on voit encore quelques-unes des anciennes pierres du faîte, et qui a sur l'intérieur 17 pieds 6 pouces de haut. Ce mur a une porte carrée, au S. S. O. haute de 5 pieds

9 pouces, avec des côtés obliques larges de 4 pieds 2 pouces en haut, et de 5 pieds en bas. Dans l'épaisseur de cette muraille massive se trouvent, ouvrant sur le dedans, deux petites cellules ; celles de l'ouest a 12 pieds de long, 4 pieds 7 pouces de large, et 6 pieds 6 pouces de haut ; la cellule du nord est longue de 7 pieds 4 pouces, large de 4 pieds 9 pouces, et haute de 7 pieds. Elles faisaient partie du plan original, et n'étaient pas, comme d'autres ouvertures qu'on voit dans des bâtiments semblables, des portes murées. Autour du mur, à l'intérieur, sont disposés dix rangs d'escaliers..... le plus haut atteint à peu près au sommet de la muraille, et les escaliers secondaires vont environ jusqu'à la moitié ; chaque marche a 2 pieds de large, et les montées inférieures se foyettent dans le cercle de la plus haute. Elles conduisent à d'étroites plates-formes de 8 à 43 pieds de longueur. C'est là que se tenaient les gardiens ou les défenseurs du fort. » (Catalogue de l'Académie royale Irlandaise, p. 120).

PAGE 502.

Degré d'instruction des détenus incarcérés dans les diverses prisons de comtés et de bourgs, en Angleterre et dans le pays de Galles.

STATISTIQUE JUDICIAIRE 1863.

	Mâles.	Femelles.	
Ne sachant ni lire ni écrire..........	31 717	13 492	} 123 818
Sachant lire, ou écrivant et lisant mal.	58 447	20 162	
Lisant et écrivant bien.............	4 027	554	} 4 829
Possédant une instruction supérieure.	226	22	
Instruction inconnue...............	623	256	880
Total..........	95 040	34 487	129 527

FIN.

TABLE DES CHAPITRES

CHAPITRE PREMIER.

DE L'EMPLOI DU BRONZE DANS L'ANTIQUITÉ.

CHAPITRE II.

DE L'AGE DE BRONZE.

CHAPITRE III.

DE L'EMPLOI DE LA PIERRE DANS L'ANTIQUITÉ.

CHAPITRE VII.

ARCHÉOLOGIE DE L'AMÉRIQUE DU NORD.

CHAPITRE VIII.

LES HOMMES DES CAVERNES.

CHAPITRE IX.

ANTIQUITÉ DE L'HOMME.

CHAPITRE X.

ANTIQUITÉ DE L'HOMME (suite).

CHAPITRE XI.

DES SAUVAGES MODERNES.

CHAPITRE XII.

LES SAUVAGES MODERNES (*suite*).

CHAPITRE XIII.

LES SAUVAGES MODERNES (*conclusion*).

CHAPITRE XIV.

DERNIÈRES REMARQUES.

FIN DE LA TABLE DES MATIÈRES.

Paris. — Imprimerie de E. MARTINET, rue Mignon, 2.